LUTOS FINITOS E INFINITOS

Christian Dunker

LUTOS FINITOS E INFINITOS

PAIDÓS

Copyright © Christian Ingo Lenz Dunker, 2023
Copyright © Editora Planeta do Brasil, 2023
Todos os direitos reservados.

Preparação: Matheus de Sá
Revisão: Fernanda Guerriero Antunes, Valquíria Matiolli e Fernanda Simões Lopes
Batida de emendas: Amanda Oliveira
Projeto gráfico e diagramação: 3Pontos Apoio Editorial Ltda.
Capa: Filipa Damião Pinto | Foresti Design
Imagem de capa: "The Lake of Zug", de William Turner/ Metropolitan Museum of Art

Dados Internacionais de Catalogação na Publicação (CIP)
Angélica Ilacqua CRB-8/7057

Dunker, Christian Ingo Lenz
  Lutos finitos e infinitos/ Christian Ingo Lenz Dunker. – 1. ed. – São Paulo: Planeta do Brasil, 2023.
  488 p.

  ISBN 978-85-422-2199-2

  1. Psicanálise 2. Luto I. Título

  23-1838   CDD 150.195

Índice para catálogo sistemático:
1. Psicanálise

Ao escolher este livro, você está apoiando o manejo responsável das florestas do mundo

2024
Todos os direitos desta edição reservados à
EDITORA PLANETA DO BRASIL LTDA.
Rua Bela Cintra, 986 – 4º andar – Consolação
São Paulo – SP – CEP 01415-002
www.planetadelivros.com.br
faleconosco@editoraplaneta.com.br

Para minha Mãe

Agradecimentos

A todos que me acompanharam nestes anos de luto, meus analisantes e alunos, às vezes anônimos, com suas perguntas imortais; aos meus filhos; Mathias e Nathalia, e suas respectivas Marinas e Helenas, que trouxeram livros, ideias e muito carinho nos momentos mais difíceis; para minha Ana Cristina, que encerra estas páginas, assim como abriu minha vida para reconciliações e lutas; para Ana Paula Pires da Silva, com quem dividi palavras preciosas compartilhando nossas perdas; para Michele Faria e Rafael, com quem atravessei momentos de perda durante a pandemia; para Iran Pinheiro, de quem Dona Bete gostava como um filho; a Lívia e Toni Moretto, Guillermo Milán-Ramos, Vladimir Safatle, Nelson da Silva Jr. e todos os que partilham esta jornada pelo Latesfip-USP, de que este livro é mais um capítulo; a Cláudio Thebas, meu lampião nas noites escuras, com quem dividir qualquer barraco é sempre uma aventura; a minhas irmãs Simone e Karin, que estiveram ainda mais juntas durante aqueles anos penosos de sofrimento; a sempre Mika, senhora de minhas horas, capaz de criar minutos de escrita que foram pingando até formar este volume; a Erica Burman e Ian Parker, com quem dividimos nossos lutos; ao pessoal da Planeta e do selo Paidós, a Felipe Brandão, craque dos movimentos tectônicos editoriais, Maju e todos os outros que trabalharam para este livro ficar de pé; a Buli, Helena, Marco, Julia e todos os outros que criaram esta loucura louca que é o canal no YouTube. Agradeço ainda e novamente à querida Ana Paula Pires (por suas observações precisas sobre a privação), a Helena Lima pelas preciosas localizações bibliográficas e ao pessoal do

Fórum do Campo Lacaniano, onde fiz as apresentações preliminares deste livro. Não poderia deixar de agradecer a Contardo Calligaris por nossa jornada noite adentro pelos lutos que terminaram com sua perda, em meio à pandemia, que se encadeou com a escrita deste livro.

Sumário

Introdução 11

Parte I   Teorias do luto 33
     1. Relendo *Luto e melancolia* 35
     2. Tragédias do luto em Lacan 57
     3. O nó do luto 92
         3.1. Dor e devastação 103
         3.2. Loucura transitiva e ausência 108
         3.3. Privação, estranhamento e angústia 114
         3.4. Trauma e fantasma: o objeto *a* 121
         3.5. Supereu e reparação estética 138
         3.6. Identificação e libertação 150
         3.7. O nó do luto infinito: a translação do simbólico 156
     4. Contraexemplo: o luto Araweté 167

Parte II   Lutos finitos e lutos infinitos 195
     5. Análise finita, análise infinita 197
     6. O luto como parte do trato dos viventes 221
         6.1. Brasil como nação de enlutados 221
         6.2. Historicidade do luto 230
         6.3. Hegel ameríndio: esboço de um conceito não identitarista da identidade 242
         6.4. Lutos espectrais 254
         6.5. A conversa infinita e a reparação precária 268

7. Políticas do luto 276
　7.1. Quais existências têm direito ao luto? 276
　7.2. Nomes infinitos e suas mulheres 292

Parte III　Antropologia psicanalítica do luto 313
　8. Um caso clínico de luto infinito 315
　9. O modelo totemista de *Totem e tabu* 325
　10. O modelo animista de *O infamiliar* (*Das Unheimliche*) 341
　　10.1. Gramáticas de estranhamento..................................352
　　10.2. Indiferença e infamiliaridade 357
　　10.3. Outro animismo...363
　11. Uma transleitura de *O Homem da Areia*, de
　　E. T. A. Hoffmann 368
　　11.1. A realidade negativa 372
　　11.2. Angústia e narcisismo..376
　　11.3. Transitivismo de afetos..379
　　11.4. Causalidade fantasmática..381
　　11.5. Momento estético do luto 385
　　11.6. Transferência e realidade comum 388
　12. Luto e sexuação...394

Parte IV　Melancolia: uma outra estrutura 425
　　Lutos espectrais..431
　　Melancolias...436
　　Marie de la Trinité e a estrutura *borderline*.................... 445
　　Aimée e as psicoses do Supereu.......................................456

Conclusão 463

Referências bibliográficas..469

Introdução

Quando apresentei pela primeira vez as ideias destas páginas, me dei conta de que a exposição carecia de exemplos clínicos. Estava em Curitiba, autografando alguns livros, depois de uma conferência, numa sexta à noite, quando alguém me perguntou: "Esse material está disponível?". Respondi que sim: "Nos últimos dois ou três anos publiquei alguns artigos sobre isso". A pessoa insistiu: "Então passa pra gente?". Percebi que os três artigos estavam em inglês. Ao mesmo tempo, escutei o passante me perguntando chistosamente: "Não publicou na língua materna?". Iluminou-se assim o motivo paralelo dessa contingência: eu mesmo tinha perdido minha mãe havia uns dois ou três anos. Não existiam exemplos clínicos, pois estava falando de minha própria experiência de luto, mas não na minha língua materna.

Naquela noite chuvosa, depois de ficar remoendo o assunto, tive um sonho. Estava em uma festa de aniversário-surpresa para minha avó paterna, que também é falecida, mas há mais tempo. Estávamos todos atrás de um sofá. Com *todos* quero dizer que muita gente ia chegando. Isso parece aludir ao desejo de que a conferência no dia seguinte tivesse muitos ouvintes. Mas, de repente, essas muitas pessoas se transformam em um número incontável e desproporcional de pessoas atrás de um sofá. Todas elas encolhidas e comprimidas em um espaço incabível. Então, minha avó entra na sala, as pessoas se levantam e saúdam: "*Surpresa! Parabéns!*". Nos abraçamos. Um abraço cuja imagem tem um traço hipernítido e excessivamente colorido. A intensidade do abraço cria uma espécie de legenda: *Isso não é só um sonho, isso está acontecendo, isso é realidade.*

Em Freud, há dois bons exemplos de sonhos desse tipo: um deles é o sonho da barba do tio Josef,[1] o outro é o sonho da injeção de Irma, o sonho inaugural da Psicanálise. Nele, Freud olha para a boca de Irma, que se abre; há um sentimento de angústia e um efeito de hiper-realidade que acompanha a formação da imagem onírica.[2]

Esse efeito estava presente no abraço de minha avó. Sentia o perfume, o cheiro, a presença e, ao mesmo tempo, o signo de realidade indicado pela consciência ainda ativa no sonho por meio de uma voz que dizia: *não é possível*. É como se dois planos de realidade se encontrassem estabelecendo um saber, uma divisão (*Spaltung*) e uma descrença (*Unglauben*). Sei que está acontecendo, mas não acredito que esteja acontecendo: estupor, perplexidade e incredulidade.

Nesse ponto do sonho aparece meu avô – na verdade, o segundo marido de minha avó. Um sujeito bonachão, querido e brincalhão, mas que estabelecia o inglês como língua corrente na sua casa. Ele pegava na mão de minha avó e dizia, em um tom de advertência chistosa: "*Eu não gostei*". Enunciação que encerra o sonho causando um impacto edipiano humorado, sem deixar de ser repreensivo: "*Alô, já deu, sai pra lá. Solta ela*".

---

1 I. "[…] o amigo R. é meu tio. — Tenho por ele uma grande afeição."
II. "Vejo seu rosto à minha frente, um pouco alterado. Parece alongado, tem uma barba dourada, que se destaca de modo especialmente nítido." In Freud, S. (2019). *A interpretação dos sonhos (1900)* (Obras Completas, Vol. 4). São Paulo: Companhia das Letras, p. 175. Fundindo o tio Josef, um delinquente, com R., um concorrente respeitável e admirado por Freud, ele se permitia expressar seu desejo de engrandecimento, assim como inverter e deslocar um afeto (antagônico) em um afeto contrário (ternura).

2 "*Levo-a até a janela para examinar sua garganta. Ela resiste um pouco, como as mulheres que usam dentes falsos. Penso comigo mesmo que ela não precisaria fazer aquilo. (…) A boca se abre facilmente*, ela revelaria mais do que Irma.
O que vejo na garganta: uma mancha branca e os ossos turbinados cobertos de crostas."
(Ibidem, pp. 143-145.) Justamente no ponto em que a boca se abre, Freud insere uma nota de rodapé dizendo que a análise desse sonho não está completa, pois, se assim o fizesse, ele se afastaria demais do tema, e completa: "Cada sonho tem pelo menos um ponto em que ele é insondável, um umbigo, por assim dizer, com o qual ele se vincula ao desconhecido [*Unbekannte*]". (Ibidem, p. 143.)

Em vida, jamais dei um abraço desse tipo em minha avó. Gostava muito dela e tínhamos uma relação constante, mas sempre um tanto adversativa, como convinha a uma sobrevivente da Segunda Guerra Mundial. Professora de alemão, muito exigente consigo e com a vida, ela me corrigia o tempo todo, da sala de aula no colégio onde estudei ao almoço de domingo, o que acabou tornando o alemão uma língua infernalmente impraticável para mim, ainda que meu pai tivesse se comportado como se esta devesse ser *minha língua materna*. Ela tivera uma jornada muito dura, esperando indefinidamente meu primeiro avô regressar da Rússia. Ele tinha desaparecido em uma batalha perto de Moscou e seu corpo não fora localizado, restando a ela decidir pelo fim das buscas, para poder se casar novamente. Ou seja, o sonho durante o luto de minha mãe retomou o luto de meu pai, que por sua vez conduzia ao luto de minha avó, que me levava ao luto infinito de meu avô, que, para todos os efeitos, poderia estar morto ou desaparecido, mas que agora se fundia com o luto da perda de meu "segundo avô".

Se aquele tipo de proximidade e carinho, representado pelo abraço, não cabia muito bem com a figura de minha avó, ele representava perfeitamente a relação com a minha mãe. Ela, sim, teria dado e recebido um abraço daquele jeito e com aquele sabor. É possível que o sonho tenha criado uma figura híbrida, distribuindo e unindo afetos antagônicos na mesma imagem. Ao despertar, sentia-me mais leve e contente com o sonho, como se ele tivesse transformado algo em mim. Ao compartilhá-lo na conferência da manhã daquele dia, percebi que algo havia mudado na maneira como eu falava de minha mãe, agora na minha língua materna, não em alemão ou inglês. Eu não sentia mais dor, culpa ou vergonha em falar do que havia acontecido, apesar das circunstâncias trágicas que cercaram seu desaparecimento. Agora, eu podia sentir saudades.

No trabalho do luto, uma perda posterior convocou um luto anterior. Meu avô havia morrido antes de minha avó, que morrera antes de minha mãe. Mas o conjunto todo desta série de lutos parece ter sido convocado, nesse sonho, a partir de meu pai e sua ligação com meu avô, cujo luto não tem corpo, nem lugar, nem data. Efetivamente, depois que minha mãe morreu, eu passei a pensar muito mais em meu pai, que nos deixou "caindo no chão da cozinha", como minha mãe, que "caiu da escada de casa". O encadeamento proposto pelo sonho fez aparecer um fragmento de memória desejante e sensorial: um caloroso abraço materno, marcando o término de um luto finito. Mas, no lugar de um abraço que não existe mais e que nunca mais acontecerá, o sonho fez surgir um abraço impossível, nunca realizado, novo e reparador em relação à minha avó, interrompido de forma benévola por meu avô "real, mas não verdadeiro". Ele substitui meu avô "verdadeiro, mas não real" desaparecido na Rússia e objeto de um luto infinito. O *safanão* germânico, que combina muito com meu pai real, foi ternamente reconstruído em meu sonho por um verdadeiro *toque* paterno de alguém que substituía o pai que meu pai nunca teve.

Essa é a ideia central deste livro. Um luto termina quando a perda se integra em uma cadeia de lutos que o precedeu e o tornou possível. Essa tarefa pode se afigurar terminável para alguns e infinita para outros. Assim como a análise, que apresenta um tempo terminável e interminável, o luto também é uma experiência de conexão e desconexão entre separações, envolvendo reparações e transformações futuras, e não apenas passadas. Mas uma análise interminada não pode ser confundida com a análise infinita. Aliás, uma das conquistas de uma análise bem terminada é a consciência de que toda análise é infinita.

Em 1919, Freud recebeu a notícia devastadora de que sua filha Sophie, casada com um fotógrafo em Hamburgo, mãe de três filhos pequenos, havia falecido vítima da gripe espanhola. Ele divide sua dor com Ludwig Binswanger, o grande psiquiatra e fenomenólogo suíço, que também havia perdido um filho. Sophie estava debilitada pelas experiências repetidas de gravidez, e Freud escreve ao médico do hospital onde ela morreu criticando a debilidade dos contraceptivos disponíveis na época. Na sua carta ao amigo, ele diz: *"Trabalho tudo que posso e sou grato pelo que tenho. Mas a perda de um filho parece ser uma lesão grave. O que se conhece como luto provavelmente durará muito tempo"*. Uma declaração em tudo compatível com a distinção entre luto e melancolia e com a tese de que, por mais dolorosa que a perda seja, acabamos substituindo o objeto amado e incorporando aquele que se foi como parte de nós. Por mais que o processo dure "muito tempo", mesmo no caso dessa perda extrema, ele terá fim. Todavia, uma outra carta escrita ao mesmo Binswanger, dez anos depois, parece dizer o contrário:

> Apesar de sabermos que após tal perda o estado agudo de luto vai diminuir, nós também sentimos que devemos permanecer inconsoláveis, sem nunca encontrar um substituto. Não importa o que possa preencher o buraco, mesmo que ele seja inteiramente completado, apesar disso algo mais remanesce. E atualmente acho que é assim que deve ser. É o único meio de perpetuar um amor do qual não queremos renunciar.[3]

"É assim que deve ser", ou seja, luto sem fim. Há muitas circunstâncias pelas quais o luto se complica, se adia ou deixa uma lesão que se transmite geracionalmente, como parece ser o caso do luto por suicídio. Mas há outras tantas nas quais ele se torna deliberadamente infinito, como declara Freud. O luto pela perda de filhos, especialmente quando pequenos, o luto sob sentimento de injustiça, os lutos de pessoas desaparecidas, privadas de ritos fúnebres ou destituídos de memória são particularmente aptos a tornarem-se lutos infinitos. Esses lutos parecem demandar outra concepção de corporeidade[4] e convocam uma teoria da história e do direito ao luto.

O tema da escolha por lembrar ou esquecer, no contexto do luto, era central na Antiguidade e, em especial, na filosofia. Por exemplo, em uma de suas *Consolações*, Sêneca[5] compara a atitude de duas enlutadas, Octávia e Lívia. Octávia jamais supera o luto. Ela tenta congelar o tempo, recusa-se a lembrar da vida de seu filho, prefere fixar-se em sua morte, mantendo uma atitude de tristeza permanente e rituais, solitários e silenciosos, consagrados à perda do filho. Em contraste com isso, Lívia opta pelo gozo da memória, não pelo gozo da dor. Lembra-se dos bons momentos vividos

---

3 Freud, E. (org.) (1992). *Letters of Sigmund Freud*. Nova York: Dover, p. 386.
4 "(...) O filho que faleceu já não responde. Ainda assim defendemos que a mãe continua um diálogo, porém congelado no tempo, com o filho morto, um diálogo sem atualização que exige dela um novo modo que será outro qualquer que não o da intercorporeidade." In Freitas, J. & Cremasco, M.V. (orgs.) (2015). *Mães em luto: a dor e suas repercussões existenciais e psicanalíticas*. Curitiba: Juruá, p. 41.
5 Sêneca (2020). *Consolação a Márcia*. São Paulo: Montecristo, pp. 88-94.

com um bom legado, procura saber como ele era convivendo com seus amigos e enaltece o tempo que compartilhara com ele. Enquanto a primeira torna o quarto do filho perdido um mausoléu imóvel e silencioso, a segunda jamais deixa de falar sobre ele e contemplar alegremente suas imagens. Assim ocorre também na *Consolação a Políbio*, em que Sêneca sugere ao ministro do imperador Cláudio, que acabava de escrever as memórias do irmão falecido:

> (...) mais vale imortalizá-lo por seu talento durável do que lhe consagrar lágrimas estéreis (...). Trate de desejar que a lembrança de seu irmão venha a todo o momento ao seu espírito, de falar frequentemente de seu irmão, de ter sua imagem sempre frente aos olhos. (...) Lembre-se de sua delicadeza, lembre-se de sua habilidade nos negócios, de seu zelo nas ações, de sua fidelidade à palavra empenhada. Conte aos outros todas as suas proposições e todos os seus atos, repita-os a si mesmo.[6]

Conhecemos algumas patologias individuais do luto, que poderiam ser agrupadas em seis situações:

(1) Quando a natureza da perda se confunde com o desaparecimento, seja pela falta do corpo, pela natureza não confirmada do acontecimento, seja pela perda indeterminada, coletiva ou de massa.

(2) Quando o luto é apressado, suspenso ou negado, tanto porque há urgência e necessidade da reposição que impede o vazio quanto pela impossibilidade de ritos coletivos, ou ainda pela indisponibilidade psíquica de fazer luto.

(3) Quando a memória é bloqueada traumaticamente, pela morte violenta ou completamente inesperada, na qual a angústia da perda dissocia a consciência, criando fenômenos de repetição, despersonalização ou desencadeamento.

(4) Quando a desqualificação moral, religiosa ou política do falecido impede que o luto o integre à cadeia histórica da comunidade humana, caso

---
6 Sêneca apud Silva, P. J. C. (2011). Lembrar para esquecer: a memória da dor no luto e na consolação. *Revista Latinoamericana de Psicopatologia Fundamental*, 14(4), 711--720.

de certos atos sociais condenáveis, de condições específicas da fantasia, de enlutamentos que formam parte da demanda de reconhecimento e justiça dos sobreviventes.

(5) Quando estão indisponíveis ou interditadas condições subjetivas ou objetivas para reconhecer, elaborar e transformar o que foi perdido em artefatos de memória cultural dando forma transgeracional e cultural àquela existência.

(6) Quando terminar o luto torna-se um ato inadmissível, lido como signo de desamor, desonra ou desrespeito aos que se foram: por exemplo, nas viúvas ibéricas, das quais se espera, como prova de amor, vestir negro e mantilha pelo resto da vida, ou das viúvas hindus, condenadas a partir com os seus maridos.

Há muitas situações, como certos casos de suicídio, de lutos cruzados e repetidos, que combinam várias dessas condições e tornam o trabalho de luto ainda mais extenso e complexo. Isso significa que, em muitas circunstâncias, podemos encontrar, clinicamente, lutos que se prolongam indefinidamente. No limite, existem lutos que não podem terminar porque nunca começaram. Mas este livro não é apenas sobre os lutos que se tornam infinitos porque há condições limitantes, ele é também sobre o desejo e as circunstâncias nas quais os lutos podem ser considerados, por motivos históricos ou estruturais, do ponto de vista da sua infinitude. Para tanto, convém distinguir o conceito de infinito como sucessão indefinida e não limitada, como a reta dos números naturais, do infinito positivo, indeterminado, como a reta dos números reais.[7] Ainda que Freud tenha descrito o luto como um processo individual, que tem começo, meio e fim, na prática psicanalítica vemos que os lutos se interligam e dependem de processos coletivos. Eles podem se opor uns aos outros, podem se reunir em séries e cadeias, com rearticulações de tempos em tempos,

---

7   Os números reais formam um conjunto que engloba os números positivos, negativos, decimais, fracionários, zero, além das dízimas periódicas e não periódicas. Esse conjunto é considerado o mais completo e é capaz de realizar operações matemáticas de adição, subtração, multiplicação e divisão. Os números reais englobam o conjunto dos números naturais, inteiros, racionais e irracionais, mas não os números complexos.

passando por transformações da memória individual e coletiva, por modificações na posição de vida, por sua incidência diferencial na infância ou na velhice e até mesmo pelas alterações na compleição da fantasia, na economia da angústia, dos sintomas e das inibições do sujeito. Dizemos com isso que o luto do sujeito se conecta com o luto dos outros. Escrevo este livro atravessado pelo luto de minha mãe, mas também pela indignação com as mortes desnecessárias geradas pela política sanitária brasileira no enfrentamento à pandemia de Covid-19 no Brasil. "*Mãe doente é uma coisa só: pátria em ruínas.*"[8] São lutos diferentes e entender a ligação entre eles é uma das questões que pretendo enfrentar. Uma característica específica ligada à minha perda pessoal concorreu para formar a hipótese da existência de lutos infinitos. Minha mãe recebeu o diagnóstico de Alzheimer, um tipo muito cruel de demência, que progride, às vezes lentamente, pela perda continuada das funções mentais. Essa perda não é linear. Às vezes, a pessoa parece ter recobrado sua memória e capacidade de conversação e presença, mas, no momento seguinte, reaparecem as desorientações, repetições e apagamentos. Isso produz um processo muito doloroso de "perda em vida". Ela não era mais quem conhecíamos e amávamos, tornara-se despótica, irritada, depressiva e até mesmo agressiva. Essa alternância entre esperanças de cura e melhora miraculosa, seguida pelo retorno ao pior, fez emergir gradualmente uma nova pessoa, uma espécie de impostora no lugar de minha verdadeira mãe. Alguns diriam que isso poderia ter me ajudado a seguir uma espécie de luto em vida, de desligamento progressivo, como certos adoecimentos debilitantes, mas isso se chocou com outro aspecto dessa história: os outros. Minhas irmãs, meus familiares e amigos cruzaram seus próprios processos de luto e de recusa ao luto, às vezes associados com a negação da doença, com estes tempos de idas e vindas. O processo não chegou a esvaziar completamente nossas esperanças e decepções, sendo interrompido por um brutal acidente doméstico.

Quando se fala em luto, a referência imediata é a perda de um ente querido, mas desde o início Freud pensou que este seria uma espécie de caso

---

8 Belmonte, R. (2022). Desavisos. In Baldi, M. (org.). *Vivo muito vivo: 15 contos inspirados nas canções de Caetano Veloso.* Rio de Janeiro: José Olympio.

modelo para entender outras perdas, nominalmente de uma abstração que substitui uma pessoa, de um ideal e de um país. Ou seja, há luto sempre que uma relação de amor se desfaz pelo abandono de uma das partes. Por isso podemos distinguir lutos do *ser*, cuja referência é a morte, e lutos do *estar*, que estão ligados a uma condição da vida, como o luto pelo fim da infância, pelo fim de um romance, pela migração ou imigração, pela perda de uma condição do corpo ou da saúde. Há lutos ligados aos limites do cuidar, mas há também lutos que criam ligações transformativas e de engajamento de afeto com outros lutos. Há ainda lutos sem precedentes, quer pela sua magnitude, quer pelo ineditismo de seu acontecer.[9]

Estive na Argentina, nos fins do período militar, logo após a guerra das Malvinas. Ainda como estudante de Psicologia, pude caminhar junto às mães, em torno da Plaza de Mayo, em frente à Casa Rosada. Elas cumpriam o ato num ritual semanal de lembrar dos seus filhos e netos desaparecidos pelas mãos da ditadura, em meio a potencial tortura, adoções forçadas e raptos praticados pelo terrorismo de Estado. Lembro de ter conversado com Hebe de Bonafini, a líder do movimento àquela altura, que me disse, mais ou menos, o seguinte:

> Isso que fazemos aqui toda quinta tem uma dupla função: advertir o governo que fica aí em frente de que não esqueceremos nossos filhos e netos, mortos pela ditadura, mas também de nos reunirmos e partilharmos a dor de quem nunca pode experienciar um funeral digno e uma despedida diante de um corpo presente.

Ou seja, era um cerimonial de luto e, ao mesmo tempo, um ato político que se perpetrava infinitamente, recebendo, a cada vez, novas pessoas que, como nós, partilhavam o luto durante aquelas horas de caminhada conjunta. Assim também é a Marcha dos Vivos, que anualmente reúne pessoas que caminham até Auschwitz, na Polônia, para lembrar, realizar e transmitir o luto das vidas perdidas na Shoá. O luto tem essa potência de

---

9   Casellato, G. (org.) (2020). *Luto por perdas não legitimadas na atualidade*. São Paulo: Summus, pp. 16-22.

reunir, sem dissolver a perda de uma pessoa querida e a morte de tantas outras tão distantes, desconhecidas e quase não enumeráveis.

A psicanálise reconhece duas patologias ligadas à paralisação, interrupção ou suspensão do luto: a depressão, com seu grande espectro de variedades, e a melancolia, como uma das mais antigas, senão a mais antiga, forma de sofrimento regular retratadas pela cultura. Neste livro, agrupo as patologias do luto em um conjunto que compreende: o funcionamento limite (*états limites*), o luto espectral, a loucura histérica, as personalidades *borderline*, assim como as chamadas neuroses narcísicas (Freud), as psicoses brancas[10] (Green) e as psicoses do superego (Lacan) e muitas das psicoses ordinárias (Miller). Além disso, tento aprofundar as concepções lacanianas de depressão e da melancolia por meio da distinção entre lutos finitos e lutos infinitos.

No fundo, o trabalho de luto não é tão difícil de descrever: algo se perde tornando-se passado, algo se transforma vigorosamente no presente e algo é reconstruído e permanece conosco no futuro. Contudo, o trabalho de luto é muito mais do que isso, sendo considerado como a perda de uma pessoa que morre ou como um modelo para perdas de todo tipo: ideais, laços, lugares, formas de trabalho e até mesmo de experiências de corpo. As teorias sobre o luto, psicanalíticas ou não, mobilizam sempre, ainda que indiretamente, uma certa concepção de pacto, troca ou substituição simbólica entre aqueles que foram, os que ficaram e os que ainda virão. Poderíamos sintetizar a narrativa freudiana do luto da seguinte maneira:

> *Tenho notícia da perda, sou tomado pelo espanto e me recuso a acreditar que ela é real. Recolho-me em um estado de introversão, recolhimento e dor, como se tivesse sido narcisicamente ofendido. Revisito minhas lembranças, tomado pela tristeza da ausência, percebo que minha vida se abreviou, se*

---

10 Green e Donnet propõem a noção de psicose branca para descrever o "núcleo psicótico fundamental" caracterizado pelo branco do pensamento, pela inibição das funções de representação e a bitriangulação (diferença dos sexos que separa dois objetos) mimetizando a clivagem de um único objeto bom ou mau, de presença intrusiva e persecutória, combinada com depressão por perda do objeto. In Green, A. & Donnet, J-L. (1973). *L'Énfant de ça, psychanalyse dún entretien: la psychose blanche*. Paris: Les Éditions de Minuit.

empobreceu ou perdeu seu sentido. Começo então, lentamente, a me perguntar o que foi que perdi naquela perda e o quanto de mim foi-se junto com ela. Especulo entre amor e ódio, oscilo entre culpa e vergonha, medito sobre a natureza de minha relação com o objeto perdido; comparo e examino a relação dessa perda com outras, passadas ou vindouras. Finalmente, construo um molde suficientemente legítimo e apropriado do objeto perdido, mas agora ele está dotado de um novo signo de realidade: símbolo, representação ou traço, que é um resíduo ou um representante sintético do que se foi. Surge um sentimento de libertação, enriquecimento, agradecimento por ter sobrevivido e alegria por poder carregar o objeto perdido dentro de si, agora em uma nova figuração do desejo: a saudade.

O luto, como veremos, não se resume à perda de uma pessoa amada, mas ele é uma espécie de paradigma genérico para pensar os destinos para a experiência humana da perda. Isso começa pela perda de nossa ligação primária com aqueles que cuidam de nós e avança rumo a um inventário que passa, por exemplo, pela perda da condição de filho único, perda da condição mítica de excepcionalidade diante do Outro e do Mundo, perda do corpo que nos teria sido possível, perda das paixões, das fases da vida, dos amigos e das convivências. Podemos perder, inclusive, aquilo que nunca realmente tivemos ou o que não foi, mas que poderia ter sido. Perda de funções e de aparências corporais, perda do sentimento de pertencimento, de familiaridade, de realidade, de temporalidade, de nacionalidade, de generidade ou de racialidade. Perda do próprio Eu e de suas funções narcísicas e não narcísicas.[11]

Para a Organização Mundial da Saúde, das nove experiências consideradas mais deletérias para a saúde mental, sete envolvem perdas: perda de parente próximo, perda de trabalho, separação dos pais (crianças), separação do casal, adoecimento grave (perda de saúde), mudança de cidade ou país, mudança etária (fim da infância, passagem para a adolescência, entrada na vida adulta ou envelhecimento). As únicas condições não diretamente referidas a perdas diz respeito à violação de direitos humanos,

---

11 Viorst, J. (2005). *Perdas necessárias*. São Paulo: Melhoramentos.

à segregação e à estigmatização.¹² Ainda assim, poderíamos pensar que, nesses casos, se trata da perda de uma certa pertinência à comunidade humana, perpetrada pela redução ao bestiário animal, ao fabulante monstruoso ou ao estrangeiro inumano.

O luto nada mais é do que um percurso de transformação do Eu, rumo à produção de um afeto normal e uma nova identificação. Para enfrentá-lo, deveríamos começar explicitando o que entendemos por Eu. Em *Projeto para uma psicologia científica*,¹³ Freud supõe duas experiências fundamentais que constituem a subjetividade: a experiência de prazer, que gera o desejo como retorno a traços mnêmicos de percepção, e a experiência de dor, que cria o Eu como dispositivo de inibição. Em *Introdução ao narcisismo*, ele dirá que o Eu surge a partir de um novo ato psíquico, capaz de desdobrá-lo entre o Eu Ideal e o Ideal do Eu, conforme a narrativa de Narciso. Finalmente, em *A cisão do Eu no processo de defesa*,¹⁴ especulará que o Eu surge de uma divisão primária (*Entzweiung*), que pode ser objeto de negação específica pela consciência. Cada uma dessas versões do Eu sugere uma afinidade específica com as patologias do luto: a depressão como inibição, a melancolia como fracasso de reconhecimento e a síndrome de Cotard como patologia da negação.

O segundo ponto enigmático na teoria freudiana do luto é como esta parece conceber uma noção própria do processo de identificação. Quando perdemos alguém com quem mantemos laços de amor, desejo e gozo, identificamos que "aquilo" foi perdido, sem saber o que exatamente estava em jogo. Mais adiante, Freud dividirá as identificações em três tipos: a primária, também conhecida como o mais antigo laço de afeto, que ele advoga acontecer com o pai; a identificação regressiva, que está em curso quando uma indisponibilidade do objeto (*Versagung*) desencadeia um retorno e um reinvestimento para a fantasia, cujo resultado é a formação

---

12 Organização Mundial da Saúde. *Mental health*. Recuperado de https://www.who.int/health-topics/mental-health#tab=tab_1.
13 Freud, S. (1996). *Publicações pré-psicanalíticas e esboços inéditos (1886-1889)*. Rio de Janeiro: Imago.
14 Freud, S. (2011). A cisão do Eu no processo de defesa. In Freud, S. *Psicologia das massas e análise do Eu e outros textos (1920-1923)* (Obras Completas, Vol. 15). São Paulo: Companhia das Letras.

de um novo sintoma; e a identificação histérica, que recai sobre o desejo do outro. Mas o próprio texto em que essa classificação é proposta[15] acrescenta que se poderia chamar de identificação de grupo ou de massa, na qual o objeto sobrepõe-se ao ideal de Eu, reconstituindo a ligação primária e vertical com o pai e a ligação horizontal com os irmãos. Ou seja, nenhuma dessas formas de identificação é congruente com a identificação melancólica, pela qual a "sombra do objeto cai sobre o eu", o que trará problemas crônicos para a compreensão psicanalítica da mania.[16] Disso decorre que ou o luto não representa nenhuma particularidade em termos de identificação, sendo apenas uma combinação entre identificações regressiva, histérica e primária, como a identificação de massa, ou a identificação com o objeto perdido nos envia a um tipo diferente de identificação, que não termina pelo restabelecimento da identidade do Eu (luto finito), mas se conecta com outras cadeias de lutos (luto infinito), como este livro pretende mostrar. Isolar e descrever esse ponto de conexão entre o luto individual e o luto coletivo permite propor uma contribuição ao conceito psicanalítico de reparação.

Ora, o modelo freudiano do luto expresso em *Totem e tabu*,[17] particularmente em sua teoria da identificação como criação de traços, parece ser a contraface antropológica do Complexo de Édipo e da descrição verticalmente intrassubjetiva do luto, apresentada em *Luto e melancolia*. Aqui o luto é tratado como um processo individual de um herói, mítico, histórico ou trágico, que atualiza o pacto civilizatório por meio do qual o Eu canibaliza o objeto, que ele mesmo matou. Atualiza-se, assim, simbolicamente, o momento formativo de passagem, entre natureza e cultura, a partir do qual se estabelece a lei da interdição do incesto, a proibição de ofender

---

15 Freud, S. (2011). Psicologia das massas e análise do Eu. In Freud, S. *Psicologia das massas e análise do Eu e outros textos (1920-1923)* (Obras Completas, Vol. 15). São Paulo: Companhia das Letras.
16 Bazzo, R. F. (2019). *O triunfo do ideal: contribuições para o estudo psicanalítico da mania* (Tese de Doutorado). Instituto de Psicologia, Universidade de São Paulo, São Paulo, SP, Brasil.
17 Freud, S. (2012). Totem e tabu. In Freud, S. *Totem e tabu, Contribuição à história do movimento psicanalítico e outros textos (1912-1914)* (Obras Completas, Vol. 11). São Paulo: Companhia das Letras.

o totem, assim como laços de aliança entre famílias e ainda as restrições da sexualidade, da relação com os estrangeiros, da culinária e do uso do espaço, impostas como tabus. Freud apoia-se na antropologia de Darwin (horda primitiva), Atkinson (exogamia), Crawley (narcisismo das pequenas diferenças) e Robertson Smith (refeição totêmica) para universalizar a noção de identificação a partir da incorporação canibal e, consequentemente, de um certo modelo de canibalismo. Lacan, apoiado pela antropologia estrutural de Lévi-Strauss, revigorou esse modelo, reescrevendo essa incorporação como um processo de substituição simbólica, estruturado ao modo de uma metáfora. Ambos vêm sendo criticados por endossar sub-repticiamente o patriarcado, ao referendar toda a ordem simbólica e a organização de seu mito fundamental em torno da figura do pai e de seu assassinato, reservando às mulheres o papel de objeto da troca entre famílias ou comunidades diferentes.

Há uma longa história de críticas ao patriarcado psicanalítico. Bronislaw Malinowski[18] e Alfred Kroeber[19] trouxeram a exceção trobriandesa como contraexemplo à universalidade do lugar do pai no Édipo, contrariado pelas culturas polinésias. Roger Caillois e René Girard[20] sugeriram a existência de identificações miméticas, indiscerníveis quanto à diferenciação presumida por Freud entre gênero, rivalidade e parentesco. Esquizoanalistas como Félix Guattari e Gilles Deleuze[21] mostraram como a prevalência da estrutura edípica, na teoria psicanalítica, elidiu a experiência da esquize. Foucault[22] apontou como Freud teria confundido dispositivos de aliança com dispositivo de sexualidade. Feministas como Gayle Rubin[23] e Judith Butler[24] criticaram o falocentrismo cultural e Derrida apontou

---

18   Malinowski, B. (1979). *A vida sexual dos selvagens*. São Paulo: Francisco Alves, 1983.
19   Domiciano, J. F. (2021). *A anatomia torcida dos mitos*. Curitiba: CRV.
20   Girard, R. (1972). *A violência e o sagrado*. Rio de Janeiro: Paz e Terra.
21   Deleuze, G. & Guattari, F. (1974). *O anti-Édipo*. Rio de Janeiro: Imago.
22   Foucault, M. (1988). *História da sexualidade I. A vontade de saber*. Rio de Janeiro: Graal.
23   Rubin, G. (2021). O tráfico de mulheres. In Rubin, G. *Políticas do sexo*. São Paulo: Ubu.
24   Butler, J. (2003). *Problemas de gênero: feminismo e subversão da identidade*. Rio de Janeiro: Civilização Brasileira.

como a ideia estava comprometida com um falo-logocentrismo.[25] Pensadores decoloniais como Frantz Fanon[26] e Gayatri Spivak[27] mostraram como nossas gramáticas de reconhecimento, embutidas nas teorias sobre identificação edipianas e na teoria da formação do Eu, mostravam-se insensíveis às diferenças de raça. Finalmente, Robert Stoller,[28] pioneiro no estudo da transgeneridade, argumentou persuasivamente pela existência de identificações de gênero que seriam claramente pré-edipianas, como nos lembrou mais recentemente Paul Preciado.[29] De certo modo, o presente livro é uma resposta a essas críticas, desenvolvendo e colocando à prova clínica os argumentos inicialmente apresentados em *Mal-estar, sofrimento e sintoma*[30] sobre a importância dos novos achados em antropologia estrutural, promovidos pela escola de Patrice Maniglier,[31] Marilyn Strathern,[32] Philippe Descola,[33] Roy Wagner[34] e destacadamente pelo brasileiro Eduardo Viveiros de Castro.[35]

A partir dessa perspectiva, podemos entender, de outra maneira, a equivalência entre as trocas sociais e a relacionalidade psíquica. Isso implica pensar que nem toda teoria da identidade precisa nos remeter ao sistema de nomeação totêmico. Isso implica também o desenvolvimento de perspectivas adicionais sobre a relação entre animismo e narcisismo. Pensamos

---

25 Derrida, J. (1975). *El concepto de Verdad en Lacan*. Buenos Aires: Homo Sapiens, 1977.
26 Fanon, F. (2008). *Pele negra, máscaras brancas*. Salvador: Edufba.
27 Spivak, G. C. (2010). *Pode o subalterno falar?* Trad. Sandra Regina Goulart Almeida, Marcos Pereira Feitosa, André Pereira. Belo Horizonte: Editora da UFMG.
28 Stoller, R. (1974). *Sex and gender: the development of masculinity and femininity*. London: Karnac Books Ltd.
29 Preciado, P. B. (2020). *Eu sou o monstro que vos fala: relatório para uma academia de psicanalistas*. Rio de Janeiro: Zahar.
30 Dunker, C. I. L. (2015). *Mal-estar, sofrimento e sintoma: uma psicopatologia do Brasil entre muros*. São Paulo: Boitempo.
31 Patrice Maniglier (2010). *Manifiesto por un comparativismo superior en filosofía*. Barcelona: Fisical Books.
32 Strathern, M. (2006). *O gênero da dádiva*. Campinas: Unicamp.
33 Descola, P. (2016). *Outras naturezas, outras culturas*. São Paulo: Editora 34.
34 Wagner, R. (2017). *A invenção das culturas*. São Paulo: Ubu.
35 Viveiros de Castro, E. (2018). *Metafísicas canibais: elementos para uma antropologia pós-estrutural*. São Paulo: N-1.

que essa outra antropologia, não complementar à antropologia totemista, pode ser localizada na obra de Freud, em seu pequeno ensaio de 1919, chamado "O infamiliar"[36] (*Das Unheimliche*), e em certos aspectos, notadamente sobre a condição de estrangeiro, de "Moisés e o monoteísmo".[37]

Esse problema se adensa e aprofunda quando olhamos para a teoria lacaniana do luto, desenvolvida entre 1957 e 1960, centrada na ideia de "um buraco real que se abre no simbólico". Portanto, haveria certa proximidade entre o luto e os processos que vemos na psicose, como a foraclusão, e mais especificamente no desencadeamento da psicose. Poderíamos assim imaginar que a simbolização do objeto perdido seguiria as mesmas regras do luto e da identificação freudiana, recapitulando o percurso do Complexo de Édipo e *Totem e tabu*.

Contudo, a maior originalidade da concepção lacaniana de luto é pensá-lo como um processo intersubjetivo, dependente dos ritos culturais e concernente à perda de um objeto irredutível, quer ao objeto da pulsão, quer ao objeto perdido, no sentido da melancolia. Para Lacan, ao contrário de Freud, o luto pode ser transmitido. É possível ter ciúme do luto alheio, ser afetado pela angústia da perda do próximo, o objeto do luto pode ser cedido ao outro (por privação) e podemos ser afetados pela suposição de um saber sobre o luto alheio. O luto do sujeito envolve assim a leitura, interpretação e integração simbólica do luto *no* Outro e do luto *dos* outros: "(…) existe o luto do falo, que envolve também fazer o luto da possibilidade de que o outro possa te perder".[38]

Isso desloca o trabalho do luto, que em Freud tem uma descrição eminentemente intrassubjetiva, para uma experiência com a alteridade. Desde a tese de que "a palavra é a morte da coisa", Lacan pensa o processo de simbolização como simétrico ao processo de luto, enquanto dialética de negação e conservação do objeto perdido. A morte torna-se, assim, uma figura capital de seu pensamento não apenas por representar

---

36 Freud, S. (2019). *O infamiliar*. Belo Horizonte: Autêntica.
37 Freud, S. (2018). Moisés e o monoteísmo: três ensaios. In Freud, S. *Moisés e o monoteísmo: compêndio de psicanálise e outros textos (1937-1939)* (Obras Completas, Vol. 19). São Paulo: Companhia das Letras.
38 Lacan, J. (2016). *O seminário, livro 6: o desejo e sua interpretação (1958-1959)*. Rio de Janeiro: Zahar, p. 203.

a finitude da vida, mas por indiciar alteridades: o próximo (como outro semelhante), o Outro (como sistema simbólico e tesouro cultural da linguagem) e o objeto *a* (enquanto resíduo e resto de simbolização). O Outro não é uma totalidade completa porque faz parte de sua estrutura um buraco, e esse buraco é realizado socialmente pelo luto. O Eu é também furado e faltoso, porque novas identificações não apenas são capazes de enriquecê-lo, mas também de empobrecê-lo, como as identificações da massa com seu líder. Isso tornaria o luto uma operação improvável do ponto de vista freudiano e, ao mesmo tempo, um ganho de simbolização e uma desidentificação com o falo, também chamado de "sacrifício do falo".

Entre 1972 e 1973, Lacan[39] propõe uma crítica incrivelmente interessante dessa universalização do modelo proposto em *Totem e tabu*, no entanto ele jamais voltaria à reformulação consequente de sua anterior concepção de luto. Lacan, em sua teoria da sexuação, mostra que o totemismo não é necessário e universal. Há uma não equivalência ou uma não relação entre o gozo masculino e o gozo feminino. Isso permite ao mesmo tempo reverter a associação entre masculinidade-atividade e feminilidade-passividade, bem como propor uma leitura das fórmulas da sexuação em que o lado Homem compreende a leitura totemista e patriarcal da subjetivação da sexualidade, ao passo que o lado Mulher, segundo nossa hipótese, corresponderia aos aspectos de leitura perspectivista animista. Lembremos que uma das maneiras de diferenciar as duas modalidades de gozo é justamente remetendo-a a dois conceitos distintos de infinito. Se isso é correto, precisaríamos estabelecer que tipo de antropologia alternativa poderia ser mobilizada para justificar essa hipótese, que tipo de narrativa ela preconiza para a relação entre morte, filiação e estrangeiridade e quais as consequências dessa contra-antropologia para a teoria do luto finito e do luto infinito.

A teoria da sexuação postula duas modalidades alternativas de simbolização e de fracasso da simbolização, no que concerne ao resto de gozo produzido pela perda. O lado Homem segue a rota já desenvolvida

---

39 Lacan, J. (1985). *O seminário, livro 20: mais, ainda (1972-1973)*. Rio de Janeiro: Zahar.

de recobrimento fálico, no entanto o lado da mulher convoca outro tipo de identificação e, consequentemente, em hipótese, outro tipo de luto. Restaria então estabelecer que tipo de antropologia, ou melhor, de articulação entre filiação, sacrifício e canibalismo poderia estar em jogo nesse caso e que tipo de narrativa de luto deveríamos encontrar para confirmar nossa hipótese. Uma forma de dizer que a mulher não existe é afirmar que sua existência depende da nomeação de todos os traços ou de todos os números que se sucedem em um espaço aberto, por exemplo, a reta compreendida pela sucessão ordenada dos números reais. Na reta real, não temos a regra de sucessão, ainda que diante de dois casos possamos organizá-los pela ordinalidade ou cardinalidade. Imagine-se que a regra de contagem fosse semelhante a uma reta real. Nesta série não tenho o próximo número formado por uma sucessão regular a partir do anterior. O problema se enuncia de forma simplificada pelo enigma matemático da regra de composição dos números primos ou do número pi. Uma maneira bastante simples de dizer que na modalidade feminina de gozo estamos diante de um infinito incontável formado por uma contingência. Por isso, na fórmula da sexuação, Lacan coloca o objeto *a* (infinito incontável) de um lado e o falo (unidade de medida do infinito do desejo) do outro. E esse infinito incontável requer outra maneira de considerar a identificação, problema negado pela teoria freudiana do Complexo de Édipo.

A cosmologia ameríndia,[40] particularmente a dos povos do alto Xingu, com seu perspectivismo animista, nos forneceria assim a materialidade narrativa necessária para pensar os impasses do luto infinito, a partir do que se poderia chamar de luto feminino. Nisso vale uma primeira leitura crítica de que a atual e vigente teoria psicanalítica do luto deveria ser entendida como uma teoria fálica do luto, em que tudo o que se perdeu é um equivalente perfeito ou imperfeito da castração. Todo gozo suposto ou perdido, mítico ou fantasmático e depois recuperado é chamado gozo--fálico. Sua unidade de medida é o conjunto e sua referência é a identidade de si a si, demonstrada pelo canibalismo incorporativo. Portanto,

---

40 Kopenawa, D. & Alberts, B. (2015). *A queda do céu*. São Paulo: Companhia das Letras.

se há outra forma de canibalismo, que nos convida a uma concepção não identitarista de identificação, marcada não pela incorporação-aquisitiva, mas pela descorporação-desintegrativa, ela poderá ser demonstrada pelos ritos funerários dos povos que praticam o animismo ao lado do totemismo e mais especificamente o *perspectivismo ameríndio*.

Isso faz do luto o campo de prova, clínico e conceitual, para os desenvolvimentos introduzidos em nossos trabalhos anteriores sobre a crítica da razão diagnóstica,[41] sobre uma psicopatologia não-toda[42] e sobre a crítica do sofrimento neoliberal.[43] Os problemas supraenunciados não serão tratados nessa mesma ordem e por isso o leitor interessado em tópicos específicos poderá se direcionar diretamente a cada um deles, sem prejuízo do conjunto.

Contudo, uma conjectura assim extensa só se justifica por um motivo mais simples: a recorrência de casos clínicos que podemos agrupar em torno do luto infinito. Eles se situam entre a depressão e a melancolia, pela demanda contínua da elaboração de perdas. Algumas delas sucessivas, mas em geral pouco encadeadas para além de uma repetição que lhes confere uma espécie de continuidade. São casos marcados por lutos pendentes, às vezes de gerações anteriores, outras vezes sobrecarregados pela insistência do abandono ou dos maus-tratos na infância, nas migrações ou emigrações violentas, na violência ou pela imposição de silêncio ou censura sobre a perda.

A forma particular de transmissão do sofrimento, assim qualificado, requer um operador linguístico específico capaz de reconhecer, transitivar afetos e narrativizar a experiência. Em outras palavras, o luto infinito não é apenas um sintoma, mas também uma foraclusão narrativa do sofrimento, ligada ao que vem se chamando de clínica do traumático. Ele aparece ainda em casos de perdas traumáticas, repetidas e mal nomeadas, como pudemos encontrar entre os ribeirinhos expulsos de suas moradias

---

41 Dunker, C. I. L. (2015). *Mal-estar, sofrimento e sintoma: uma psicopatologia do Brasil entre muros*. São Paulo: Boitempo.
42 Safatle, V.; Silva, N. Jr. & Dunker, C. I. L. (orgs.) (2018). *Patologias do social: arqueologias do sofrimento psíquico*. Belo Horizonte: Autêntica.
43 Safatle, V.; Silva, N. Jr. & Dunker, C. I. L. (orgs.) (2020). *Neoliberalismo como gestão do sofrimento psíquico*. Belo Horizonte: Autêntica.

em razão da construção da barragem da usina hidrelétrica de Belo Monte, no alto do rio Xingu. Nesses casos, emergem depressões inesperadas e encontramos períodos de extensa melancolia transferencial. Tais fenômenos parecem secundários em relação a uma espécie de empobrecimento do Eu, como diria Freud, ou um gozo débil, na expressão de Lacan, para a elaboração das próprias perdas. Nesses casos, todo o problema parece residir na experiência deste predicativo precário, que é o sentimento de propriedade. Se o modelo aquisicionista e totemista de luto parece concluir-se com a criação de uma nova relação de pertencimento e apropriação, conceitualmente definida pela ideia de introjeção simbólica, nos casos de luto infinito o sujeito parece nunca "ter", "possuir" ou "apropriar-se" do outro perdido, voluntária ou involuntariamente. São como órfãos crônicos, tendo ou não sido adotados. São como as viúvas ibéricas, que após a morte do esposo devem cumprir luto eterno como signo do amor eterno que por seus maridos sentiam. Aqui teremos que sair da ordem imposta pela antropologia estrutural clássica, na qual o mito comanda o rito, e reconhecer que, sob certas circunstâncias específicas, e o luto é uma delas, o rito determina o mito.

Este livro tenta mostrar como a reformulação do conceito de identificação, decorrente da distinção entre falo e objeto *a*, bem como o acréscimo da identificação sexuada, efetuado por Lacan com a introdução da noção diferencial de gozo em psicanálise, pode se enriquecer com os achados da clínica dos lutos infinitos. Se quisermos pensar outro tipo de identificação, teremos também que suplementar seu modelo sobre a origem do Eu, formulado em *O estádio do espelho como formador da função do Eu [Je]*.[44] Convém lembrar que em sua forma original tal modelo não reserva lugar algum nem para a experiência de dor, nem para a função da inibição. Se a hipótese de uma identificação não identitarista em psicanálise é plausível, e se ela se apoia em evidências trazidas pela clínica do

---

44 Lacan distingue o sujeito, enquanto forma simbólica (*sujet*), efeito da divisão entre enunciado e enunciação, ato simbólico de reconhecimento, da sua forma imaginária (*moi*), instância de alienação e desconhecimento. No entender de Lacan, a noção de eu (*Ich*) em Freud sobrepõe essas duas formas, psicológica e epistemológica do sujeito. Ver Lacan, J. (1998). O estádio do espelho como formador da função do Eu [*Je*] tal como se nos revela a experiência psicanalítica. In *Escritos*. Rio de Janeiro: Zahar.

luto, isso certamente tem impacto sobre a teoria lacaniana do Eu, eventualmente mostrando como ela associa e confunde dois aspectos distintos da experiência egoica: unidade e identidade. Essa reformulação da teoria lacaniana do Eu teria consequências diretas sobre três condições clínicas pouco tematizadas por este autor: a melancolia, o funcionamento *borderline* e as depressões.

PARTE I

TEORIAS DO LUTO

CAPÍTULO 1

Relendo *Luto e melancolia*

Luto e melancolia[1] é o último dos artigos sobre a metapsicologia, escritos por Freud entre 1914 e 1917. A ideia inicial foi discutida em uma reunião da Sociedade Psicanalítica de Viena em janeiro de 1914 e o rascunho, comentado por Abraham em 1915, culminando na publicação em 1917. Dois precedentes são importantes na teoria freudiana do luto, o *Manuscrito G*,[2] focado na melancolia, e o *Manuscrito N*,[3] no qual se afirma que

---

[1] A tradução ou interpolação de termos originais corre por parte do autor, bem como eventuais acréscimos de ênfases em itálico. Empregaremos as seguintes referências para abordar este artigo de Freud:
Freud, S. (1975). Trauer und Melancholie. In Freud, S. *Psychologie des Unbewußten* (Coleção Studienausgabe, Vol. 3). Frankfurt: S. Fischer.
Freud, S. (1988). Duelo y melancolía. In Freud, S. *Contribución a la historia del movimiento psicoanalítico: trabajos sobre metapsicología, y otras obras (1914-1916)* Trad. José L. Etcheverry. (Coleção Sigmund Freud: Obras Completas, Vol. XIV). Buenos Aires: Amorrortu.
Freud, S. (2010). Luto e melancolia. In Freud, S. *Introdução ao narcisismo: ensaios de metapsicologia e outros textos (1914-1916)* Trad. Paulo César de Souza. (Obras Completas, Vol. 12). São Paulo: Companhia das Letras.
Freud, S. (2010). *Luto e melancolia* (Marilene Carone, Trad. e Notas). São Paulo: Cosac Naify. (Obra original publicada em 1917).
[2] Freud, S. Rascunho G. In Freud, S. *Publicaciones prepsicoanalíticas y manuscritos inéditos en vida de Freud (1886-1899)*. Buenos Aires: Amorrortu.
[3] Freud, S. Rascunho N. In Freud, S. *Publicaciones prepsicoanalíticas y manuscritos inéditos en vida de Freud (1886-1899)*. Buenos Aires: Amorrortu.

o desejo de que os pais morram é integrante da neurose, pela via de representações obsessivas ou da paranoia, exemplificada pelos delírios de perseguição e pela "desconfiança patológica dos governantes e monarcas". O recalque desse impulso retornaria, na "exteriorização do luto", como recriminação na melancolia, ou como castigos de retribuição, no caso da histeria: "A identificação que assim sobrevive não é outra coisa, como se vê, que um modo de pensar, e não se torna supérflua a busca do motivo".[4]

Desde o início, o tema da identificação se infiltra no problema do luto. Ainda que certos avanços sobre esse conceito tenham sido feitos em *Introdução ao narcisismo*[5] e em *Totem e tabu*,[6] salta aos olhos que na lista de artigos sobre a metapsicologia Freud tenha desenhado um texto sobre a consciência, mas nada a respeito da identificação. Assim também, os acréscimos sobre a identificação, presentes em *Psicologia das massas e análise do Eu*,[7] jamais retroagiram sobre a teoria do luto; ainda que se perceba a importância direta da ação do Ideal do Eu e do Supereu sobre a terminação do luto, nada é dito sobre como essa ação pode ser mitigada. Isso acabou aumentando o peso proporcional de *Totem e tabu* como modelo de referência para pensar as transformações inerentes ao trabalho de luto. Desse texto vem a fórmula canônica da identificação: "No ato de devoração [os filhos] consumavam a identificação com ele [o pai]".[8] Dele também procede a interpolação, em *Três ensaios para uma teoria da sexualidade,* da ideia de que a fase oral ou canibal é o paradigma das

---

4   Ibidem.
5   Freud, S. (1914). Introdução ao narcisismo. In Freud, S. *Introdução ao narcisismo: ensaios de metapsicologia e outros textos (1914-1916).* Trad. Paulo César de Souza. (Obras Completas, Vol. 12). São Paulo: Companhia das Letras.
6   Freud (1912/1914). Totem e tabu. In Freud, S. *Totem e tabu e outros textos (1912-1914).* Trad. Paulo César de Souza. (Obras Completas, Vol. 11). São Paulo: Companhia das Letras.
7   Freud (1927). Psicologia das massas e análise do eu. In Freud, S. *Psicologia das massas e análise do eu e outros textos (1920-1923).* Trad. Paulo César de Souza. (Obras Completas, Vol. 15). São Paulo: Companhia das Letras.
8   Freud, S. (1988). Duelo y melancolía. In Freud, S. *Contribución a la historia del movimiento psicoanalítico, trabajos sobre metapsicología, y otras obras (1914-1916).* Trad. José L. Etcheverry. (Coleção Sigmund Freud: Obras Completas, Vol. XIV). Buenos Aires: Amorrortu, p. 239.

identificações, notadamente da identificação como "etapa prévia da escolha de objeto"[9] e da incorporação como modo de distinção dos objetos. Contudo, em *O ego e o id*, ele aventa que a identificação com o pai:

> Não parece ser, no começo, o resultado ou desenlace de um investimento de objeto; é *uma identificação direta e imediata*, e mais antiga do que qualquer investimento de objeto.[10]

A ideia de uma identificação direta e imediata contrasta com as identificações secundárias ou regressivas, que formam o caráter e os sintomas, enunciadas no mesmo texto. Vê-se assim que o luto depende de uma teoria da identificação, consequentemente de uma concepção de transformação do Eu, mas também de uma espécie de busca pelos fundamentos libidinais desse processo e, ainda, do desafiador problema representado pela realização da morte como perda irreversível, por meio da prova de realidade (*Realitätsprüfung*). Dessa maneira, o luto nos remete ao processo de constituição do sujeito, sua incidência universal subsidiada pela antropologia, ao problema filosófico representado pela assimilação da realidade, em particular da realidade negativa da morte e da finitude da vida, e ainda ao problema psicológico da elaboração da perda como experiência radical de desprazer.

Para os fins a que nos propomos, vamos ler o texto de Freud centrando-nos no problema do luto, tentando isolar as operações necessárias para seu transcurso, bem como os impeditivos ou embaraços desse processo. Por isso, deixaremos para nosso último capítulo o problema representado pela melancolia, como uma espécie de desvio em relação a esse "afeto normal", conforme a primeira definição freudiana do luto.

Segundo Freud, "O luto, geralmente, é a reação à perda de uma pessoa querida ou de uma abstração que esteja no lugar dela, como pátria, liberdade, ideal etc.".[11] A semiologia do luto é caracterizada por:

a. Desânimo profundamente doloroso.
b. Suspensão do interesse pelo mundo e inibição de toda atividade.

---

9   Ibidem, p. 239.
10 Ibidem, p. 240.
11 Freud, S. (2010). *Luto e melancolia* (Marilene Carone, Trad. e Notas). São Paulo: Cosac Naify. (Obra original publicada em 1917), p. 46.

c. Redução da capacidade de amar.
d. Rememoração do objeto perdido e investigação do que se perdeu junto com ele.
e. Sentimentos ambivalentes de culpa e vergonha.
f. Produção de um afeto normal que começa com a dor da perda e termina com a sensação agradável de libertação do eu.

No caso da melancolia, teríamos, além desses seis traços, a perturbação do sentimento de autoestima e a expectativa delirante de punição. O critério distintivo não é bom se considerarmos que o luto normalmente envolve, sim, perturbação da autoestima e expectativa de punição, desde que a perda represente sempre um abalo narcísico, mas quantitativamente menos intenso.

Portanto, para entender o que é o luto precisamos entender qual é o conceito freudiano de afeto. O termo afeto (*Affect*) traz uma dificuldade de tradução, pois, em alemão, *Trauer* (luto) e *Traurig* (tristeza) são cognatos, e conotam o momento mais imediato e agudo da perda, ao passo que a palavra *Kummer* (dor, desgosto, mágoa ou sofrimento) compreende o conjunto mais extenso do luto. Isso sugere que o luto é tanto um afeto individualizado, local e reativo como uma sensação (*Empfindung*), e ainda um sentimento (*Gefühlt*), que compreende a partilha social desses afetos, mediados por ritos sociais, atos psíquicos, discursos, narrativas e mitos. Além disso, há vários termos que permitem aproximar o luto de uma emoção: *Rührung*, *Erregung* e *Emotion*, todos eles empregados por Freud. Conclui-se disso que a expressão *Affect* designa simultaneamente a capacidade local de afetação e receptividade (*affectio*), quanto o conjunto do processo de tramitação dos afetos em emoções, e a disposição para ação e das emoções em sentimentos, como experiência do mundo e de si, em afinidade com a antiga noção grega de *páthos*. Os afetos ocorrem no tempo curto das situações, as emoções correspondem à temporalidade do ato e os sentimentos, ao tempo mais extenso e mais estável do processo. Essa linha de base ou *humor* compõe um circuito que determina a captação, intensificação ou inibição de novos afetos e emoções, imprimindo neles uma tonalidade específica.

A palavra em alemão para "disposição, estado de ânimo ou humor" é *Stimmung*, que vem de *Stimme*, voz. Portanto, há um afeto e uma voz, que se formam no luto, assim como no sonho:

> Depois de fazer uso do sonho como protótipo normal [*Normalvorbild*] das perturbações psíquicas narcísicas, tentaremos esclarecer a essência da melancolia comparando-a com o afeto normal do luto [*Normaleraffect*].[12]

Em inglês, há uma precisão análoga: *grief* designa a reação à perda, *mourning* compreende a elaboração psíquica e ritos sociais concernentes ao luto, reservando-se o termo *bereavement* ao período no qual *grief* e *mourning* acontecem.[13] O francês também parece reconhecer a diferença entre o afeto imediato da *affliction* (funeral), a *deuil* para o trabalho ritual e organizado do luto e *privation* para designar o estado extenso de luto, particularmente aplicado à perda de um familiar.

Disso decorrem qualidades diferenciais. O estado de ânimo do luto é doloroso (*Schmerzlich*), triste ou angustiante, provoca afetos como medo, vergonha ou culpa e se manifesta em sentimentos de estranheza, solidão ou rebaixamento de interesse. Ainda que o luto seja um "afeto normal", e não um *estado patológico*,[14] ele compreende variações inesperadas de afetos, emoções e sentimentos. Entre essas variantes encontram-se aqueles momentos de fratura ou de separação entre a produção social dos sentimentos e seu retorno como afetos em estados de efusão, embaraço ou impedimento.[15] O luto é da mesma classe da melancolia, mas é um

---

12 Ibidem.
13 Lally, M. & Valentine-French, S. (2019, set. 25). Grief, Bereavement, and Mourning. *Social Science LibreTexts*. Recuperado de https://socialsci.libretexts.org/@go/page/10796.
14 Freud, S. (2010). *Luto e melancolia* (Marilene Carone, Trad. e Notas). São Paulo: Cosac Naify. (Obra original publicada em 1917), p. 45.
15 "(…) quando somos de repente tomados pela evocação afetiva de um acontecimento de nosso passado difícil de ser suportado. Quando não se trata de comemoração, mas realmente do ressurgimento do afeto, quando recordamo-nos de uma cólera, estamos bem perto de uma cólera, quando, recordamo-nos de uma humilhação, revivemos a humilhação, quando recordamos da ruptura de uma ilusão, sentimos necessidade de reorganizar nosso equilíbrio e nosso campo significativo, no sentido em que se fala em campo social – pois bem, é momento mais favorável, nota Clerambault para a emergência puramente automática, de frases, algumas vezes tomadas na experiência

estado passageiro, ainda que a própria melancolia possa acontecer *em lugar do luto*.[16] A comparação sugere que os sintomas estão para o sonho, assim como a melancolia está para o luto. Aprofundando a equivalência sugerida, teríamos que os sonhos, assim como o luto, são formações do inconsciente, têm uma função local e renovada a cada noite ou a cada perda, demandando um trabalho do sonho (*Traumarbeit*) comparável ao trabalho do luto (*Trauerarbeit*).

Os sintomas, assim como a melancolia, têm um aspecto crônico. Eles se repetem de forma estável ao longo do tempo. Em contraste com isso, os sonhos se caracterizam por uma admirável variabilidade. Ainda que existam certos sonhos recorrentes e certas temáticas que insistam ao longo da análise, eles são incomparavelmente menos monótonos na sua apresentação formal do que os sintomas. Existem sonhos de angústia, mas neles a função onírica parece prejudicada, ao contrário dos sintomas, nos quais a angústia é sempre iminente ou transiente. Sonhos e sintomas são realizações deformadas de desejos e soluções simbolicamente deformantes (*Ersetzen*) para o retorno do recalcado, mas nos sonhos há uma função de inibição, que nos faz entender a alusão ao narcisismo na passagem acima. Quanto aos sintomas, neles os ajustes e adaptações narcísicas são secundários em relação à sua função como realização de desejos.

De toda forma, a comparação entre luto e melancolia está atravessada pela grande dicotomia entre o *conflito no interior do Eu*, representada pela crise narcísica, pela regressão da libido ao Eu e pelo retorno da libido à própria pessoa, e a *batalha do objeto*, representada pela ambivalência, pela preservação do objeto na fantasia e pela identificação com o objeto.

> O conflito no ego, que a melancolia troca pela luta em torno do objeto, tem de operar com uma ferida dolorosa, que exige um contra investimento extraordinariamente elevado.[17]

---

mais recente, e que não tem nenhuma espécie de relação significativa com aquilo de que se trata." In Lacan, J. (1985). *O seminário, livro 3: as psicoses (1955-1956)*. Rio de Janeiro: Zahar, p. 304.
16 Ibidem, p. 46.
17 Ibidem, p. 85.

A comparação entre luto e melancolia corresponde ao método construtivo do ensaio de Freud, contudo a leitura aqui proposta se desviará da reconstrução desse objetivo, pois está baseada no fato de que as diferenças entre um e outro estado permanecem imprecisas, principalmente quando se abandona a ideia de luto normal contra a melancolia patológica e quando percebemos a infiltração de outras condições patológicas que guardam alguma afinidade com o complexo melancólico, a saber, depressão, hipocondria, funcionamentos *borderlines*, situações traumáticas.

> Então, em que consiste o trabalho realizado pelo luto? Creio que não é forçado descrevê-lo da seguinte maneira: a prova de realidade mostrou que o objeto amado já não existe mais e agora exige que toda a libido seja retirada de suas ligações com esse objeto.[18]

No *primeiro momento do luto*, há duas operações psíquicas: a prova de realidade e a movimentação da libido em retorno, em acordo com um dos quatro destinos da pulsão descrito como "retorno à própria pessoa" (*Ich Verkerhung*). Esse movimento não é feito sem oposição, podendo redundar em negação, afastamento da realidade e psicose alucinatória de desejo. Retenhamos como o luto começa por um *juízo*, ou seja, por um ato psíquico que corresponde à admissão de um determinado modo de existência. Lembremos como juízos de existência e juízos de valor são as premissas da teoria freudiana do *juízo*, presentes de forma sintética no texto *A negação*[19] e antecipadas como operação de comparação entre sujeito e predicado, desde *Projeto para uma psicologia científica*.[20]

A comparação com a melancolia mostra que é aqui que o Eu começa a se criticar, humilhar e a se tornar pobre e vazio: "No luto é o mundo [*Welt*] que se tornou pobre e vazio; na melancolia é o próprio ego".[21]

---

18 Ibidem, p. 45.
19 Freud, S. (2014). *A negação*. São Paulo: Cosac Naify.
20 Freud, S. (1988). Proyecto de psicología. In Freud, S. *Publicaciones prepsicoanalíticas y manuscritos inéditos en vida de Freud (1886-1899)* (Coleção Sigmund Freud: Obras Completas, Vol. I). Buenos Aires: Amorrortu.
21 Freud, S. (2010). *Luto e melancolia* (Marilene Carone, Trad. e Notas). São Paulo: Cosac Naify (Obra original publicada em 1917), p. 53.

Temos então dois processos que são habitualmente tratados em conjunto, mas que para nossos propósitos merecem uma separação preliminar: (1) o juízo de existência ou o teste de realidade, e (2) o que torna o mundo ou o Eu mais rico ou mais pobre? O que está envolvido nesse sentimento de mundo [*Weltgefühl*] que poderia ser comparado com o sentimento de si [*Ichgefühlt*]? Por que, afinal, Freud privilegia o esvaziamento-empobrecimento do Eu, e não o correlato enriquecimento do mundo? Observemos que o eixo de comparação da pobreza para a riqueza, o juízo de valor contra o juízo de existência, portanto, é um critério clínico e teórico do processo de luto, tornado ainda mais claro na melancolia: "Defeito físico, feiura, fraqueza e inferioridade social (...); só o empobrecimento assume um lugar preferencial entre seus temores e afirmações".[22]

Assim como a melancolia, o luto é a *"reação à perda real do objeto de amor"*[23] (*realen Verlust des Liebesobjekts*). Este é o motivo para que venha à luz *"a ambivalência das relações amorosas"*.[24] Assim como a melancolia, o luto:

> (...) desaparece depois de certo período de tempo, sem deixar grandes alterações demonstráveis (...). Constatamos que [no luto] era preciso tempo para executar minuciosamente a ordem da prova de realidade, e que depois de realizado esse trabalho o ego liberta sua libido do objeto perdido.[25]

Encontramos assim o ponto de corte entre o primeiro e o segundo momento do luto, qual seja, a passagem das operações de reconhecimento da perda, real e imaginária, para o seu processo de simbolização, marcado pela reacomodação e retomada das identificações do sujeito.

O *segundo momento do luto* é caracterizado pelos destinos divergentes da perda do objeto (real ou imaginária) e pela regressão (da escolha narcísica de objeto para o narcisismo), ou seja, pela comparação e recomposição

---

22 Ibidem, p. 57.
23 Ibidem, p. 65.
24 Ibidem.
25 Ibidem, p. 71.

das identificações. Aqui o crivo diferencial se coloca entre a melancolia e o luto normal. No entanto, nada autoriza a concluir que o luto patológico seja a regra de composição do espectro melancólico. Por exemplo, na depressão obsessiva[26] estão presentes a autorrecriminação e a culpa, procedente da ambivalência, por ter desejado a perda do objeto, mas isso pode ou não se fazer acompanhar de retração regressiva.

> Assim como o luto leva o ego a renunciar ao objeto, declarando-o morto e oferecendo-lhe como prêmio permanecer vivo, também cada uma das batalhas de ambivalência afrouxa a fixação da libido, desvalorizando-o, rebaixando-o, como que também matando-o.[27]

O termo em alemão para autorrecriminação é *Selbstvorwürfen*, que procede do mesmo verbo *werfen*, "atirar, lançar", cujo cognato *Verwerfüng* define para Lacan o processo psicótico. No vocábulo temos, então, a ideia de atirar-se para fora de si mesmo. Começa a ficar claro aqui que há uma ambiguidade conceitual envolvendo a noção de *pessoa* (*Person*) e o conceito de Eu (*Ich*), indiciada na expressão si-mesmo (*selbst*) e que atravessa todo o texto. Ao todo são dez expressões compostas do sufixo *selbst*, que podem ambiguamente se referir ao eu, a seus ideais, à consciência, ao self ou até mesmo ao sujeito: *Selbstgefühl* (autoestima), *Selbstvorwürfen* (autorrecriminação), *Selbstbeschimpfung* (autoinsulto), *Selbstkritik* (autocrítica), *Selbstherabsetzung* (autodepreciação), *Selbsteinschätzung* (autoavaliação), *Selbstanklange* (autoacusação), *Selbstquälerei* (autotormento), *Selbstbestrafung* (autopunição) e *Selbstmord* (suicídio).[28]

Tudo se passa como se Freud separasse o objeto de seu predicado, o amor e o objeto de amor, considerando destinos diferentes para cada um dos casos. O amor pode ser substituído regressivamente pelo narcisismo, mas o objeto, não. A perda do objeto pode desencadear uma alteração do destino da pulsão conhecida como *"retorno à própria pessoa"*, operação inicialmente identificada com o narcisismo, mas que é

---

26 Ibidem, p. 67.
27 Ibidem, p. 83.
28 Ibidem, p. 46, conforme nota da tradutora Marilene Carone.

mais rigorosamente descrita como masoquismo.[29] Nela "o doente ainda tenta conseguir, por meio do rodeio da autopunição, vingar-se dos objetos originários e atormentar seus seres amados através da condição de doente".[30]

Outra situação de luto patológico não melancólico examinada aqui é o suicídio. Neste caso, o sujeito teria que *"tratar a si como um objeto"* ou deixar-se subjugar (*überwaltigt*) pelo objeto, como acontece no apaixonamento (*Verliebtheit*). Nos dois casos, incide uma condição clínica muito pouco explorada: a angústia de empobrecimento (*Verarmungsangst*). Temos agora, além do enriquecimento do Eu e do empobrecimento do mundo, a angústia de empobrecimento. Ela nos remete diretamente à semântica do verbo "ter" e do sentido intuitivo e antônimo do verbo "perder". Isso nos leva a pensar que só posso *perder* aquilo que um dia eu *tive*. Mas até onde é justo e rigoroso aplicar o verbo *ter* a pessoas? Realmente possuímos pessoas como possuímos coisas? Este é o dilema subterrâneo da teoria psicanalítica do luto: é preciso aceitar que perdemos aquela pessoa porque ela nos aparece como uma coisa, como um corpo inerte ou um cadáver. Por outro lado, é possível reter da coisa seus predicados, sua memória, seus traços, de tal maneira que a pessoa seja extraída e sobreviva independentemente da coisa. Para essa operação, precisamos contar com uma diferença ontológica entre a perda real, realística ou mundana, e a perda psíquica, representacional ou ideal.

> O normal é que vença o respeito à realidade. (…) [Esta incumbência] será cumprida pouco a pouco com grande dispêndio de tempo e de energia de investimento, e enquanto isso a existência do objeto de investimento é psiquicamente prolongada. Uma a uma, as lembranças e expectativas pelas quais a libido se ligava ao objeto são focalizadas e superinvestidas e nelas se realiza um desligamento da libido.[31]

---

29 Correlato de: "o ódio entra em ação nesse objeto substitutivo, insultando-o, humilhando-o, fazendo-o sofrer e ganhando nesse sofrimento uma satisfação sádica". In Freud, S. (2010). *Luto e melancolia*. São Paulo: Cosac Naify (Marilene Carone, Trad. e Notas). (Obra original publicada em 1917), p. 67.
30 Ibidem.
31 Freud, S. (2010). *Luto e melancolia*. São Paulo: Cosac Naify (Marilene Carone, Trad. e Notas). (Obra original publicada em 1917), p. 49.

Paulo César de Souza traduz a parte final deste trecho assim:

> Cada uma das lembranças e expectativas em que a libido *se achava ligada* [*geknüpft*] ao objeto é enfocada e superinvestida, e em cada uma sucede o desligamento da libido.³²

Ao traduzir o termo "*geknüpft*" por "ligada", perdemos a literalidade da palavra que vem de nó "*Knüpf*" e cuja letra foi preservada na edição argentina de Etcheverry: "*anudava*". Dois tipos de nós são descritos no texto: o nó do amor e o nó da guerra (ou do ódio). Temos então um processo que pode ser justificadamente conceituado como um encadeamento ou enodamento entre nós, cuja separação e contagem traduzem as impressões ou lembranças do objeto vivo em comparação com o juízo de não existência.

Temos aqui novamente duas operações: seleção das lembranças superinvestidas e o desligamento da libido. Retenhamos aqui a operação de contagem: *Jeden einzelne der Errinungen* – "Uma a uma, as lembranças (…) são *focalizadas*", diz a tradução de Marilene Carone. O problema representado pelo número de impressões envolvido nesse processo atravessa todo o texto de Freud, a ponto de definir quantitativamente o luto:

> Se o objeto não tiver para o ego um significado tão grande, reforçado por milhares de laços, sua perda não se prestará a provocar um luto ou uma melancolia. Essa característica da execução minuciosa [*Einzeldurchführung*] (…).³³

São milhares de nós [*tausendfältige Verknüpfung*] submetidos a uma operação que a tradução de Carone chama de "execução minuciosa", mas que não corresponde ao sentido de *Einzeldurchführung*. Primeiro, porque perde o radical "*durch*", ou seja, "através de", o qual está presente, por exemplo, no conceito psicanalítico de elaboração [*Durcharbeiten*]. Depois, porque elide a noção de "*um*" como singular ou único [*Einzelne*]. Finalmente, porque, ao enfatizar a ideia de "execução", deixa de lado as noções de liderança,

---
32 Idem, p. 174.
33 Idem, p. 81.

pesquisa ou direção presentes em [*führung*]. Paulo César de Souza escolhe "*executar passo a passo*",[34] que é melhor por ressoar com a ideia de enumeração. Etcheverry também segue esta pista ao propor "*ejecución pieza por pieza*".[35] Poderíamos levantar como alternativa "contabilidade individual" ou "pesquisa do individual", mas todas essas soluções criam uma expressão composta para aquilo que é, em alemão, uma única operação.

Ora, *einzeln* é derivado de *ein*, ou seja, de "um", podendo ser traduzido por único ou singular, e é um termo de alta carga filosófica. Ele pode ser comparado com o cognato *einziger*, como na expressão destacada por Lacan: traço unário [*einziger zug*], que traduz, portanto, dois modos de contar a unidade – a contagem por conjunto (um a um), na qual um traço é focalizado [*eingestellt*] e sobreinvestido [*übersetz*] para ter sua libido perdida (*Lösung der Libido*), e a contagem do que ainda não fez conjunto e se apresenta como uma coleção de partes, predicados, ou traços, na qual se desconhece o princípio ordenador ou a regra de identidade.

Juntando a ideia elidida de nó [*Geknüpf*] com o problema da tradução da contagem [*Einzeldurchführung*], temos uma justificativa para introduzir a noção de contagem de encadeamentos. Isso é compatível com o que diz Freud: "operação de compromisso [*Kompromissleistung*], que consiste em executar uma por uma [*Einzeldurchführung*] a ordem da realidade [*Realitätsgebotes*]".[36] Notemos que passamos do plano do juízo de existência sobre a morte para a ordem da realidade, aqui referida à *Realität*. Observemos que essa operação demanda uma explicação metapsicológica do afeto que a acompanha: a dor.

Mais adiante, já no quadro da comparação com a melancolia, Freud parece definir o resultado desse trabalho, do que estamos chamando de segundo tempo do luto, da seguinte maneira:

---

34 Freud, S. (2010). *Luto e melancolia*. São Paulo: Cosac Naify (Marilene Carone, Trad. e Notas). (Obra original publicada em 1917), p. 191.
35 Freud, S. (1988). Duelo y melancolía. In Freud, S. *Contribución a la historia del movimiento psicoanalítico: trabajos sobre metapsicología, y otras obras (1914-1916)* (José L. Etcheverry, Trad., Coleção Sigmund Freud: Obras Completas, Vol. XIV). Buenos Aires: Amorrortu, p. 253.
36 Freud, S. (1975). Trauer und Melancholie. In Freud, S. *Psychologie des Unbewußten* (Coleção Studienausgabe, Vol. 3). Frankfurt: S. Fischer, p. 55.

(...) não podemos discernir com clareza o que se perdeu e com razão podemos supor que o doente também não é capaz de compreender conscientemente o que ele perdeu.[37]

Primeiro admitimos a perda, depois pesquisamos, lembramos e descobrimos o que se perdeu na perda. Primeiro se considera o objeto, depois se passa ao seu valor ou qualidade, seja como amor, seja como ódio.[38] No luto, sabemos o que foi perdido, na melancolia, não. Por isso, na melancolia há autocrítica, autodegradação, delírio de inferioridade, juízos injustos consigo próprio, sentimento de inutilidade, insônia, recusa alimentar, mas, no luto normal, não.[39] O melancólico sente satisfação em seu autodesnudamento e na perda de seu autorrespeito; o enlutado normal, não. No melancólico a perda é no Eu; no enlutado, ela incide sobre o objeto. Ora, a fronteira entre um e outro estado começa a ficar cada vez mais improvável, o que se consuma com a inversão sugerida por Freud:

> Para eles [os melancólicos], queixar-se é dar queixa no velho sentido do termo; eles não se envergonham nem se escondem, porque tudo de depreciativo que dizem de si mesmos no fundo dizem de outrem.[40]

Ora, se os lamentos [*Klagen*] melancólicos contra si são, na verdade, queixas contra o outro [*Anklagen*],[41] no sentido jurídico, no luto normal as queixas contra o outro, que teria me abandonado, não seriam também queixas contra mim por não me ter feito amável o suficiente para que o outro não me deixasse?

O complexo melancólico, comportando-se como uma ferida aberta, atrai para si a libido investida e contrainvestida, impedindo sua libertação e gerando um "esvaziamento do ego até seu empobrecimento total"

---

37 Freud, S. (2010). *Luto e melancolia*. São Paulo: Cosac Naify (Marilene Carone, Trad. e Notas). (Obra original publicada em 1917), p. 49.
38 Ibidem, p. 51.
39 Ibidem, p. 53.
40 Ibidem, p. 59.
41 "Ihre *Klagen* sind *Anklagen*, gemäss dem alten Sinne des Wortes" (FI, p. 203).

(*entleert das Ich bis zur völligen Verarmung*). Daí o sintoma fundamental da insônia como resistência ao desejo egoico de dormir.[42] Por isso:

> (...) uma perda do ego sem consideração pelo objeto (uma ofensa puramente narcísica ao ego) não basta para produzir o quadro da melancolia e um *empobrecimento da libido do ego*, provocado diretamente por toxinas, não pode gerar formas dessa afecção.[43]

Notemos a indeterminação entre empobrecimento do Eu e empobrecimento da libido. O Eu se empobrece quando a libido migra para o complexo e se enriquece quando a libido volta ao Eu. Quanto mais libido, mais riqueza. Percebe-se, assim, como o funcionamento do luto depende de um modelo aquisicionista intuitivo: ter objetos, enriquece; perder objetos, empobrece. Mas o contrário não é verdadeiro: ter libido no Eu não o enriquece, mas o torna maníaco; perder libido no Eu não o empobrece, mas o torna capaz de amar os outros e de investir desejo no mundo.

Ora, talvez seja por isso que pesquisas recentes[44] têm mostrado a fragilidade do modelo psicanalítico para a mania, baseado no contraponto com a melancolia, ainda que *com o mesmo conteúdo*.[45] A hipótese freudiana é de que ambas lutam com o mesmo complexo, saindo-se o Eu da mania vitorioso, ali onde o Eu melancólico fenece, conforme a fórmula "a sombra do objeto cai sobre o Eu". Surge assim a ideia da mania como uma "falsa libertação" da libido em relação ao objeto, e a ideia do luto bem concluído, que seria como uma verdadeira libertação. Temos aqui o ponto de corte para entender o terceiro momento do luto, o qual descreve seu término:

---

42 Ibidem.
43 Freud, S. (2010). *Luto e melancolia*. São Paulo: Cosac Naify (Marilene Carone, Trad. e Notas). (Obra original publicada em 1917), pp. 70-71.
44 Bazzo, R. (2019). *O triunfo do Ideal: contribuições para o estudo psicanalítico da mania* (Tese de Doutorado). Instituto de Psicologia, Universidade de São Paulo, São Paulo, SP, Brasil.
45 Freud, S. (2010). *Luto e melancolia*. São Paulo: Cosac Naify (Marilene Carone, Trad. e Notas). (Obra original publicada em 1917), pp. 72-73.

E o notável é que esse doloroso desprazer nos parece natural. Mas de fato, uma vez concluído o trabalho de luto [*Traumarbeit*], o ego fica novamente livre e desinibido.[46]

No texto de Freud, esse terceiro tempo frequentemente se confunde com uma síntese do trabalho de luto. Mas há espaço para separar o processo de juízo e de comparação que marcam o primeiro e o segundo momento, respectivamente, do ato psíquico de conclusão, em relação ao qual Freud parece estar hesitante: trata-se de uma nova identificação ou da transformação de uma identificação antiga.

> (...) a identificação é a etapa preliminar da escolha de objeto, e é a primeira modalidade, ambivalente na sua expressão, pela qual o ego distingue um objeto. Ele gostaria de incorporá-lo, na verdade, devorando-o, de acordo com a fase oral ou canibalística do desenvolvimento libidinal.[47]

O término do luto seria o equivalente da incorporação do objeto perdido no interior do Eu. O modelo dessa incorporação é o canibalismo, que funciona como plataforma de base para toda a teoria freudiana da identificação. No entanto, os argumentos para ligar a melancolia com a oralidade canibal são fracos. Por que a recusa alimentar seria um sintoma tão ou mais importante que os outros? Ademais, se a hipótese é verdadeira, ele deveria ser um sintoma mais constante do que se verifica na casuística.

Também a hipótese da predominância do tipo narcísico de escolha de objeto é insuficiente para diferenciar a melancolia de todas as neuroses narcísicas.[48] A observação corretiva de Freud estabelece que na histeria não há abandono do investimento de objeto, como ocorre na melancolia. O reparo transfere o problema da regressão ao objeto oral para a regressão no plano da identificação: da histérica para a narcísica. Ainda assim, a solução não é convincente para o próprio Freud, pois ele afirma que:

---

46 Ibidem, p. 51.
47 Ibidem, p. 63.
48 Ibidem.

De qualquer modo, também nas neuroses de transferência a identificação é expressão de algo comum, que pode significar amor.[49]

De fato, o fim do luto é descrito por muitos autores em associação com a renovação da capacidade de amar. Mas ainda remanesce esclarecer qual seria a diferença entre este encerramento libertador e as falsas libertações representadas pela mania, mas também pela supressão artificial da repressão, por meio do uso de substâncias como o álcool. Ainda assim, a alegoria de referência retoma o tema da pobreza e da riqueza no contexto da liberdade:

> Por exemplo, quando um pobre-diabo [*armer Teufel*] fica subitamente liberado, por uma grande soma de dinheiro, da preocupação crônica com o pão de cada dia, quando uma longa e árdua luta finalmente se vê coroada de êxito, quando se chega a ter condições de poder desfazer de um só golpe de uma coerção opressiva, ou de uma dissimulação que se prolongou por muito tempo etc. Todas essas situações se caracterizam pelo estado de ânimo elevado, pelas marcas de descarga de um afeto de alegria e por maior prontidão para todos os tipos de ação, como na mania, em completa oposição com a depressão e a inibição da melancolia.[50]

Assim como o melancólico não sabe o que perdeu, o maníaco não sabe o que ganhou. Por isso, o maníaco demonstra sua libertação do objeto que o fez sofrer como um faminto (*Heisshungriger*) que sai à procura de novos investimentos.[51] Ao contrário de ambos, as neuroses de transferência conquistaram sua liberdade por meio do trabalho do luto, que lhes propiciou um saber. Por sua vez, o depressivo, assim como o traumatizado,[52] está estacionado em algum momento anterior nesse trajeto de libertação.

> (...) o luto normal também supera [*überwindet*] a perda do objeto e enquanto dura ele absorve igualmente todas as energias do ego. Por que,

---

49 Ibidem, p. 65.
50 Ibidem, p. 75.
51 Ibidem, p. 77.
52 Ibidem, p. 83.

depois que passou, não há indícios de que se produziu nele a condição econômica para uma fase de triunfo?⁵³

Essa questão leva Freud à conjectura que integra os dois tempos anteriores do luto. Para cada uma das recordações [*Erinnerungen*] ou situações de expectativa [*Erwartungssituationen*] que são comparadas entre o Eu e o objeto perdido, a realidade traz à tona seu veredito de que o objeto não existe mais. Nesse ponto, o ego seria indagado se quer compartilhar o destino com o objeto perdido e a satisfação de estar vivo desfaz sua ligação com o objeto aniquilado.⁵⁴

> Podemos imaginar que esse desligamento se dá tão lenta e gradualmente, que ao terminar o trabalho também se dissipou o gasto que ele requeria.⁵⁵

Ou seja, um bom trabalho de luto termina com o preço justo entre a elaboração das perdas e o bônus da sobrevivência:

> É possível que o processo chegue ao fim dentro do sistema *Inc*, quer depois que a fúria se aplacou, quer depois que se desistiu do objeto por ser ele destituído de valor. (...) Talvez o ego possa com isso desfrutar da satisfação de poder se reconhecer como melhor, como superior ao objeto.⁵⁶

Voltamos aqui à economia da pobreza e da riqueza, dos que se foram e dos que sobreviveram. As três premissas da melancolia são também três tarefas enfrentadas por todo e qualquer luto: a perda do objeto, a ambivalência e a regressão da libido para o Eu. Depois disso, podemos ter o triunfo maníaco ou a aceitação. A situação para o melancólico é mais difícil:

> (...) "a representação inconsciente (de coisa [*Ding*]) do objeto é abandonada pela libido". Mas na realidade essa representação está no lugar de incontáveis impressões singulares (seus traços inconscientes) e a execução

---

53 Ibidem.
54 Ibidem, p. 79.
55 Ibidem, p. 80.
56 Ibidem, p. 85.

dessa retirada de libido não pode ser um fenômeno de um instante, mas, como no luto, certamente, um processo moroso, que progride pouco a pouco.[57]

Voltamos ao problema da contagem dos traços, que será redescrito mais adiante como "*inúmeras batalhas isoladas, nas quais amor e ódio competem entre si*".[58] Assim, a contagem do traço para desligar a libido do objeto, vamos dizer, subtrair-lhe libido é [−1], e a outra contagem de traço para defender a posição da libido é [+1]. Tais batalhas ocorrem no inconsciente entre o "reino dos traços mnêmicos de coisas" [*sachlichen Erinnerungsspuren*] em oposição ao "investimento de palavras [*Wortbesetzungen*].[59] Voltamos, assim, inesperadamente ao problema da relação entre coisas e pessoas, agora desdobrado em coisas, pessoas e palavras. Ao que tudo indica, essa diferença envolve a diferença entre traços [*Zug*], marcas [*Spur*] e representação [*Vorstellung*], tendo entre elas as impressões incontáveis [*ungezählte Einzeleindrücke*].

Como comparar ou identificar quando a representação coisa [*Dingvorstellung*] está no lugar de "*incontáveis impressões singulares (seus traços inconscientes)*" [*ungezählte Einzeleindrücke (unbewusste Spuren derselben)*]? O problema é ainda maior se consideramos que a palavra "coisa" tem dois correlatos em alemão: *das Ding*, para objetos reais ou transcendentais, e *die Sache*, para objetos abstratos ou humanos. A diferença não é estável e clara na língua, mas, conceitualmente, *Ding* remete àquilo que permanece em si e *Sache* ao que pode ser comparado, trocado, medido ou contabilizado.

O conjunto dessas observações resume o problema que este livro quer levantar em torno dos lutos finitos e lutos infinitos:

a. Se as impressões da "pessoa perdida" são *incontáveis* [*ungezählte*], como elas podem ser comparadas exaustivamente [*Einzeldurhführung*], todas elas, uma a uma, com o ego?

---

57   Ibidem, p. 86.
58   Ibidem, p. 81.
59   Ibidem.

b. Se essas impressões são singulares [*Einzeleindrücke*], como elas podem ser comparadas ou reunidas com outras impressões, digamos, genéricas, como os traços unários das identificações [*Einziger Zug*]?

c. Se no processo de luto temos que produzir uma nova identificação por meio de um novo traço único [*Einzeln Zug*] no interior do eu, e se este novo traço decorre das comparações entre signos inconscientes [*unbewusste Spuren derselben*], seriam estes novos traços únicos e singulares, idênticos a si mesmos [*selbst*], posto que substituem o objeto, ou seriam eles diferentes de si mesmos?

Reencontramos aqui as três concepções historicamente fundamentais de infinito. O incontável é uma versão do infinito como infinitesimal, tendente a zero, definido por Cauchy, em 1826, como limite ou variável dependente. O infinito como unário parece ser um caso do infinito como contínuo, definido por Dedekind, em 1858, a partir do número real e do método da divisão. Finalmente, o problema da identidade do infinito teria sido enfrentado por Cantor, em 1859, a partir do método da diagonal. Discretude, limite e continuidade são três problemas matemáticos envolvidos no problema legado por Freud sobre o luto.

> (...) o problema lógico simbólico na definição formal dos infinitos: por mais que a intuição nos pareça evoluir para a elaboração formal de uma formalização de uma dada quantidade, infinitamente grande ou pequena – por exemplo pelos axiomas de Peano, números Hiper-reais ou números Surreais – ainda estamos limitados pela quantidade finita de símbolos e ideias empregados e submetidos a uma interpretação mental, de onde vem a dificuldade de entender seus significados. É como se entendêssemos o infinito por um não-ser: o infinito não é tudo aquilo que se é capaz de pensar – embora tal não-ser possa ser simbolizável formalmente".[60]

A ideia de uma heterogeneidade interna ao conceito de infinito combina, intuitivamente, com o contraste entre a exposição linear e progressiva

---

60 Abrahão, F. S. (2009). Infinitos e infinitesimais: um problema matemático. In *Scientiarum História II – 2 Congresso de História das Ciências e das Técnicas e Epistemologia*, 2009, Rio de Janeiro. pp. 811-815.

de seu conceito e a irregularidade e diversidade de apresentações clínicas do luto. Nunca é como uma casa, que se começa pelos alicerces e se termina pelas portas e janelas. Ao contrário, na experiência corrente vemos os vários trabalhos envolvidos no luto se revezarem em temporalidades próprias: risos erráticos no começo e no fim, alternações de humor, afetos de estranhamento, descrença e despersonalização, irrealização do acontecimento, culpa e vergonha, choro e alívio, tudo isso se mistura em movimentos não lineares. Se não há progresso, nesse sentido, é possível descobrir que uma das alas na mansão ou um dos cômodos do barraco se fez notar pela ausência. Às vezes nos dedicamos demais a um ângulo da perda ou ficamos excessivamente raivosos e indignados com o empreiteiro. Ao final e ao cabo, o luto é uma complexa operação de reparação da experiência, simbolização da perda e criação de um novo desejo.

Luto e melancolia não é a palavra final de Freud sobre o tema. Curiosamente, os adendos à sua concepção de luto aparecem em formatos desiguais, cartas pessoais, como a já mencionada a Binswanger, em que se introduz a noção de lutos decididamente infinitos, mas também, de modo apendicular, em *Totem e tabu* (1912-1913), em pequenos opúsculos como *Sobre a transitoriedade* (1916 [1915]), sem falar na presença transversal do tema do luto na redação de *A interpretação dos sonhos* (1900), com a morte do pai de Freud, e em *Além do princípio do prazer* (1920), com a perda de sua filha Sophie.

Sobre a transitoriedade, escrito contemporâneo da redação de *Luto e melancolia*, examina o problema do luto de uma perspectiva diferente da perda amorosa e individual. Nele, Freud trata da ideia de que "*toda beleza está destinada a desaparecer*",[61] ou seja, de que os lutos amorosos são casos particulares de um processo mais geral de "*desaparecência*" das coisas, pessoas, nações e épocas. Essa abordagem será retomada e generalizada, cinco anos mais tarde, em *Além do princípio do prazer*, mas sem o elemento essencial aqui que é a perspectiva estética. A *Vergänglichkeit*, ou seja, substantivo derivado do verbo *gehen* (andar, passear, caminhar),

---

61 Freud, S. (1988). La transitoriedad. In Freud, S. *Contribución a la historia del movimiento psicoanalítico: trabajos sobre metapsicología, y otras obras (1914-1916)* (Coleção Sigmund Freud: Vol. XIV). Buenos Aires: Amorrortu, p. 309.

é um princípio universal que ofende nosso desejo de permanência. Daí também que o valor seja produzido em escala direta da escassez da temporalidade, virtualmente da finitude da vida humana. A eternidade se deduziria, então, da inversão e da negação dessa finitude. A fugacidade e a efemeridade dos acontecimentos, exemplificados pelos efeitos estéticos, não se dobram ao caráter passageiro das coisas, "*ainda que uma flor só se abra em uma única noite, sua florescência não nos parecerá menos esplêndida*".[62] Considerando o luto um processo de desapego e retirada gradual de nossa "propriedade" sobre o objeto perdido, Freud mobiliza a experiência estética da transitoriedade como uma espécie de contrário do luto, ou, como nós preferimos dizer, um luto infinito da transitoriedade infinita que habita nossa existência:

> Tem de ter sido a revolta psíquica contra o luto o que desvalorizou o gozo do belo. A representação de que o que era belo era transitório deu aos mais sensíveis um prenúncio do luto pelo seu declínio (*Untergang*) e, uma vez que o psíquico se aparta instintivamente de tudo que é doloroso, sentiram uma depreciação do prazer estético na ideia de transitoriedade. O luto pela perda de algo que amamos ou admiramos parece ao leigo tão natural que chega a ser óbvio. Para o psicólogo, ao contrário, o luto é um grande enigma, um daqueles que alguém não explica por si mesmo.[63]

A destruição, a efemeridade e a transitoriedade, via de regra, seriam, assim, um caminho para "superar as diferenças entre povos e raças". O problema de fundo aqui é evitar o efeito de empobrecimento que advém com o fim de uma vida ou de um grande amor. Como se pelo simples fato de terem acabado perdessem algo de seu valor, a ponto de, às vezes, duvidarmos de sua existência e de sua qualidade. Aqueles que pensam e sentem assim, diz Freud, o fazem simplesmente porque estão em estado de luto.

> Sabemos que o luto, por mais doloroso que seja, expira de maneira espontânea. Quando acabamos de renunciar a tudo o que foi perdido, devorou-se

---

62 Ibidem, p. 310.
63 Ibidem, p. 310.

também a si mesmo, e então nossa libido fica de novo livre para, se, todavia, formos jovens e capazes de vida, substituir-nos os objetos perdidos por outros novos que sejam, se possíveis, tão ou mais apreciáveis.⁶⁴

Aqui surgem duas ideias que contrariam a linha tomada em *Luto e melancolia* e adquirem a mais alta relevância para as hipóteses centrais deste livro. Em primeiro lugar, o luto não é definido apenas como uma devoração, incorporação ou identificação do outro, mas como "autodevoração", autodissolução e desidentificação de si mesmo. Em segundo lugar, o luto é considerado uma revolta e um estado de não aceitação provisória da *transitoriedade*, e aqui Freud não usa o termo *morte*, nem *finitude*, como negação da vida. Isso nos remete a um conceito que anuncia a pulsão de morte, como uma espécie de luto infinito, inerente à existência humana e ao trato entre vivos e mortos, ou seja, o infamiliar (*Unheimliche*).

---

64   Ibidem, p. 311.

CAPÍTULO 2

Tragédias do luto em Lacan

As primeiras observações de Lacan sobre o luto ocorrem no contexto de uma separação muito específica, a saber, aquela que concerne ao final do tratamento psicanalítico. Nesse momento, ele desloca o problema do luto do reconhecimento de uma realidade impossível (a morte) para uma questão existenciária, representada pelo buraco no real:

> Esse buraco no real chama-se, segundo a maneira pela qual o encaramos, o ser ou o nada. Esse ser e esse nada são essencialmente ligados ao fenômeno da palavra. É na dimensão do ser que se situa a tripartição do simbólico, do imaginário e do real, categorias elementares sem as quais não podemos distinguir nada na nossa experiência.[1]

Mas isso não significa abolição da questão da realidade, e sim seu reposicionamento enquanto contradição[2] e enquanto verdade ou erro,[3] que não se dá no plano do signo[4] positivo. Portanto, a relação de reconhecimento

---

1   Lacan, J. (1986). *O Seminário, livro 1: os escritos técnicos de Freud (1953-1954)*. Rio de Janeiro: Zahar, p. 308.
2   "A realidade se define pela contradição." (Ibidem, p. 304.)
3   "(...) no discurso é a contradição que estabelece a separação entre a verdade e o erro." (Ibidem, p. 301.)
4   "A verdade está fora dos signos, alhures." (Ibidem, p. 299.)

para com a morte envolve extração de verdade, produção de um discurso capaz de absorver sua própria equivocação[5] sobre "a coisa" perdida. Com esse deslocamento, Lacan traz junto um novo problema, que é a admissão de negatividade e, consequentemente, de temporalidade no inconsciente.[6] Com isso, o inconsciente passa a ser tanto algo de negativo e inacessível quanto algo de real: "algo que será realizado no simbólico ou, mais exatamente, que graças ao progresso simbólico: será".[7]

Sobre o final da análise, o *Seminário 1* afirmará que esse momento passa necessariamente pelas coordenadas, "legal, legalizante, que se chama o Complexo de Édipo",[8] passando pelos elementos traumáticos "fundados numa imagem que nunca foi integrada [onde] se produzem os buracos, os pontos de fratura, na unificação e na síntese da história do sujeito".[9] Já nesse momento surge uma hesitação sobre o estatuto antropológico, expresso de forma mítica ou trágica, sobre a origem da autoridade e da lei, sua interiorização por meio do Supereu e sua reatualização nas transferências:

> — *O Sr. acredita verdadeiramente que a criança come então o seu pai, que isso lhe entra no estômago e se torna o supereu? (...) [Esse etnólogo] diria: — Primitivos muito curiosos, esses analisados, que comem o seu analista, pedacinho por pedacinho.*[10]

Ou ainda:

> (...) no fim de uma análise acabada, verdadeiramente terminada, (...) produz-se (...) um estado de narcisismo que vai a uma exaltação sem freio

---

5 "Na análise, a verdade surge pelo que é o representante mais manifesto da equivocação." (Ibidem, p. 302.)
6 "(...) o inconsciente se coloca fora do tempo. É e não é verdade. Ele se coloca fora do tempo exatamente como o conceito, porque é o tempo em si mesmo, o tempo puro da coisa, e pode como tal reproduzir a coisa numa certa modulação, de que qualquer coisa pode o ser suporte material." (Ibidem, p. 276.)
7 Ibidem, p. 185.
8 Ibidem, p. 229.
9 Ibidem, p. 228.
10 Ibidem, p. 196.

dos desejos. O sujeito se embriaga com uma sensação de domínio absoluto da realidade. (...) Quanto à última sessão, não se passa sem, num e noutro parceiro, a maior vontade de chorar.[11]

O relato replica de modo cabal o trabalho do luto: encontro com o buraco, reedição da identificação, incorporação por introjeção simbólica (canibal), domínio sobre a perda, mania efusiva e restituição narcísica. Mas já aqui aparece o problema da análise infinita:

> Uma vez realizado o número de voltas necessárias para que os objetos do sujeito apareçam, e sua história imaginária seja completada, uma vez que os desejos sucessivos (...) estejam nomeados e reintegrados, nem por isso está tudo acabado. (...) Onde deve parar esse reenvio? Será que deveríamos levar a intervenção analítica até diálogos fundamentais sobre a justiça e a coragem, na grande tradição dialética?[12]

A pesquisa sobre o luto parece ter sido crucial para entender e subdividir a noção de falta entre privação, castração e frustração, segundo os registros respectivos da falta Real, Simbólica e Imaginária. Compreende-se, assim, por que a teoria do luto em Lacan se concentra entre os anos 1956 e 1963 e seja sucedida pela tematização da separação, extração, corte ou queda do objeto *a*. De certa maneira, o luto e a angústia são os dois problemas fundamentais que Lacan resolve, inicialmente, pela partição dos registros da falta e, em seguida, pela crítica da noção de identificação: "O buraco desta perda, que provoca no sujeito o luto, onde está ele? Ele está no real".[13]

Observemos, portanto, que para Lacan, pelo menos até 1960, o que está em jogo no luto não é a castração, mas a privação, e é nesta condição que ele participa da "estrutura fundamental da constituição do desejo".[14]

---

11 Ibidem, p. 212.
12 Ibidem, p. 230.
13 Lacan, J. (2016). *O Seminário, livro 6: o desejo e sua interpretação (1958-1959)*. Rio de Janeiro: Zahar, p. 74.
14 Lacan, J. (2005). *O Seminário, livro 10: a angústia (1962-1963)*. Rio de Janeiro: Zahar, p. 361.

A privação é a falta real de um objeto simbólico, a frustração é a falta imaginária de um objeto real e a castração é a falta simbólica de um objeto imaginário. Isso permitiria introduzir uma diagnóstica ausente na teoria do luto freudiana, na qual a perda de um ente amado, uma ideia ou um amor são igualmente objetos de luto. Por exemplo, as cartas de André Gide, queimadas por sua amada, prima e esposa, Madeleine Rondeaux, tornam-se objeto de um luto:

> [As linhas de Gide] são simplesmente atrozes, pela conjunção de um luto que insiste em renovar seus juramentos – amei-a e a amarei para sempre – com a miséria de um olhar que se descerrou para o que foi o destino do outro, para quem nada mais resta, para se conter, senão a devastação [*ravage*] de uma privação [*privation*] desumana.[15]

A observação ilustra perfeitamente o que estamos chamando de luto infinito, ou seja, votos renovados [*renouveler ses vœux*], que eternizam a identificação amorosa e cumprem um papel masoquista [*atroces*]. Conjunção entre luto, privação e devastação. Ademais, a análise de Lacan introduz dois elementos importantes para nossa hipótese. A perda da correspondência é um "golpe desferido em seu ser por esse luto, em termos que só reencontraria na perda de Madeleine"[16] dois anos mais tarde. Ou seja, um luto se encadeia com outro luto para encontrar seu fim, o qual é celebrado pelo que Lacan chama de "o peso do riso".[17]

Mas a essência da abordagem lacaniana do luto concentra-se nos seguintes seminários: *Seminário 6: O desejo e sua interpretação* (1958-

---

15 Lacan, J. (2005). Juventude de Gide ou a letra e o desejo. In Lacan, J. *Escritos*. Rio de Janeiro: Zahar, p. 770.
16 Ibidem, p. 773.
17 A ideia está contida, no original em francês, em: "Ce rire a réduit Gide lui-même à sourire d'avoir écrit: 'Peut-être n'y eut-il jamais plus belle correspondance'. Mais qu'il l'ait pleuré comme telle, qu'il nous ait témoigné du coup porté en son être par ce deuil, en des termes qu'il n'a retrouvés que pour la perte de Madeleine, après que les années lui eurent ramené étrangement sa confiance et sa proximité, cela ne mérite-t-il pas qu'on le pèse? Et comment le peser?" (Lacan, J. (1966). *Écrits*. Paris: Seuil, p. 762.)

-1959),[18] *Seminário 7: A ética da psicanálise* (1959-1960)[19] e *Seminário 8: A transferência* (1960-1961).[20] Durante esse período de esforço continuado, Lacan examina uma tragédia antiga, *Antígona*, de Sófocles, uma moderna, *Hamlet*, de Shakespeare, e outra contemporânea, *O pai humilhado*, de Paul Claudel. No primeiro caso, trata-se do luto de Antígona por seus dois irmãos, Polinices e Etéocles; no segundo, trata-se da morte do pai, consumada por Cláudio, o tio de Hamlet; e, no terceiro caso, trata-se do luto do objeto de amor, como sacrifício necessário para salvar o pai e o próprio Papa.

Observemos que a abordagem de Lacan não examina apenas os materiais literários, mas também a presença e a violação dos ritos sociais envolvendo dramaturgia, público e expressividade teatral: o conflito do direito ao rito fúnebre em *Antígona*, a pressa e incompletude do enterro do rei em *Hamlet*, o corpo enterrado no exílio em *O pai humilhado*. Lacan afirma que a tragédia é uma ação (*agein*), ou seja, ela apresenta, mostra, realiza em tempo real, ela não é uma teoria que contempla as coisas do ponto de vista da eternidade. Ela não é nem mito nem história, ainda que contenha momentos de discurso elegíaco, jurídico ou político.

É importante ter isso em conta ao considerarmos a analogia do teatro com a própria experiência analítica; os desenvolvimentos de Lacan sobre o objeto *a*, em que a problemática da presença e da ausência, da aparência e da essência são decisivas; e o problema do final do tratamento como dissolução da transferência. Outro aspecto saliente na escolha do material é que Lacan trabalha o tema do luto de forma comparativa tendo em conta as profundas diferenças éticas da experiência do luto na Antiguidade e na modernidade, ou seja, em culturas nas quais a experiência da finitude, a função do mito e a potência da narrativa teológica são profundamente diferentes.

---

18 Lacan, J. (2016). *O Seminário, livro 6: o desejo e sua interpretação (1958-1959)*. Rio de Janeiro: Zahar.
19 Lacan, J. (1998). *O Seminário, livro 7: a ética da psicanálise (1959-1960)*. Rio de Janeiro: Zahar.
20 Lacan, J. (1992). *O Seminário, livro 8: a transferência (1960-1961)*. Rio de Janeiro: Zahar.

Costuma-se caracterizar a tragédia grega, de Sófocles, Ésquilo e Eurípedes, mas também suas versões latinas invertidas em comédia, como em Plauto e Terêncio, sistematicamente citadas por Lacan, como uma estrutura de transição entre sociedades organizadas em torno de linhagens familiares baseadas em mitos orais, de origem dórica ou jônica, para uma sociedade definida pela cidade-estado (*pólis*) na qual a relação com a lei é produzida e negociada entre os humanos pelas vias da *logon didonai* (razão legisladora). Também Shakespeare, ao lado de Molière e Racine, fala de uma sociedade em transição entre a cultura teológica medieval, rural e cristã e a nova organização mercantil das cidades e seu tipo social emergente, que é o indivíduo, dotado de autodeterminação e dividido entre a esfera pública e a esfera privada. Finalmente, as tragédias contemporâneas, como as de Paul Claudel, mas também de Beckett, Brecht, Joyce e Duras, são frequentemente caracterizadas pela experiência de uma humanidade solitária, desligada de suas raízes, alienada no trabalho e estrangeira a si mesma. Abandonado pelos deuses, repudiando progressivamente toda naturalização da autoridade familiar ou paterna, o trágico contemporâneo nasce do reconhecimento do fracasso da linguagem para representar, expressar e dar unidade formal às contradições sociais. Seus dilemas morais falam do fracasso do indivíduo, que se reconhece cada vez menos como sujeito de sua própria experiência social laica. Lacan parece intuir que há algo na forma trágica que se conecta com o processo de luto, aquém da elaboração do mito e anterior à ideia de que a história de uma vida seja apenas e tão somente a soma descritiva de seus acontecimentos.

Na décima oitava aula do *Seminário 6: O desejo e sua interpretação* (1958-1959), Lacan apresenta Hamlet como alguém que está fundamentalmente fora do próprio tempo. Levando em conta a sua hipótese de leitura, a saber, que a tragédia inteira deve ser lida como um processo de luto, infere-se que essa desorientação temporal é um efeito estrutural do luto. Hamlet, assim como tantos outros enlutados, está adiantado demais e ainda assim atrasado, dividido entre a procrastinação e a precipitação,[21]

---

21 Lacan, J. (2016). *O Seminário, livro 6: o desejo e sua interpretação (1958-1959)*. Rio de Janeiro: Zahar, p. 347.

porque a morte o introduziu radicalmente na hora do Outro.[22] A morte introduz uma privação que é própria do objeto *a*: "não o objeto *do* desejo, mas o objeto *no* desejo".[23]

> (...) é na medida em que o sujeito está privado de algo [o falo como significante de sua alienação] que diz respeito à sua própria vida por ter adquirido o valor do que o vincula ao significante, que um objeto particular se torna objeto de desejo.[24]

Voltamos ao tema do valor da vida, agora não mais através da imagem da balança e do peso, mas do "cálculo cujo zero fosse irracional", ou seja, a privação torna-se vida. Vida dotada de valor pela sua vinculação ao significante, o qual, ao ser objeto da privação, cria, retrospectivamente, o objeto de desejo. Ponderando dessa maneira, conseguimos pensar o objeto como desde sempre perdido e como novamente perdido quando ocorre a privação imposta pela morte. Eis uma descrição do processo tão conhecido pelo qual a pessoa falecida, assim como a vida ela mesma, torna-se mais importante e valiosa quando nos deparamos com o signo de sua finitude, mas ainda assim esse "ponto preciso em que o *a* adquire seu máximo valor, não pode ser senão ocultado".[25]

O encontro com a privação introduz o sujeito em uma espécie de loucura provisória, forma de dissociação na qual o narcisismo se rebaixa, a fantasia se mostra em sua posição terminal e o sujeito, em relativa distância e indiferença para com o mundo, parece tomado por um personagem. Hamlet se faz de louco e sua loucura é superada pela peça dentro da peça, no final, quando ele mata Cláudio?

Se a loucura transitória é uma parte necessária da experiência de luto, é porque esta revela um espaço entre o palco das relações humanas, com suas verdades em estrutura de ficção, e o mundo, com sua repetição real, traumática e marcada pela angústia. Essa loucura convoca consigo, nas diferentes manifestações suas, um conjunto de personagens paratópicos:

---

22 Ibidem, p. 348.
23 Ibidem, p. 351.
24 Ibidem.
25 Ibidem, p. 352.

> Vocês conhecem o papel essencial desempenhado pelos personagens de palhaços chamados bobos da corte, que, com seu falar franco, podem permitir-se desvendar os motivos mais ocultos das pessoas, seus traços de caráter que a cortesia proíbe abordar com franqueza. Não é simples cinismo, nem um jogo mais ou menos injurioso do discurso.[26]

Falar franco, ou *parrhesia*, era um dos modos de acesso à verdade pela palavra no contexto do cuidado de si. Desenvolvida principalmente durante o período helenístico, ela pressupunha uma certa suspensão da luta pelo poder e pelo prestígio, de tal maneira que entre o mundo e o palco acontece uma inversão. Em trabalhos anteriores,[27] tentamos apresentar esta ideia de que a arte do palhaço se relaciona com a escuta do psicanalista exatamente por meio dessa suspensão metódica do exercício do poder, representado em nossos papéis sociais. Defendemos, naquela oportunidade, a ideia de que a escuta lúdica e empática se desenvolve a partir de uma atitude básica de hospitalidade, de indagação aberta, de acolhimento da loucura e de transmissão cultural que perpassa a transmissão da experiência de sofrimento.

Mas, além do falar franco, necessário para a realização subjetiva da morte como finitude, o trajeto do luto, como vimos, deve em algum momento enfrentar a demanda superegoica de permanência e de amor infinito, que teria sido capaz de proteger e imunizar aquele que se foi do seu destino mortal. Ora, sabidamente, o humor, o chiste e a escuta lúdica são táticas fundamentais para o enfrentamento deste aspecto do luto. A perda da potência transformativa do humor e de sua presença pontual, mais marcante nos momentos de término do luto, é uma das razões que indiciam o luto infinito como obrigação e autoprivação da satisfação.

Tal como o xamã nas culturas ameríndias, o palhaço e o psicanalista ocupam esse lugar social que os estruturalistas chamariam de grau zero do teatro social, ou seja, ao mesmo tempo poliglotas, diplomatas entre mundos, andróginos, os quais estão marcados pela experiência do sofrimento como experiência formativa do seu desejo atópico. Ou seja, justamente

---

26 Ibidem, p. 356.
27 Dunker, C. I. L. & Thebas, C. (2019). *O palhaço e o psicanalista: como escutar os outros pode transformar vidas*. São Paulo: Planeta.

porque seu desejo não tem lugar marcado, entre a errância e o desterro de sua identidade, são figuras que habitam o litoral entre mundo e palco, daí que despertam frequentemente reações de infamiliaridade (*Unheimlich*), angústia e temor, ao mesmo tempo que simpatia e atração:

> O fato de Hamlet ser um personagem mais angustiante do que qualquer outro não deve nos ocultar que, de certo ponto de vista, essa tragédia eleva à categoria de herói alguém que é, ao pé da letra, um louco, um palhaço, um fazedor de palavras.[28]

Ocorre que, nesse lugar, xamãs, palhaços e psicanalistas estão privados de corresponder ao amor e ao reconhecimento dos quais são objeto. Isso se mostra de forma cabal na trama de Hamlet por seu incompreensível recuo diante de sua amada e prometida Ofélia. É verdade que o estado de luto inicialmente indispõe para a criação de novos laços amorosos, por outro lado ele tende a reforçar os antigos amores à condição de sua solidariedade com a perda. Mas não é isso que acontece. Hamlet se torna impiedosamente indiferente a Ofélia e só acorda desse estado pela conexão de seu luto com o luto de outrem. Quando Hamlet percebe a falta que Ofélia faz a seu irmão, Laertes, seu trabalho de luto sai da loucura transitória e entra na dialética do amor e do ódio, da culpa e da vergonha. É o que Lacan chama de ciúme do luto:

> O ciúme do luto é, com efeito, um dos pontos mais destacados dessa tragédia (...). A atitude, a exibição, a ostentação de Laertes no momento do enterro da irmã. A ostentação do luto no seu parceiro tem como efeito arrancá-lo de si mesmo, ele fica transtornado, com as bases abaladas, a ponto de não conseguir tolerá-lo. (...) [Hamlet não consegue] suportar *the bravery of his grief* [a coragem de seu luto].[29]

Hamlet humilha, deprecia e despreza Ofélia, como símbolo do rechaço de seu próprio desejo, mas, "de repente, esse objeto readquire todo o seu

---

28 Lacan, J. (2016). *O Seminário, livro 6: o desejo e sua interpretação (1958-1959)*. Rio de Janeiro: Zahar, p. 356.
29 Ibidem, p. 358.

valor para ele",³⁰ entretanto isso não acontece como efeito de valorização por perda, como vimos no caso da privação, mas por uma captura pelo desejo do Outro. Nesse caso, Hamlet se comportaria como um obsessivo, que diante do objeto, marcado pelo significante do impossível, encontra a condição para reconhecer seu próprio desejo.³¹

Há três perspectivas novas que aparecem junto com a hipótese do ciúme do luto. A primeira é que o luto mobiliza uma certa abertura para a transferência. Hamlet supõe um sujeito em Laertes para compreender a perda. A segunda diz respeito à economia dos afetos. Hamlet é capturado pela demanda de Laertes, em um contexto que chamamos de transitivação dos afetos, ou seja, o percurso pelo qual um determinado afeto nos inclina para um ato, específico ou inespecífico, pelo qual ele é transformado em sentimento social, partilhado como uma experiência de indeterminação sobre quem é agente e quem é paciente da ação. Hamlet passa a sofrer ao ser afetado pelo sofrimento de Laertes de tal forma a reconhecer a procedência de um afeto análogo em si. A terceira perspectiva envolve a experiência da angústia e do atraso, movida pela perda de Ofélia, que agora reúne a negação do acontecimento sensível (*aestesis*), a retomada do afeto retido (*catharsis*) e o movimento de reprodução da ação (*mimesis*), trágica.

Essa mímesis de representação,³² como a ela se refere Freud, não equivale ao processo da identificação, mas ao das transformações de humor. Isso terá uma importância nas discussões subsequentes, mas por ora é preciso reter a diferença entre dor, afeto ou experiência formativa do Eu e o sofrimento enquanto dor compartilhada. Isso torna uma frase como "*esse sujeito Hamlet mergulha – vertigem da dor – e encontra seu objeto desaparecido*" uma declaração muito menos retórica do que parece. No começo do luto há dor, fenômeno do corpo, mas é preciso trabalho para transformar a dor em sofrimento.³³

---

30 Ibidem, p. 359.
31 Ibidem.
32 Freud, S. (2017). *O chiste e sua relação com o inconsciente (1905)*. São Paulo: Companhia das Letras.
33 "Até aquele momento, eu me permitira apenas sofrer, não ficar de luto. O sofrimento é passivo. O sofrimento acontece. O luto, o ato de lidar com o sofrimento, exige atenção." (Didion, J. (2021). *O ano do pensamento mágico*. São Paulo: HarperCollins, p. 75.)

Aqui Lacan começa a reler a tipologia freudiana das identificações introduzindo uma ilação sugestiva, mas ausente em Freud. O que a identificação primária (como primeiro laço de afeto), a identificação regressiva (formadora de sintomas) e a identificação histérica (como desejo do outro) têm em comum é que todas elas são identificações com objetos perdidos, porque o objeto está sempre, e desde a saída, perdido. Assim, a identificação esquecida na conta freudiana entre *Luto e melancolia* e *Psicologia das massas e análise do Eu* reaparece como uma espécie de metaidentificação.

> Freud foi o primeiro [desde que há psicólogos] – não é incrível? – a ter dado relevância ao objeto do luto. É numa certa relação de identificação que esse objeto adquire seu alcance, que suas manifestações se agrupam e se organizam.[34]

Ora, se a identificação formada pelo trabalho de luto é o modelo primário para todas as identificações, podemos entender por que em cada caso o objeto está perdido: o pai assassinado no mito da horda primitiva, no caso da identificação primária; o objeto resignado (*Versagung*) no contexto da identificação entre sintoma ou fantasia; e a causa do desejo perdida quando se trata da histeria. Adicionalmente, seria possível dizer também que as identificações de massa são o retorno combinado do pai, do objeto na fantasia e da causa perdida. O problema, portanto, não é só representar a perda, significar o valor da vida, simbolizar o vazio, mas também lidar com os efeitos de retorno. O retorno do totemismo infantil, no caso do pai morto; o retorno do recalcado, no caso do sintoma-fantasia; e o retorno do desejo sexuado do Outro, no caso da histeria. Portanto, a incorporação do objeto perdido consiste, para Lacan, em perder novamente, em perder mais uma vez, repetir a perda até simbolizar a identificação com o objeto perdido.

> O sujeito mergulha na vertigem da dor e se encontra numa certa relação com o objeto desaparecido que, de certa forma, nos é ilustrada pelo que acontece

---

34 Lacan, J. (2016). *O Seminário, livro 6: o desejo e sua interpretação (1958-1959)*. Rio de Janeiro: Zahar, p. 359.

na cena do cemitério. (...) Em outras palavras, o luto, que é uma perda verdadeira, intolerável para o ser humano, lhe provoca um buraco no real.[35]

Ou seja, não é a morte que abre um buraco no real, dado que seria mais justo dizer que a morte cria um buraco no simbólico, uma negatividade impossível de ser representada. É o trabalho de luto que faz esse buraco naquilo que é até então negatividade, que não pode ser acedido senão pela lei do desejo, e que está interditado como Coisa. O luto não é o equivalente da perda, mas do processo de retorno.

> A relação em questão é o inverso daquela que lhes apresento como *Verwerfung*, quando lhes digo que o que foi rechaçado no simbólico reaparece no real. (...) esse buraco oferece o lugar onde se projeta precisamente o significante faltante. Trata-se, no caso, do significante essencial à estrutura do Outro, aquele cuja ausência torna o Outro impotente para nos dar nossa resposta. Esse significante, só podemos pagá-lo com nossa carne e nosso sangue. Ele é essencialmente o falo sob o véu. (...) E, ao mesmo tempo, (...) não pode encontrá-lo, pois esse significante não pode se articular no nível do Outro. Por isso, e como na psicose, vêm pulular no seu lugar todas as imagens ligadas aos fenômenos do luto. É nisso que o luto se parece com a psicose.[36]

A passagem é confusa e comporta diferentes interpretações. A começar por como devemos entender a noção de inversão da fórmula: o que é rechaçado [*verwerfen*] no simbólico reaparece no real? A primeira leitura sugere que a forma lógica da inversão seria: *o significante rechaçado [verwerfen] no real reaparece no simbólico*. Mas isso nos leva à embaraçosa admissão de que há algo que não se inscreve no real.

Isso mostra como a teoria do luto em Lacan, apesar de fortemente concentrada em sua exposição nesses três seminários, permanece indecidida e inacabada em si mesma, demandando a mobilização de conceitos e desenvolvimentos posteriores, como a teoria dos discursos (letra), a teoria da sexuação (gozo) e o modelo dos nós borromeanos (ex-sistência), para ser compreendida.

---

35 Ibidem, p. 360.
36 Ibidem.

Mas voltemos a 1958 e à leitura que Lacan faz de *A tragédia de Hamlet, príncipe da Dinamarca*. Até aqui vimos que a teoria lacaniana do luto, originada no problema da separação no final do tratamento, desdobrou-se no problema das identificações. Seguindo a pauta freudiana, Lacan separou, no interior do trabalho do luto, a reintegração do eu[37] e o reposicionamento do sujeito diante da experiência da loucura transitória e da tese do buraco no real. Seu próximo movimento consistirá em apreciar o papel da antropologia dos ritos.

Repetindo o deslocamento estratégico da psicose para a loucura, ele agora ligará as patologias do luto com perturbações na elaboração ritual e coletiva da perda: "não esta ou aquela loucura particular, mas uma das loucuras coletivas mais essenciais da comunidade humana".[38] Quando não se cumprem ritos funerários, surgem aparições singulares, como o fantasma do pai em *Hamlet*, pois "algo da satisfação devida ao morto fica faltando".[39] Satisfazer a memória do morto por meio de ritos funerários tem "um caráter macrocósmico, pois não há nada que possa preencher com significantes o buraco no real, a não ser a totalidade do significante".[40]

Posto dessa maneira, o luto é claramente definido como incompleto ou como inacabado quando as exéquias rituais não são cumpridas, no entanto, mesmo quando elas são rigorosamente atualizadas, o luto ainda assim aparece como tarefa impossível de concluir, pois implicaria a rearticulação completa de uma totalidade simbólica. Ora, reorganizar o sistema simbólico como uma totalidade acabada não é uma tarefa inexequível apenas porque lhe falta um significante, mas também porque ela é um conjunto infinito. Adiante, depois de citar o *Liji*, o livro chinês dos mortos,[41] Lacan

---

37 "o sujeito se identifica no luto e (...) pode reintegrar no seu ego." (Ibidem, p. 365.)
38 Ibidem, p. 360.
39 Ibidem, p. 361.
40 Ibidem.
41 *Liji* refere-se às "coisas feitas com o coração". *O livro dos ritos* (*Liji*) prescreve seis gestos rituais no processo de luto: (1) *separação*, quando o corpo é deitado com a cabeça para a porta; (2) *segregação*, a alma da pessoa é chamada pelo seu nome; (3) *purificação*, o filho mais velho traz água do poço para lavar o corpo; (4) *memória*, lembrança coletiva da vida do morto e oferenda de objetos representativos; (5) *enterro* e queima dos objetos; e (6) *reinstalação da ordem*, colocação da estela funerária no altar da casa. O conjunto do rito deve ser entendido no geral dos rituais. "Os rituais regulam os sentimentos do povo, o governo ordena-lhe a conduta e os castigos previnem os crimes.

faz uma observação que conecta o luto com sistemas de pensamento, como o mito e o rito social:

> O trabalho do luto se realiza no nível do *logos* – digo isto para não dizer no nível do grupo, nem no da comunidade (...). O trabalho do luto apresenta-se, primeiro, como uma satisfação dada à desordem que se produz em razão da insuficiência de todos os elementos significantes em fazer frente ao buraco criado na existência. É todo o sistema significante que é posto em jogo em torno do menor luto que seja.[42]

Se ao tratar apenas de *Hamlet* Lacan fala sobre o luto, ele também estabelece comparativos sobre o luto em três tragédias, *Édipo Rei*, *Hamlet* e *L'otage* (*O refém*) – obra de Paul Claudel com a personagem Sygne de Coûfontaine. Nos três casos, é por meio de um crime[43] que ocorre uma violação dos ritos, que são abreviados ou clandestinos. Polônio, por exemplo, é enterrado às pressas por motivos políticos; Ofélia só tem uma parte do rito cristão em razão do potencial suicídio; e há um rei e pai morto que não foi devidamente expiado.

Começa então uma análise comparativa da tragédia antiga, representada por *Édipo Rei* com a tragédia moderna de *Hamlet*. Para a crítica do estruturalismo lacaniano, o excesso patriarcal da psicanálise reside na sua impermeabilidade à história, como se houvesse uma espécie de prevalência da estrutura antropológica sobre as transformações históricas. Como se Édipo, Hamlet e Sygne fossem apenas versões da mesma estrutura exposta em *Totem e tabu*, aliás, apresentado com o único mito novo, formalizado pela psicanálise. Isso implicaria a predominância do discurso científico (antropológico) sobre o discurso da história (teológico), bem como deste sobre a narrativa mítica (animista). É exatamente nesse ponto que se decide também a finitude do luto, como versão do luto edípico: "é em torno de um luto que se joga o *Untergang* do Édipo".[44]

Quando os ritos, a música, os castigos e o governo vão todos em bom andamento, completam-se então os princípios da ordem política." (Projeto Orientalismo (2007, jul.) Liki. In Projeto Orientalismo. *Extratos do Livro dos Rituais*. Recuperado de http://chines-classico.blogspot.com/2007/07/liji-extratos-do-livro-dos-rituais-02.html.)

42 Lacan, J. (2016). *O Seminário, livro 6: o desejo e sua interpretação (1958-1959)*. Rio de Janeiro: Zahar, p. 361.
43 Ibidem, p. 365.
44 Ibidem, p. 370.

Untergang (declínio) é a expressão usada por Freud para falar do declínio do Complexo de Édipo, particularmente na solução que o menino encontra para a angústia da castração. *Untergang* remete a decadência, abreviamento ou término, mas não indica um término abrupto, como na expressão "*Lösung*", usada por Freud para falar da solução de um sintoma. *Untergang* sugere um processo pelo qual, literalmente, *vai-se para baixo*, como no francês *descendre*, ou na tradução espanhola: "O *sepultamento* do Complexo de Édipo".[45] Se o Édipo pode ser lido como um luto, ele é também a matriz que dá ao luto a forma estrutural da perda. Seria simples dizer, a partir disso, que a nossa cadeia de lutos nada mais é do que o conjunto das reedições edipianas pelas quais se passa ao longo da vida, as metáforas paternas que, uma vez realizadas, repetem-se cada vez que nos deparamos com a privação, a ausência, a falta, a perda, a separação.

O dispositivo do luto compreende, unifica e subordina outros dispositivos de simbolização promovidos pela psicanálise, tais como narcisismo, trauma, identificação e pulsão de morte. Esse seria o protótipo sintético do que se poderia chamar de "edipianização psicanalítica". Em vez de quatro narrativas de sofrimento, como pudemos sugerir em outro lugar[46] (objeto intrusivo, alienação da alma, violação do pacto e perda da unidade do espírito), apenas uma: o Édipo como forma jurídica do pacto social e familiar. Em vez de tensão entre antropologia e história, apenas a forma lógica da estrutura. Em vez de uma ontologia da negatividade, a teoria binária da dissociação pessoa e função, senão a metafísica expressa pela topologia homogênea entre espaço, lugar e posição.[47] Em vez da não relação entre ciência, totemismo e perspectivismo, soberania hierárquica do totemismo sobre o animismo. Ora, uma leitura desse tipo não é apenas possível, mas também bastante corrente entre os pós-lacanianos.

---

45 Freud, S. (1988). El sepultamiento del complejo de Edipo. In Freud, S. *El yo y el ello y otras obras (1923-1925)* (Vol. XIX). Buenos Aires: Amorrortu.
46 Dunker, C. I. L. (2015). *Mal-estar, sofrimento e sintoma: uma psicopatologia do Brasil entre muros*. São Paulo: Boitempo.
47 Dunker, C. I. L. (2021). *Estrutura e constituição da clínica psicanalítica: uma arqueologia das práticas de cura, psicoterapia e tratamento*. São Paulo: Zagodoni.

No caso da teoria do luto, tal leitura opera apagando a dissimetria narrativa entre Antígona, Hamlet e Sygne. Se do ponto de vista estrutural são todas versões de Édipo e este, por sua vez, é uma versão de *Totem e tabu*, não há nenhum papel histórico reservado, por exemplo, para as mutações na forma do Supereu na incidência social da idealização e da identificação da pré-modernidade para a modernidade e para a pós-modernidade. Não conseguimos pensar nas severas alterações pelas quais o luto contemporâneo passa com seu declínio narrativo, seu silenciamento patológico e sua redução ritual ao discurso médico.

Mas o mínimo que se pode dizer é que esse não é o caminho tomado por Lacan em 1958. Em *Édipo*, o crime produz o herói; em *Hamlet*, o crime ocorre em uma geração anterior. O filho de Laio não sabe o que está fazendo quando procede sua investigação sobre a verdade; o filho do rei da Dinamarca sabe que o crime que o aguarda é deliberado e consciente. Laio cumpre seu destino ao encontrar seu filho na encruzilhada de três caminhos; o pai de Hamlet é envenenado durante o sono, "pego na flor dos seus pecados", um evento "não absolutamente não integrado" à narrativa da peça. O filho de Jocasta age como se não soubesse, pois o crime é desconhecido; o filho de Gertrudes sabe, mas não age, apesar de o crime ser exposto. Édipo é castrado no fim da narrativa; Hamlet aparece como um fantasma, representando a castração desde o começo. Na tragédia de Sófocles, não se sabe muito bem onde está o falo, ele desaparece com o assassinato de um desconhecido; na tragédia de Shakespeare, o falo está em posição ectópica (interna ao sistema de visibilidades) ou paratópica (fora do universo diegético que define a realidade da trama), mas definido no lugar de Cláudio, que tem o poder.

Desse conjunto de diferenças, Lacan parece concluir que o falo e o objeto perdido são uma constante estrutural. A relação entre eles é historicamente determinada, pois o trabalho de luto, nas suas circunstâncias precisas, envolvendo suas expectativas sociais mutantes, determinará essa diferença entre o falo e os objetos em geral e a diferença entre os objetos em geral e este objeto perdido.

> Fazer a síntese com o mecanismo do luto, tal como exposto na obra freudiana, talvez nos ajude a esclarecer o mecanismo do luto do falo, que sem

dúvida é particular, pois o falo não é um objeto igual aos outros. (...) O que nos diz Freud no tocante ao luto do falo? Indica, como sendo uma de suas motivações fundamentais, a exigência narcísica do sujeito, na medida em que é ela que dá ao falo seu valor, que é precisamente o que buscamos.[48]

Então, o final do luto pode ser edipianamente definido, no momento de reconhecimento subjetivo da perda do falo, como uma perda irreversível,[49] que incide tanto sobre o sujeito falante (castração) como sobre o ser do sujeito (privação):

> Então, o que é que vai aparecer no nível da privação? O que se torna, nesse nível, o sujeito que foi simbolicamente castrado? Notem bem que ele foi simbolicamente castrado no nível de sua posição como sujeito falante e não no nível do seu ser. Aquilo de que se trata fica bem mais claro e bem mais fácil de conotar a partir do momento em que formulamos o problema em termos de luto. O ser em questão tem de fazer o luto por essa coisa que ele tem de oferecer em sacrifício, em holocausto, para elevá-lo à sua função de significante faltante.[50]

Retenhamos aqui como essa conjunção tem um sentido específico e ritual ligado ao tema do sacrifício. O luto é um sacrifício do falo, vivido primeiramente como algo imposto pelo Outro e depois assumido de forma ativa pelo sujeito.[51] Por isso, Hamlet primeiro precisa ajustar as contas

---

48 Lacan, J. (2016). *O Seminário, livro 6: o desejo e sua interpretação (1958-1959)*. Rio de Janeiro: Zahar, p. 370.
49 "O momento crítico se apresenta quando o sujeito percorreu todas as suas relações com o que nelas se passa e chegou ao fim. O desfecho desse negócio é a perda do falo, vivida como tal, perda radical, que nenhuma satisfação poderia vir a preencher." (Ibidem, p. 371.)
50 Ibidem, pp. 373-374.
51 São as duas leituras do luto em Lacan, bem salientadas por Allouch: "*Leitura um*: 'sofro por meu coração estar nesse ataúde; ele não está em seu lugar por me ter sido pela morte arrrancado', eis o enlutado; *leitura dois*: 'pois está ali sim, e vou abandoná-lo nesse lugar que, agora concordo, é de fato o dele', eis o gracioso sacrifício do luto, eis o fim do luto. Pois um luto, como uma psicanálise, por essência, tem um fim". Allouch, J. (2004). *Erótica do luto: no tempo da morte seca*. Rio de Janeiro: Companhia de Freud, p. 12.

com o pai[52] para depois fazer o sacrifício da vingança ou da justiça em seu nome.

> (...) o objeto, desaparecendo, evanescendo lentamente, por alguma via – *a principal sendo a do luto* – faz manifestar-se por um tempo – um tempo que só subsiste no clarão de um instante – a verdadeira natureza do que lhe corresponde no sujeito, a saber, o que chamei as aparições do falo, as *falofanias*.[53]

O *Seminário 7: A ética da psicanálise (1960-1961)* compreende uma leitura sistemática e detalhada da tragédia *Antígona*. Mesmo sendo escrita após *Édipo Rei*, lembremos que os eventos de *Antígona* representam a terceira parte, na ordem narrativa da trilogia tebana. Sófocles escreveu primeiro *Édipo Rei*, depois *Antígona*, interpolando *Édipo em Colono* pouco antes de morrer.

Édipo em Colono, montada pela primeira vez pelo neto de Sófocles, em 401 a.C., trata dos acontecimentos ocorridos entre Édipo ter se descoberto o causador da peste em Tebas, ter se evadido da cidade, andado pelo deserto, para o leste, carregando seus olhos entre as mãos e sido amparado por suas filhas, Antígona e Ismene. Enquanto isso, seus dois filhos empreendem a luta fratricida pelo poder sobre Tebas. Portanto, o tempo da escrita difere do tempo da narrativa. A ordem da redação é (1, 3, 2) e a ordem da narrativa é (1, 2, 3), seguindo um método que Lacan chamou de *mesologia* e que será empregado para a construção do nó borromeano. Os mesmos acontecimentos são contados por Ésquilo, em *Sete contra Tebas*,[54] sua versão da epopeia dos labdácidas, na qual a parte intermediária da tetralogia inclui *Laio*, *Édipo* e *A Esfinge*.

---

52 "Aquilo de que se trata é justamente o falo. E é por isso que ele nunca conseguirá atacá-lo até o momento em que tiver feito o sacrifício completo, e igualmente à sua revelia, de todo seu apego narcísico. Somente quando estiver mortalmente ferido, e ciente disso, é que poderá executar o ato que atinge Cláudio." (Lacan, J. (2016). *O Seminário, livro 6: o desejo e sua interpretação (1958-1959)*. Rio de Janeiro: Zahar, p. 377).
53 Ibidem, p. 379.
54 Ésquilo (2015). *Sete contra Tebas*. São Paulo: Editora 34.

Apesar de a peça se desenrolar inteiramente em torno do tema do luto, nada disso é trazido, ao menos explicitamente, por Lacan. Lembremos que a partida de Édipo antecede a guerra dos tebanos contra os egeus e a guerra civil que a sucede. Por ter se aliado aos egeus, Polinices é condenado por Creonte a ter seu corpo comido pelos animais, sem honras fúnebres, ao passo que Etéocles, seu irmão, igualmente filho de Édipo, terá todas as exéquias esperadas para um guerreiro grego. Antígona desobedece ao édito de Creonte, o que condena essa jovem mulher, noiva de seu filho Hêmon, a ser emparedada e morta, como seu irmão.

Há muitas leituras possíveis para o ato de Antígona. Elas podem ser agrupadas entre aqueles que veem em seu gesto uma defesa sanguínea da família,[55] motivada pelo seu *páthos*, ou seja, por sua dificuldade de fazer o luto do irmão, e aqueles que entendem seu gesto como a defesa da "fraternidade com o mundo dos mortos", ou seja, que leem no mesmo gesto a defesa da universalidade do direito à memória e à sepultura.[56] No primeiro caso, *este irmão* representa a propriedade exclusiva e particular de uma família, no segundo caso *este* irmão é o caso universal de *todos* os irmãos e irmãs, de pais e mães, que formam a comunidade humana, logo a mesma causa do direito ao luto aponta para razões distintas. O ritmo poético, a interveniência do coro – que para Lacan situa o lugar do analista na tragédia – e o modo estético de pensar frequentemente são salientados para dar conta dessa dupla interpretação do trágico.[57] É com esse problema em mente que se pode entender a noção lacaniana de segunda morte, esse espaço intermediário, esse abismo em que alguém pode estar morto, como

---

55 Freitag, B. (1992). *Itinerários de Antígona: a questão da moralidade*. Campinas: Papirus.
56 Vorsatz, I. (2013). *Antígona e a ética trágica da psicanálise*. Rio de Janeiro: Zahar.
57 "Segundo Hölderlin, há um pensamento poético, isto é, uma ordem própria, uma lógica da poesia. O modo estético e sensível de pensar espraia-se na ordenação interna dos sentimentos que se encontram articulados com representações, e que por sua vez são determinados por conceitos e raciocínios. Mas o traço mais peculiar do pensamento poético é a autorreferência da imaginação. (...) Por isso Hölderlin aproxima a poesia de um entendimento mais infinito, com uma abrangência divina que permite pensar mundos possíveis que aparecem numa efêmera presença." (Rosenfield, K. (2016). *Antígona, intriga e enigma. Sófocles lido por Hölderlin*. São Paulo: Perspectiva, pp. 138-139.)

Polinices, mas que é condenado a permanecer "como um semivivo", excluído da comunidade dos que merecem o luto. Inversamente, Antígona, que ainda está viva, vê-se condenada a participar "como uma semimorta" do mundo dos mortos.

A tragédia, cujo primeiro tema é o luto,[58] nada ensina sobre como fazer o luto, mas apenas sobre a luta a respeito da extensão e da natureza do seu direito. Assim também a psicanálise não teria trazido nenhuma inovação ao campo da ética e disso os psicanalistas devem fazer o luto.[59] Na única menção ao trabalho de luto, Lacan retoma o tema da incorporação do pai e alude à gênese do Supereu:

> Quando lhes digo que o desejo do homem é o desejo do Outro, algo me vem à mente que soa em Paul Eluard como o *duro desejo de durar*. Isso nada mais é do que o desejo de desejar. Para o homem comum, dado que o luto do Édipo se encontra na origem do supereu, o duplo limite, da morte real arriscada à morte preferida, assumida, ao ser-para-a-morte, não se apresenta senão sob um véu. Esse véu se chama, em Jones, ódio.[60]

Retoma-se aqui a tese do luto como privação, adicionando-se agora a ideia de que seu agente seria o pai imaginário, aquele a quem atribuímos todas as nossas mazelas e imperfeições, justamente por nos ter privado, desde sua ação sobre a mãe, de nossa posição como falo. Portanto, longe de aparecer como figura de idealização, o pai, no sentido corrente e patriarcal, encontra-se exatamente nesse lugar depositário das queixas e da crítica.

Se de fato o interesse de Lacan foca-se na terminação do Édipo, e se este, enquanto operador psicanalítico, provém tanto da tragédia quanto do mito e tanto da história quanto da estrutura referida em *Totem e tabu*, torna-se compreensível sua escolha por *Antígona*. Ela é a continuação

---

58 Lacan, J. (1998). *O Seminário, livro 7: a ética da psicanálise (1959-1960)*. Rio de Janeiro: Zahar, p. 182.
59 "Deveremos talvez fazer o luto de toda e qualquer inovação efetiva no âmbito da ética – e até um certo ponto poder-se-ia dizer que algum sinal disso se encontra no fato de que não fomos nem mesmo capazes, após todo o nosso progresso teórico, de originar uma nova perversão." (Lacan, J. (1998). *O Seminário, livro 7: a ética da psicanálise (1959-1960)*. Rio de Janeiro: Zahar, p. 25.)
60 Ibidem, p. 370.

narrativa de *Édipo Rei*. Ela é a tragédia da luta de uma filha pelo pai através do irmão. Essa escolha, no entanto, o fato de que entre as duas peças interpõem-se os acontecimentos de *Édipo em Colono*.

Escrita por Sófocles, em 406 a.C., dezoito anos após *Édipo Rei* e *Antígona*, *Édipo em Colono* é a segunda parte da trilogia tebana. Nela, temos Édipo cego rumando para o leste, em companhia de Antígona, murmurando "*mé fúnai*" (melhor não ter existido).[61] A primeira etapa da viagem, a travessia do deserto, termina no bosque de Colono, nos arredores de Atenas, ou seja, ainda não na cidade propriamente dita, nos subúrbios, mas também não fora dela. Eis nosso herói nesse lugar de passagem, de entrância, de fronteira. Ele é recebido pelos anciãos de modo ambivalente, pois representa ao mesmo tempo um perigo em potencial, capaz de atrair a maldição dos deuses, e uma fonte de prestígio para a cidade se ela fosse capaz de albergar seu túmulo. Ismene, sua segunda filha, revela que o oráculo de Delfos (o mesmo que previra a maldição de Tebas) havia previsto que o lugar que abrigasse o corpo de Édipo seria protegido pelos deuses.

> *Venho para ofertar-te meu sofrido corpo;*
> *ele é desagradável para quem o vê,*
> *mas o proveito que poderá trazer*
> *torna-o mais valioso que o corpo mais belo.*[62]

Teseu, o rei de Atenas, manda construir um santuário para Édipo e disputa com Creonte, que quer levar o futuro corpo de volta a Tebas. Seu próprio filho Polinices assume o trono de Tebas planejando trazer o pai de volta. *Édipo em Colono* é a tragédia do estrangeiro, do exílio, do marginal, daquele que, para além da perda e da recuperação de um lugar, tornou ele mesmo "sem lugar".

---

61 "(...) *mé fúnai* do *Édipo em Colono*, esse *pudesse eu não ser*, que quer dizer *não ser nascido*. (...) Encontramos aí o verdadeiro lugar do sujeito na medida em que ele é o sujeito do inconsciente, a saber, o *mé*, ou o *não*" (Lacan, J. (1992). *O Seminário, livro 8: a transferência (1960-1961)*. Rio de Janeiro: Zahar, p. 295.)

62 Sófocles (1998). Édipo em Colono. In Sófocles. *A trilogia tebana*. Rio de Janeiro: Zahar, pp. 134-135, v. 636-639.

> *Filha do velho cego, a que lugar chegamos,*
> *Antígona? A que cidade? De que povo*
> *é esta terra? Quem irá oferecer*
> *a Édipo sem rumo uma mísera esmola?*
> *Peço tão pouco e me dão menos que esse pouco*
> *e isso basta-me; de fato, os sofrimentos,*
> *a longa convivência e meu altivo espírito*
> *me ensinam a ser paciente. (...)*[63]

O motor da peça é a maldição que Édipo pragueja contra seus filhos e descendentes,[64] daí que este tenha escolhido manter secreto o lugar de sua tumba, como se ele pudesse ser tragado diretamente para o interior da terra, reunindo-se aos monstros ctônicos inumanos como a Esfinge e a Píton. A tumba vazia de Édipo, como a de Moisés, é também uma metáfora para a vacância no trono de Tebas. A violação do pacto entre Etéocles e Polinices, que estabelece que cada um governaria Tebas por um ano e, assim, sucessivamente, faz com que Polinices se exile em Argos, de onde volta com sete exércitos para tomar a cidade de sete portas. No entanto, a resistência de Tebas ao cerco cria o impasse e posterga indefinidamente o estado de sítio. Decide-se, então, que os dois líderes devem se enfrentar, poupando, assim, o sacrifício do povo. É desta maneira que restam insepultos os corpos dos dois irmãos nas cercanias da cidade. Ao contrário das duas peças anteriores, *Édipo em Colono* distancia-se da oposição entre o excesso (*hybris*) e o erro (*hamartia*) na composição do destino (*Moira*). Édipo se torna um homem cego, envelhecido e prudente (*phronésis*) que não mais luta mais contra seu destino ou contra as leis da pólis.

---

63 Ibidem, p. 103, v. 1-8.
64 O motivo de sua ira não é muito claro entre os comentadores, no entanto há um escólio ao verso 1.375 que sugere que a maldição decorre do fato de que os filhos, que habitualmente lhe traziam alimento proveniente de sacrifício, uma omoplata, por exemplo, em determinada ocasião, por afronta ou esquecimento, trazem-lhe uma coxa (alusão ao patronímico familiar). Édipo se enfurece e roga a praga contra os filhos. Observe-se como a praga envolve uma antropofagia simbólica, como se os filhos houvessem esquecido o significante que marca a sua própria linhagem. Uma segunda leitura afirma que a maldição decorre da cobiça que os filhos demonstram em relação ao poder do lugar, o poder que adviria da hospedagem funerária do corpo de Édipo. In Serra, O. (2007). *O reinado de Édipo*. Brasília: UNB/Universa, p. 539.

Édipo em Colono (de onde deriva a palavra "colônia") serviria perfeitamente como paradigma do que acontece depois da integração da perda e, portanto, do luto realizado. Ele conclui a transmissão geracional entre pais, filhos e avós repetindo a situação do entre-duas-mortes, agora figurada pelo sem-terra, pelo desterrado.

Lembremos da definição freudiana de luto como sentimento ligado à perda de uma pessoa, de uma ideia e de uma *nação*. O luto da perda do lugar e a recusa ao lugar da tumba concorrem para uma espécie de recusa à integração de seu ser à ordem simbólica. Tal recusa é ainda uma maneira de dissolver os muros que dispõem as fronteiras que delimitam a cidade como território. Nos comentários, ainda que esparsos, que Lacan faz sobre essa tragédia, considerada menor, não há nenhuma alusão ao processo de luto, nem ao tema da perda aplicado ao nome sobre a lápide, nem à violação, mais uma vez repetida, mas desta vez assumida pelo protagonista, da violação do rito social fúnebre.

O *Seminário 8: A transferência (1960-1961)* retoma essa posição impossível, entre duas mortes, de desejo decidido, que faz o termo latino *desiderium* referir, simultaneamente, ao desejo, ao luto e às estrelas (*siderium*): o brilho. Esse índice estético, o *hímeros enarges* de Antígona, o brilho do luto imortal[65] de Sócrates, contrasta com a figura enevoada de *Édipo em Colono*, ou da sombra evocada por Freud a propósito da perda do objeto:

> Existe a sombra, *der Schatten*, diz Freud em alguma parte, e precisamente a propósito do *verlorenes Objekt*, do objeto perdido, no trabalho do luto. Se *der Schatten*, a sombra, essa opacidade essencial trazida para a relação com o objeto pela estrutura narcísica, é superável, é na medida em que o sujeito pode se identificar noutra parte.[66]

Entre o brilho e a sombra, entre I e *i(a)*, entre duas mortes, entre identificação e luto, persiste este traço que nunca é a consideração global e

---

65 Lacan, J. (1992). *O Seminário, livro 8: a transferência (1960-1961)*. Rio de Janeiro: Zahar, p. 15.
66 Ibidem, p. 361.

narcísica da pessoa como um todo. Esta seria a consequência de *Luto e melancolia*:⁶⁷

> (...) se trata sempre da introjeção, não da realidade de um outro naquilo que ela tem de envolvente, de amplo, de maciço, até mesmo de confuso, ocasionalmente, mas sempre daquela de *ein einziger Zug*, de um único traço.⁶⁸

Isso permitirá a seguinte descrição do trabalho de luto:

> Quanto ao luto, é absolutamente certo que sua duração, sua dificuldade, estão ligadas à função metafórica dos traços conferidos ao objeto do amor na medida em que são privilégios narcísicos. De uma maneira tanto mais significativa já que ele diz isso quase se espantando, Freud insiste muito sobre o que está em questão – o luto consiste em identificar a perda real, peça por peça, pedaço por pedaço, signo por signo, elemento grande I por elemento grande I, até o esgotamento. Quando isso está feito, acaba. Mas o que dizer se esse objeto era um pequeno *a* um objeto de desejo? O objeto está sempre mascarado por trás de seus atributos, é quase uma banalidade dizer isso.⁶⁹

Reencontramos aqui a partição lacaniana dos objetos e sua lógica própria de incorporação, introjeção e simbolização por metáfora. A tarefa do luto subdivide-se, então, entre o enfrentamento do objeto narcísico-amoroso, a identificação de peças, signos e elementos, e o destino dado ao que não tem atributo, que não se reduz a predicados e que se indicia, esteticamente, pela sombra, ou pelo brilho:

---

67 Lacan aparentemente se refere ao caso da mulher cujo pai fora preso por furto, que desencadeia sua crise melancólica em torno da autoacusação de ladra; ao paciente que perdera a mulher e filha no parto e que faz um sintoma de aversão à comida; ou ao caso do próprio Abraham, que, ao perder seu pai, viu seus cabelos ficarem brancos em questão de semanas, antes de voltarem a enegrecer com o fim do processo de luto. In Abraham, K. (1970). Breve estudo do desenvolvimento da libido, visto à luz das perturbações mentais (1924). In Abraham, K. *Teoria psicanalítica da libido: sobre o caráter e o desenvolvimento da libido*. Rio de Janeiro: Imago.
68 Lacan, J. (1992). *O Seminário, livro 8: a transferência (1960-1961)*. Rio de Janeiro: Zahar, p. 364.
69 Ibidem, pp. 379-380.

Que traços se deixam ver de um objeto tão velado, mascarado, obscuro? O sujeito não pode investir contra nenhum dos traços daquele objeto que não se vê, mas nós, analistas, na medida em que acompanhamos esse sujeito, podemos identificar alguns deles, através daqueles que ele visa como sendo suas próprias características. *Nada sou, não sou mais que um lixo*.[70]

Para abordar essa dificuldade, Lacan recorre a um terceiro ponto de concorrência entre o luto normal e a melancolia: o luto em casos de suicídio. Aqui sobrevém uma espécie de remorso, marcado pelo sentimento de que não teria valido a pena desviar-se do desejo para se dedicar a este objeto que agora desapareceu. Como o amante decepcionado ao final do percurso, que diz para si mesmo que não valeu a pena ter amado.

A posição do analista é de certa forma o exato contrário da posição da culpa, do remorso e do ressentimento, pois ele se orienta pela indiferença amorosa do objeto e do ideal, e por isso sua função exige que o luto dessa posição tenha sido realizado. Fecha-se assim o círculo de retorno conclusivo de Lacan à sua questão original em torno do luto, sua pesquisa sobre que tipo de objeto deve ser pressuposto pela teoria psicanalítica para que o encerramento do tratamento psicanalítico seja possível. Um luto que não é apenas separação de objeto, mas também dispositivo de formação de um novo desejo, o desejo de psicanalista.

A resposta encontrada para este problema passa pelo tipo de identificação que se entranha na transferência, ou seja, como objeto perdido, signo do vazio ou falta amorosa, experimentada como *agalma*. Distinção necessária entre o processo de solução (*Lösung*), de declínio (*Untergang*) e de degradação (*Erniedrigung*) da transferência. Tal objeto é responsável por uma espécie de unificação entre demanda, identificação e transferência,[71]

---

70 Ibidem, p. 380.
71 Rabinovich observa que, ao examinar a cena do cemitério, a cena do ciúme do luto, Lacan tenta diferenciar o falo e o objeto do desejo que se articulam no *agalma*, tal como exposto no seminário subsequente. Dois anos depois, no *Seminário 10: A angústia*, a própria *agalma* (como objeto de amor) será separada do objeto causa do desejo, tendo em vista o crivo do luto: "(…) a identificação com o objeto do desejo, com o mecanismo próprio do luto, não o da melancolia, senão o mecanismo próprio

da qual é possível se separar. Tal unificação se apresenta clinicamente como amor de transferência:

> O amor somente pode circundar o campo do ser. E o analista, este só pode pensar que qualquer objeto pode preenchê-lo. Aí está onde nós, analistas, somos levados a vacilar, nesse limite onde se coloca a questão do que vale qualquer objeto que entre no campo do desejo. Não há objeto que tenha maior preço que um outro – aqui está o luto em torno do qual está centrado o desejo do analista.[72]

Se a gênese do desejo de analista foi pensada a partir da tragédia, disso decorre que nela encontremos a estrutura análoga à da ética da psicanálise, conforme duas passagens conclusivas do *Seminário sobre a Ética*:

> "Creonte vem ilustrar aí uma função que *demonstramos quanto à estrutura da ética trágica, que é a da psicanálise* – ele quer o bem. O que, afinal, é o seu papel. O chefe é aquele que conduz a comunidade. Ele está aí para o bem de todos. Qual é a sua falta? Aristóteles nos diz, com um termo que ele promove como essencial do móvel da *ação trágica – hamartia*".[73]
>
> E:
>
> "A ética da análise não é uma especulação que incide sobre a ordenação, a arrumação, do que chamo de serviço dos bens. Ela implica, propriamente falando, a dimensão que se expressa no que se chama de *experiência trágica da vida*. (…) um juízo ético é possível, o qual representa essa questão com seu valor de juízo final – Agiste conforme o desejo que te habita?".[74]

Mas o que entender da estrutura da ética trágica ou por experiência trágica da vida? O comentário de Lacan é consistentemente atravessado pela concepção aristotélica de tragédia, ou seja, uma poética de imitação por atores (*mimesis*), de uma ação de caráter elevado, completa na sua extensão, em

---

do luto 'normal'". (Rabinovich, D. (1993). *La angustia y el deseo del otro*. Buenos Aires: Manantial, p. 58.)
72 Lacan, J. (1992). *O Seminário, livro 8: a transferência (1960-1961)*. Rio de Janeiro: Zahar, p. 381.
73 Idem, p. 312, grifo do autor.
74 Idem, p. 376, grifo do autor.

linguagem ornamentada, distribuída em atos ou partes do drama, suscitando o terror e a piedade (*aestesis*) e, tendo por efeito a purificação (catarse) dessas emoções.[75] Do ponto de vista da sua estrutura temos precisamente seis elementos: mito (transformação baseada em peripécia, reconhecimento (*anagnórise*) e catástrofe (*páthos*),[76] caráter (imitação da vida), elocução, pensamento (formação de juízos e sentenças), espetáculo e melopeia (canto, dramaturgia e cenografia).[77] Mas, se esses elementos se preservam com modificações nas tragédias modernas e contemporâneas, o que poderia justificar que a ética da psicanálise não fosse apenas uma regressão helenística, indiferente às problemáticas históricas e transformações na natureza do conflito que nos fazem datar a origem da própria prática psicanalítica?

A pergunta se aplica de forma particularmente decisiva quando se trata das mudanças históricas na relação com a morte e as suas formas complementares de luto e rituais coletivos de elaboração. Para os antigos, a morte era um assunto relativo à integração social da memória daquele que se foi. Para os modernos, ela se faz acrescentar do tema da solidão do sujeito diante de seu ato, ou seja, da emergência da divisão do sujeito e de seu exílio diferencial da comunidade na forma indivíduo. Isso permitiu uma reinterpretação dos heróis gregos numa chave de autonomia e liberdade que estes não tinham originalmente. A tragédia contemporânea, de Arthur Miller a Tennessee Williams, de Pirandello a Camus e Beckett, retém esses elementos estruturais, mas substitui a ação pelo impasse, troca a dívida com os que nos antecederam pela pergunta pelos que virão, mitiga a força revolucionária do herói com a consciência da necessidade de uma transformação sistêmica, ocupa-se cada vez mais com a posição da vítima, representante dos desvalidos, oprimidos, segregados para gestar uma nova consciência do mal. Diante dele convivem desejos revolucionários de enfrentamento e experiências trágicas de desespero. Em vez do gesto maior e resolutivo, aparecem o impasse e a tensão para com o destino.[78]

---

75 Aristóteles (2014). *Poética*. São Paulo: Edipro.
76 Idem, XI, 1452b 9.
77 Idem, VI, 1450a 8.
78 Williams, R. (2002). *Tragédia moderna*. São Paulo: Cosac Naify.

É nesse contexto que Lacan escolhe a trilogia de Paul Claudel como referência para pensar esta nova posição social da imago paterna: a trilogia dos Coûfontaines. Tragédias que colocam mulheres como protagonistas, discutindo processos de colonização e questionando a forma romance com sua moralidade centralizada no amor. Assim como as tragédias gregas e as tragédias modernas, ela se desenrola com um recuo relativo no tempo, a França napoleônica e a restauração. Claudel era diplomata, católico fervoroso, irmão da escultora Camille Claudel, amante de Rodin. Ele redigiu a trilogia entre 1911 e 1920, e curiosamente, nesse período, precisamente entre 1916 e 1918, ele morou no Rio de Janeiro, supervisionando embarques de suprimentos durante a Primeira Guerra Mundial.

L'otage (*O refém*) se passa no tempo de Napoleão. Sygne de Coûfontaine, a pedido de seu primo, acolhe em sua casa o Papa refugiado da perseguição napoleônica. O pérfido barão Toussaint Turelure descobre a trama e chantageia Sygne para que ela se case com ele. Sygne, tal como Antígona entre-duas-mortes, se sacrifica. A trama prossegue com a restauração e o retorno da nobreza e a gravidez de Sygne. No final, Turelure e o primo, a quem Sygne jurou amor eterno, encontram-se em um duelo de pistolas. Sabendo que o marido trapaceou, levando duas pistolas para o encontro, Sygne se lança na frente da bala que atingiria Turelure. Isso cria um enigma sobre as razões de seu ato, o que torna sua morte marcada por uma espécie subversiva e indeterminada de negação. Enigma indiciado por um pequeno tique facial que aparece na protagonista, que para Lacan designa este traço estético do objeto.[79]

Vinte anos depois, em *Le pain dur* (*O pão duro*), na Argélia francesa, Sichel, a amante do velho Toussaint Turelure, conversa com Lumir, a amante polonesa de seu filho, o jovem Louis de Coûfontaine. Elas tramam a morte do pai, que acossa o próprio filho em razão de uma dívida contraída junto aos imigrantes poloneses. O filho de Sygne encontra-se di-

---

[79] "(…) antes do gesto em que colhe a morte, Sygne nos é apresentada como agitada por um tique facial, assinalando assim, de algum modo, o destino do belo. (…) Esse esgar da vida que sofre é mais atentatório ao estatuto da beleza que o esgar da morte e da língua estendida que podemos evocar no rosto de Antígona enforcada quando Creonte a descobre." (Ibidem, p. 272.)

vidido entre pagar a dívida sagrada ao pai e perder a terra onde investiu todos os seus recursos. Ele ainda não sabe que o pai comprou os créditos de suas dívidas de forma a pressionar o próprio filho. A "gênese histórica daquilo a que se chama colonialismo" replica, assim, a divisão entre "o lugar de onde se sente expulso" e o ódio por "se ver reduzido a não ser mais que um servo na própria terra".[80] O pai é jogado, morto e trapaceado em seus próprios termos pelas duas mulheres que jogam o filho contra o pai. Turelure, assim como em *Édipo em Colono* e em *Hamlet*, parece lançar uma maldição contra o filho. A cena fundamental é novamente um duelo, desta vez entre pai e filho. Mais uma vez há uma segunda pistola (assim como em *Hamlet* há um segundo florete), munida de festim. Assim como em *Hamlet*, essa espécie de teatro dentro do teatro faz com que o vilão literalmente morra de medo com o simples barulho das armas, que na verdade falham ao disparar. Mas não há culpa alguma aqui, pois, ao contrário de Édipo, que não queria matar o pai, e de Hamlet, que não conseguia, Louis "quis perfeitamente matar seu pai, e, em suma, o fez".[81] Como Édipo e Antígona em *Édipo em Colono*, Louis está com Lumir nesse "horrível deserto" em meio a um "vazio que não pode ser preenchido" de "se dar e se crer em um único *relâmpago*".[82] Graças a uma mistura de artimanha contábil, conveniência de interesses e ao desejo de Lumir,[83] Louis casa-se com a amante do pai, ganha o título de embaixador e recupera o dinheiro que havia sido transferido ao pai de Sichel, tão usurário quanto seu próprio e falecido pai, o obscuro Sr. Habenichts.[84]

Finalmente, em *Le père humilié*[85] (*O pai humilhado*) a protagonista é Pensée, "o próprio pensamento do desejo",[86] filha de Louis e Sichel, neta

---

80 Ibidem, p. 283.
81 Ibidem, p. 285.
82 Ibidem, pp. 292-293.
83 "Ela lhe disse *mate o papai*. Depois, ela parte em direção ao seu destino, que é o destino de um desejo, de um verdadeiro desejo de personagem claudeliano." (Ibidem, p. 315.)
84 Em alemão, literalmente *sr. não tenho nada*.
85 Claudel, P. (1967). *O pai humilhado*. Petrópolis: Vozes.
86 Lacan, J. (1992). *O Seminário, livro 8: a transferência (1960-1961)*. Rio de Janeiro: Zahar, p. 293.

de Sygne de Coûfontaine. A cena se passa na Itália, dividida entre os zuavos apoiadores do Papa e os republicanos liderados por Garibaldi. Ela é apresentada por Lacan como uma versão contemporânea de Antígona: incontestavelmente sedutora, livre pensadora, dotada de uma paixão que vai além de toda beleza, ela demanda justiça absoluta.[87] Cega como Tirésias, filha de um pai degradado, canalha como o abjeto avô Turelure, Pensée está apaixonada pelo malvado Orian, o irmão mais velho de Orso. Ela confunde a voz de Orso, o "bom moço" que a ama cegamente, com a voz do irmão Orian, e acaba por se entregar a ele. Grávida, é convencida por Orian a casar-se com Orso. Entre eles, Pensée torna-se o objeto sublime, que substitui a Coisa.

Aqui, encontramos mais uma vez o momento estético da tragédia. Assim como em *Antígona*, ele é descrito como um cilindro anamórfico, forma típica da tragédia, ou seja, o processo pelo qual um conjunto de traços informes ou deformados, dispostos em uma superfície plana, adquire unidade e realiza uma imagem projetada em um cilindro espelhado.[88] *O pai humilhado* é a tragédia do renascimento do desejo, da sua recuperação e persistência, depois do pai. Pensée leva no casaco o coração eviscerado de Orian, assim como Pascal, o autor de *Pensée*,[89] levava os bilhetes que decidiam a cada momento a sua aposta com e contra o destino. O renascimento do desejo, a sua recriação a partir do pai em ruínas, passa por uma transferência, ou seja, por uma separação entre amor e desejo, um hiato entre ser e representar, entre o palhaço e o ator, entre identificação e luto da identificação.

Esta é também a tarefa da análise: recriar o desejo, sem refazer o pai ao qual ele estaria referido. A redução do drama ao seu núcleo trágico,[90] a ficção como método para distinguir o real da realidade,[91] a colocação das figuras do destino no cilindro anamórfico, a localização da *Versagung*

---

87 Ibidem, p. 297.
88 Instituto de Matemática e Estatística da Universidade de São Paulo. *Anamorfose do cilindro espelhado*. Recuperado de https://matemateca.ime.usp.br/acervo/anamorfose.html.
89 Pascal, B. (1973). Pensamentos. São Paulo: Abril Cultural.
90 Ibidem, p. 312.
91 Ibidem, p. 307.

e do trauma na estrutura do mito individual do neurótico,[92] a superação do amor como "necessidade de ser amado por quem nos poderia tornar culpados",[93] a introjeção do pai como "significante de onde a pequena pessoa, macho ou fêmea, venha a se contemplar sem excesso de desvantagem",[94] a conversão da angústia em desejo, a separação entre falo e objeto *a*, todas estas tarefas esparsas ou sucessivas poderiam definir o processo de luto, mas elas aqui são mobilizadas para falar do término da análise.

Assim como no caso de *Antígona*, a extensa análise da trilogia dos Côufontaines, de Paul Claudel, ao contrário do estudo sobre *Hamlet*, não traz nada de novo para a teoria psicanalítica do luto. Mas, ainda que isso não se encontre explícito nos textos desse período, mais de um comentador já assinalou a contribuição de Lacan para a revisão crítica do luto,[95] frequentemente reduzido ao problema da identificação-introjeção e da ambivalência amor-ódio. A análise das tragédias, ainda que lacunar, mostra como o trabalho de luto cria uma espécie de moldura, parênteses ou espaço simbólico artificial, pois no seu interior é possível matar o morto, assim como intuir que o outro pode nos perder[96] e que podemos desistir ou renunciar da imagem de "quem fomos um dia para ele".

Parece ter passado despercebido a Lacan que a segunda parte da trilogia de Claudel é simétrica à segunda parte da trilogia tebana, ou seja, ambas tratam do exílio, da perda da nação e da despossessão. Em 1830, a França invade a Argélia. Milhares de cidadãos franceses, depois chamados de "pés-pretos" (*pied-noirs*), mudaram-se para o território argelino, apropriando-se de terras em um processo de recolonização da África

---

92 Ibidem, p. 314.
93 Ibidem, p. 327.
94 Ibidem, p. 330.
95 Leader, D. (2011). *Além da depressão: novas maneiras de entender o luto e a melancolia*. Rio de Janeiro: BestSeller.
96 "O primeiro objeto que ele propõe a esse desejo parental cujo objeto é desconhecido, é sua própria perda – *Pode ele me perder?* A fantasia de sua morte, de seu desaparecimento, é o primeiro objeto que o sujeito tem a pôr em jogo nessa dialética, (...) fantasia de sua morte é brandida comumente pela criança em sua relação de amor com seus pais." (Lacan, J. (1988). *O Seminário, livro 11: os quatro conceitos fundamentais da psicanálise (1964)*. Rio de Janeiro: Zahar, p. 203.)

inaugurado pelo congresso de Viena em 1815. Luís Felipe I – aliás, tão Louis quanto o Louis de Claudel – emerge como o rei burguês, em contraste com o seu tirano e antecessor Carlos X, a quem o personagem de Turelure parece aludir com sua cruel inescrupulosidade.

Toussaint Turelure parece um anagrama óbvio de Toussaint Louverture, o líder da revolução haitiana que, em 1801, derrotou os franceses em São Domingo. Morto na França, em 1803, Louverture patrocinou a primeira e única insurreição vitoriosa de escravos, a primeira colônia indígena independente e a primeira República Negra da história.

Lembremos também que nessa mesma época a Polônia era cobiçada pelos russos, pelos otomanos, pelos ingleses e pelos alemães por ser, aparentemente, o último território colonizável dentro da Europa. Lumir, a polonesa, defende o filho contra o pai em *Le pain dur*, assim como Regan defende o pai contra as irmãs em *Rei Lear* e Antígona defende Polinices contra Creonte em *Antígona*. *Hamlet* é a tragédia em torno do luto do pai, assim como *Rei Lear* é o luto pela perda da Bretanha e *Macbeth*, o luto materno pela perda do poder. Vemos, assim, que o segundo termo de cada trilogia gira em torno da perda do lugar, da cidade ou da nação: Édipo sem ter lugar para ser enterrado nas cercanias de Colono; o rei Lear perdendo a nação para as próprias filhas; e Louis colonizador da Argélia perdendo suas propriedades para o próprio pai. É desse segundo tempo da tragédia que podemos extrair elementos importantes para uma teoria da reparação. O lugar do túmulo de Édipo se tornará um monumento social, um centro de referência para os que se interrogam sobre seu destino, um oráculo, como o que se pode ver ainda hoje em Delfos. A terra restituída aos poloneses, devolvida aos argelinos, a Bretanha recuperada por Regan aos cunhados traidores e invasores. Não se trata de uma dívida pecuniária, mas de um tipo especial de reconhecimento, aparentado, mas irredutível ao perdão, marcado pelo afeto da gratidão e pelo sentimento da generosidade, chamado em psicanálise de reparação.

O terceiro tempo de cada trilogia representa, sistematicamente, a perda de um ideal e a reposição do que foi perdido por uma nova ordem ou uma nova lei. O ato de Antígona pelo direito universal à sepultura e ao lugar na comunidade simbólica humana, a luta de Lady Macbeth pelo direito à maternidade e ao poder, a saga de Pensée pelo direito feminino ao desejo. Em cada parte das trilogias trágicas temos um tipo de luto: o luto pelo pai, o luto pela nação e o luto pela ideia perdida, exatamente como Freud enumerou no início de *Luto e melancolia*. Percebe-se, assim, como o modelo trágico do luto funciona não apenas para pensar a experiência individualmente, mas para pensá-la também como uma espécie de reservatório de pessoas, cidades (ou nações) e ideias que fracassaram, porque, embora seus protagonistas tenham morrido, eles retornaram e insistiram, como fantasmas que inspiram novos horizontes políticos, familiares e individuais. Futuros possíveis que ainda não se realizaram, mas que constituem uma espécie de dívida simbólica dos vivos para com os mortos.

Isso nos ajuda a entender o paralelo lacaniano tão insistente entre o trabalho da análise e o trabalho do luto. Trata-se aqui, também, de fazer surgir um novo desejo: o desejo de psicanalista. A homologia entre o trabalho da análise e o trabalho do luto reaparecerá, pela última vez, no *Seminário 11: Os quatro conceitos fundamentais da psicanálise*, momento no qual Lacan adensa a noção de separação de modo que ela contenha a experiência de luto como um caso particular. Isso acontece retomando exatamente as dimensões afetivas da conversão entre amor e ódio, a dimensão do objeto envolvido na identificação e o problema da sua terminação narcísico-maníaca. Quando o analisante conclui seu percurso, ele pode dizer ao analista:

> — Eu te amo, mas, porque inexplicavelmente amo em ti algo que é mais do que tu – objeto a minúsculo, eu te mutilo.[97]

Como entender essa mutilação? Se para Freud o luto envolve uma mutilação do Eu, como se uma parte dele fosse perdida, exilada ou amputada, para Lacan é o outro que deve ter sua falta reconhecida ou realizada. Se para Freud trata-se de renunciar a segurança narcísica para recuperar o sentimento de sobrevivência na incorporação do outro, para Lacan trata-se de suportar a possibilidade de que o Outro me perca, o que dependerá não

---

[97] Lacan, J. (1988). *O Seminário, livro 11: os quatro conceitos fundamentais da psicanálise (1964)*. Rio de Janeiro: Zahar, p. 254.

apenas da castração, mas também da experiência da privação. Para Freud, o luto se resolve pela formação de uma nova identificação. Para Lacan, se trataria de produzir uma diferença, quando não um desejo: "O analista, não basta que ele suporte a função de Tirésias. É preciso ainda, como diz Apollinaire, que ele tenha mamas".[98]

Por isso, é preciso manter a distância entre o lugar onde o analisante se vê como amável para o analista e o lugar onde ele é causado pelo analista como objeto *a*. Ou seja, o fim da análise, assim como o fim do luto, ultrapassa a dialética do amor. Mas, além disso, o luto é redefinido como a travessia de identificações:

> É dessa idealização que o analista tem que tombar para ser o suporte do *a* separador, na medida em que seu desejo lhe permite (...) encarnar, (...) [pois] essa travessia do plano da identificação é possível.[99]

A associação aqui enfatizada entre luto e final de análise parece ser a tônica transversal que atravessa o conceito lacaniano de luto. Dez anos depois, em *O aturdito*, será nessa mesma linha que Lacan tece um de seus últimos comentários sobre o luto:

> O analisante só termina quando faz do objeto (*a*) o representante da representação de seu analista. Portanto, é enquanto dura o seu luto pelo objeto (*a*), ao qual ele enfim o reduziu, que o psicanalista continua a causar seu desejo – sobretudo maníaco-depressivamente. É esse o estado de exultação que Balint, tomando-o com otimismo, descreve não pior: mais de um "sucesso terapêutico" encontra nisso sua razão, às vezes substancial. Depois arremata-se o luto. Resta o estável do pôr-se no plano do falo, isto é, da banda, onde o analista encontra seu fim, aquele que garante seu sujeito suposto saber.[100]

Depois de tudo, como no *Seminário 1: Os escritos técnicos de Freud*, Lacan traz Balint para discutir mais uma vez as identificações alter-

---

98   Ibidem, p. 255.
99   Ibidem, p. 258.
100 Lacan, J. (2003). O aturdito. In Lacan, J. *Outros escritos*. Rio de Janeiro: Zahar, p. 489.

nadas, tão típicas do luto. Vê-se que o luto em Lacan parece um desfile de objetos que vão se sucedendo em quedas contínuas e sobrepostas: objeto narcísico, objeto fálico, objeto no fantasma, objeto de amor (*agalma*), objeto causa de desejo, objeto de angústia (não sem objeto). Ao desligar a teoria do luto da etiologia de sintomas como a depressão e a melancolia como estrutura clínica ou como dispositivo genérico de subjetivação, Lacan abre espaço teórico para a introdução de um objeto que seria, ao mesmo tempo, anterior às experiências empíricas contingentes de perda e separação e posterior ao seu processo de síntese fantasmática pela anexação de identificações. Esses dois caminhos, representados pelo enigma clínico do luto e por sua relação com o obscuro problema da solução da transferência, ao final do tratamento, parecem ser as duas vias régias para a introdução do conceito de objeto *a*. Por isso, ele funciona como uma causa posterior, adquirindo seu valor depois de perdido, e por isso também não pode ser reduzido a uma composição finita de traços.

Mas dizer que o objeto *a* é o objeto do luto, inferindo que o tratamento psicanalítico tem estrutura de luto, deixa ainda indeterminado se a tarefa da análise é criar uma nova identificação (*fazer do objeto* a *o representante da representação de seu analista*) como queria Freud e como parece ser insinuado com a noção de identificação ao *sinthome*, ou, ao contrário, se estaríamos diante de uma desidentificação, ou seja, com a desmontagem da identificação do objeto *a* ao analista, como sujeito, suposto saber na transferência (*onde continua a causar seu desejo*). Perguntar se a análise é finita ou infinita, se o luto é finito ou infinito, nos leva ao problema ainda aberto da identificação finita ou infinita.

CAPÍTULO 3

O nó do luto

Vamos propor agora um modelo que leva em conta as proposições, relativamente divergentes sobre o luto, entre Freud e Lacan. Um modelo não é uma abstração convencional ou uma espécie de regra geral na qual podemos agrupar cada caso segundo uma ordem e uma classificação particulares, em fases ou estágios definidos. Um modelo interpreta uma determinada formalização, ele não representa a aplicação direta dos conceitos à experiência. Isso significaria trazê-los para uma concepção historicamente linear e antropologicamente unitária, que trairia o testemunho clínico e pessoal corrente sobre o assunto:

> Em vez de uma trajetória em direção ascendente, o percurso é errático, marcado por idas e vindas – dias melhores, dias piores –, em que cada sujeito está tentando descobrir o que fazer com a perda, a falta e o vazio (…). O luto porta uma circularidade, vai, volta, melhora, piora, avança, recua, flui, reflui. Processos de luto seguem outra temporalidade, mudam a nossa percepção do tempo, o que talvez os torne – conceito e processo – de difícil compreensão abstrata.[1]

Retenhamos alguns traços do luto: progressão não linear, circular, sujeita a momentos de paralisação e regressão – *avança, recua, flui e reflui*; indeterminação do próprio objeto de sua operação – *ausência, perda, falta*

---

1 Rodrigues, C. (2021). *O luto entre clínica e política: Judith Butler para além do gênero.* Belo Horizonte: Autêntica, p. 14.

ou vazio; incerteza quanto à sua definição como trabalho acumulado ou ato de corte – *conceito ou processo*; e, finalmente, modificação da relação com o tempo – *outra temporalidade, outra percepção de tempo, outra linguagem*. A oscilação de suas propriedades se reflete na ambiguidade de sua própria definição:

> (...) estado nos qual nos deixa a perda de um ser querido (estar de luto), os costumes que acompanham este acontecimento (fazer o luto) e o trabalho psicológico que esta situação implica (fazer o seu luto).[2]

Apesar de intuitivamente o luto apresentar um ordenamento temporal mais ou menos regular das operações psíquicas nele envolvidas, uma dificuldade que persiste na sua clínica é a retomada constante de movimentos já realizados, a alternância e a repetição inesperada do trabalho já feito. Sem falar em lutos terminados que são reabertos. Há, portanto, uma temporalidade lógica do trabalho do luto, que parece depender de certos encontros contingentes no interior da forma de vida específica na qual a morte acontece. Aliás, como observou Barthes, a ordem como devemos imaginariamente experimentar o luto é um complicador para o luto real:

> (...) Sofrimento suplementar, por não estar mais "desorganizado". Mas talvez eu esteja sofrendo por um preconceito.[3]
> Assusta-me absolutamente o caráter *descontínuo* do luto.[4]
> (...) meu pesar é caótico, errático, e assim resiste à ideia corrente – e psicanalítica – de um luto submisso ao tempo, que se dialetiza, se desgasta, "se arranja".[5]
> (...) ele não se desgasta porque não é contínuo.[6]
> (...) o Tempo não faz passar nada; só faz passar a *emotividade* do luto.[7]

---

2 Hanus, M. (1976). *La pathologie du deuil*. Paris: Masson, p. 5.
3 Barthes, R. (2011). *Diário de luto*. São Paulo: Martins Fontes, p. 58.
4 Ibidem, p. 65.
5 Ibidem, p. 69.
6 Ibidem, p. 92.
7 Ibidem, p. 98.

Progredindo como uma bricolagem, envolvendo transformações coordenadas do eu, da realidade e do mundo, sensível aos ritos coletivos socialmente disponíveis e às condições sintomáticas e traumáticas do sujeito, ele é, ao mesmo tempo, uma *experiência produtiva de determinação* no horizonte simbólico da absoluta finitude, mas também *experiência produtiva de indeterminação*,[8] que permite situar o Real não apenas como impossível e repetição, mas também como infinitude. Se levamos a sério a ideia de trabalho de luto, podemos dizer que as patologias do luto englobam a imersão em um trabalho improdutivo, seja pela simbolização pendente, seja pela imaginarização excessiva ou faltante e ainda pela insistência dos fenômenos de repetição e angústia ligados ao Real. Todavia, podemos intuir a existência de um segundo grupo de patologias no qual a costura individual entre os registros caminha, mas a sua conexão com os outros registros não. No primeiro caso surge a imagem de um pano esburacado, na segunda situação temos a imagem de retalhos dispersos.

Além disso, poder-se-ia dizer que o luto envolve sempre, em algum nível, a imaginarização da morte, mobilizando narrativas de sofrimento, interpretações sobre o destino e o sentido contingente da experiência humana, entre a determinação simbólica e a indeterminação Real. Uma pesquisa recente sobre as modificações na forma do luto entre brasileiros sugere que ele é vivido cada vez de forma mais envergonhada e individualizada, como se a morte fosse um fracasso em proteger os que se vão.

No Brasil, para 77,30% das pessoas existe uma diferença entre o sofrimento do luto e a perda em si. A intensidade da perda é maior em relação a pessoas do que em relação a objetos, daí que a perda seja considerada causa do sofrimento e que este, em princípio, se exprima como sentimento de uma "perda eterna". Para outros 22,70%, a perda é um processo indistinto e equivalente ao sofrimento.[9] Ao que tudo indica, há uma série gradiente de experiências ligadas ao luto, nas quais a perda não é seu elemento primário, mas que se perfilam entre ausência, frustração, privação, perda, falta e causa.

---

8 Safatle, V.; Silva, N. Jr. & Dunker, C. I. L. (orgs.) (2018). *Patologias do social: arqueologias do sofrimento psíquico*. Belo Horizonte: Autêntica.
9 Koury, M. G. P. (2014). O luto no Brasil no final do século XX. *Caderno CRH*, 27(Cad. CRH), v. 27, n. 72).

Vamos tentar reunir estas propriedades do luto por meio de uma combinação entre o modelo matemático e estrutural (Lacan)[10] e o modelo narrativo e histórico (Freud), no qual há um conjunto de operações que devem ser realizadas, ainda que sua ordem não seja previsível nem constante. Ao final, o luto deve constituir uma nova unidade de afeto, cujo processo de construção é indissociável da história que o produz.

Em Lacan, há três modelos para enfrentar problemas desse tipo: o modelo estrutural baseado no conceito de significante; o modelo da topologia das superfícies, fundado na noção de transformação contínua; e o modelo dos nós borromeanos, orientado pela lógica do reconhecimento de relações e não relações. Esses modelos provêm, respectivamente, da antropologia estrutural de Lévi-Strauss; da formalização lógica da linguagem, proposta por autores como Frege, Cantor e a escola de Bourbaki; e da topologia dos nós, ramo da matemática derivado da teoria dos grupos.

Em Freud, há dois outros modelos capazes de tematizar a tarefa do luto. O modelo de simbolização por historicização sob transferência, da descontinuidade de afetos determinada pela perda, e o modelo da construção de estruturas ficcionais, narrativas,[11] que mobiliza extensões e transformações no interior da fantasia.

Em vez de trabalharmos com o método e as teses de cada autor, que, como vimos, se desenvolvem em horizontes distintos do ponto de vista do programa teórico de cada um, vamos compor um modelo híbrido, baseado nas perguntas clínicas de base, legadas respectivamente por Freud e Lacan. Lembremos que o percurso freudiano do luto deixa três problemas bem delineados:

(1) Que tipo de experiência de reconhecimento seria necessário para "realizar psiquicamente a realidade da perda", tendo em vista que a morte, como ideia negativa, não pode admitir inscrição no

---

10 Rona, P. M. (2021). *O significante, o conjunto e o número: a topologia na psicanálise de Jacques Lacan*. São Paulo: Zagodoni.
11 Dunker, C. I. L.; Paulon, C. P. & Milán-Ramos, J. G. (2016). *Análise psicanalítica de discursos: perspectivas lacanianas*. São Paulo: Estação das Cores e Letras.

inconsciente? Problema para o qual o conceito de teste de realidade parece insuficiente.

(2) Como justificar histórica e antropologicamente o conceito de incorporação, identificação ou introjeção do objeto, de modo a pensar o término do luto e suas variantes, mais ou menos patológicas? Problema para o qual os argumentos de *Totem e tabu* foram criticados em sua realidade histórica e antropológica.

(3) Como descrever o término da transformação operada no interior do Eu, com a criação de um novo traço, efeito e produto do trabalho de luto? Problema para o qual a ideia de luto finito parece ser uma solução insatisfatória.

O percurso de Lacan, na mesma matéria, parece resolver alguns dos problemas legados por Freud, mas, ao mesmo tempo, cria perguntas e se desenvolve no contexto subordinado ao problema do final do tratamento:

(1) O reconhecimento da realidade da perda depende da distinção entre realidade e real. A perda incide como privação Real sobre a realidade composta pelas coordenadas simbólico-imaginárias. Mas, se o Real é impossível de representar e de nomear, e se o luto introduz um buraco na existência, uma loucura provisória e um trauma potencial, não deveríamos considerar que todo luto é um trabalho infinito?

(2) O objeto do luto deve ser diferenciado do objeto narcísico de amor, do significante fálico e do objeto na angústia. Tal objeto pode ser reescrito como objeto *a*, em suas diferentes funções: causa de desejo, mais-de-gozar, alienação fantasmática e sexuação. Mas, se o luto é uma interferência na economia de gozo, e se o gozo incide diferencialmente no homem e na mulher, assim como a castração, não seria o caso de falar em luto masculino e luto feminino?

(3) O objeto incorporado ao Eu não é uma pessoa global, nem um significante, mas um traço, o traço unário (*einziger Zug*). Como tal, ele não é criado, mas reatualizado em cada experiência de perda. Sendo assim, ele se encerraria individualmente segundo o tempo

lógico do sujeito, ou devemos ler que aqui também o tempo lógico passa pelo outro e pelo tempo do Outro?

Sabe-se que Lacan transformou os *mitemas* de Lévi-Strauss, unidades narrativas regulares, em *matemas*, ou seja, a escrita lógica de conceitos psicanalíticos. Seria possível, seguindo essa pista, descrever os mitemas elementares do luto? Uma resposta afirmativa passa pela combinação entre os vários sistemas de escritas disponíveis e os diferentes níveis de epistemologização de conceitos, usualmente empregados pela teoria psicanalítica contemporânea: significante, discurso, superfície topológica e nó. A combinação de sistemas de escrita, como bricolagem ou palimpsesto, será defendida mais adiante como uma estratégia de transleitura, ou seja, combinação entre reconstrução dialética do conceito, método de topologia histórica e análise psicanalítica de discurso.

Nesta primeira transleitura do luto, trabalharemos com níveis decrescentes de abstração, ou seja, com a formalização pela teoria do nó borromeano descrevendo passagens entre ordens, registros ou dimensões da experiência (Real, Simbólico ou Imaginário); com a topologia das superfícies interpretando relações modais de troca, cessão e equivalência (desejo, demanda, identificação); com a topologia do significante formalizando operações de diferença, negação e substituição (significação, subjetivação, metaforização).

Um nó borromeano é, antes de tudo, uma unidade de experiência, baseada na propriedade brunniana[12] de que a desconexão de uma das cadeias resulta na separação das três dimensões: Real, Simbólico e Imaginário. Lacan equivale o seu sistema RSI borromeano (a sua *heresie*[13]) ao conceito freudiano de realidade psíquica, mas considera que em Freud os três registros estariam desligados entre si, sendo a função do Complexo de Édipo articulá-los, borromeanamente, como um nó de quatro anéis.[14]

---

12 A propriedade brunniana define o nó borromeu como "um fato de consistência; é que, a partir daí – de três anéis – você pode colocar um número indefinido: será sempre verdadeiro que se você rompe um dentre todos os anéis atados – tantos quantos sejam eles – todos os anéis são soltos". In Lacan, J. (1974-1975). *O Seminário, livro 22: R.S.I. (1974-1975)*. São Paulo: Fórum do Campo Lacaniano, p. 34.
13 Homofonia entre RSI ("erressie") e heresia (*heresie*).
14 Idem, p. 134.

Para construir um nó basta imaginar uma reta infinita (ou um grupo delas), que se fecha sobre si mesma, sem descontinuidade, mas com relações de cruzamento (*crossing*) pelas quais a reta ou o fio passa por cima (sobreposição) ou por baixo de outro fio (subposição). Fazer um nó é construir uma trança, usando equivalentes dos métodos ancestrais utilizados para tecer, costurar, bordar ou amarrar tecido. Por exemplo, no procedimento conhecido como trança, seis operações, envolvendo três fios, permitem construir um nó dotado da propriedade brunniana, a qual define que nesse nó, ao contrário do nó olímpico, por exemplo, a secção de um dos laços determina a liberação das três unidades componentes.[15]

Outra forma de compor um nó borromeano de três fios é colocar, por exemplo, o aro real e sobre ele depositar ou sobrepor o aro imaginário. Neste caso, os dois pontos de conexão fazem o Imaginário sobrepor-se ao Real. Depois se "costura" o simbólico, fazendo-o passar primeiro por cima, depois por baixo, e assim sucessivamente, até que ele se feche sobre si mesmo.

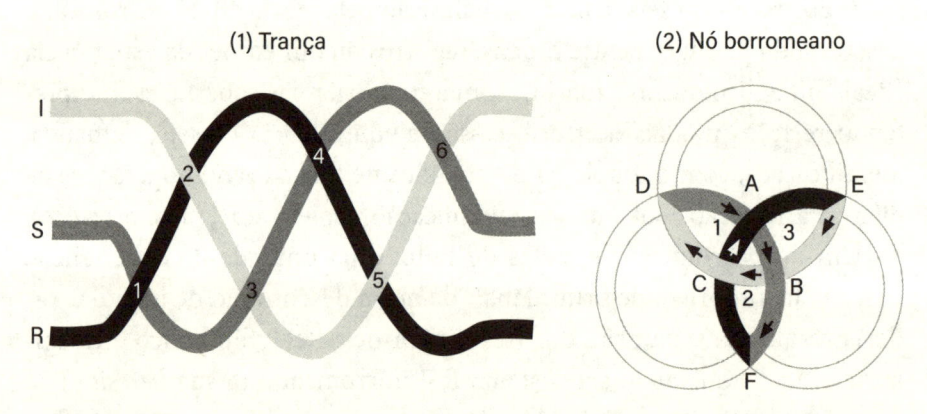

(1) Trança   (2) Nó borromeano

Uma vez construído o nó, este pode ser reproduzido indefinidamente ou rompido e reconstituído por meio de operações como o corte e a sutura. Por exemplo, se na hora de costurar o simbólico entre o Imaginário e o Real violarmos a regra da intercalação e, por exemplo, passarmos duas vezes por cima, ou duas vezes por baixo de um registro, surgirão descontinuidades na unidade do nó. Tais fragilidades são lidas como equivalentes de fenômenos clínicos como sintomas, inibições e

---

15 O nó olímpico, por exemplo, não possui a propriedade brunniana.

angústias, como uma descrição possível da neurose, da psicose, virtualmente de toda psicopatologia.

A unidade do ser falante, chamado também de *parlêtre* (ser falante), *hommoizin* (ao-menos-um), *troumatisme* (furo, trauma, humano) ou *saint-homme* (santo homem), compreende relações entre sintoma (simbólico), inibição (imaginário) e angústia (real), mas está sujeita a transformações. O tratamento psicanalítico é um exemplo de um conjunto de transformações desse tipo. Há também acontecimentos que desencadeiam separações ou cortes que determinam a perda da unidade, como o trauma. Existem ainda práticas humanas que visam reconstituir essa unidade por meio de grampos, costuras ou suplências, que fazem a função de sustentação subjetiva. Para um pode ser a escrita e a literatura, para outro pode ser uma dada prática de fantasia, para um terceiro uma atividade como viajar. No fundo são apenas novos aros ou laços introduzidos de forma a restaurar a lógica da alternância entre subposição e superposição que amarra ou solta um laço do outro, afetando a ligação que mantém unido o conjunto. Podemos pensar que ritos fúnebres e as práticas de luto podem ser um caso de descontinuidade e recomposição de RSI.

Surge assim uma nova maneira de pensar a clínica baseada na emergência e na dissolução de unidades. O nó não é abordado por Lacan a partir de seu suporte matemático, mas do exercício sensível da sua manipulação como objeto. Entendido como um sistema de escrita, semelhante aos antigos nós manuais que acompanhavam a vestimenta dos incas e quéchuas da região andina, o nó lacaniano é visualizável em três dimensões. Ele precisa passar por procedimentos de conversão, transposição ou leitura para ser lido em duas, quatro e até mesmo uma dimensão.

Cada uma dessas leituras do nó comporta propriedades emergentes da clínica e da constituição do sujeito. Elas apontam também para a disjunção que observamos no conceito de infinito, ou seja, o modelo físico-geométrico representado pela reta infinita, como uma abstração intuitiva, na qual se pode operar divisões indefinidamente, a partir do caráter discreto ou separável de seus elementos, e o modelo lógico-matemático, cuja referência é o conceito de continuidade desenvolvido por Riemann, tomando por referência a teoria dos números.

No entanto, a relação entre a ideia do discreto e a continuidade na Matemática contradiz nossa intuição de que ambos os conceitos, de algum modo, situam-se no mesmo nível; dentro de nossa tradição matemática, o discreto aparece como a propriedade fundamental, enquanto o contínuo é subordinado a ele. (...) Assim, dentro de nossa compreensão usual de sobre o que é a Matemática, a ideia do contínuo repousa rigidamente subordinada à do discreto.[16]

Lacan parece replicar esse problema ao tratar dos nós como toros (descontínuos) e como unidade (contínua). A partir disso, ele propõe o problema do seu aplainamento em cadeias de significantes ou conjuntos de letras. Os problemas freudianos do luto partem do seu caráter discreto e contável; as questões que emergem da perspectiva lacaniana privilegiam seu aspecto infinito e universal.

Queremos, assim, apresentar as propriedades do luto, associando-as a diferentes leituras do nó. Estamos vendo que o nó é uma estrutura simplificável e comensurável com outros modos de apresentação, descrição e conceitualização, ou seja, se conseguimos isolar suas propriedades emergentes e suas propriedades fundamentais, podemos passar, sem prejuízo, de um nó com um número finito de unidades a um nó com um número infinito de laços.

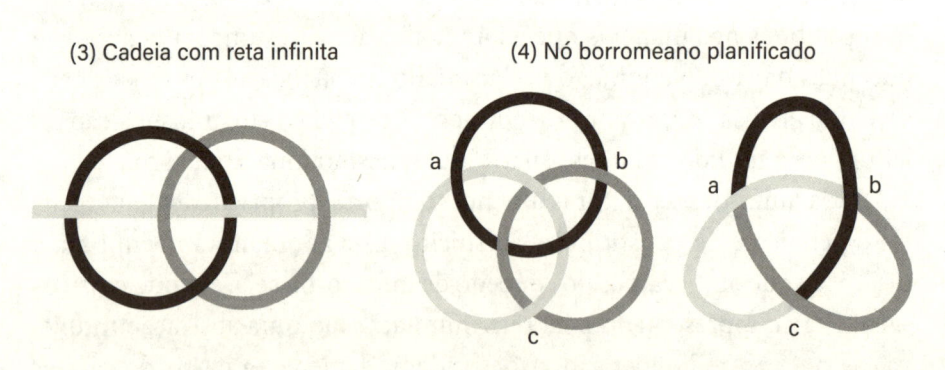

(3) Cadeia com reta infinita

(4) Nó borromeano planificado

---

16 Da Costa, N. & Doria, F. A. (1991/2). Continuous & Discrete: a research program. In *Boletim da Sociedade Paranaense de Matemática*. Curitiba, Editora UFPR, v. 12/13, p. 124.

Temos a nosso favor a descrição do nó da melancolia proposta por Schejtman,[17] em que Imaginário e Real estão articulados, mas o Simbólico se encontra solto. Na melancolia há um erro de construção, ou um lapso, em decorrência de quando o Imaginário, que deveria se subpor ao Real (I < R), acaba por se superpor a ele (R > I).

O estudo mais minucioso das formas de erro na composição dos nós encontra-se no *Seminário 23: o sinthoma*. Tomando a biografia de Joyce na sua relação com textos como *Um retrato do artista quando jovem*,[18] *Ulisses*[19] e *Finnegans Wake*,[20] Lacan se pergunta por que Joyce não enlouqueceu, tomando aqui loucura como forma de separação ou desenodamento entre os nós.

> Suponham que haja em algum lugar, explicitamente aqui, um erro, a saber, que os cortes provoquem uma falha, suponham que aqui onde faço tal indicação [entre Imaginário e Real], a terceira rodinha passe por cima do grande R em vez de passar por baixo. Qual seria o resultado disso?[21]

O resultado seria, nominalmente, que Joyce desliza e a relação imaginária não acontece, como na surra adolescente que ele leva dos colegas de escola, mas que não "realiza a dor", permanecendo em um estado de "desafeto". Isso seria o resultado deste erro, ou seja, um "ego de natureza bem diferente",[22] um ego que não funciona prontamente, mas "um tempo depois". No momento em que Joyce se torna indiferente ao reconhecimento, nas suas epifanias seu inconsciente está "ligado ao real", sua escrita é borromeana e ele "deixa cair o próprio corpo"[23] como tantas vezes acontece na devastação (*ravage*) e no rapto (*ravissement*). Sua escrita, tal

---

17 Schejtman, F. (2013). *Sinthome: Ensayos de clínica psicoanalítica nodal*. Buenos Aires: Grama Ediciones.
18 Joyce, J. (2018). *Um retrato do artista quando jovem*. Belo Horizonte: Autêntica.
19 Joyce, J. (2021). *Ulisses*. Rio de Janeiro: Civilização Brasileira.
20 Joyce, J. (2003). *Finnegans Wake – Finnicius Revém*. São Paulo: Ateliê.
21 Lacan, J. (2007). *O Seminário, livro 23: o sinthoma (1975-1976)*. Rio de Janeiro: Zahar, p. 147.
22 Idem, p. 148.
23 Idem, p. 146.

como a escrita das tragédias, tem um "enquadramento, que é chamado de dialético, retórico ou teológico".[24]

> Eis exatamente o que se passa, e onde encaro o ego como corrigindo a relação faltante, ou seja, o que, no caso de Joyce, não enoda borromeanamente o imaginário ao que faz cadeia com o real e o inconsciente. Por este artifício de escrita, recompõe-se, por assim dizer, o nó borromeano.[25]

Ora, o que temos aqui é uma lista dos traços associados com a experiência do luto: devastação, perturbação do Eu, loucura provisória, enquadramento fantasmático da perda, função estética e organizativa da escrita, terminando pela epifania como libertação. Lembremos ainda do contexto pessoal da perda do pai, o medo da separação em relação à esposa, à perda da pátria, que para muitos torna a Irlanda mítica de Joyce uma versão reparadora da condição colonial daquele país sob jugo inglês. A perda de sua língua, a perda dos valores jesuíticos presentes em sua formação são remetidas ao sentido futuro de sua obra. Podemos considerar, dessa maneira, que o ego suplementar de Joyce, que corrige o erro entre Real e Imaginário, faz a função de um luto.

Na "quase loucura" de Joyce, o Simbólico deveria se superpor ao Real ($S > R$) em vez de subpor ($S < R$), erro que é corrigido pelo grampo representado pelo anel preto. No caso da inibição, os três nós estão soltos. A partir disso, poderíamos inferir outros lapsos, que representam três variantes do luto: o luto incompleto, retido ou suspenso (nó da depressão) e o luto indiferente e não transitivo em relação ao luto do outro (nó da loucura), e o nó da melancolia onde o simbólico encontra-se solto em relação ao imaginário e ao real (o inverso do nó da loucura, onde é o imaginário que se encontra desligado). Adiantamos aqui nosso entendimento da depressão como uma figura da inibição, em que as três dimensões se encontram separadas. Ademais, também temos o nó da loucura, cujo paradigma lacaniano é o caso de James Joyce:[26]

---

24 Idem, p. 144.
25 Idem, p. 148.
26 Cevasco, R. & Chapuis, J. (2018). *Passo a Passo: rumo a uma clínica borromeana*. São Paulo: Aller, p. 126.

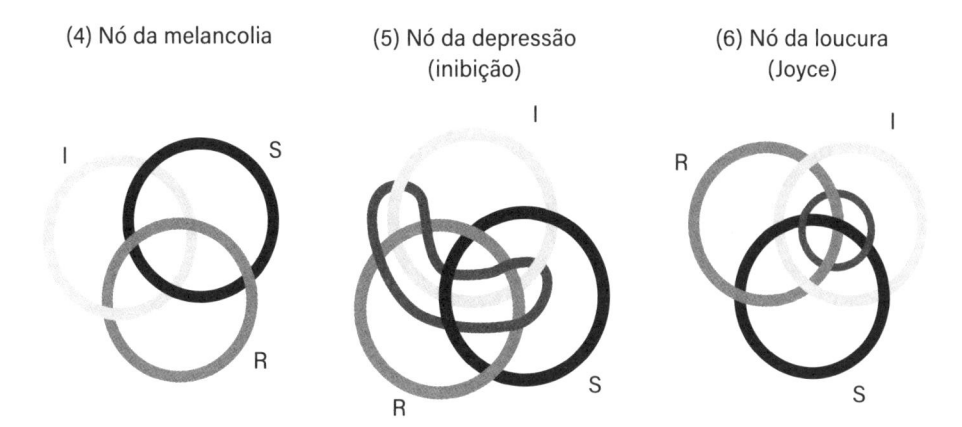

(4) Nó da melancolia   (5) Nó da depressão   (6) Nó da loucura
                       (inibição)   (Joyce)

Apliquemos então o método da trança a um nó borromeano construído pela superposição do Imaginário ao Real (I > R) e pela articulação do Simbólico, amarrando os três. Lembremos que isso não implica que o nó seja composto nessa ordem. Pelo contrário, o mais comum é que diferentes lugares do nó sejam compostos ao mesmo tempo, de forma progressiva ou regressiva, com alternâncias entre sucessão e simultaneidade. Na composição do nó acontecem erros ou falsos enlaces, que se associam a patologias do luto e demandam suplências. Quando um nó se completa, um luto termina, mas, quando ele cria uma nova unidade, isso decorre da articulação com outros lutos na história do sujeito, ou, de forma contingente, com outros lutos, com lutos espectrais, lutos femininos e outras modalidades de lutos infinitos.

3.1. Dor e devastação

A notícia da morte congela o instante de seu recebimento. Muitos anos depois, lembramos de onde estávamos e de como fomos colhidos por esse encontro, cuja potência traumática se exprime pela noção lacaniana de buraco no Real. Uma boa apresentação narrativa do "buraco no real" encontra-se na forma como a escritora nigeriana Chimamanda Adichie escreve sobre a notícia da morte de seu pai:

> Minha filha de quatro anos diz que eu a assustei (…) inteiramente fora de mim, aos gritos, dando murros no chão. A notícia é como um desenraizamento cruel. Ela me arranca do mundo que conheço desde a infância. (…) "Não! Não conte para ninguém, porque se a gente contar vira verdade!" (…) O luto é uma forma cruel de aprendizado. Você aprende como ele

pode ser pouco suave, raivoso. (…) Aprende quanto do luto tem a ver com palavras, com a derrota das palavras e com a busca das palavras.[27]

Ou, no contexto da recepção dos convidados para o funeral:

Voltem para casa! Por que estão indo à nossa casa escrever nesse caderno surreal? Como ousam tornar isso verdade.[28]

Ou também, segundo o relato de seu irmão:

Tomara que nunca receba nenhuma notícia devastadora em público, já que sua reação ao choque é arrancar as próprias roupas.[29]

Por mais corporal e aterradora que seja essa experiência, notemos como ela é narrada a partir de sua filha ou de seu irmão como ponto de apoio para a memória sobre si mesma. O buraco no real é também um ponto de apagamento do sujeito, de aterramento na angústia. Justo que seja retratado como uma situação "sem palavras", em geral na voz passiva, por meio do testemunho de uma terceira pessoa, com a presença de indicadores de corporeidade como a dor e a náusea, além da alta dose de negação.[30]

Estamos aqui no que seria o verdadeiro furo, lugar de conjunção entre a inexistência do Outro, de não relação sexual e de gozo do Outro.[31] Podemos decompor a emergência da morte como figura do Real em dois enlaces: em relação ao Imaginário é o instante de dor, já em relação ao Simbólico é o que Lacan descreve com a noção de devastação. Lembremos que a dor é uma experiência formativa do eu, o modelo pelo qual este adquire e modela a inibição de funções como a consciência atencional, fome-sociedade, vigília-sono, movimentação-paralisia. Entre as funções inibidas pelo Eu, Freud dará especial atenção aos afetos. De fato, diante do impacto do acontecimento, muitos dizem sentir uma espécie de suspensão dos afetos, ausência de sensações, com exceção da mais simples dor.

---

27 Adichie, C. N. (2021). *Notas sobre o luto*. São Paulo: Companhia das Letras, pp. 11-14.
28 Ibidem, p. 20.
29 Ibidem, p. 13.
30 Freud, S. (2014). *A negação*. São Paulo: Cosac Naify.
31 Allouch, J. (2022). *O outrossexo: não existe relação heterossexual*. São Paulo: Zagodoni.

A privação define a posição (1) como sobreposição do Real ao Simbólico. A devastação situa-se em (5) como superposição do Imaginário ao Real. Finalmente, a combinação entre dor e incredulidade, o efeito de afeto como esforço de nomeação, situa-se em (3) na superposição do Simbólico ao Imaginário.

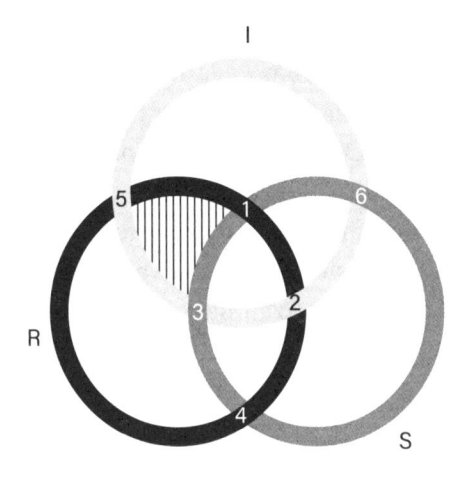

Devastação e rapto, como despossessão de si, aparecem na leitura da peça e do livro de Marguerite Duras *O deslumbramento* (*Le ravissement de Lol V. Stein*), mais especificamente da cena na qual Lol tem seu noivo arrebatado diante de seus olhos por outra mulher. A própria tradução do termo *ravissement* atravessa todo o comentário de Lacan: "imagem que nos será imposta por essa figura de ferida, exilada das coisas, em quem não se ousa tocar",[32] mistura de luto e dor (*douloir*) como sugeriu Apollinaire,[33] desinvestimento do amante,[34] nudez indizível, envoltório sem dentro nem fora,[35] arrebatamento ou rapto, mancha no olhar antes da angústia.[36]

Comecemos pela tese lacaniana de que o luto cria, por foraclusão, um "buraco no Real" para onde afluem significantes. Podemos intuir que esse buraco no Real se delimita pelo litoral formado pelos cruzamentos [(1),

---
32 Lacan, J. (2003). Homenagem a Marguerite Duras pelo arrebatamento de Lol V. Stein. In Lacan, J. *Outros escritos*. Rio de Janeiro: Zahar, p. 198.
33 Ibidem, p. 199.
34 Ibidem, p. 200.
35 Ibidem, p. 201.
36 Ibidem, p. 202.

(3) e (5)] e que sua expressão é a devastação, a surpresa e a dor. Lembremos que neste lugar, entre Imaginário e Real, está o "furo verdadeiro", onde se localiza o enigmático gozo do Outro [J(A)]. Esse furo ou buraco deve ser diferido do falso furo, representado pelo gozo fálico [Φ], entre Simbólico e Real, do furo do sentido, localizado entre Imaginário e Simbólico, e do furo central, ocupado pelo objeto *a*, ou seja, furo triplo, Real, Simbólico e Imaginário compreendido por [(1), (2) e (3)].

Mas observemos que, na escrita dos nós a partir do *Seminário 21*, Lacan localiza o gozo do Outro, entre Imaginário e Real, sem especificar que esse gozo pode incidir diferencialmente quando se trata da mulher ou do homem, segundo as fórmulas de sexuação, desenvolvidas no *Seminário 20... mais ainda*. Considerando essa variância, há espaço para dizer que o verdadeiro furo, o furo traumático, admite uma incidência toda fálica, quando estamos diante do gozo Outro [J(A)], e uma incidência não-toda fálica, quando estamos diante do gozo do Outro barrado [J$\bar{A}$]. Disso decorre a hipótese de um percurso de luto inteiramente do lado "Homem" e outro percurso que inclui também e de forma contingente o lado "Mulher".

A planificação desse nó em superfície topológica resulta no buraco, o qual intuitivamente define a mônada humana como uma esfera furada que representa a perda real ou morte. A apresentação perspectiva desse momento encontrará inúmeros relatos que descrevem esse instante como o de um espinho ou de um dardo que perfura a alma, como uma espécie de vazio ou de aterramento, uma falta de chão que suspende toda perspectiva possível.

Em termos da estrutura significante, o furo define um tipo específico de falta, nesse caso, a experiência da privação, a qual é associada por Lacan ao luto. A privação é uma falta real promovida por um agente imaginário. Ela indica para o sujeito que o Outro não é uma totalidade completa, o que levanta a suposição de que há algo ou alguém que cause essa incompletude. Como modalidade da falta na constituição do sujeito, a privação refere-se à descontinuidade de gozo, também chamada de "primeiro momento do trauma" ou "abalo no fantasma".

Freud chamou esse primeiro tempo do trabalho de luto de "reconhecimento da realidade da perda", que, como vimos, demanda a formulação de um juízo de valor (prazer ou desprazer) e de existência (presença ou ausência) sobre o acontecimento.[37] A realidade da perda convoca a cadeia contígua de ausências, assim como a privação convoca a castração simbólica e a frustração imaginária:

> na hora de pôr a mesa, éramos cinco:
> o meu pai, a minha mãe, as minhas irmãs
> e eu. depois, a minha irmã mais velha
> casou-se. depois, a minha irmã mais nova
> casou-se. depois, o meu pai morreu. hoje,
> na hora de pôr a mesa, somos cinco,
> menos a minha irmã mais velha que está
> na casa dela, menos a minha irmã mais
> nova que está na casa dela, menos o meu
> pai, menos a minha mãe viúva. cada um
> deles é um lugar vazio nesta mesa onde
> como sozinho. mas irão estar sempre aqui.
> (...)
> enquanto um de nós estiver vivo, seremos
> sempre cinco.[38]

Alguns autores chamam esse momento de *procura*, ou seja, o sentimento de que a pessoa não morreu, está apenas em outro lugar e, portanto, é preciso encontrá-la. A imagem do morto volta à lembrança, o sentimento de sua presença pode nos levar a chamar por aquele que se foi, surgem pensamentos de que seria possível reunir-se com o falecido, de que ele está por perto.[39] Ou seja, a primeira subjetivação da perda se dá pela constatação de uma ausência pressentida como abandono.[40] Muitos

---

37 Freud, S. (2010). Dois princípios do funcionamento psíquico. In Freud, S. *Observações psicanalíticas sobre um caso de paranoia relatado em autobiografia ("O caso Schreber"), artigos sobre técnica e outros textos (1911-1913)* (Obras Completas, Vol. 10). São Paulo: Companhia das Letras.
38 Peixoto, J. L. (2017). *A criança em ruínas*. Porto Alegre: Dublinense, p. 10.
39 Parkes, C. M. (1998). *Luto: estudos sobre a perda na vida adulta*. São Paulo: Summus, pp. 62-82.
40 "Abandonite" (Barthes, R. (2011). *Diário de luto*. São Paulo: Martins Fontes, p. 98).

ficam apegados ao instante da dor e da devastação como forma de suspender o tempo e o processo de reconhecimento da perda:

> Não quero deixar partir a lembrança viva da morte dela. Quero que doa, que doa fundo, não por masoquismo, mas para não perdê-la, para não perder seu corpo mesmo que doente. Quero sentir a ferida dessa ausência, o buraco dentro de mim.[41]

3.2. Loucura transitiva e ausência

Localizamos aqui o que Lacan chamou de "loucura provisória", interna ao momento do luto. A loucura não é a psicose. A loucura é definida por Lacan como um estado irredutível de alienação imaginária, interna e constitutiva ao Eu, de natureza projetiva, paranoica em sua disposição ao desconhecimento e à identificação. Na neurose, tal identificação incide sobre demanda e desejo, no sujeito e no Outro. Na psicose seria a identificação com a demanda no Outro, ao passo que na perversão ocorre com relação à demanda no Outro. A planificação desse cruzamento entre Imaginário e Real nos conduz a superfícies dos dois toros encadeados ou emparceirados, nos quais o que é a demanda no toro do sujeito se apresenta como desejo no toro do Outro, e o que se apresenta como desejo no toro do Outro se inverte em demanda no toro do sujeito.

No processo de luto, é o momento no qual sentimos que morremos com o outro. Sinal de que a privação se transformou em frustração, que a dor se transformou em angústia. Frustração quer dizer falta imaginária de um objeto simbólico. Mesmo que cognitivamente saibamos que a vida tem que ter um fim, que a doença ou o acaso são soberanos em nosso destino, parece irresistível perguntar pelo sentido e pela significação da perda, como se ela tivesse sido imposta por algum motivo, razão ou causa. A perda é vivida então não mais como ausência, mas como abandono, impotência e recusa de amor. A frustração é o registro no qual o Outro manifesta-se como potência de doação, em que amar equivale à presença. A morte do outro é interpretada como negação de seu amor por nós.

---

41 Jaffe, N. (2021). *Lili: novela de um luto*. São Paulo: Companhia das Letras, p. 49.

Se ele se foi, é porque não nos amava tanto assim. Isso facilmente se transformará na significação de que ele sentia por nós algum tipo de ódio, indiferença ou insuficiência amorosa.

O abalo narcísico envolve também uma mudança de percepção sobre os outros, aqueles que estão fora do processo do luto:

> Morte para uns, distração para outros.
> O mais difícil de estar morto é quando começam a falar de você.[42]

Em termos freudianos, trata-se do choque narcísico, como fragmentação e perda da unidade, que ocasiona a retração introspectiva do Eu e a redução do sentimento de si (*Ichgefühlt*). No modelo lacaniano dos nós, podemos dizer que a loucura transitória define-se pela ex-sistência da morte (Simbólico). Ela desconecta o corpo (Imaginário) e a vida (Real). O choque narcísico mostra-se assim uma perda de sentido (entre Imaginário e Simbólico), perturbação da representação e precariedade da sobreposição entre Imaginário e Real (gozo do Outro).

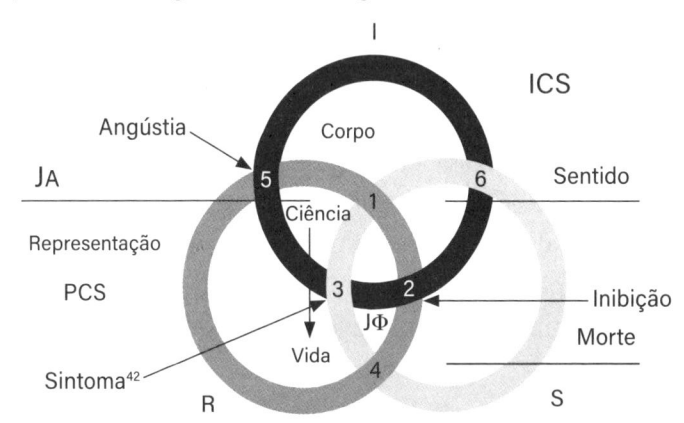

Loucura, menos do que psicose, é sinônimo, em psicanálise, de alienação. No caso da loucura transitória, há uma dupla alienação, primeiro como negação de reconhecimento da morte, depois como identificação da

---

42 Vieira, L. T. (2018). *Trabalho de luto*. Campo Grande: Não Sou Uma Editora, p. 57.
43 Lacan, J. (1975) A terceira. In Lacan, J. *Textos complementares: R.S.I.* São Paulo: Fórum do Campo Lacaniano.

causalidade ao desejo. Se o desejo do sujeito é o desejo do Outro e se este desejo não reconhece a morte, a morte permanece irrealizada. Se o sujeito recebe sua própria mensagem de maneira *invertida*, é também como imaginarização da própria morte que este momento do luto é vivido. O conceito de inversão é essencial para entendermos por que em loucura provisória, ocasionada pelo luto, nos sentimos morrendo como o objeto.

Três fenômenos imaginários concorrem para essa forma de loucura provisória: despersonalização, estranhamento corporal e transitivismo.[44] Em termos freudianos, seria um momento animista do luto, no qual o Eu confunde pensamento e realidade com a ordem simbólica.[45] Daí que o estilo de pensamento infantil primitivo e psicótico reapareçam.

A loucura é uma noção estratégica para conectar a psicopatologia psicanalítica com a antropologia, com a ética e com a política. Na tragédia de *Hamlet*, a loucura transitória começa quando o príncipe recebe a visita do fantasma de seu pai, e, com ela, uma tarefa política e moral de vingança, e termina quando Hamlet se depara com o luto de Laertes em relação à sua irmã Ofélia. A mesma Ofélia por quem Hamlet estivera apaixonado, mas cujo amor acabou por "esquecer" durante sua loucura.

Fora do luto, expressões como "ter a morte para mim" ou "incorporá-la e realizá-la em mim" seriam dotadas de um valor diagnóstico que ela não possui em outras situações. Sabemos disso e por isso mesmo entendemos que a "a morte é avessa à mentira e ao teatro".[46]

A loucura é psicose posta na sua própria historicidade. Contra a redução da loucura ao campo das psicoses e sua determinação, Lacan afirmará que "o ser do homem não apenas não pode ser compreendido sem a loucura, como não seria o ser do homem se não trouxesse em si a loucura como limite de

---

44 O transitivismo é um fenômeno descoberto por Bühler e Wallon como um tipo especial de identificação frequentemente observado no comportamento de crianças pequenas e que retorna nas psicoses. Por exemplo, uma criança pode bater em outra criança da mesma idade no lado esquerdo de seu rosto e então tocar o lado direito de seu próprio rosto e chorar de dor imaginada. Para Lacan (*O estádio do espelho como formador da função do Eu [Je]* 1949), o transitivismo ilustra a confusão do ego e do outro que é inerente à identificação imaginária e às relações de inversão especular.

45 Barrio, A. B. E. (2008). *Freud e Lévi: influências, contribuições e insuficiências das antropologias dinâmicas e estruturais*. Recife: Massangana.

46 Jaffe, N. (2021). *Lili: novela de um luto*. São Paulo: Companhia das Letras, p. 24.

sua liberdade".⁴⁷ Contra a determinação estrutural da loucura humana, ele dirá que ela é "a mais insondável decisão do ser".⁴⁸ Contra a realização da autonomia do eu na forma moderna do indivíduo, ele dirá que: "o sujeito acabe acreditando no eu é, como tal, uma loucura".⁴⁹ Contra a redução dos estados místicos a formas de psicose, ele dirá que nos falta a "loucura religiosa".⁵⁰ À altura do *Seminário 6: o desejo e sua interpretação* (1958-1959), a loucura é novamente descrita como uma espécie de estado intervalar ou de parênteses na continuidade da vida, entre o que se inscreve e o que não se inscreve como significante no Outro, entre o coletivo e o individual:

> Por isso, e como na psicose, vêm pulular no seu lugar [no lugar do Outro], todas as imagens ligadas aos fenômenos do luto. É nisso que o luto se parece com a psicose. Na lista destes fenômenos convém incluir aqueles pelos quais se manifesta, não esta ou aquela loucura particular, mas uma das loucuras coletivas mais essenciais da comunidade humana. Se, do lado do morto, daquele que acaba de desaparecer, não se cumpriu algo designado como ritos, surgem aparições singulares. É o que explica, por exemplo, a aparição, no primeiro plano da tragédia de Hamlet, desta imagem que surpreende a todos sem exceção, o *ghost*, o fantasma.⁵¹

Os fios que faltam ou que podem faltar entre o real da história e simbólico dos discursos correspondem aos fios das diferentes narrativas que a cada momento criam unidades imaginárias e consistências de sentido para cobrir a entropia entre cultura e sociedade. Esses fios narrativos são, sobretudo, objeto de crença. E é sobre essa crença, convicção ou certeza, mais ou menos ideológica, mais ou menos captada pelas retóricas amorosas de cada época, que se constroem as formas da loucura:

---

47 Lacan, J. (2003). Formulações sobre a causalidade psíquica. In Lacan, J. *Escritos*. Rio de Janeiro: Zahar, p. 177.
48 Ibidem, p. 179.
49 Lacan, J. (1995). *O Seminário, livro 2: o Eu na teoria de Freud e na técnica da psicanálise (1954-1955)*. Rio de Janeiro: Zahar, p. 311.
50 Lacan, J. (1992). *O Seminário, livro 8: a transferência (1960-1961)*. Rio de Janeiro: Zahar, p. 294.
51 Lacan, J. (2016). *O Seminário, livro 6: o desejo e sua interpretação (1958-1959)*. Rio de Janeiro: Zahar, pp. 360-361.

(...) Em outras palavras, se o caso é bom – deixem-me reenfatizar que este é o resultado de uma boa pedagogia, a saber, que não se tenha falhado em seu enodamento primitivo – se o caso é bom, quando a vocês falta um desses anéis de barbante, vocês devem estar loucos. E é nisto, é nisto que o caso é bom, é quando se o chama liberdade, o bom caso consiste em saber se há algo aí de normal. E que, quando uma das dimensões lhes arrebenta, por qualquer razão, vocês devem ter, verdadeiramente, enlouquecido. E é aqui que queria terminar, para lhes mostrar seu interesse. Suponham o caso do outro nó, que antes chamei de olímpico. Se um desses anéis de barbante lhes arrebenta, por assim dizer, devido a algo que os concerne, vocês não ficarão loucos. E isto porque, saibam ou não, os outros dois se sustêm juntos, e isso quer dizer que vocês estão neuróticos. Com base nisto, sempre afirmei que não se conhece o suficiente, quer dizer, que os neuróticos são inabaláveis.[52]

Esse é o lugar do falso furo, definido pela sobreposição do Real ao Simbólico (4), subposição do Real ao Imaginário em (2), criando, por exclusão interna, o ponto mediano (3) representado pela sobreposição do Simbólico ao Imaginário. Em (2) temos o estado de loucura, transitivista, como identificação ao objeto, alienação à sua imagem e indistinção com o Real. Em (2) temos a frustração como perda imaginária de um objeto Real e em (3) o Outro simbólico sobrepondo-se à falta Imaginária, conforme a interpretação da morte como ausência. O percurso resume o que Freud chamava de *Versagung*, ou seja, a incidência de um tipo de negação, oposição ou contrariedade capaz de desencadear a formação de novos sintomas na neurose, a fixação do fetiche na perversão ou a eclosão dos fenômenos elementares na psicose. Pode ser apresentado também como a convocação do Nome-do-Pai (3), no lugar em que o campo do Outro apresenta um buraco (4) e em oposição imaginária ao Sujeito (3). O território assim formado corresponde ao campo do gozo fálico, definido pela relação entre totalidade e exceção. A conjugação entre frustração (2) e castração (3) corresponde ao trabalho de comparação imaginária e diferenciação simbólica, por meio

---

52 Lacan, J. (2016). *O Seminário, livro 21: os não-tolos vagueiam (1973-1974)*. Bahia: Espaço Moebius, 11 de dezembro de 1973.

do qual o trabalho do luto acaba por responder a pergunta sobre o que se perdeu naquele (ou naquilo) que se perdeu?

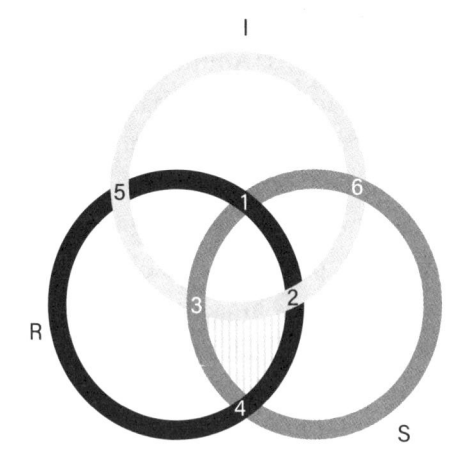

A "loucura neurótica" apresenta a estrutura da identificação do desejo no sujeito à demanda do Outro e, reversamente, a demanda do sujeito ao desejo do Outro. Essa identificação pode ser desenhada pelo modelo dos dois toros entrelaçados, em que cada toro é formado pelo fechamento de um cilindro sobre si mesmo. Tipicamente, esse emparceiramento das demandas traz consigo uma indeterminação do desejo e uma equivalência, sem hiato, entre o desejo de um e o desejo do Outro. Essa identificação foi muitas vezes tematizada a partir da gramática do amor e particularmente do "amor louco". Essa interpretação da perda foi narrada pelo grande escritor e teórico do amor C. S. Lewis, no contexto do luto gerado pela perda de sua esposa:

> A pessoa amada nos faz "sair de nós mesmos" enquanto ela está aqui. Em seguida, vem o trágico passo da dança em que devemos aprender também a sair de nós mesmos, mesmo com a remoção dessa presença corporal, amando-a em sua inteireza (...). [Voltar à vida normal] pareceria irreal – algo tão estranho à tessitura usual de minha história que quase poderia acreditar que havia acontecido com outra pessoa. Assim, H. morreria para mim uma segunda vez; uma perda pior do que a primeira. Qualquer coisa menos isso.[53]

---

53 Lewis, C. S. (2021). *A anatomia de um luto*. Rio de Janeiro: Thomas Nelson, pp. 78 e 89.

Vê-se assim como no interior do luto emergem experiências de estranhamento, incerteza e infamiliaridade (*Unheimlich*).[54] Os seres distantes tornam-se íntimos pela proximidade da perda. Os seres familiares se tornam estranhos irreconhecíveis. Aquilo que deveria permanecer como uma ideia longínqua e distante, como a parte, surge próxima e sempre sem aviso. O inanimado parece que vai se mover a qualquer momento e retornar pela porta de entrada, pondo fim a um sonho ruim. No entanto, a vida e seus afazeres também se tornam um esforço para quem ressente o morto. Somos assediados pela ideia, insólita e falsa, mas ainda assim recorrente, de que se tivéssemos amado um pouco mais, ou um pouco melhor, aquela pessoa não nos teria deixado. Como se o delírio de que nossa presença salvadora a tudo salvaria fosse desencadeado em alternância com seu polo oposto: *afinal, se ele era tão digno de minha devoção, por que não me amou um pouco mais? Por que não se cuidou um pouco mais? Por que fez esse gesto odioso de me deixar?*

> Alguém crê no que ela diz: é o que se chama amor. E é por isso que ele é um sentimento que qualifiquei, na ocasião, de cômico: é o cômico bem conhecido, o cômico da psicose. E é por isso que, correntemente, diz-se que o amor é uma loucura. A diferença é, sem embargo, manifesta entre crer ali, no sintoma, ou crer nele (*le croire*). É o que constitui a diferença entre neurose e psicose. Na psicose as vozes, tudo está ali, não somente creem ali, mas também creem nelas.[55]

3.3. Privação, estranhamento e angústia

Depois do instante de ausência, ou desaparição, e do tempo de frustração e abandono, o sujeito conclui que a perda representada pela morte representa uma falta estrutural. A partir de então, ela será lida de forma dupla: como privação da onipotência do Outro e como castração para o desejo do sujeito. Isso significa agrupar, retroagir e ressignificar a divisão do sujeito referida às perdas anteriores. A angústia é muitas vezes lida

---

54 Freud, S. (2019). *O infamiliar*. Belo Horizonte: Autêntica, pp. 242-270.
55 Lacan, J. *Séminaire XXII: R.S.I. (1974-1975)*. Staferla. Recuperado de http://staferla.free.fr/S22/S22%20R.S.I.pdf. Tradução nossa.

como um momento de suspensão ou de corte na relação entre demanda e desejo. Passamos, assim, dos toros enlaçados e biláteros entre si à banda de Moebius, a qual é definida por uma torção na superfície, que permite ao sujeito passar sem descontinuidade da privação para a castração.

A privação é a falta real de um objeto simbólico, executada por um agente imaginário. Representa uma desidentificação do sujeito em relação ao falo e a abertura para uma interrogação sobre o fundamento da lei: um confronto direto com o mito do pai da horda primitiva, senhor de todas as mulheres, mas também a introdução da ideia de morte como privação irreversível da vida. Esse é ponto de referência para o pai simbólico, ou seja, o pai morto como alegoria da finitude de sua potência pessoal e substituição pela impessoalidade da lei social.

A castração, por outro lado, é a falta simbólica de um objeto imaginário, executada por um agente real, o qual é formado pela reinterpretação do pai imaginário, agora investido dos poderes totemistas de identificação com a lei. Lobo mau, jacaré devorador, vampiro intrusivo, mula sem cabeça, bruxa raptora, madrasta vingativa e todo o cortejo de seres imaginários aos quais se atribuem o poder e a força de privação derivada do Outro e cuja significação reinterpreta sua potência, unidade e autoridade.

No interior do luto, isso significará um questionamento da segurança identificatória e a consequente posição de objeto de amor do Outro. Entre o pai vivo e feroz, o pai da horda primitiva e o pai morto e pacificador, está o ato de parricídio. Daí que nesse tempo do luto sobrevenham ideações que interpretam a lei da finitude, seja pela ideia de que algo ou alguém teria "ativamente matado" o nosso objeto de amor, seja pela resignação de que a lei da finitude não admite exceções. A angústia incidente entre a privação e a castração resolve-se pela emergência de duas novas estruturas: o Ideal do Eu, instância simbólica indutora de objetos imaginários, e o Supereu, instância real que proíbe e incita o gozo.

O circuito entre privação e castração equivale à inversão entre o rito social coletivo, que dá forma à lei social, e o mito individual do neurótico, que organiza a lei familiar. O pai morto em *Édipo Rei* deve ser substituído por um de seus filhos em *Antígona*. Mas, entre esses dois tempos, ele deve decidir onde se localiza sua tumba, tópico central de *Édipo em Colono*. O pai morto em *Hamlet* deve ser vingado para continuar sua linhagem, como em *Macbeth*, mas antes disso ele deve encontrar seu lugar no mundo, como em *Rei Lear*. Sygne de Coûfontaine precisa morrer em *A refém* para que sua neta possa recuperar a capacidade intransitiva de amar em *O pai humilhado*. Antes disso, seu filho Louis precisa encontrar qual é seu lugar no mundo em *O pão duro*. O circuito da angústia, entre privação e castração, envolve inversões entre duas posições essenciais para o luto: como *eu posso perder o outro*, mas também como *o outro pode me perder*.

Esse seria o primeiro ponto de passagem do luto individual ao luto coletivo, o ponto em que cada luto pode se conectar com o luto dos outros. É o caso, por exemplo, do que Lacan chamou de "ciúmes do luto", que aparece nos inúmeros relatos que comparam a perda sofrida com a situação dos outros. Afinal, foi no interior do funeral de Ofélia, ao ver no outro o sentimento que lhe faltava realizar, que Hamlet cai em si e suspende sua "loucura provisória", conectando o luto de Laerte com o seu próprio luto, até então suspenso e adiado.

O terceiro movimento do luto descreve o processo de construção do recalque, entre privação e castração, entre a falta no Outro e a falta no sujeito, entre desamparo e morte. Há, portanto, uma reaparição da angústia como insuficiência de deformação simbólica, mas também pela transferência em torno da angústia. Essas duas formas de angústia serão tematizadas por Freud em seu trabalho sobre o estranhamento (*Das Unheimliche*): a primeira remete ao retorno de fantasias narcísicas, a segunda, ao enfrentamento de um Real inédito.

Ele se delimita pelo trajeto que vai da sobreposição do Real ao Simbólico, como angústia de castração, subposição do Real ao Simbólico, como angústia de estranhamento ou *Unheimlich*, e o fechamento mediano desse lugar na sobreposição do Simbólico ao Imaginário, que aparece com desamparo (*Hilflosigkeit*). O conjunto define, assim, o espaço [(1), (6), (2)].

Entre (1) e (6) encontramos o arco de indeterminação de sentido, que Freud chamou de "conflito de juízos". Entre familiar e estrangeiro, entre próximo e distante, entre segredo e revelação, entre vida e morte, podemos localizar a angústia por infamiliaridade (*Unheimlich*) em oposição a frustração imposta ao animismo-narcísico pela frustração em (2). Isso acontece em duas situações diferentes: (a) o animismo narcísico que regressivamente se reapresenta como fantasia projetada ou (b) a intuição de uma verdade em estrutura de ficção, para qual a "realidade" ainda não encontrou correspondência. Finalmente, na posição (2) encontramos a angústia, na sua versão de desamparo e solidão, transformando-se em objeto de medo, o totem que imaginariamente recobre o Real.

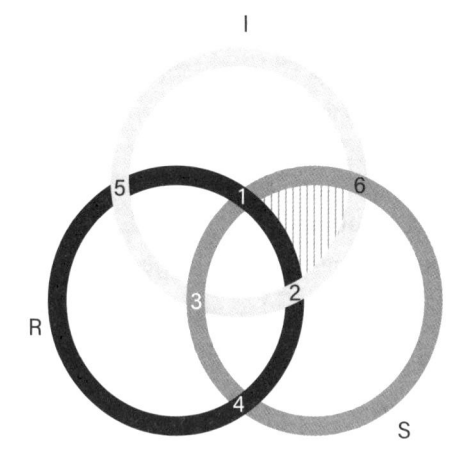

Em termos de topologia das superfícies, chegamos aqui à banda de Moebius, que representa a divisão do sujeito, induzida pelos processos de metaforização, particularmente da metáfora paterna. Há dois movimentos em jogo aqui: o corte que converte o toro em um plano bilátero e, em seguida, pela torção que converte o plano bilátero em uma superfície contínua unilátera, a banda de Moebius. Em *A interpretação dos sonhos*, encontramos bons exemplos desse trabalho de elaboração da angústia pelo sonho, tanto em (2) como imaginarização do real quanto em (3) pela realização do simbólico:

> Por exemplo, um homem que cuidou do pai enquanto ele estava doente e que sofreu muito com sua morte tem, algum tempo depois, um sonho absurdo: *O pai voltou à vida e conversou com ele como sempre, mas* (o estranho era que) *estava mesmo morto e não sabia disso.* Entenderemos esse sonho se, após "estava mesmo morto", acrescentarmos: "em decorrência do desejo do sonhador"; e após "não sabia disso": que "o sonhador tinha esse desejo". Enquanto cuidava do pai doente, o filho desejara repetidas vezes a morte do pai, isto é, tivera o pensamento piedoso de que a morte pusesse um fim àquele martírio. Durante o luto, esse desejo ditado pela

compaixão se tornou uma recriminação inconsciente, como se tivesse contribuído para encurtar a vida do enfermo.[56]

Temos aqui a angústia de estranhamento (o estranho é que ele estava morto e não sabia) e a angústia de castração (desejara repetidamente a morte do pai), mas também a angústia de desamparo (*Hilflosigkeit*), como referência primária para o estado de abandono, falta de recursos e ausência do outro prestativo. A comparação, inerente ao trabalho de luto e coextensiva ao trabalho do sonho, mantém fixo o sentimento de absurdo, combinando os afetos contrários de dor e de alívio. A inversão entre perder o outro e ser perdido pelo outro aparece claramente em descontinuidade. Ele estava morto *para mim* (sonhante), mas ainda não realizara a ideia de que estava morto *para ele mesmo*. Ou seja, temos duas perspectivas não complementares, com uma torção entre elas. O pai não compartilhava a demanda expressa na dor do filho, assim como não era recíproco o seu desejo de viver.

> (...) dessa dor da existência quando nada mais a habita além dessa própria existência, e tudo, no excesso do sofrimento, tende a abolir esse termo inerradicável que é o desejo de viver. (...) no sonho, ele só pode articular essa dor de uma maneira que, na sua relação com o outro, é ao mesmo tempo fiel e cínica, sob uma forma absurda.[57]

O psicanalista Jean Allouch, autor de uma das obras mais consistentes sobre o luto em psicanálise, relata esse ponto de modo muito claro no contexto da elaboração da morte de sua própria filha:

> Do luto, minha própria experiência particular foi esta: após ter perdido, bem menino, um pai, perdi, pai, uma filha. Sem dúvida suscitada pela leitura de Ôe, uma sucessão de sonhos e pesadelos chamou-me a essa ordem, forçando-me, assim, a admitir que o caso paradigmático do luto

---

56 Freud, S. (2019). *A interpretação dos sonhos (1900)* (Obras Completas, Vol. 4). São Paulo: Companhia das Letras, p. 475.
57 Lacan, J. (2016). O *Seminário, livro 6: o desejo e sua interpretação (1958-1959)*. Rio de Janeiro: Zahar, p. 107.

não é mais hoje, como no tempo em que Freud escrevia a *Traumdeutung*, o da morte do pai, mas o da morte do filho.[58]

Observemos como a leitura de outras formas de luto, no México e no Japão, desencadeou uma série de sonhos, na verdade, pesadelos. Passado mais de um ano desde a morte da filha – um ano depois do ritual de enterro no qual o autor lamenta que a psicanálise não havia criado nenhuma palavra, nenhuma nova prática que pudesse enfrentar tal situação para além da devastação ou da consolação –; observe-se que os pesadelos acordam o sujeito para seu trabalho inconcluso de luto. Note-se, ainda, como o autor intui a mudança histórica da época de Freud para a nossa como um traço importante trazido pelo sonho.

Aqui não se trata do buraco no real, mas do buraco no simbólico, que aparece seja como descrença psicótica (*Unglauben*), seja como angústia neurótica. Lembro-me de uma paciente, internada em um hospital psiquiátrico, que dizia o seguinte:

> *Eu tenho uma filha, a quem adoro, mesmo quando ela não me deixa dormir à noite. Uma vez eu dei uma gelatina para ela e ela começou a chorar daquele jeito de novo. Quando fui ver, no canto da caixa da gelatina tinha uma fotografia do Saci. Percebi então que tinha colocado o demônio dentro da minha própria filha. Para consertar isso, peguei logo o veneno de rato e dei para ela na mamadeira. Era para matar o diabo que estava dentro dela. Depois disso nunca mais vi minha filha. Acho que ela está viajando, ou que alguém pegou ela de mim. De vez em quando escuto a voz dela me chamando durante a noite. Preciso sair daqui para encontrá-la. Você pode me ajudar a sair daqui?*

Ela sabia que o veneno de rato não havia matado apenas o diabo dentro de sua filha. Não é um problema cognitivo ou um equívoco cultural. Ela nega a morte da filha, assim como nega a sua participação no ocorrido. Assim, ela se impede de começar o luto, que, por sua vez, torna-se infinito. Mas seria importante reter, para discussões vindouras, a incidência desta

---

58 Allouch, J. (2004). *Erótica do luto: no tempo da morte seca*. Rio de Janeiro: Companhia de Freud, p. 24.

pequena figura imaginária do folclore brasileiro, o Saci, como significante do mal.

Temos aqui uma espécie de quiasma ou de encruzilhada da angústia, a qual é derivada do retorno da libido sobre o Eu ou da retirada da libido do objeto,[59] narcísica ou objetal, ligada à privação ou à castração, incidente sobre o eu [m] ou sobre sua imagem especular [i(a)], angústia animista ou angústia totemista. Um exemplo do primeiro caso pode ser encontrado na narrativa neste relato de Nastassja Martin:

> Falei com minha terapeuta Liliane. Eu a conheço faz muito tempo, foi ela quem me ajudou quando meu pai morreu, há quatorze anos. O acontecimento "urso" e suas consequências exigem que renuncie de uma vez por todas à violência com a qual estou no mundo. (...) Sabia por que eu seguia as pistas de seus rastros por toda a parte e por que eu esperava secretamente um dia cruzar o seu olhar? Claro, não desse jeito (...) acrescentou-se o sangue. Ele me pegou desprevenida em minha espera. Seu beijo? Íntimo para além do imaginável.[60]

Seria o urso um animal ou é um humano deformado? Sua presença desencadeia a minha violência ou a dele? Seu encontro toca em meu desejo mais íntimo ou em meu trauma mais insuportável? A indeterminação entre quem matou e quem foi morto, representada pela identificação com o objeto perdido, persiste e incita a identificação com o objeto perdido, assim como no menino que mia como o gato recém-morto. Agora podemos cotejar as variantes da angústia, delimitadas por Lacan no *Seminário da Angústia*,[61] com sua versão borromeana. Consideremos que o luto é um afeto e que para Lacan a angústia é o afeto central na psicanálise, o único afeto que não mente. O esquema lacaniano dos afetos envolve uma relação entre movimento e dificuldade que pode ser transposto para o movimento do luto (ou seu trabalho) e a dificuldade do luto (ou suas negações). O resultado desta transposição pode ser apresentado assim:

---

59 Lacan, J. (n.d.). *A terceira*. Rio de Janeiro: Escola Letra Freudiana, p. 10.
60 Martin, N. (2021). *Escute as feras*. São Paulo: Editora 34, pp. 58 e 102.
61 Lacan, J. *O seminário, livro 10: a angústia*. Rio de Janeiro: Zahar, 2005. p. 89.

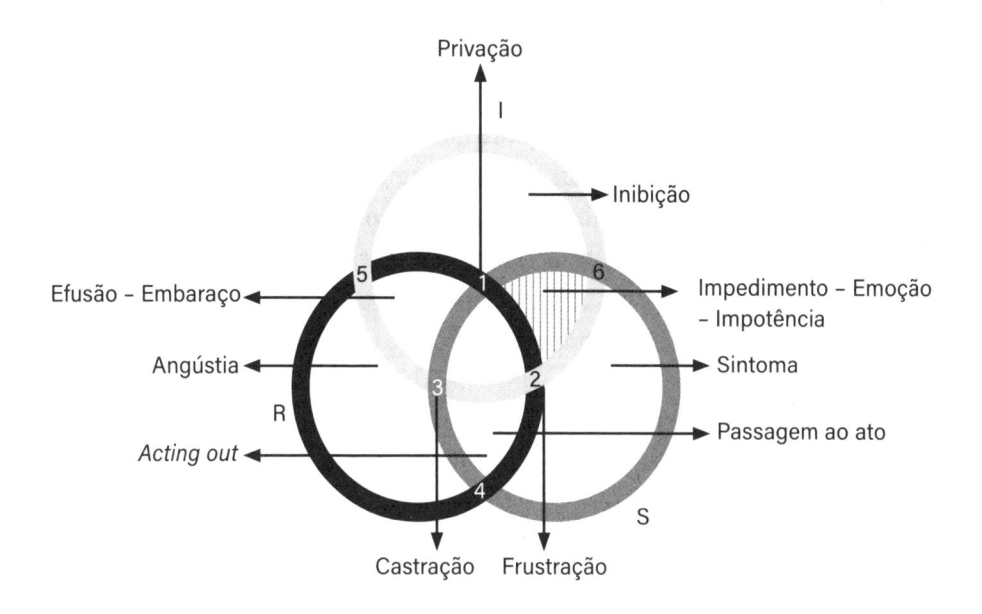

3.4. Trauma e fantasma: o objeto *a*

O trabalho conjugado da frustração e da privação introduz um registro da falta ainda mais universal: a castração como núcleo central da experiência do luto e o objeto *a*, como conjectura sobre o fio condutor, que se repete em todas as perdas do sujeito. Ele surge como resíduo do processo de metaforização da perda, como reedição da metáfora paterna, mas também como resposta sobre o desejo que presidiu a vida que acabou de terminar.

O trabalho de elaboração do luto tem, nesse momento, um ponto decisivo: sua estrutura é a do sacrifício. Allouch observou que esse é um sacrifício duplo: do falo e do lugar do falo.[62] Essa diferença introduz o problema da modalidade sexual do luto. Lembremos que, no momento em que Lacan fala do luto como um sacrifício, ele também define o homem como aquele que *não é sem tê-lo* e a mulher como aquela que *é sem tê-lo*. Ou seja, Lacan aplica ao conceito freudiano de identificação, entre

---

62 "Há, de fato, dois sacrifícios distintos do falo, já que, com o primeiro, Ofélia é sacrificada enquanto *sendo* o falo, ao passo que o segundo tem por objeto sacrificial o falo no ato mesmo de posicionar Ofélia *em seu lugar*, em outras palavras, na medida em que ela não é (ou não o é mais)." (Allouch, J. (2004). *Erótica do luto: no tempo da morte seca*. Rio de Janeiro: Companhia de Freud, p. 305.)

ser e ter, a relação dialética de negação. Mas isso se restringe a pensar o falo como significante, pois, como objeto, ele será gradualmente problematizado como resíduo da comparação entre ser e ter cuja moldura não deixa de ser narcísica. Portanto, podemos falar em três incidências do sacrifício: do significante fálico, do lugar fálico e do objeto.[63] Allouch propõe a seguinte escrita do luto como ato de sacrifício:[64]

$$- (1 + 1 + 1) \Rightarrow - (1 + a) \cong \mathcal{S}$$

Que pode ser lido como: o luto é a incidência da perda [−] nos dois lados de uma proporção. Do lado da metáfora, a perda incide sobre a relação dos lutos anteriores [− (1 + (1 + (1 + ... n)))] e sobre o fantasma incide invertendo a relação associativa entre o falo e o objeto [− (1 + a)]. Do lado do sujeito, a perda incide ao ser integrada à divisão do sujeito [$\mathcal{S}$]; nessa medida, ela é sempre mais uma perda, mais uma edição da falta. Como a falta tem uma incidência no Simbólico, outra no Real e outra ainda no Imaginário, o luto implicaria três sacrifícios. O primeiro está ligado ao significante e à estrutura da significação, incidindo entre o Outro Simbólico e a significação Imaginária. O segundo refere-se ao corpo e ao sacrifício do objeto, entre Imaginário e Real. O terceiro sacrifício ocorre entre o Simbólico e o Real e refere-se à repetição da divisão do sujeito. O segundo e o terceiro podem ocorrer como uma espécie de escolha forçada, definindo o que se pode chamar um fantasma ou, coletivamente, um espectro. O primeiro e o terceiro aparecem de forma conjunta no trauma. Finalmente, o caso (1) e o caso (2) descrevem a relação entre falo e objeto *a* como uma espécie de recomposição do cálculo do gozo[65] ou de transformação da economia libidinal do sujeito.

---

63 "(...) para que ele se torne, fantasisticamente ou de outro modo, um objeto destacável. (...) algo que, de qualquer modo, de fato diz respeito ao corpo, e que, afinal, não é mais ameaçado por coisa alguma do que é ameaçado um membro qualquer, um braço, uma perna, ou até o nariz ou as orelhas." (Lacan, J. (1999). *O Seminário, livro 5: as formações do inconsciente (1957-1958)*. Rio de Janeiro: Zahar, pp. 494-495.)
64 Allouch, J. (2004). *Erótica do luto: no tempo da morte seca*. Rio de Janeiro: Companhia de Freud, p. 391.
65 Dunker, C. I. L. (2020). *O cálculo neurótico do gozo*. São Paulo: Zagodoni.

De fato, a produção artística em contexto de luto inclui aqueles que se dedicaram ao trabalho de luto em situação traumática, como Alfredo Jaar,[66] Anselm Kiefer e *Lili*, de Noemi Jaffe. Um segundo grupo inclui trabalhos que giram em torno de lutos espectrais, indeterminados e não concluídos, como: *É isto um homem?*, de Primo Levi; *Guernica*, de Picasso; e *Torto arado*,[67] de Itamar Vieira. Finalmente, temos as produções que apontam para o luto como um compromisso com o futuro, como uma espécie de trato ou promessa entre viventes, nascentes, morrentes e seres vindouros, como: *Morte em pleno verão*, de Yukio Mishima;[68] *Reparação*, de Ian McEwan; e *A ocupação*, de Julián Fuks. Nos três casos, o luto compreende a atividade de escrita ou de produção de imagens, como nomeação do mal-estar.

---

66 *We Shall Bring Forth New Life*, de Alfredo Jaar, é uma instalação feita pelo artista chileno com base em um poema de Sadako Kurihara (1913-2005), poeta e ativista antinuclear que sobreviveu à bomba de Hiroshima, em 1945. Ele reuniu os pedaços de giz das escolas destruídas pelo tsunami que tomou Fukushima depois do desastre nuclear de 1998, em referência a todas as crianças que poderiam ter tido aulas com aquele material. Um trauma se conecta com outro produzindo um efeito de simbolização histórica.

67 Um romance que parte da escravidão, transmitindo um legado de silenciamento, exploração e supressão da própria língua, mostrando como o luto infinito compõe-se de "'mulheres e homens que sobreviveram à sua morte (…) O que mais chega à porta da morada de Bibiana e Belonísia é gente doente: 'moléstias do espírito dividido, gente esquecida de suas histórias e memórias, apartada do próprio eu'. Como ser diferente? Gerações que se sucedem desde o tempo da escravidão nas minas, nas lavouras de cana-de-açúcar; da abolição e da chegada dos pretos livres e miseráveis, abandonados à própria sorte, em busca de encontrar a sorte no garimpo; e, findo o feitiço do diamante, o tempo dos chamados 'trabalhadores e moradores' que, de fato, são os mesmos escravizados". Conforme Anna Cristina de Araújo Rodrigues. Recuperado de https://mariacobogo.com.br/tortoarado/.

68 Conto no qual uma mãe perde dois filhos afogados e volta à mesma praia tempos depois, comentado por Edson Sousa. "Mas, repentinamente, um acontecimento: acorda de manhã sem sonhar, pela primeira vez com os filhos mortos. Susto, culpa e alívio. 'Então, esquecera tudo muito depressa – essa falta de sentimento a assustou. Derramou lágrimas que pediam perdão aos espíritos das crianças'. Tempos depois engravida. A gravidez trazia a esperança de poder, em parte, separar-se das antigas lembranças (…) A compreensão vem depois. Disse a si mesma que o esquecimento chegava através da criança dentro dela. Heroica estratégia de luto que, como Freud nos mostra magistralmente, em seu *Luto e melancolia*, é verdadeiramente um trabalho". In Sousa, E. L. (1922). Um mar que se desarma em letras: litoral, literal, lutoral. In *Psicanálise e utopia*. Porto Alegre: Artes e Ecos, p. 49.

Como se houvesse três pontos de partida para o luto, três recepções para o enigma da finitude: o trauma do impossível, o fantasma contingente e a substituição possível da perda. Para cada um desses pontos de partida, há uma versão de luto infinito: mortes pendentes de justiça, como a de Marielle Franco; mortes inesperadas ou imprevistas, como as de um filho; e mortes compreendidas como parte de um ciclo, destino ou troca simbólica.

Certos teóricos decoloniais têm usado a teoria psicanalítica do trauma para pensar o trauma social, historicamente localizado, catastrófico ou diaspórico,[69] partindo da observação de que nessas situações remanesce algo que "não pode ser dito" e que se transmite "silenciosamente", gerando efeitos imprevisíveis de irrupção da violência e repetição, fartamente descritos em situações crônicas de opressão, discriminação e segregação social. Contudo, os correlatos patológicos, mobilizados por categorias como "estresse pós-traumático" e seus signos diagnósticos, com alucinações e *flashbacks*, pesadelos de repetição, reações de afeto retardadas, anestesia de afetos e despersonalização, não podem ser transpostos diretamente para coletivos e comunidades. Isso significa pensar a diferença teórica entre o trauma estrutural, manifesto pelo luto como dispositivo de simbolização e subjetivação, e o trauma histórico, que mobiliza uma insuficiência dos ritos disponíveis para elaborar e tramitar coletivamente uma perda. É o que coloca Renato Noguera em sua síntese sobre as perspectivas culturais acerca do luto:

> A ética do luto pode ser descrita como uma reflexão sobre a moral que nos convida a preservar a nossa humanidade através da amizade. (...) A definição afroperspectivista que surge desse cruzamento é de que a amizade é um terreno em que o conflito leva as pessoas a celebrarem suas fraquezas.[70]

Também o conceito de reparação deve ser desdobrado para entendermos o trabalho de luto para além de sua integração a um fantasma

---

69 Caruth, C. (2008). *Trauma: Explorations in Memory*. Baltimore: Johns Hopkins University Press.
70 Noguera, R. (2022). *O que é o luto*. São Paulo: HarperCollins, p. 194.

contingente e individual. Para tanto, parte-se da ideia de que tanto o luto quanto o trauma demandam uma teoria do "não sentido" e as incidências diferenciais do não sentido, quando se consideram história, gênero, raça e classe.[71] A tensão entre uma teoria universal, ou estrutural da experiência de luto, e uma concepção histórica e particular do trauma envolve um ponto de sobreposição que não é nem individual nem coletivo, porque é fora do sentido. Vimos que a integração do não sentido no luto resolve-se no tema do fantasma e da função de casualidade que ele possui para o desejo, para o gozo e para o amor. Esse *impossível de dizer* assume uma outra dimensão de linguagem quando se fala em luto coletivo e nos ritos públicos.

A etiologia da histeria é ficcional, assim como a casualidade histórica. Se isso é correto, podemos hipotetizar que é no plano da relação entre história, discurso e narrativa que esse impossível de dizer deve ser reencontrado. Essa espécie de sacrifício frequentemente é celebrada por atos em estrutura de nomeação, como tatuagens, monumentos e marcos culturais que *fazem* história como memória e acontecimento. Inclui-se aqui um conjunto de ritos pelos quais o enlutado recebe um novo nome, às vezes um nome próprio que se acrescenta ao nome de nascimento, às vezes como momento em que o nome de parentesco pode ser usado no lugar de perífrases como "filho de" ou "sobrinho de".

Ninguém tematizou melhor o luto como sacrifício e criação de um lugar do que Annie Ernaux. Ao narrar o luto de seu pai por meio de um exercício estilístico que consistiu em suprimir a dimensão emocional e expressiva, sem "tentar fazer uma coisa 'cativante' ou 'comovente'",[72] o resultado envolveu declarações como:

> Ele não bebia. Buscava *ficar no seu lugar*.[73]
> O medo de estar *deslocado*, de passar vergonha.[74]

---

71 Palacios, M. (2017). Politicising trauma: a post-colonial and psychoanalytic conceptual intervention. In Auestad, L. (org.) (2017). *Shared Traumas, Silent Loss, Public and Private Mourning*. Londres: Routledge.
72 Ernaux, A. (2021). *O lugar*. São Paulo: Fósforo, p. 14.
73 Ibidem, p. 27.
74 Ibidem, p. 36.

> (…) a esperança de que um dia eu *seria melhor do que ele*.[75]
> Ódio e subserviência, ódio da própria subserviência.[76]
> (…) *não acabar como um operário*.[77]
> Um dia, cheio de orgulho no olhar, ele me disse: "*Eu nunca te fiz passar vergonha*".[78]
> Talvez seu maior orgulho, ou até mesmo aquilo que justificou a sua existência: que eu fizesse parte de um mundo que o desprezou.[79]

Ao recontar a história do pai a partir do lugar dele de subalternidade social, retratando o esforço para que sua filha ocupasse outro lugar no mundo, ela decifra um desejo, ao mesmo tempo que significa o sacrifício e os cuidados que ele lhe dispensou. Desta feita, a obra de Annie Ernaux se presta a exemplificar como o luto é um dispositivo de simbolização por criação de vazios em torno da morte do pai, mas também vivido em torno do acontecimento do filho abortado.[80] Em outros textos, sua obra remete à simples perda do lugar de origem ou à persistência do desejo.[81]

Na metáfora paterna a morte é simbólica, no luto ela é real e atual. A metaforização da perda é o momento no qual podemos nos perguntar sobre o desejo do morto. Notemos que a metaforização acontece depois de um conjunto de movimentos metonímicos: da pessoa para a coisa, da coisa para o seu traço representativo e do traço representativo para a sua incorporação como parte do eu. Há um ponto de mutação dessas séries metonímicas, pelo qual se iniciam a renovação do desejo no sujeito e a reparação da experiência da perda.

Depois da ausência ou desaparição, do abandono ou frustração, da privação ou castração, chegamos ao momento em que a perda é tomada como causa. Isso significa tomar *aquele* que se foi, reduzido *àquilo* que se perdeu, mas agora *do ponto de vista do outro* e *do que restou*. O objeto *a*

---

75   Ibidem, p. 44.
76   Ibidem.
77   Ibidem, p. 46.
78   Ibidem, p. 57.
79   Ibidem, p. 68.
80   Ernaux, A. (2020). *O acontecimento*. São Paulo: Fósforo.
81   Ernaux, A. (2021). *Os anos*. São Paulo: Fósforo.

é essa parte mais íntima e mais exterior do próprio sujeito, de modo que com ele se mantém a identificação fundamental, a qual Lacan chama de fantasma.

Há muitas maneiras de definir essa estrutura subjetiva, mas, para o que concerne ao nosso modelo sobre o luto, o fantasma pode ser pensado como uma perspectiva, ou seja, um conjunto de condições que resulta na formação de um ponto de vista, mas também de um ponto de escuta, uma perspectiva que tem por foco a recuperação do que foi perdido. O monumental trabalho de Damisch[82] sobre a origem da perspectiva moderna mostrou, a partir da concepção lacaniana, como nossa experiência de espaço é simultaneamente histórica e estrutural. O ponto de vista, de fuga e de distância e o aqui, o ali e o lá envolvem não apenas concepções sobre o espaço, mas também práticas transformativas. E usos da simetria, por exemplo, por projeção e representação, ou por referência indireta ou por translação e uma invariante, tais sistemas de perspectiva encontram homólogos na música, no teatro e na arquitetura.

No luto tudo se passa como se estivéssemos em um trabalho de redução simbólica realizada por meio de comparações, cuja gramática é dada pela metáfora paterna, de tal maneira que a cada momento há um resíduo. Esse resto metafórico aparece como perturbação do fechamento da perspectiva: mancha, *trompe-l'oeil*, brilho ou deformação não linear do espaço. Cada comparação, se é que é contável, equivale à formação de uma nova identificação. Nesse caso, o exemplo freudiano é paradigmático: o menino que perdeu seu gato de estimação depois de um tempo se coloca sob a mesa a miar como seu antigo companheiro.[83] Quem fica se transforma em quem se foi. Este parece ser o ponto de desencadeamento da melancolia quando a "sombra do objeto cai sobre o eu".[84]

As observações sobre o processo de luto e de realização da morte entre crianças podem nos ajudar a entender o circuito de inversão entre metáfora e fantasma, aqui concernido no quarto momento de nosso modelo. Para poder aceitar a morte do outro, é preciso subjetivar a finitude (como nega-

---

82 Damisch, H. (1995). *The Origin of Perspective*. Cambridge: MIT Press.
83 Freud, S. (2010). *Luto e melancolia*. São Paulo: Cosac Naify.
84 Ibidem, p. 11.

ção da infinitude), a irreversibilidade e a insubstituibilidade do que se perdeu, ou seja, a morte desafia o sistema universal das trocas e equivalências:

> (...) aceitar um nunca mais de olhar, de voz e de ternura, base das trocas com o outro, uma ausência de futuro imaginário no projeto comum, o ponto final na partitura de um dos instrumentos de nossa sinfonia fantasmática.[85]

Para tanto, é preciso desidentificar-se da causa da morte, aceitar a própria morte como destino futuro e, em terceiro lugar e mais importante: "que a morte não reavive uma perda anterior, reprimida e não metabolizada", de modo a que "a soma das perdas seja pesada demais e esmague toda mobilização afetiva".[86] O problema é que, até certo momento, a experiência da criança comporta perdas, mas não lutos, propriamente falando. Logo, a reativação das perdas anteriores é incontornável e necessária, não apenas para que essa perda seja simbolizada pelas anteriores, integrando-se à cadeia de lutos do sujeito, mas também para que a elaboração dessa perda simbolize as perdas anteriores, eventualmente pendentes, criando, pela primeira vez, a experiência de luto.

Esse duplo processo transforma as perdas anteriores, vividas como ausência, distância, frustração, separação ou privação, em verdadeiros lutos agora dotados da propriedade emergente da irreversibilidade. Tal trabalho de lembrança e incorporação foi narrado de forma aguda pelo escritor português José Luís Peixoto:

> E espetasse-me no peito nunca mais te poder ouvir ver tocar. Pai, onde estiveres, dorme agora. Menino. Eras um pouco muito de mim. Descansa, pai. Ficou o teu sorriso no que não esqueço, ficaste todo em mim. Pai. Nunca esquecerei.[87]

---

85 Raimbault, G. (1979). *A criança e a morte: crianças doentes falam da morte – problemas da clínica do luto*. Rio de Janeiro: Francisco Alves, p. 169.
86 Ibidem, p. 170.
87 Peixoto, J. L. (2015). *Morreste-me*. Porto Alegre: Dublinense, p. 61.

Depois de acompanhar uma longa e dolorosa enfermidade, na qual o pai ia se perdendo dia após dia, chega o momento em que a inversão do cuidado se efetiva. Ele permite que o pai vá, da mesma forma como o pai acompanhava sua transição para o sono. Mas isso não acontece sem uma pontada de angústia e dor ligada à irreversibilidade: "nunca mais". O pai se torna parte dele e, dessa forma, jamais será esquecido. Para o autor, o "sorriso" que condensa a experiência de passagem daquele que "eras um pouco muito de mim" é um traço nomeado para a condição de que o pai "ficaste todo em mim".

Essa espécie de identificação separadora aparece em muitas formas de escrita e nomeação ligadas ao corpo, sendo um dos exemplos mais notáveis a prática de tatuagens funerárias. É certo que esse tipo de tatuagem compreende funções psíquicas diversas, que podem abranger um processo elaborativo e sacrificial, baseado em separação, criação de uma margem e uma agregação, mas também podem funcionar como um rito de apaziguamento, periodicamente repetido, ou, ainda, como uma preservação do objeto. Uma pesquisa psicanalítica realizada com tatuadores *in memoriam* mostrou como a tatuagem pode ser pensada como um rito individual do neurótico, ou seja, um tratamento possível para uma perda--furo-no-real-pelo simbólico.[88]

A finitude desse luto compreende os lutos infinitos anteriores, assim como a infinitude desse luto elabora a finitude dos lutos passados em uma série aberta. O luto, do ponto de vista do eu, se articula assim, dialeticamente, como o luto do ponto de vista do Outro, ainda que entre eles reste um objeto, chamado objeto *a*, que o luto visa isolar e dar contorno. Esse processo da angústia ao recalque e do recalque à angústia é mais visível na criança, pois dele emerge o próprio conceito de morte. Para que isso ocorra, um conjunto de condições precisa ser atendido:[89]

a. Ambivalência de afetos que não negativize o amor.
b. Vacilação da identificação com o morto, de tal forma que o "vivo não se torne morto".

---

88 Pinho-Fuse, M. X. (2022). *Luto à flor da pele: as tatuagens in memoriam em leitura psicanalítica*. São Paulo: Blucher.
89 Raimbault, G. (1979). *A criança e a morte: crianças doentes falam da morte – problemas da clínica do luto*. Rio de Janeiro: Francisco Alves, p. 171.

c. Aceitação da morte do outro e da morte de si.
d. Reativação não suspensiva das perdas-lutos anteriores.

Tais tarefas estão compreendidas pelo trabalho de comparação dos traços do objeto perdido com o eu, observando-se que nessa comparação é preciso formar um juízo que seja ao mesmo tempo logicamente organizado e ontologicamente determinado. O trabalho de comparação é qualificado psiquicamente pela inversão de afetos (amor-ódio; amar-ser amado; amar-indiferença) e pela transformação da pulsão (recalque, passagem ao contrário, sublimação ou narcisismo). Depois de Freud, muitos teóricos da psicanálise desdobraram sua comparação inicial baseada na oposição entre amor e ódio em sentimentos sociais mais complexos, como solidariedade e inveja, doação e espoliação, humildade e avareza, orgulho e arrogância, criatividade e destrutividade.[90]

Comparar é estabelecer no que dois elementos são semelhantes entre si, como podem ser trocados por outros elementos contíguos e no que eles diferem, consequentemente, observando também como podem ser trocados por elementos distintos. Por exemplo, uma nota de cem reais pode ser trocada por duas outras notas de cinquenta reais, ou por dez notas de dez reais. Nesse caso, estou trocando dinheiro por dinheiro. Por outro lado, posso trocar uma nota de cem reais por quatro pacotes de cinco quilos de arroz, ou dez dúzias de laranjas, situação na qual há uma alteração do nível de materialidade em que a troca ocorre. Além disso, posso reunir os dois processos tentando estabelecer qual é o ponto exato no qual a comparação é indevida e inapropriada, requerendo mudança dos termos formativos do juízo.

A troca com operação de dupla comparação nos ajuda a entender um processo frequentemente descrito pelos enlutados envolvendo a passagem do primeiro ano depois da perda. Cada data simbólica, cada aniversário, cada momento ritual da família ou da comunidade é vivido como um momento de aumento e de refacção do caminho do luto. Tudo se passa como se tivéssemos que enfrentar aquela primeira vez o Natal comparável, em suas variações, com todos os outros natais. Mas desta vez a falta

---

90 Cassorla, R. M. S. (1992). Reflexões sobre a psicanálise e a morte. In Kovács, M. J. (org.). *Morte e desenvolvimento humano*. São Paulo: Casa do Psicólogo, p. 92.

daquela pessoa tornará tudo diferente, e, cada vez que tentamos substituir e comparar esse acontecimento na série de repetições às quais ele pertence, temos que tecer mais um fragmento do luto. Colette Soler diz que "a infância é o fogo das primeiras vezes"; nesse sentido, o luto nos traz de volta à infância. Nas palavras da geriatra Ana Claudia Arantes:

> Hoje penso que o luto é para sempre: um processo ativo, vivo, que nos acompanha pela vida, e por isso precisamos aprender a viver com ele – o que se revelará um saber precioso na velhice. De maneira geral, no primeiro ano ele é mais delicado e dolorido. As primeiras datas importantes sem a pessoa que amamos são atrozes: o primeiro aniversário dela sem ela, o primeiro Dia dos Pais sem a presença do pai, o primeiro Natal, o primeiro Yom Kipur, o primeiro Ano-Novo Eu comparo estas datas a rios imensos, como o Solimões, em que não é possível enxergar a outra margem.[91]

Uma ótima imagem de como a travessia do luto envolve uma passagem improvável. Contudo, além de não enxergarmos a outra margem, temos que contar com aquilo que João Guimarães Rosa chamou de *A Terceira Margem do Rio*,[92] onde um filho tem que se haver com a desaparição do pai da rotina da casa, uma vez que este se torna barqueiro permanente de um rio. A mesma surpresa que perpassa o evento se repetirá quando o filho toma o lugar do pai na canoa, deixando enigmático do que se trata nesta terceira margem. Ou seja, atravessamos o Solimões de cada Páscoa, que parecia impossível, com isso adquirimos um saber, aprimoramos nossa potência de luto, nos preparamos, de certa maneira, para perdas futuras, e mais ou menos previstas na velhice. É assim também o luto diante de uma doença terminal, na qual a despedida da vida e a arte de dizer adeus a si mesmo são convocadas. Contudo, a terceira margem é o luto infinito, que não se completa, ainda que a repetição das datas e dos ritos se aprofunde.

É nesse ponto que o luto opera uma separação entre a realidade da perda e o Real da existência, resolvendo o problema freudiano da aceitação

---

[91] Arantes, A. C. Q. (2021). *Pra vida toda valer a pena: pequeno manual para envelhecer com alegria*. São Paulo: Sextante, p. 86.
[92] Rosa, J. G. A Terceira Margem do Rio. In Rosa, J. G. *Ficção completa: volume II*. Rio de Janeiro: Nova Aguilar, 1994, p. 409-413.

da morte, como ideia negativa, por intermédio de um reposicionamento da fantasia. Isso permitirá também a inscrição daquele que desapareceu na ordem simbólica e no tecido social, como memória e símbolo, resolvendo assim o problema lacaniano de como o luto individual se coliga com o luto coletivo. Finalmente, a hipótese lacaniana do fantasma[93] se presta a definir o trabalho de redução do que se perdeu naquele que se perdeu a uma espécie de resíduo, ou seja, um caso do objeto *a*. Dessa forma se introduz a dimensão da causa do desejo.

> O luto é um caminho para entender o viver e o morrer compartilhados e emaranhados; seres humanos devem lamentar com, porque estamos dentro e fora desse tecido de desaparecimento. Sem um relembrar contínuo, não conseguimos aprender a viver com fantasmas, e assim não conseguimos pensar. Como corvos e com os corvos, vivos e mortos "estamos em jogo na companhia uns dos outros".[94]

Se admitimos algum tipo de passagem entre substância viva e não viva, temos, então, três níveis de incidência da negação e de reconhecimento da negação. No caso do trabalho de comparação requerido pelo luto, trata-se de produzir esse termo incomensurável que representa a diferença absoluta entre *aquele* que foi perdido e *aquilo* que restou. Ou seja, a extração de um significante que não se articula no Outro. Depois disso, é preciso ainda uma dupla inversão de perspectiva, passando por uma nova identificação: *aquilo sou eu*; e terminando em uma desidentificação: *eu não sou*, ou, pelo menos, *eu não sou-todo*. Na teoria lacaniana, tal processo envolve o objeto *a*, desde sempre perdido e recuperado pelo fantasma, pelo semblante e pelo amor. Ele é o nome do vazio central produzido pelo luto.

> Só nos enlutamos por alguém de quem podemos dizer a nós mesmos: *Eu era sua falta*. Ficamos de luto por pessoas a quem tratamos bem ou mal,

---

[93] Calligaris, C. (1986). *Hipótese sobre o fantasma na cura psicanalítica*. Porto Alegre: Artes Médicas.
[94] van Dooren, T. (2013). *Keeping faith with death: mourning and de-extinction*. Recuperado de https://www.thomvandooren.org/2013/11/02/keeping-faith-with-death-mourning-and-de-extinction/.

e diante das quais não sabíamos que exercíamos a função de estar no lugar de sua falta. O que damos no amor é, essencialmente, aquilo que não temos, e, quando isso que não temos volta para nós, com certeza há uma regressão e, ao mesmo tempo, uma revelação daquilo que faltamos para com essa pessoa (...).⁹⁵

Inversão da falta, transitivismo dos afetos, trabalho do saber, ato de dom, regressão e epifania. Aqui temos uma síntese de como o processo de luto se conclui pela assimilação fantasmática da perda, ora transformada em causa. Mas esse ainda parece um roteiro do luto tomado como espelho do Édipo; logo, dependente da teoria totemista da identificação e relativamente independente da descoberta lacaniana do objeto *a*:

> O problema do luto é o da manutenção, no nível escópico, das ligações pelas quais o desejo se prende não ao objeto *a*, mas à *i(a)*, pela qual todo amor é narcisicamente estruturado, na medida em que esse termo implica a dimensão idealizada a que me referi.⁹⁶

Há um outro luto que se abre para a reparação da causa em termos coletivos, comunitários e institucionais. O luto que se conecta com outros lutos em um processo infinito de transformação ética, estética e política. Ele atravessa a teoria lacaniana da angústia, tanto pela renovação do conceito de estranhamento ou infamiliaridade (*Unheimlich*) quanto pela própria referência perspectivista:

> Revestindo-me eu mesmo da máscara de animal com que se cobre o feiticeiro da chamada gruta dos Três Irmãos, imaginei-me perante vocês diante de outro animal, este de verdade, supostamente gigantesco, no caso – um louva-a-deus. Como eu não sabia qual era a máscara que estava usando, é fácil vocês imaginarem que tinha certa razão para não estar tranquilo, dada a possibilidade de que essa máscara porventura não fosse imprópria para induzir minha parceira a algum erro sobre minha identidade. A coisa foi bem assinalada por eu haver acrescentado que não via minha própria

---

95 Lacan, J. (2005). *O Seminário, livro 10: a angústia (1962-1963)*. Rio de Janeiro: Zahar, p. 156.
96 Ibidem, p. 364.

imagem no espelho enigmático do globo ocular do inseto. Essa metáfora conserva hoje todo o seu valor. Ela justifica eu haver colocado no centro dos significantes, neste quadro, a questão que há muito introduzi como sendo o ponto de articulação dos dois andares do grafo, na medida em que eles estruturam a relação do sujeito com o significante, que, segundo me parece, deve ser a chave do que a doutrina freudiana introduz sobre a subjetividade: *Che vuoi? Que queres?*[97]

Ou seja, o que o Outro deseja sobre esse lugar que é o do "eu"? O que se transporta no contexto do luto? Se o outro me perder, o que será perdido com a minha perda? O apólogo pressupõe que saibamos que a fêmea do louva-a-deus devora a cabeça do macho durante a cópula, tanto porque isso induz a uma ejaculação mais possante como porque isso aumenta o nível vitamínico da futura genitora. O problema começa, então, pelo fato de que usamos máscaras que não sabemos quais são. Só podemos saber isso através da hipótese reflexiva de que os olhos dos outros refletem a nossa máscara.

Mas acontecem erros de identidade. Isso parece ser essencial para relativizar toda a teoria freudiana do luto. Isso pode acontecer tanto porque o espelho do olhar do outro torna-se opaco, como são os olhos dos insetos em geral, quanto pelo fato de que demanda e desejo são díspares e correspondem a dois andares distintos do grafo. Lembremos que, entre os dois andares do grafo, o do enunciado e o da enunciação, existem duas estruturas fundamentais: o desejo, que ascende desde o Outro até a demanda, e o fantasma, que desce desde a castração até o sintoma. Há, portanto, duas vias pelas quais se chega ao fantasma, a do desejo e a da castração do Outro, o que corresponde a duas articulações do fantasma. A primeira está articulada ao Édipo, mas a segunda, não, uma vez que nem toda castração precisa ser pensada inteiramente como edipiana, como parece ser o caso da mulher, lida a partir dos desenvolvimentos lacanianos sobre a sexuação.

A identidade entre os dois lados do fantasma [$S \lozenge a$] é dada por uma identificação, ou seja, uma falsa identidade, uma identidade que sutura

---

97 Ibidem, p. 14.

e esconde uma diferença. Em outro sentido, o fantasma corresponde a um par significante, ou a uma frase mínima, que está aprisionada no imaginário. Se o luto é um caso invertido de foraclusão, se ele corresponde a algo que não está sendo simbolizado no Real e volta no Simbólico, podemos falar em uma foraclusão generalizada (buraco real), outra foraclusão localizada (buraco simbólico) e foraclusão do significante (como letra). Podemos ler a negação foraclusiva como oposição indeterminada ou retorno ao mesmo (*Verkerhung*), como contrariedade gramatical ou transformação em contrário (*Wendlung*), e, ainda, como obversão lógica ou passagem de nível ontológico (*Aufheben*) entre Real, Simbólico e Imaginário.

Isso envolve a reinterpretação da ausência, não apenas como sinal de desamor ou angústia, nem apenas como ofensa narcísica ao caráter fálico do sentido, mas também como tratamento e destino ao que não tem sentido. Considerando o sentido como uma propriedade da função fálica, há uma primeira redução do sentido (*sens*) ao sentido absurdo como propriedade da significação (*non-sense*). Depois há uma segunda redução ao não sentido significante (*ab-sense*). Posteriormente, há uma redução do não sentido significante até a letra e sua rasura (*sens-blanc*). Ao longo desse trajeto, o gozo também se modifica: do gozo do sentido ao gozo fálico e deste ao Outro gozo (se é que ele existe). Lacan parece aludir a esse ponto de mutação da angústia como um momento decisivo da análise e, consequentemente, do luto:

> (...) Quando atingimos este ponto, a angústia é o último modo, modo radical, sob o qual o sujeito continua a sustentar, mesmo que de uma maneira insustentável, a relação com o desejo.[98]

O núcleo traumático, presente em todo luto, é um ponto de recobrimento das formas de não sentido, chamado de objeto *a*. Isso compreende também a junção entre diferentes modalidades de sacrifício e tipos de angústia. Formamos assim o espaço [(4), (5), (3)]:

---

98 Lacan, J. (1992). *O Seminário, livro 8: a transferência (1960-1961)*. Rio de Janeiro: Zahar, p. 353.

(4) Sobreposição do Real ao Simbólico, ou seja, a angústia de castração. Sacrifício real de um objeto imaginário, elevado à condição de lugar simbólico (o buraco real).

(5) Subposição do Real ao Imaginário, ou seja, é a emergência do traumático como perda, como falso furo, conexo com o abalo na estrutura de ficção do sujeito.

(3) Sobreposição do Simbólico ao Imaginário, ou seja, a metaforização da castração (3), como falta simbólica do objeto imaginário é um processo indutor da separação em relação ao Outro e ao objeto a do fantasma. O resíduo desta operação é a formação do Supereu (5). Lê-se aqui também o processo de metaforização, como formação de sintoma, conjugando o nó de significação fálica (3), como mediação entre o gozo inconsciente (4) e a defesa contra a angústia (5).

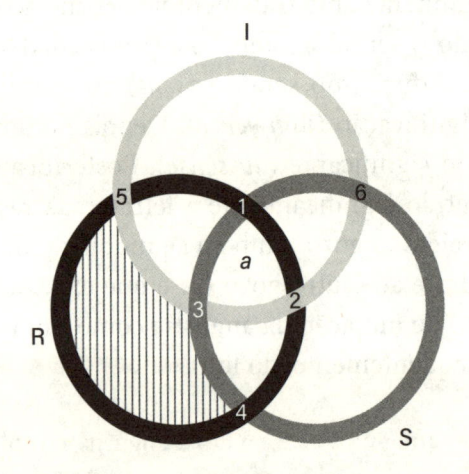

Apesar da complexidade conceitual da notação, esse é um momento mais ou menos típico nos relatos de luto. Tomemos a trajetória pungente do psicoterapeuta Irvin Yalom, autor de inúmeros livros didáticos, relatos de casos clínicos e ficções narrativas sobre Nietzsche, Schopenhauer e Espinosa. Mesmo com sua extensa experiência com lutos e perdas amorosas, ele se vê confrontado quando sua esposa e companheira desde os 15 anos contrai uma doença terminal. Eles decidem, então, escrever um livro juntos, cada qual um capítulo, recapitulando a própria história e apresentando, passo a passo, em tempo real, a separação vindoura. Nos primeiros momentos depois da perda, ele reage como suas próprias observações sugerem: um casamento com poucos arrependimentos, a vida tem que ter um fim, agradecimentos pela generosidade do destino até ali, conforto dos filhos e amigos. A morte dela vem de forma consentida e acompanhada pela família. Tudo caminha mais ou menos como o luto esperado, até que ele é tomado por um novo sintoma: ideias obsessivas, de natureza sexual, e imagens intrusivas sobre o Massacre da Praça da Paz Celestial, ocorrido em 1989 na China. Insônia, tristeza, temores sobre seu processo de envelhecimento e o horror da demência. Tudo isso acompanha o trabalho da escrita e finalização do livro na vida do recém-viúvo. Logo chega o dia em que ele percebe que não está dirigindo tão bem quanto antes. Isso o leva a considerações sobre a aposentadoria, a redação final do livro e talvez a suspensão definitiva da direção de automóveis. Em meio a tais pensamentos, vem-lhe uma ideia "intermediária", ou seja, que o carro da falecida Marilyn não tem mais utilidade e pode ser vendido. Ele rapidamente chama um amigo, que se encarrega da tarefa.

> Mas um evento muito mais perturbador ocorre quando saio e vejo minha garagem meio vazia, uma garagem que não tem mais o carro de Marilyn. Isso gera uma onda de tristeza, e penso em Marilyn mais esta noite do que nas últimas semanas. Lamento muito ter vendido o carro dela. Ter me desfeito dele reabriu minha ferida do luto. (...) Por alguns dias, mergulhei na depressão mais profunda que jamais experimentei.[99]

Vemos aqui os diferentes níveis de incidência da perda. Primeiro operando em nível metafórico, induzindo a formação ou o retorno de sintomas, como as ideias obsessivas e o confronto de um homem contra o tanque na Praça Celestial. Depois, temos a separação entre o vazio, deixado pelo carro vendido, o qual é um significante fálico, que demonstra seu questionamento do envelhecimento e de sua própria mortalidade. Mas a "garagem meio vazia", como uma tela de Edward Hopper, é também uma experiência estética de como o objeto se separou do sujeito. Não porque ela fosse um equivalente fálico, mas talvez porque vender, trocar, aposentar ou substituir o carro, de forma tão "prática" e

---

[99] Yalom, I. D. & Yalom, M. (2021). *Uma questão de vida e morte: amor, perda e o que realmente importa no final*. São Paulo: Planeta, p. 194.

"ágil", tenha remetido ao que não pode ser trocado nem substituído. O "buraco no real" não é a "garagem meio vazia", quando muito, ela serviu de imagem suporte para sua própria experiência de que uma parte de si "foi embora". É ele que se foi, durante os mais de cinquenta anos de casamento. O que se torna, então, objeto de sacrifício é, compreensivelmente, objeto de uma aguda depressão. O "carro" torna-se, assim, significante do sacrifício fálico. O buraco no real é a perda do lugar que ele traz consigo: perda do lugar de marido, de homem, de professor, mas ainda, talvez, não de escritor. A escrita, tarefa comum pela qual o luto da esposa se torna parte do luto de si mesmo.

É nesse ponto preciso que a cadeia de lutos do sujeito se conecta com a cadeia social de lutos. Assim como o livro de Yalom pode vir a se conectar com o luto de todos os seus leitores.

3.5. Supereu e reparação estética

> (…) Um pai passou dias e noites à cabeceira do filho doente. Depois que a criança morre, ele vai para um quarto vizinho, a fim de descansar, mas deixa a porta aberta, para poder ver o aposento onde jaz o corpo do filho, cercado de velas altas. Um homem idoso foi encarregado da vigília e está sentado junto ao corpo, murmurando orações. Após algumas horas de sono, o pai sonha que *o filho está em pé ao lado de sua cama, que o agarra pelo braço e sussurra em tom de repreensão: "Pai, você não vê que estou queimando?"*. Ele acorda e vê um brilho forte vindo do quarto do filho, corre até lá e encontra o vigia idoso adormecido, a mortalha e um braço do corpo amado do filho queimados por uma vela que caíra.[100]

Temos aqui um sonho clássico sobre a tensão entre a realidade e o real, entre o sonho e o despertar. A angústia que acompanha a realização diurna da perda em contraste com a fantasmagórica reaparição do filho. O desejo de ver o filho vivo novamente e a certeza de que se trata de uma ficção. A repressão superegoica presente no tom recriminatório, mas apaziguada pelo seu volume sonoro em sussurro. Ou seja, o pai sabia que

---

[100] Freud, S. (2019). *A interpretação dos sonhos (1900)* (Obras Completas, Vol. 4). São Paulo: Companhia das Letras, p. 563.

o filho estava queimando pela estimulação desse brilho que atravessa a penumbra do sono. O sonho torna o filho vivo novamente, ainda que ardendo em febre, ou seja, queimando, palavra de duplo sentido em alemão do verbo queimar (*brennen*). Todo esse jogo de contrastes se resolve em um pequeno detalhe estético: o brilho.

Lacan observa que esse sonho mobiliza um tipo de partilha de afeto entre pai e filho, uma partilha que é interrompida pela dissimetria de saber: o pai sabia que o filho estava morto, o filho não sabia que estava morto:

> (...) essa dor se aproxima, na experiência, dessa dor da existência quando nada mais a habita além dessa própria existência, e tudo, no excesso do sofrimento, tende a abolir esse termo inerradicável que é o desejo de viver. (...) no sonho, ele só pode articular essa dor de uma maneira que, na sua relação com o outro, é ao mesmo tempo fiel e cínica, e sob uma forma absurda.[101]

Freudianamente é o momento de conversão do ato de violência parricida em sacrifício da própria violência e do princípio de organização que ela pressupunha, cena marcada pelo som do *shofar*. Como se diz na antropologia do dom inaugurada por Mauss:[102] o sacrifício é uma espécie de retorno a algo que o Outro nos deu. O sacrifício, como no caso do pai que cuida do filho doente, é, ao mesmo tempo, troca e doação. O sujeito teria incorporado o pai, repactuado sua identificação com este objeto, que, por outro lado, está morto e perdido. Mas, ao mesmo tempo, trata-se do momento de criação da lei, pacto fraterno a ser celebrado entre os sobreviventes.

Temos aqui o ponto em que o início do fim do luto é indicado, na literatura e na tradição mística, pela experiência da epifania:

> (...) a mente faz a única síntese logicamente possível e descobre a terceira qualidade (*claritas*). "Este é o momento que eu chamo de epifania." Primeiro reconhecemos que o objeto é uma coisa integral (*integritas*), em

---

101 Lacan, J. (2016). *O Seminário, livro 6: o desejo e sua interpretação (1958-1959)*. Rio de Janeiro: Zahar, p. 107.
102 Mauss, M. (2008). *Ensaio sobre a dádiva*. Lisboa: Edições 70.

seguida reconhecemos que é uma estrutura composta organizada (*c*), na verdade uma coisa; finalmente, quando a relação das partes é aprimorada... reconhecemos que é a coisa que ela é. Sua alma, seu quê próprio salta para nós das vestes de sua aparência. A alma do objeto mais comum, cuja estrutura está tão ajustada, parece-nos radiosa. O objeto realiza sua epifania.[103]

Uma epifania é ao mesmo tempo uma espécie de revelação, um novo começo e uma surpresa que inaugura uma nova perspectiva sobre o mundo. Uma boa alegoria da reparação estética realizada pelo luto se encontra na prática japonesa da *kintsugi*, por meio da qual uma peça de cerâmica, geralmente um utensílio doméstico, pode ser consertada por meio de métodos tão especificamente implicados pelo reparador que o produto se torna ainda mais valioso e singular do que era antes. A *kintsugi* tem sido usada por muitos estudiosos do luto[104] para exemplificar o processo de reparação que o luto demanda, especialmente o fato de que, ao final, o término do luto produz uma sensação de agradável libertação. Tal tipo de reparação requer uma ética específica para ser compreendida, por exemplo, a ética do *wabi-sabi*, em que a valorização da precariedade e da simplicidade na arte de viver são elementos centrais. A noção de resiliência é insuficiente, pois não se trata de saber se uma pessoa é capaz de voltar à situação inicial sem grande deformação, mas de saber se sua capacidade de sonhar e de se transformar em matéria e forma diferentes sobrevive ao processo da perda e de saber, no limite, se a própria perda nos ensinou algo sobre isso.

Como o historiador Boris Fausto observou no seu próprio processo de luto em relação à esposa e à importância de conservar a perda:

> Quando fala do quarto dos mortos, Perrot se refere a duas atitudes opostas: de um lado, a tudo preservar; de outro, a de tudo tentar apagar, até

---

103 Joyce, J. (2001). *Um retrato do artista quando jovem*. Rio de Janeiro: Civilização Brasileira apud Azevedo, L. (2004). James Joyce e suas epifanias. *Cógito*, 6. Recuperado de http://pepsic.bvsalud.org/scielo.php?script=sci_arttext&pid=S151994792004000100033&lng=pt&tlng=pt.
104 Fukumitsu, K. O. (2018). *Vida, morte e luto: atualidades brasileiras*. São Paulo: Summus.

mesmo a lembrança da voz do morto. Fico rememorando a voz de Cynira, fazendo força para não esquecê-la, temendo que isso aconteça.[105]

A voz, como último ponto de lembrança do outro, aparece como traço reduzido do outro, mas também como uma dimensão profundamente estética. O medo de esquecer ainda é maior do que o desejo de lembrar, mas pequenos detalhes anunciam uma inversão dessa relação:

> A princípio, pus e tirei, de acordo com as circunstâncias; por fim, acabei tirando para sempre. Achava que pelo menos a marca do anel ficaria. Engano: a marca se tornou invisível. A lembrança e a tristeza, não.[106]

É o *hímeros* de Antígona, o tique de Sygne e o sorriso de Pensée, a epifania de Hamlet no luto de Ofélia, todos são como essa marca do anel que se apaga no dedo, esse brilho ou obscuridade, em torno do qual surge esse fragmento de beleza, concluindo o que Lacan chamou de "cilindro anamórfico da tragédia", como se o processo terminal do luto envolvesse um momento estético que aparece indicado em vários autores, como uma espécie de incipiente uso artístico do fantasma, que para Freud definiria o artista. Allouch argumentou que o luto requer um ato de sacrifício do sacrifício, mas também um esforço de criação ou sublimação, sem o qual nunca se ultrapassam as identificações alternadas.[107] Leader[108] enfatizou que esse ato poético precisa de um quadro ou de uma nova linguagem, muitas vezes uma experiência de escrita, a partir da qual o objeto possa ser depositado. Kehl[109] sugere que a terminação do luto envolve uma espécie de reconciliação com o tempo. Expressões distintas para se referir ao trabalho de modificação do eu que caracteriza o luto.

---

105 Fausto, B. (2014). *O brilho do bronze [um diário]*. São Paulo: Cosac Naify, p. 55.
106 Ibidem, p. 28.
107 Allouch, J. (2004). *Erótica do luto: no tempo da morte seca*. Rio de Janeiro: Companhia de Freud, p. 136.
108 Leader, D. (2008). *The New Black: Mourning, Melancholia and Depression*. Londres: Penguin Books.
109 Kehl, M. R. (2009). *O tempo e o cão: a atualidade das depressões*. São Paulo: Boitempo.

Desde Freud paira um certo enigma em torno das condições pelas quais alguém se torna apto a sublimar, ou a se tornar um artista criativo (*Dichter*), ou ainda a transformar esteticamente o eu. Lacan radicaliza esse problema ao pensar o fantasma como uma das únicas estruturas sintéticas, absorvendo sobre si os problemas da teoria freudiana da percepção. Daí que o fantasma seja, ao mesmo tempo, a estrutura de ficção que define a verdade, o enquadre da angústia e a aparência sensível do objeto. Verdade semidita, angústia sem metalinguagem e objeto sem imagem bem definida: brilho, mancha, cicatriz.

Práticas coletivas como a escrita, o luto compartilhado e os ritos sociais de reparação são exemplos de inclusão da perda no fantasma, como dispositivo discursivo, histórico e narrativo pelo qual um luto singular pode se tornar infinito do ponto de vista de seu porvir. Apesar de isso estar largamente presente nas incursões estéticas de Freud e Lacan, ainda não está claro como a sublimação atua sobre a fantasia e pode ser reconhecida senão como um processo histórico no qual o universal representado por uma vida aparece desprovido de conceito. Ainda assim, a repetição mimética do trauma, a narrativização catártica do luto e o trabalho de nomeação pela escrita, modo recorrente como condição e lugar da ultrapassagem do sacrifício erótico sádico-masoquista (supereu), da culpa e da ligação com o objeto.

Inversamente, certas produções estéticas, à medida que se fazem reconhecer como expressão de um sofrimento e de uma perda coletiva, colocam em jogo a decisão de tornar o luto impossível, no sentido de negar sua conclusão ou finitude, para criar um processo indeterminado de lembrança e decisão de não esquecimento.[110]

O momento estético do luto corresponde à posição depressiva descrita por Melanie Klein, ou seja, ele envolve o processo de reparação, como a integração do objeto, mas também uma série de soluções para problemas historicamente conexos ao campo da estética: unidade entre forma e conteúdo; congruência entre expressão e representação; conexão entre processo e produto. Um luto, assim como uma obra de arte, cria uma

---

110 Auestad, L. (org.) (2017). *Shared Traumas, Silent Loss, Public and Private Mourning.* Londres: Routledge, p. XXV.

comunidade, ainda que esta seja uma comunidade porvir, cuja linguagem o artista tenta antecipar. Um luto, assim como um objeto estético, é também uma forma de reparar uma comunidade que ficou para trás e se quebrou. Além disso, a depressividade, necessária para a tomada de distância e perspectivação do mundo, corresponde a uma transformação do eu, mais precisamente à inibição.

Melanie Klein introduziu o conceito de reparação em psicanálise a partir de duas conotações principais: "retomar um lugar" (*Wiederherstellung*) e "tornar algo novamente bom" (*Wiedergutmachen*). Tudo depende do conceito de objeto que se tenha em mente: ético, estético ou político.[111] *Recuperar um lugar*, no sentido de se reestabelecer, é responder ao luto como trauma, como "perda do chão" e como "saída de si" próprio no instante de dor e loucura transitória que acompanham os primeiros movimentos do luto. Um *lugar* é uma instância simbólica, referida à estrutura e à história que nos posiciona em relação ao Outro. *Tornar novamente bom* é um processo relativo à recuperação do prazer, da satisfação e do gozo. Para Melanie Klein, a reparação pode ser definida, opositivamente, pelos seguintes processos:[112]

1. Sentimento de segurança e gratificação ou complexo de inferioridade e voracidade por reconhecimento.
2. Sensação de responsabilidade, solidariedade genuína e capacidade de perdoar e ser perdoado ou sentimento de culpa, ânsia por sacrifícios.
3. Capacidade de compartilhar e restituir ou vontade de vingança e ressentimento.
4. Fantasias de reparação e sacrifícios amorosos ou incapacidade de amar, dar e receber, envelhecer e realizar-se através dos filhos.

---

111 Lima, R. A. (2017). Análise reparável e irreparável: o conceito psicanalítico de reparação na agenda da transição brasileira. *Psicologia: Ciência e Profissão, n. 37*. Recuperado de https://doi.org/10.1590/1982-3703090002017.
112 Klein, M. (1996). Amor, culpa e reparação (1937). In Klein, M. *Amor, culpa e reparação e outros trabalhos (1921-1945)*. Rio de Janeiro: Imago, pp. 347-384.

A reparação é o antídoto para o luto, mas também para os processos que atacam nossa capacidade de amar e para o que Klein chamou de posição esquizoparanoide. Entenda-se por tal posição o processo de cisão do objeto, que ocasiona a fragmentação ou parcialização do Eu. Superinvestido em seu lugar narcísico, perseguido com ódio e culpa por fantasias sádicas ou masoquistas, o Eu tende a defender-se da angústia, mobilizando estratégias como a identificação projetiva e a cisão (*splitting*), base sobre a qual surgem os fenômenos de negacionismo. O processo de recuperação do lugar do eu, com redução de idealizações e projeções, envolve, portanto, uma integração do objeto. A partição entre bom-prazer e mau-desprazer dará origem a uma nova unidade, com a correlata aceitação do "mau-desprazeroso" no interior do próprio Eu. Isso pode ser descrito também como uma reentrada no mundo:

> O luto tem a ver com habitar uma perda e, assim chegar a apreciar o que ela significa, como o mundo mudou e como devemos, nós mesmos, mudar e, se vamos continuar, a partir daí, a renovar nossas relações. Neste contexto, o luto genuíno deveria nos abrir para uma percepção de nossa dependência e das relações com aqueles incontáveis outros sendo levados além do limite da extinção.[113]

Essa declaração de Donna Haraway sintetiza as inúmeras obras, dedicações, memoriais e até mesmo escritas que os enlutados fazem como uma espécie de retribuição e aposta no mundo. Tudo se passa como se houvesse uma inversão entre os incontáveis traços do objeto perdido e os incontáveis seres que ainda estão ou que ainda virão. Por isso, em algum lugar do luto somos convocados a fazer de novo, a fazer melhor, a refazer o mundo.

Autores pós-kleinianos observaram que a reabilitação do objeto para o prazer e a recomposição do objeto para a relação explicam uma certa disposição à sublimação estética, que faz acompanhar a posição depressiva.

---

113 Haraway, D. J. (2022). Ficar com o problema: Antropoceno, Capitaloceno, Chthuluceno. In Moore, J. W. (2022). *Antropoceno ou Capitaloceno? Natureza, história e a crise do capitalismo*. São Paulo: Elefante, p. 78.

A escrita, a produção de imagens e a criação de efeitos sensoriais criam uma perspectiva convergente entre a linha mimética e a linha catártica da reparação, doravante associada com a posição depressiva. Nesse sentido, o luto se resolve quando se transforma, por meio da reparação, em uma unidade ética e estética. Isso se poderá verificar empiricamente na simetria entre *o que* se "diz-faz" e *o modo como* se "diz-faz". Congruência entre forma e conteúdo, a qual constitui um critério que é esperado para monumentos, museus e obras de arte que se oferecem em função reparadora.

Assim como o conceito kleiniano de reparação enfatiza amor e gozo, mas não o desejo, o conceito de *objeto a* em Lacan começará referido ao desejo para depois se tornar *agalma* amorosa e, depois ainda, objeto *mais-de-gozar*. Para Klein e Lacan, reparar é *concertar* (em sentido estético) e *consertar* (em sentido ético), ou seja, reunir a capacidade de amar e ser amado com a satisfação intrínseca obtida no processo. Contudo, isso não parece suficiente para pensar a dimensão de vida comum, de superação do ressentimento e do futuro reparador para a qual a dimensão política do desejo é a expressão mais corrente. Veena Das, ao estudar os massacres entre hindus e *sikhs* durante a partição entre Paquistão e Índia, mas também ao pesquisar como os "reparadores" (*healers*) entendem sua tarefa como um dom e uma maldição,[114] percebeu que o luto em contexto de injustiça, violência e suspensão de processos democráticos depende não apenas de como a comunidade define culpas passadas e responsabilidades presentes, mas também fundamentalmente de como ela cria um futuro comum. A narrativa das crianças, assim como o testemunho dos sobreviventes, torna-se agente fundamental desse processo. A grande questão para os que vivem lutos infinitos não é de quem é a culpa ou responsabilidade, mas *como viver com isso*.

Essa dificuldade torna-se saliente quando falamos em processos de reparação envolvendo indenizações pecuniárias, compensações comunitárias ou mediações reconciliatórias no contexto da justiça restitutiva.

---

114 Das, V. (2015). *Affliction: Health, Disease, Poverty*. Nova York: Fordham University Press.

Nessas situações, já se ultrapassou a individualização da culpa passada e a assunção de responsabilidade presente, restando o tipo de implicação futura com a qual podemos sonhar. A oniropolítica da reparação tem por condição necessária, mas não suficiente, a junção entre ética e estética do luto. Ela requer que a pessoalidade dos envolvidos se dissolva e, ao mesmo tempo, reapareça em outra dimensão.

A teoria clássica da reparação explica a emergência de objetos de troca, eticamente mediados, e efeitos de prazer, esteticamente qualificados, mas disso não se infere a implicação política da reparação. Consideremos, por exemplo, a via completamente anômala no trato com o dinheiro e as formas equivalentes de valor quando se trata de luto e reparação, mas também de ética e estética. Todo clínico saberá reconhecer a complexidade subjetiva implicada nos efeitos de bens recebidos em herança. Terrenos que não podem ser vendidos, dinheiros que não podem ser gastos, confrontações e disputas infinitas em torno de bens que se tornam signos da preferência amorosa do falecido. O rito jurídico, em sua pura forma processual do direito sem justiça, é impotente para tramitar a perda nesse nível.

Se a experiência psicanalítica tem estrutura de luto, e se isso vale tanto para a cura ética como retomada de um lugar (*Wiederherstellen*) quanto para a produção do objeto esteticamente bom novamente (*Wiedergutmachen*), devíamos prolongar o argumento ao termo mais frequentemente usado por Freud para designar sua própria prática, ou seja, tratamento (*Behandlung*). A expressão deriva do termo *Hand* (mão) e de tudo o que ela evoca enquanto trabalho manual (lida ou trato), cuidado (tratamento médico), pacto, acordo ou convenção (tratado), conversação continuada (tratativa) e posicionamento diante do outro (pronomes de tratamento). É por isso que o trabalho de luto (*Trauerarbeit*) é também o tratamento da perda (*Trauerbehandlung*), e, como todo tratamento psicanalítico, ele é finito e infinito, terminável e interminável.

Para Freud, a inibição é exercida pelo eu sobre funções do corpo e dos afetos: dormir, comer, andar, trabalhar. Não há casos nos quais aparece apenas inibição sem nenhum sintoma, mas há casos em que a inibição aparece como uma "limitação normal", não patológica. A inibição pode aparecer como rebaixamento da função intelectual, como em certas dificuldades de aprendizagem, mas também pode propiciar uma intensificação do interesse pelo saber, à medida que a função sexual se encontre inibida e deslocada para o aprender. Quanto às inibições sexuais, pode haver um estranhamento da libido no início do processo (inibição pura), ausência de ereção (um sintoma negativo), ou então pode ocorrer abreviação do ato (ejaculação precoce), assim como ausência de ejaculação. Em outra chave, a inibição pode ser a causa da fixação perversa e do fetichismo. Afetos sociais como a culpa, a vergonha e o nojo são exemplos típicos da incidência da inibição como transformação da qualidade pulsional.

No caso da alimentação, a retirada de libido por inibição pode ligar-se ao sintoma-par histérico do vômito (nojo), ao sintoma-par da psicose de recusa (delírio de envenenamento), ao sintoma-par da fobia pela esquiva da situação fóbica (por exemplo, "não saio à rua porque lá tem cavalos e eu tenho medo deles") e, no caso da depressão pela anedonia, inibição da capacidade de experienciar prazer ou de exteriorizar o ódio. Na neurose obsessiva, um sintoma-par muito frequente, ocasionado pela inibição, são distração, desconcentração e desatenção.

Em regra, "a função egoica de um órgão aumenta e se deteriora quando aumenta sua significação sexual". As inibições podem ser, agora, diferenciadas dos sintomas. As inibições são processos que ocorrem dentro do eu, ou que ocorrem ao eu, ao contrário dos sintomas, que envolvem conflitos entre o Eu e o Supereu, ou o Id. Nesse sentido, podemos dizer que todo luto compreende um momento depressivo, equivalente da ação da inibição e da transformação do eu. Ele pode se apresentar sob a forma de novas restrições, equivalentes de satisfações que o sujeito sacrifica ao morto, mas também como imperativo de autopunição que substitui conflitos pendentes com o que se foi.

Enquanto nos três primeiros tempos do luto o trabalho da memória serve à possibilidade de lembrar para poder esquecer, nos três movimentos subsequentes será necessário esquecer para poder lembrar. Tanto esquecer a dor e a perda, no sentido de poder lembrar de modo contingente, como a saudade tornam o luto finito. Esquecer-se das histórias totalmente singulares, com seus sistemas de interesse e determinação, com as suas peculiaridades únicas e singulares, que seriam impossíveis de serem lembradas, é condição para poder lembrar de cada um no memorial estético, no gesto ético ou na tarefa política que se herda de um luto coletivo, tornando-o, justamente por causa disso, infinito.

Assim como o declínio do Édipo, no menino, degrada a angústia de castração, fixando uma determinada solução para a montagem do fantasma e lega-se seu herdeiro pela formação do Supereu, de modo a marcar o declínio do Complexo de Édipo pela retomada da metáfora paterna como sobreposição do Simbólico ao Imaginário. Podemos ver, aqui, a função da beleza como aquilo que faz última barreira ao desejo.[115] Ora, essa última barreira é também o lugar onde localizamos no nó o objeto *a*, a causa de desejo, no fantasma, mas também *agalma*, que promove o amor quando considerado em relação ao Outro.

O momento estético do luto aparece como ponto de mancha, sombra ou brilho, tique ou gesto, sabor ou aroma difuso. O resultado é o espaço [(5), (6), (1)]:

(5) A sobreposição do Imaginário ao Real, realiza uma convocação ou uma invocação do sujeito, em oposição ao simbólico. Aqui está o efeito de causa do luto, pelo qual ele é produção de uma versão-do--pai, de um "*em nome de*", um chamado para nomeação.

(6) A suposição do Imaginário ao Simbólico, indica a produção de signos, que representam algo para alguém, ou seja, o efeito estético do luto. Aqui se produz algo análogo ao trabalho de criação de uma imagem, como no caso do *híemeros* de Antígona, no vazio criativo ou na composição da voz poética do luto.

(1) A sobreposição do Real ao Simbólico, como privação (1) articula Supereu (5) e Ideal de Eu (6), ou seja, a instância simbólica de produção de objetos imaginários e o plano das identificações simbólicas do sujeito. Confirmamos assim que o buraco real, que define o luto, convoca castração simbólica e privação real.

---

115 Lacan, J. (n.d.). *A terceira*. Rio de Janeiro: Escola Letra Freudiana, p. 17.

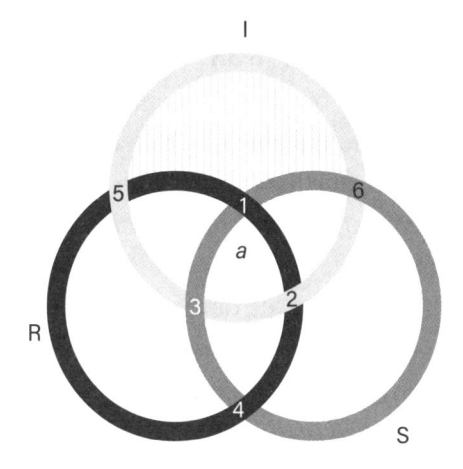

Topologicamente, esse trajeto equivale à transformação na superfície planar, onde a imagem aparece deformada, informe e indeterminada para a imagem anamórfica, reunida e unificada pelo espelho em forma de cilindro. Este é o momento do ato para além da lei, do desejo incondicional liberto da culpa. Consequentemente, representa uma espécie de superação do imperativo superegoico, que pode infinitizar o luto, demandando indefinidamente operações de sacrifício de gozo.

O sacrifício como troca e o sacrifício como ato, estas parecem ser as duas cordas que definem a afinidade estética da melancolia:

> Interiorizar o infinito, ou antes, os dois infinitos dos extremos da corda [que liga crença e ilusão] é da harmonia dos contrários de Heráclito à fusão dos místicos da Idade Média, do divertimento pascaliano à ironia dos românticos e da consciência infeliz de Hegel ao engajamento dos existencialistas, atestar ainda a potência da crença que, sob uma expressão dêitica, tende a confundir [no efeito de absurdo] duas figuras que são inteiramente contingentes: a forma e o conteúdo.[116]

---

[116] Lambotte, M.-C. (2000). *Estética da melancolia*. Rio de Janeiro: Companhia de Freud, p. 129.

3.6. Identificação e libertação

Uma tocante e sintética formulação do processo de luto poderá ser encontrada no relato da escritora brasileira Noemi Jaffe em torno da perda de sua mãe.[117] Ela começa pelo instante de dor e devastação, "*a diferença entre um trovão e o silêncio*", que mostra que, por mais que estejamos advertidos e cientes da morte vindoura, "*É diferente estar quase morta de estar morta mesmo. É diferente, e só sei disso agora que ela morreu*". Sobrevém então o tempo da incredulidade, da devastação e da proximidade do abismo das loucas indagações: "*Com que rapidez se aceita que a morte subtrai a pessoa, que a morte esvazia o que chamam de alma da pessoa. Resisti: é o corpo da minha mãe. Era ela ou não era ela? Na hora, para mim, era*".[118] A perda torna-se, então, um complexo de perguntas e palavras vazias: "*Morreu? De quê?*". No caso, "*de infecção nos pés*", mas, antes de a mãe parar de sofrer, aproveitaram bastante, por isso vem a consequente negação de reconhecimento: "*recuso esse alívio, qualquer tipo de alívio*". Num terceiro momento, Noemi diz: "*a morte, em mim, vai se instalando como o acontecimento que ela é: a ausência completa*",[119] o que abre um processo de alternância de identificações: "*a pessoa morta deixa parte dela com quem fica, mas que esquecemos de pensar que ela também leva consigo uma parte nossa*"[120] ou "*vou passar a ser eu mesma mais um buraco*".

Ela demonstra que a culpa de "*não estar desesperada*"[121] existe, o que demonstra como não queremos abandonar quem se foi: "*Me recuso a ouvir ou mesmo a me dizer a frase famosa 'A vida continua'*". A respeito disso, ela estabelece a nomeação do que se perdeu e de como aquela que se perdeu continua a trabalhar. Isso ocorre por um processo de comparação entre a mãe – "*Ela foi uma pessoa que aceitou. Uma aceitadora*"[122] e o Eu –

---

117 Jaffe, N. (2019). *O que os cegos estão sonhando? Com o Diário de Lili Jaffe (1944-1945)*. São Paulo: Editora 34; Jaffe, N. (2021) *Lili: novela de um luto*. São Paulo: Companhia das Letras.
118 Jaffe, N. (2021). *Lili: novela de um luto*. São Paulo: Companhia das Letras, pp. 7-9.
119 Ibidem, p. 23.
120 Ibidem, p. 28.
121 Ibidem, p. 50.
122 Ibidem, p. 34.

"*Se ela era uma aceitadora, acho que sou um tipo de recusadora*".[123] Vemos em seu relato, também, como lentamente nos transformamos em quem se foi: "*Pego dois ou três batons pouco usados e passo um deles na boca. Não é uma cor que eu use, mas passarei a usar (...). Nos tornamos um pouco animais farejando com o focinho o cheiro da mãe*".[124]

Chegamos, assim, ao momento estético do luto, marcado nesse caso pelo significante "*doce*":

> (...) a palavra "doce", lembro agora, e que eu uso muito – especialmente com minha cachorra e sempre que sinto uma lufada poderosa de amor por alguém, coisa cada vez mais frequente –, vem dela. Ela me chamava muito de "Doce", "Meu doce", "Você é meu doce".[125]

Sabemos, pelo *Diário de Lili Jaffe (1944-1945)*, que "*doce*" é o elogio mais lindo do mundo, passado da avó, na Hungria, à culinária húngara e à transmissão transgeracional de saberes na linhagem das mulheres da família. Durante o momento dramático no qual a família será levada ao campo de concentração, e todos os amores e sonhos juvenis de uma adolescente húngara serão dissolvidos, Lili revela: "Minha mãe [a avó de Noemi] nos consola: não acredita no mal, porém está arrumando as malas, *faz doces* e suspira fundo, sem que ninguém possa ver".[126] A partir desse ponto, o relato se aprofunda cada vez mais na constelação alimentar e na sua função de reconciliação com a experiência da perda: o sorvete; a ida ao restaurante Hungaria; a receita de *gulasch*; o bife de mignon que derrotou a sogra; o frango na sopa no centro; o *tchouldt*; todas as memórias compõem algo que se transforma num ponto de retorno em momentos futuros de agonia:

> [Durante a pandemia], eu instintivamente rezei não só para Deus, mas também para ela. Pedi a ela, tão *doce*, que intercedesse por nós, humanos, aqui nesta terra pobre e infectada.[127]

---

123 Ibidem, p. 39.
124 Ibidem, p. 42.
125 Ibidem, pp. 53-54.
126 Jaffe, N. (2019). *O que os cegos estão sonhando? Com o Diário de Lili Jaffe (1944-1945)*. São Paulo: Editora 34, p. 13.
127 Jaffe, N. (2021). *Lili: novela de um luto*. São Paulo: Companhia das Letras, p. 94.

É também de forma precisa que ela narra o próprio término do processo de luto:

> Como é possível que a imagem dela vá se integrando à passagem do tempo, se diluindo numa distância que não é nem curta nem longa, a ponto de, algumas vezes, eu já conseguir transformá-la em símbolo, como a visão do voo de um pica-pau, os olhos da Samba, minha cachorra, ou a sensação de uma presença sorridente e invisível ao meu lado? (...) Por que uma pessoa, quando vai embora, não deixa também ela uma marca no ar, no chão, no mundo? (...) Ela agora mora no meu corpo e na minha memória, e muitas vezes, ao me sentar para orar, sinto uma película fina de ar me envolvendo, seu abraço de penugem. Minha mãe se tornou um roçar.[128]

Ao final, sentimos o peso da integração de sua lembrança à memória coletiva e ao testemunho insubstituível daqueles que se foram, pois Noemi tem "*Medo de que com o seu desaparecimento desapareçam também as lembranças da guerra*".[129] Surgem, também, uma certa consciência e algum pertencimento a essa cadeia de lutos do qual algum dia faremos parte, do outro lado:

> Quando chegar a hora da minha morte, quero que seja silenciosa como a dela. Mas principalmente que reste de mim o que dela resta em mim agora – esta película de ar.[130]

Temos aqui, de forma condensada, o percurso narrativo do luto, seus principais movimentos de afeto e de simbolização. Da devastação do buraco até a angústia da *recusadora*; da simbolização metafórica e metonímica da *mulher*, *esposa* e *mãe*, *sobrevivente* de um campo de concentração, até o momento estético, metafórico e performativo no qual o significante *doce* cria a *doçura*. O luto chega ao término com o surgimento de um novo traço no Eu, em forma de *película de ar*, mas também

---

128 Ibidem, p. 72.
129 Ibidem, p. 77.
130 Ibidem, p. 107.

pelo compartilhamento da experiência por meio da literatura. A culpa, a vergonha e a indignação, próprias do acossamento pelo supereu, cedem espaço para a reconciliação e a saudade. Um sinal característico disso é a emergência de fenômenos de humor, comicidade ou ironia. É a restauração da capacidade de brincar e de "ludibriar" a impiedosa exigência sádica do supereu sádico, em face do eu masoquista.[131] Como libertação do "trabalho" de luto, o Eu experimenta a alegria e uma renovação da aposta na vida. O trajeto do luto é uma história que tem fim, mas o fim do luto é sua junção com lutos passados e lutos vindouros, inclusive de si mesmo.

O processo, assim descrito, é congruente com o fechamento da operação antropofágica e canibal de ingestão e aquisição de traços do Outro, terminando com a substituição definitiva da dor e da angústia pela saudade e pela possibilidade de lembrar. A conclusão do luto é acompanhada de um sentimento de libertação, exaltação ou mania, próprio da redescoberta do outro em nós e da reparação do que foi quebrado na perda. Isso converge com a observação do psicanalista Michel de M'Uzan sobre as duas reações psíquicas elementares diante da aproximação da própria morte: a expansão libidinal e a exaltação relacional. Aproximando o trabalho de luto do trabalho de falecer, ele salienta a personalização do eu diante da morte e uma espécie de eutanásia psíquica cuja gramática social talvez se expresse nos ritos de sacrifício:

> É uma ideia bem conhecida aquela que diz que o ser humano vê desfilar toda sua existência em imagens no momento mesmo em que está chegando seu fim. Mas como e por quê? Que sentido se deve atribuir a essa espécie de sacrifício da vida anterior que seria então realizado?[132]

Virtualmente, isso indicaria também a integração do objeto perdido na comunidade humana. Como afirma Lacan: "O declínio do Complexo

---

131 Freud, S. (2014). *Sobre o humor* (Obras Completas de Sigmund Freud). São Paulo: Companhia das Letras.
132 M'Uzan, M. de (2019). O trabalho de falecimento. In M'Uzan, M. de. *Da arte à morte: itinerário psicanalítico*. São Paulo: Perspectiva, p. 185.

de Édipo é o luto do Pai, mas ele se conclui por uma sequela duradoura: a identificação que se chama supereu".[133] Teríamos um luto concluído quando separássemos

> (...) o Pai que promulga, sede da lei articulada em que se situa o resíduo de desvio, de déficit, em torno do que se especifica a estrutura da neurose – e, por outro lado, alguma coisa que a análise contemporânea despreza constantemente, ao passo que é em toda parte sensível e viva para Freud, ou seja, a incidência do Pai real, a qual, mesmo boa, mesmo benéfica, pode, em função dessa estrutura, determinar efeitos devastadores.[134]

Seguindo o fio fálico da dor, o luto chegou ao seu fim, reparando e reconstituindo uma certa unidade da experiência, articulando:

(6) Simbolização do Imaginário pela criação de uma nova identificação que institui um novo traço no interior do Eu.
(4) Realização do Simbólico por meio da aparição de um novo traço que reorganiza a economia de gozo do sujeito; efetuando uma nova posição do sujeito em seu fantasma.
(2) Imaginarização estética do Real como parte do processo de libertação do trabalho de luto, eventualmente ligada aos efeitos de partilha e reparação conexos aos efeitos de sublimação.

A conclusão do luto articula simbolicamente sintoma, inibição e angústia (6, 4, 2). Lembremos que Lacan descreveu esta operação de reconstituição da unidade entre Real, Simbólico e Imaginário por meio do quarto nó, também chamado nó do *sinthoma*. Uma vez que este quarto nó é genericamente designado como suplência e particularizado como Nome-do-Pai ou como Versão-do-Pai (*Pére-version*), encontramos subsídio em Lacan para pensar um redobramento ou duplicação do Simbólico.

---

133 Lacan, J. (2005). Discurso aos católicos. In Lacan, J. *O triunfo da religião: precedido de discurso aos católicos*. Rio de Janeiro: Zahar, p. 30.
134 Idem, p. 31.

Nó do luto finito
I

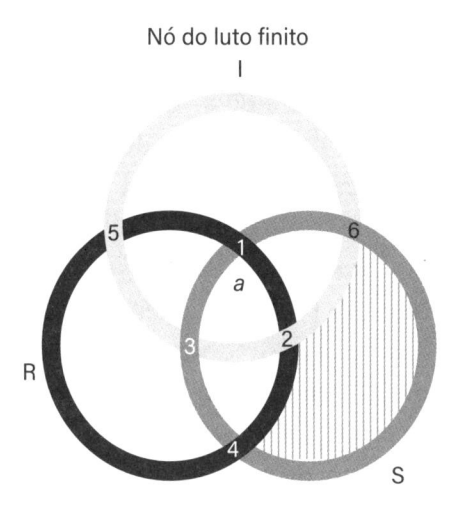

R   S

O luto baseado na recuperação da identidade, na incorporação dos traços redutivos do outro e na integração da cadeia de perdas do sujeito se restringe a um processo individual, finito e encerrado em si mesmo. O nó, assim construído, é uma solução e um destino para o instante fantasmático de identificação com o objeto perdido, sem o qual morreremos, como o melancólico morre em vida.

Dois problemas surgem dessa compreensão. Primeiro, pelas particularidades não reflexivas do sujeito e do *parlêtre* lacaniano, não há espaço ou lugar para o difícil processo conhecido pela psicologia como "aceitação da morte" ou "luto de si mesmo", pois ninguém estaria à altura de superar seu próprio narcisismo. Não há também como explicar que o luto pode ser preparado, elaborado ou praticado como um trabalho psíquico de enfrentamento, e não como versão da castração. Também não conseguimos entender muito bem qual é o papel dos ritos sociais e da experiência comunitária de lembrança e das despedidas coletivas daquele que se foi. A loucura coletiva, os lutos transitivados e o momento estético do luto estão a serviço de uma espécie de sublimação solitária. Finalmente, esse modelo desafia três situações clínicas paradigmáticas de luto infinito: o luto pela perda de um filho, o luto em face do suicídio e o luto em catástrofe coletiva.

3.7. O nó do luto infinito: a translação do simbólico

Contudo, há uma segunda leitura possível da construção do nó, que leva em conta o fio do luto infinito partindo da devastação, passando pela angústia de estranhamento e considerando que o momento estético pode evoluir para um enlace com o luto do outro e com o luto deliberadamente inconcluído do outro. Como o caso de Lili, seguimos o fio da linhagem dos lutos femininos até sua perpetuação entre aqueles que desapareceram no holocausto. À função reparadora da alimentação e do cuidado se acrescenta o papel da escrita no enlace entre os lutos, que, talvez, substitua a função dos ritos coletivos e orais. Nesse caso, lutos se interpenetram e se transitivizam como afeto, da mesma maneira que a coligação transgeracional dos lutos. Isso significa que os lutos são irredutíveis entre si, logo, não unificáveis por processos de identificação, mas também que os fantasmas não são complementares, ou seja, precisamos de duas inversões, em que pelo menos uma delas seja não simétrica:

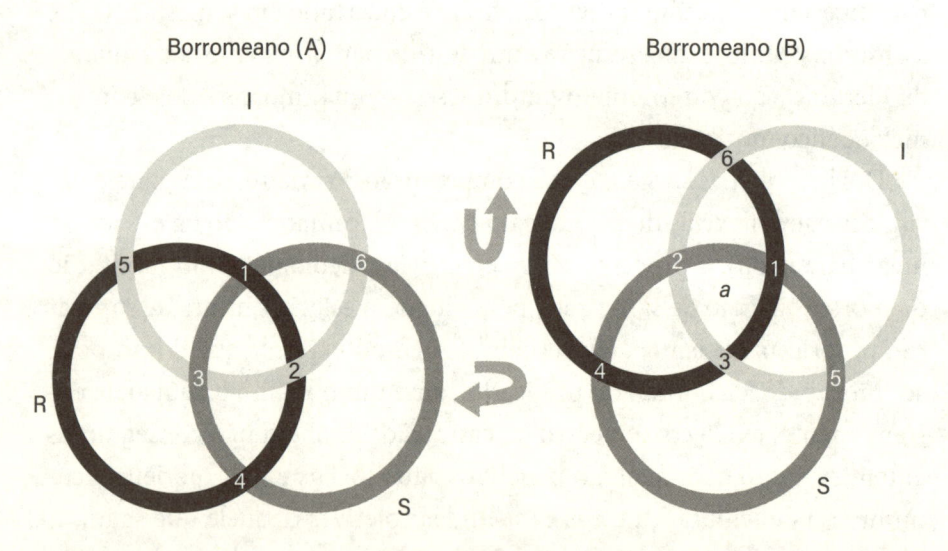

Borromeano (A)   Borromeano (B)

Temos aqui uma versão cis e dextrogira [A] e outra trans e levogira [B] do nó borromeano. No primeiro caso, o nó é construído colocando-se primeiro o Real, em cima dele o Imaginário e, trançando os dois, o Simbólico, respeitando-se sempre a regra da alternância entre *overcrossing* (superposição) e *undercrossing* (suposição). No caso do Borromeano (B) o

Imaginário está na base do nó, em cima dele está o Simbólico e trançando os dois encontramos o Real. Podemos dizer que o Borromeano (A) e o Borromeano (B) são formados pela sobreposição do Imaginário sobre o Real, mas enquanto no Borromeano (A) a posição (1) do simbólico se subpõe, no Borromeano (B) o Simbólico se sobrepõe ao Real.

Vamos supor agora que o processo de luto finito termine pelo fechamento do nó pelo simbólico e que esse fechamento seja ao mesmo tempo o ponto de mutação do simbólico, por meio do qual aquele luto específico se conecta com os lutos anteriores e no limite com o luto infinito. Isso corresponderia a uma identificação entre essas duas versões do Simbólico, uma mais freudiana e histórica e outra mais lacaniana e estrutural.

Há uma versão antropológica desse problema que diz respeito à função complementar entre os mitos, considerando-se culturas contíguas ou distantes, que teria levado Lévi-Strauss a formular a ideia de que os povos ameríndios, do Canadá à Patagônia, estão unidos por um único mito, extraindo disso uma lógica da combinatória entre suas diferentes e múltiplas versões.[135] Aqui ordem simbólica remete principalmente à estrutura de parentesco e de aliança, como lei que unifica os diferentes sistemas simbólicos (economia, religião, culinária etc.). Aqui a oposição entre cultura e natureza é decisiva para definir o processo de humanização, bem como a função do significante como operador das relações entre desejo e demanda.

Mas há uma outra forma de entender o Outro como ordem simbólica. Nesse caso são as instituições e as comunidades, bem como a sociedade civil e o Estado, que formam as determinações simbólicas. Aqui o Outro é sobretudo histórico e a concepção de transformação recai sobre dinâmicas de poder. O Outro do gozo parece assumir em Lacan essa dimensão, inclusive definida discursivamente como laço social. Aqui a noção de estrutura e de sintoma se deve mais a Marx e a Hegel do que à antropologia estrutural. Ora, como vimos, o problema do luto situa-se na encruzilhada entre esses tópicos. Ele é a um tempo processo individual e coletivo, realidade social e real da linguagem, reconhecimento social e integração

---

135 Lévi-Strauss, C. *O cru e cozido* (2010); *Do mel às cinzas* (2005); *A origem dos modos à mesa* (2006); *O homem nu* (2011) (Coleção Mitológicas – Tetralogia I-IV). São Paulo: Cosac Naify.

cultural. Existe uma superfície topológica que foi tomada duplamente por Lacan como histórica e antropológica. Trata-se do objeto conhecido como garrafa de Klein, formado por duas bandas de Moebius, com torções de sentido contrário, costuradas entre si, produzindo duas regiões circulares, ou pontos de passagem, nos quais ocorre a subversão de nossa experiência euclidiana de espaço, marcada pela separação entre dentro e fora, correlata da distinção antropológica entre "nós" e "eles". A primeira região chama-se círculo de revolução, no qual relações entre desejo e demanda são indeterminadas; a segunda região denomina-se círculo de interpenetração, onde se desenham as relações entre o sujeito e o objeto *a* no fantasma. O círculo de revolução envolve a contingência, assim como o círculo de interpenetração refere-se à impossibilidade (impossibilidade de ser representado em três dimensões). Do ponto de vista da topologia das superfícies, a garrafa de Klein corresponde a essa dupla não identificação, ou a uma dupla torção perspectiva, nem simétrica (a relação sexual não existe), nem identitária (a mulher não existe).

Ora, Lacan usou a garrafa de Klein (assim como Lévi-Strauss) tanto para formalizar a estrutura da transferência como para descrever o corte e a transformação histórica da cosmologia da esfera, que caracteriza a apreensão de mundo na Antiguidade, e a modernidade como essa dupla torção do público e privado, do palco e do mundo. A garrafa de Klein parece prestar-se a representar a coligação entre lutos, que Lacan tematizou a partir da oposição entre "a possibilidade de perder o outro" e "a possibilidade de que o Outro me perca".

A interpenetração entre lutos, atuais e passados, individuais e coletivos, próprios e alheios, culturais e sociais, é uma das ideias mais estabelecidas entre os estudiosos da matéria. No trabalho, hoje canônico sobre o luto de si, Elisabeth Kübler-Ross apresenta um caso que, tendo passado pelas fases de negação e isolamento, raiva e barganha, permanece em um momento depressivo. Arredio à enfermagem, ele não pensa na morte, apenas na inutilidade da vida e na difícil situação imposta pela internação prolongada, motivada pelo câncer.

> Paciente: — Isto é, se eu morresse amanhã, minha mulher continuaria perfeitamente normal. (…) Ela não sentiria falta. (…) Depois da morte de

minha filha, cuidou dos filhos dela. Mas se ela não deixasse filhos sua vida nada mudaria de jeito nenhum.

(...)

É que ele não pensava tanto no câncer quanto na revisão do significado de sua vida, buscando meios para dividi-la com a pessoa mais importante, sua mulher. Sua profunda depressão não se devia à doença incurável, mas a não ter terminado o luto pela morte de seus pais e filha.[136]

O caminho de fechamento do nó do luto finito, com retorno ao ponto de início por meio da conexão fantasmática entre o buraco na esfera e a banda de Moebius, não é a única solução possível. O nó do luto infinito implica a formação de uma nova unidade, não-toda, composta de fragmentos e da dissolução ou "impersonalização" do eu:

> Um novo Ego não pode ser formado diretamente a partir do Ego precedente, mas a partir de *fragmentos*, produtos mais ou menos elementares da decomposição deste último.[137]

Lembremos que a teoria lacaniana do luto, concentrada nos anos 1958-1961, e jamais revista desde então, supõe que a terminação da análise equivale à solução do Édipo e que esta depende da solução da transferência, sumariamente pela separação entre objeto *a* e falo. Sabe-se que a terminação do Édipo passa por uma identificação; logo, a terminação do luto também dependeria de uma identificação. Criticando o entendimento corrente à época, de que o final de análise resultaria numa identificação corretiva com o Eu, ou com o Supereu do analista, Lacan advoga que o final do tratamento passava por uma travessia das identificações. Mas, depois dos anos 1970, com a introdução da sexuação e com o modelo dos nós, admite-se que o final de análise passa pela identificação ao *sinthome*, sendo este, em alguns casos, mas não todos, uma das versões do pai, também chamadas *père-version* (perversão).

---

136 Kübler-Ross, E. (2017). *Sobre a morte e o morrer: o que os doentes terminais têm para ensinar a médicos, enfermeiras, religiosos e aos seus próprios parentes*. São Paulo: Martins Fontes, pp. 114-115.
137 Ferenczi, S. (1990). *Diário clínico*. São Paulo: Martins Fontes, p. 227.

Um *sinthome* é uma emenda feita para reparar um erro de construção do nó borromeano. No caso do luto, podemos localizar vários desses erros de passagem: melancolia, depressões, inibições e retardamentos de luto, estados limítrofes continuados, bem como suturas, grampos e suplências para tais desenodamentos. A partir desse momento, a identificação sexuada do sujeito não é mais unívoca, referida ao falo e universalmente dada pelo modelo edipiano-totemista.

Barthes, a partir de sua própria experiência de luto, propõe uma distinção entre luto (*deuil*) e luto amoroso (*chagrin*) com base na própria leitura do luto de Proust. O luto amoroso compreende o que Winnicott chamou de "medo do que aconteceu" e o que os medievais chamavam de acídia, ou seja, o sentimento de mal-estar (*malaise*), de incerteza e, portanto, de indecisão quanto ao que fazer com a própria fé. Nessa espécie de impotência ou renúncia consentida para amar, não se quer mais do que "habitar a própria tristeza".[138] Para Barthes, a *chagrin* seria o antecedente histórico da *afânise* lacaniana, o momento de desaparição do sujeito.[139] Esse momento estaria marcado pela superação da emotividade e pelo desejo decidido de não esquecer, o que, por sua vez, pode se realizar por meio da escrita, do monumento, do sacrifício tornado infinito. Por outro lado, Barthes faz uma declaração de suma importância para separar o luto finito e o luto infinito:

> Agora (é isto que o luto me ensina), este luto é, por assim dizer, o único ponto de mim que não é neurótico: como se mam., num derradeiro dom, tivesse levado para longe de mim a parte má, a neurose.[140]

Isso não significa que ele tenha suspendido o luto totemista. Pelo contrário, ele diz isso depois de reconhecer em si a incorporação de "pequenos traços de mam.", ou seja, o esquecimento característico das "chaves"

---

138 Barthes, R. (2011). *Diário de luto*. São Paulo: Martins Fontes, p. 170.
139 Marciniak, M. (2016). Du deuil de l'Imaginaire au chagrin interminable. Le chemin de Roland Barthes. *Savoirs et Clinique*, n. 20. p. 83-89. Recuperado de https://doi.org/10.3917/sc.020.0083.
140 Barthes, R. (2011). *Diário de luto*. São Paulo: Martins Fontes, p. 126.

e o reencontro com uma fruta comprada no mercado".[141] Desde então, abre-se um luto imóvel e não espetacular, marcado pelo desejo de habitar a própria tristeza e pela tarefa do luto transformada em escrita. Se no luto totêmico a morte tem uma afinidade espontânea com o sono, o descanso e a imobilidade, este outro luto relaciona-se com o sonho, com a ficção e com a realidade possível de outros mundos.

Chegamos, assim, a definir o luto infinito como partilha do simbólico, que aparecerá aqui em dupla conotação – histórico ou estrutural –, encadeando indefinidamente lutos individuais ao lado de uma torção que torna o simbólico diferente de si mesmo, conforme seu encontro com o Outro. Representamos, assim, o gozo feminino, o gozo não-todo inscritível no simbólico, em sua dupla face de castração, como significante da falta no Outro [S(A̶)] e como objeto *a* [*a*]. O luto infinito define-se, assim, pela inversão do simbólico acrescida de uma translação pela qual se produz um espaço simbólico, não idêntico a si, mas duplicado, com as seguintes características, ou variantes, que já apontamos na construção do nó:

(1a) Gozo todo-fálico
(1b) Gozo não-todo Fálico
(2a) Ausência
(2b) Loucura transitória
(3a) Dor
(3b) Devastação
(4a) Fantasma como relação entre a divisão do sujeito e a perda do objeto [S◊a] (sacrifício fálico)
(4b) Fantasia social como relação entre vivos, mortos e não-nascidos (sacrifício do lugar)
(5a) Traumático
(5b) Efeito estético do luto
(6a) Identificação ao Novo Traço (luto finito)
(6b) Identificação ao *sinthome* (luto infinito)

---

141 Ibidem, p. 201.

Nó do Luto Infinito

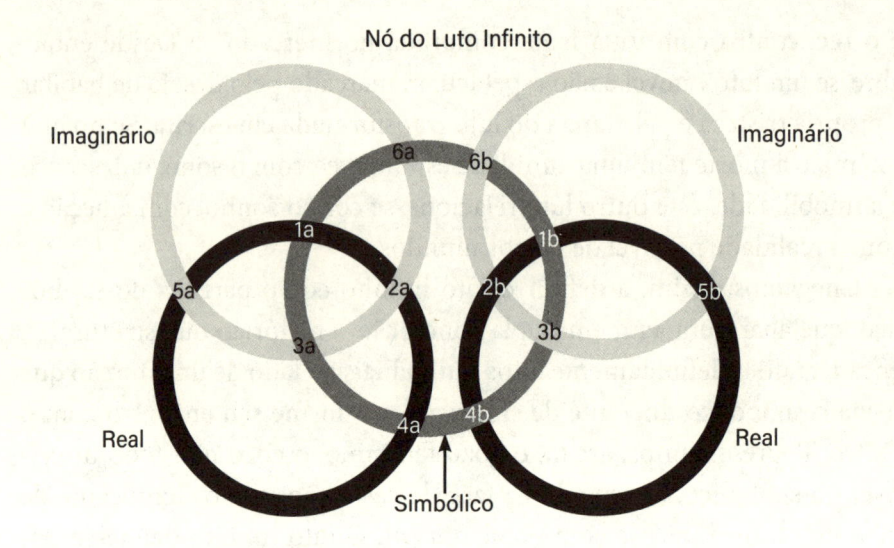

[Diagrama: anéis entrelaçados rotulados Imaginário, Real, Simbólico, com marcações 1a, 2a, 3a, 4a, 5a, 6a e 1b, 2b, 3b, 4b, 5b, 6b]

Ou, em uma montagem borromeana, na qual se podem acrescentar infinitos toros intermediários, representados por infinitas unidades simbólicas unidas por translação:

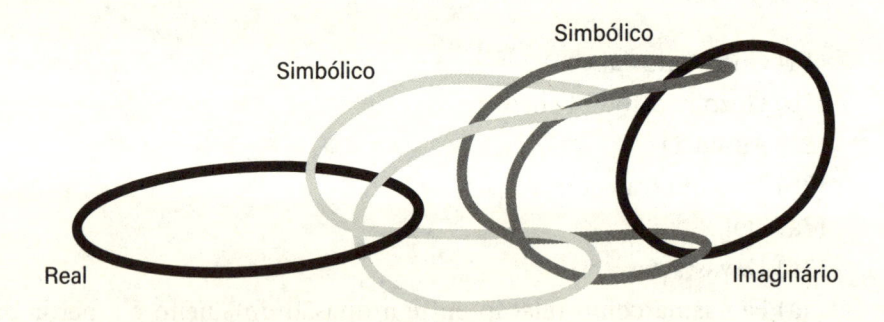

[Diagrama: cadeia de anéis em translação rotulados Real, Simbólico, Simbólico, Imaginário]

Agora, podemos diferenciar, de modo preliminar, o luto infinito do luto infinito. Ambos recriam uma unidade de experiência, e ambos nos conectam potencialmente com outros lutos. Mas observemos que o conjunto assim formado nem sempre possui a propriedade brunniana, ou seja, ele só se decompõe integralmente se seccionarmos o simbólico. Um borromeu parcial subsiste se cortamos o Real ou o Imaginário, como se houvesse um nó finito e um nó infinito do luto, sendo ambos conversíveis entre si por meio de um ato simbólico. Mas a inversão da cadeia de nós borromeanos pode ser infinitamente replicada, desde que mantenha a regra da dupla torção. Lutos, assim como a análise e a travessia edipiana, são finitos e infinitos.

Nós nos acostumamos a pensar o luto como processo finito, limitado e circunscrito no tempo. Quando se estendem por muito tempo, tornam-se suspeitos e flertam com o patológico. Ainda assim, há lutos que atravessam gerações, em decorrência de acontecimentos como a escravidão, o desaparecimento político e a violência de Estado. Há lutos traumáticos que tocam cidades inteiras como Mariana ou Santa Maria. Há lutos pela perda da terra, do corpo e de nosso modo de vida, como o rompimento da barragem de Belo Monte em Altamira, que afetou indígenas e ribeirinhos.

A noção de luto infinito foi introduzida por James Godley,[142] a partir de seus estudos históricos sobre o massacre de 20 mil pessoas na cidade norte-americana de Buffalo, durante a Guerra de Secessão (1861-1865). Examinando os relatos jornalísticos e testemunhais da ocasião, ele chegou à ideia de que um número tão elevado de mortos, em relação à população sobrevivente, só podia despertar um sentimento de luto desindividualizado e infinito. Ou seja, a combinação entre o luto de um e o luto dos outros com os quais se vive é tão extensa e intensa que doravante o luto se tornará o sentimento dominante e prevalente nessa comunidade. Os sobreviventes reconstroem suas vidas, o afeto de tristeza diminui, mas as narrativas remanescentes permanecem determinadas por essa perda coletiva. A indenização, reparação ou retorno ao laço social acaba acontecendo apenas e tão somente pela passagem de gerações e torna-se um dos problemas mais insidiosos na clínica do luto coletivo. Disso decorre um novo problema: qual comunidade fazemos quando fazemos luto? Uma comunidade de origem, uma comunidade de destino ou uma comunidade de iguais diante da morte, como mestre absoluto?

Em Freud, tais lutos incuráveis são marcados pela violação da ordem geracional dos desaparecimentos na comunidade familiar de origem: por exemplo, o luto de um filho. Mas há lutos que não são superáveis pela força ou intensidade da dor, mas pela deliberação, mais ou menos consciente, de que, neste caso, neste luto, não haverá fim até que se forme uma nova comunidade no futuro, ainda que seja uma comunidade entre os mortos.

---

142 Godley, J. A. (2018). Infinite grief: Freud, Hegel, and Lacan on the thought of death. *Journal of the Theoretical Humanities*, v. 26, n. 6, p. 93-110.

Ele se ligará perpétua e deliberadamente a outros lutos espectrais, sem fim, sem corpo, sem túmulo. Um luto finito torna-se infinito por muitos motivos, mas sempre se tratará de elevar um objeto à dignidade de Coisa. Por meio deste ato tornamos uma vida algo mais e algo menos do que ela mesma. Não se trata apenas de elevar aquela experiência a condição heroica, santa, exemplar ou infame, conforme as versões históricas da imortalidade, mas de recusar-se a concluir e individualizar aquela vida em si mesma. Assim, ela se torna uma espécie de causa entre os que já se foram e os que ainda virão. Daí que nestas vidas "ímpares" não encontremos a negação da finitude, mas a o transfinito enumerável.[143]

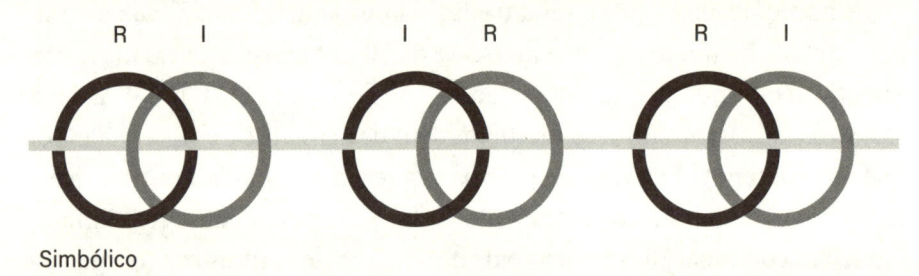

Simbólico

Devemos admitir a linha mediana como reta infinita, representando o fio simbólico que une os lutos em uma dimensão contínua do ponto de vista matemático, mas em uma figura descontínua quando se consideram as transformações temporais envolvidas na relação com a morte, e uma torção entre história e estrutura quando se consideram os intervalos fora do nó, de tal maneira que a identidade da própria reta depende das suas intersecções. A reta infinita se encontra consigo mesma no infinito, por meio de uma translação, mas isso só ocorre se misturarmos as duas concepções diferentes de infinito: a física e a matemática.

Mas há também lutos que são patologicamente finitos. Aliás, esta é a resposta neurótica diante da perda: individualizar culpados, odiar para esquecê-los, expedir regras na ilusão para fazer des-acontecer o ocorrido e, finalmente, desimplicar-se de partilhar coletivamente a causa.

Perder uma pessoa, um grande amor, um emprego, uma nação ou um ideal faz diferença, ainda que o luto se aplique aos três casos indistintamente.

---

143 Chapuis, J. (2019). *Guia Topológico para o Aturdito*. São Paulo: Aller, p. 202.

Quando perdemos pessoas e perdemos o espírito de uma nação, muitas vezes recorremos, ao longo da história, a um nome para o que foi perdido: democracia, justiça ou dignidade. Alguns dirão que a ideia de democracia originada na Antiguidade realizou-se em instituições da modernidade. Outros argumentarão que essa é uma realização incompleta, pois a democracia permanece como ideal, ou seja, a ideia de uma comunidade por vir, capaz de ser-para-todos e a todos incluir.[144] Outros ainda consideram que a aplicação da ideia de democracia a pessoas e ideias é uma falsificação do termo. Democracia nunca existiu, logo, nunca existirá. É só um nome que damos a certos regimes políticos não autocráticos. O Brasil dos anos 2013-2022 tem sido descrito como um país em democracia regressiva, ou seja, marcado pela precarização do funcionamento institucional, retração do uso livre da palavra e violação de direitos humanos. Ao mesmo tempo, enfrentamos com grande privação aos rituais de luto, uma perda devastadora de vidas ocasionada pela experiência de Covid-19. Perdas que demandam lutos locais, mas que se conectam com a cadeia de lutos infinitos que organiza e define uma determinada unidade simbólica.

Chegamos assim a uma diferenciação preliminar entre luto finito e luto infinito. O caso paradigmático da ideia de democracia, como unidade política, conecta, potencialmente, os lutos históricos daqueles que foram excluídos dessa ideia, com a reparação futura dessa exclusão em uma comunidade por vir. Isso significa que o luto finito de cada um pode se conectar com o luto infinito que o resolve e recria aquela vida enquanto unidade perdida. Obstáculos contingentes para a conexão de lutos finitos com lutos infinitos podem remeter à indisponibilidade de ritos fúnebres, ausência de corpo, negação social da perda, mas isso não significa que os lutos finitos seriam individuais e que os infinitos seriam coletivos, ou que uns seriam mais psíquicos e outros mais sociais.

Para concluir um luto como reparação é preciso passar pelo Outro e verificar que este Outro não existe como totalidade ética consistente, imediata e atual. Depois disso, é contingente passar pela não-relação sexual, verificando que a justiça não é um processo fechado e finito, o que só pode ser dito pela via da estética. Finalmente, será possível constatar que, se existe outro

---
144 Dunker, C. I. L. (2022). *Lacan e a democracia: clínica e crítica em tempos sombrios*. São Paulo: Boitempo.

gozo, que não o da perda e da restituição, que não o de *Totem e tabu*, que não o previsto pelos sustos de nossa psicologia acadêmica, como certa vez predisse Oswald de Andrade,[145] este é o objeto impossível de uma oniropolítica.

Outra consequência desse modelo aqui proposto é que podemos pensar as patologias do luto tanto como dificuldades internas, concernentes ao rememorar e ao recalcamento, para tecer uma unidade borromeana, quanto como obstáculos contingentes na conexão de um luto com outro. Ambos se conectam na noção de luto infinito, seja porque para concluir um luto é preciso passar pelo Outro, seja porque esse Outro não existe. Seja porque para concluir certos lutos é preciso passar pela não relação sexual, seja porque nessa relação o Outro, que não existe, goza mesmo assim.

Nossa hipótese implicaria repensar o conceito de identidade envolvido na noção psicanalítica de identificação. Não só enquanto identidade do sujeito, do objeto perdido, mas também como identidade do Simbólico em relação a ele mesmo. Isso permitiria, ainda, distinguir uma acepção estrutural e uma acepção histórica do Simbólico, replicando uma concepção mais lacaniana e outra mais freudiana de luto. Isso pode ser desdobrado para entender os lutos coletivos, mas também o luto de si mesmo, em situações de envelhecimento, terminalidade ou proximidade da morte, além do luto envolvido no próprio fim de análise.

É o que nos aguarda nos próximos capítulos.

---

145 "Estamos fatigados de todos os maridos católicos suspeitosos postos em drama. Freud acabou com o enigma mulher e com outros sustos da psicologia impressa. (...) A luta entre o que se chamaria Incriado e a Criatura – ilustrada pela contradição permanente do homem e o seu Tabu. O amor cotidiano e o *modus vivendi* capitalista. Antropofagia. Absorção do inimigo sacro. Para transformá-lo em totem. A humana aventura. A terrena finalidade. A antropofagia carnal, que traz em si o mais alto sentido da vida e evita todos os males identificados por Freud, males catequistas. O que se dá não é uma sublimação do instinto sexual. É a escala termométrica do instinto antropofágico. (...) A baixa antropofagia aglomerada nos pecados de catecismo – a inveja, a usura, a calúnia, o assassinato. Peste dos chamados povos cultos e cristianizados, é contra ela que estamos agindo. (...) Contra a realidade social, vestida e opressora, cadastrada por Freud – a realidade sem complexos, sem loucura, sem prostituições e sem penitenciárias do matriarcado de Pindorama." (Andrade, O. de (2017). Manifesto antropófago (1928). In Andrade, O. de. *Manifesto antropófago e outros textos*. São Paulo: Companhia das Letras, pp. 43 e ss.)

CAPÍTULO 4

Contraexemplo: o luto Araweté

Em 1986, o antropólogo brasileiro Eduardo Viveiros de Castro publica uma tese de doutorado sobre uma pequena comunidade indígena, habitante de um dos afluentes do rio Xingu, na região Norte do Brasil. Por volta do ano 2000, vinte e quatro anos depois do primeiro contato com os brancos, havia apenas 296 Araweté em uma única aldeia no igarapé do rio Ipixuna. Treze anos depois, como fruto das políticas protetivas, eles somavam 452 pessoas distribuídas por seis aldeias. A demarcação de suas terras, iniciada em 1994,[1] não impediu a ação de madeireiros, mineradoras, sem falar nos efeitos ambientais causados na chamada Volta Grande do rio Xingu, pela construção da hidrelétrica de Belo Monte.

> No começo, os humanos (*bïde*) e os deuses (*Maï*) moravam todos juntos. Esse era um mundo sem morte e sem trabalho, mas também sem fogo e sem plantas cultivadas. Um dia, insultado por sua esposa humana, um deus decidiu abandonar a terra. Acompanhado por seu sobrinho, ele tomou seu chocalho de pajé e começou a cantar e a fumar. Cantando, fez com que o solo de pedra onde estavam subisse às alturas. Assim se formou o firmamento: o céu que se vê hoje é o lado de baixo dessa imensa placa de pedra. Junto com o deus e seu sobrinho subiram dezenas de outras raças

---
1 Viveiros de Castro, E.; Caux, C. de & Heurich, G. O. (2017). *Araweté: um povo tupi da Amazônia*. São Paulo: Sesc, p. 17.

divinas (...). Algumas subiram mais alto, formando um segundo céu, o "céu vermelho".[2]

Na catástrofe formada pela separação dos mundos, animais devoraram seres humanos, outros se refugiaram embaixo da terra, as águas subiram e ao final só restaram três pessoas, os *bïde*, deixados para trás na "terra do meio". Abandonados pelos deuses, que levaram com eles o segredo da imunidade à doença e à morte, os Araweté são os verdadeiros humanos. Por isso, eles chamam a si mesmos de "nós". Os outros povos indígenas e os brancos são inimigos ou estrangeiros. Supõe-se que essa separação tem relação com o fato de os Araweté estarem divididos ancestralmente entre dois grupos: setentrional e meridional, habitantes das margens do mesmo rio, mas sujeitos a um certo estranhamento entre si.

Atacados por grupos de Kayapó e Parakanã, por volta de 1976 eles decidem empreender uma longa caminhada pela floresta, dispostos a amansar os "brancos". Na jornada de dezessete dias por mais de cem quilômetros, muitos morreram ou se perderam pela mata, tomados por uma conjuntivite que lhes fechava as pálpebras. Sua concepção de território é aberta, sem noção fixa de propriedade, compatível com um povo que vive da caça, coleta e cultivo de subsistência. Sua língua pertence ao ramo tupi-guarani, com acentuada abreviação de palavras. Os objetos culturais têm uma partição clara: o arco, que requer abstinência sexual durante o tempo de fabricação, e o chocalho são masculinos. A cinta, a saia de cima e a tipoia pertencem às mulheres, conhecidas também como "quebradoras de chocalhos", por analogia ao encontro sexual. Todo Araweté tem seu chocalho, que deve ser queimado quando ele morre. Isso significa que todos eles são mais ou menos xamãs, capazes de praticar pequenas curas, cantar e ter visões, mas só alguns são "verdadeiros xamãs", capazes de trazer os *Mai* ou conduzir almas dos mortos e viventes capturados pelos deuses.[3]

Os Araweté são avessos à liderança e à ideia de uma atividade programada comandada por alguém. Por isso, a maior parte dos movimentos, como a colheita do mel, é feita por emulação. Alguém começa e os

---

2   Ibidem, p. 27. Adaptado.
3   Ibidem, p. 56.

outros vão atrás. Exceção feita para a pajelança, a festa do jabuti ou o serviço do cauim, que são evocados por sinais da natureza. O líder é chamado "*O que começa*" ou o que "*Segue na frente*", mas as tomadas de decisão são discretas, por meio de conversas indiretas. Vigora entre eles uma espécie de regra informal que faz com que depois de um certo número de pessoas, algo em torno de 150 indivíduos, uma nova roça ou uma nova aldeia seja formada.

O que caracteriza o luto araweté como atípico, em relação à concepção de luto até aqui discutida, emana de um conjunto de diferenças que podemos extrair da sua comparação com o totemismo. Os Araweté se organizam ao modo de famílias. Em princípio, mulheres classificadas como "irmãs", "filhas" ou "mães" são proibidas do ponto de vista sexual e matrimonial, mas tanto a noção de "irmã quanto a de "filha" são bastante flutuantes, dividindo-se, conforme o contexto enunciativo, entre casos reais e casos nominais.

O casamento ideal se dá entre primos cruzados,[4] mas é possível que um tio materno ou uma tia paterna tome uma sobrinha ou um sobrinho para criar, tendo em vista um casamento futuro. "Comer a mãe" – termo aplicado a esse tipo de relação incestuosa – é uma infração cósmica que atrai inimigos e urubus comedores de cadáveres, contudo a posição do pai é bastante diferente do que se conhece nas formas correntes, mesmo entre ameríndios. Uma criança é construída na barriga de sua mãe por sucessivas inseminações, sendo aconselhável que mais de um homem participe dessa tarefa, afinal a paternidade costuma ser definida mais pelo nome do que pela prerrogativa sexual. Ocorre que no sistema de nomeação araweté as pessoas recebem nomes de nascimento, que são abandonados definitivamente apenas quando se tem um filho, mas, ao contrário da regra totêmica convencional, na qual o nome do pai é transmitido como marcador da interdição totêmica, aqui é a criança que "batiza" os pais. Por exemplo, quando nasce Karamirã, seu pai perde o nome de nascença e passa a se chamar Karamirã-no (pai de Karamirã) e sua mãe passa a se chamar Karamirã-hi (mãe de Karamirã). Isso poderia ser corrigido se os nomes próprios fossem

---

4 O casamento com a filha do irmão da mãe é do tipo "filha da cobra jararaca" e o casamento com a filha da irmã do pai é o "casamento gavião real" (Ibidem, p. 98).

extraídos de uma coleção em que se poderia distinguir uma linhagem de outra. Mas isso não acontece porque os nomes araweté procedem: ou de pessoas mortas (familiares e infamiliares), ou de divindades (nesse caso, a divindade é escolhida pelo xamã), ou de inimigos (no caso de guerreiros). As nomeações são entendidas como processos afetivos de admiração ou reconhecimento, sendo vetada qualquer ideia de reencarnação.

> Ao contrário de outras sociedades indígenas brasileiras, em que nomes marcam posições sociais e papéis cerimoniais, chegando a quase ter a função de títulos, entre os Araweté os nomes são ao mesmo tempo individualizantes – ninguém pode trazer o nome de outra pessoa viva, e muitas são as pessoas com nomes que não foram usados por ninguém no passado – e curiosamente "impessoais" e relacionais. Note-se que um nome mais "próprio" de uma pessoa, seu nome de adulto, é um tecnônimo, isto é, um nome que designa a relação de paternidade que a pessoa tem com outra. A impressão que me fica é que os Araweté dão nomes às crianças para poderem chamar os pais delas pelos tecnônimos.[5]

Nem o pai nem o ancião são lugares de autoridade natural, sendo o tio materno, ou seja, a relação irmão-irmã a mais decisiva nesse sentido – assim, a solidariedade primária, o respeito recíproco fundamental e a afinidade espontânea esperada se dão primeiramente entre irmão e, secundariamente, aos ascendentes ou descendentes. Trata-se de um curioso dispositivo social chamado *apihi-pihã*, ou seja, amigos do mesmo sexo que compartilham caça, jogos e mulheres sob consentimento mútuo. A troca de mulheres pode acontecer durante uma noite, mas também por curtos períodos, nos quais a mulher muda para a casa do amigo e, assim, reciprocamente. Por exemplo, durante o período de abstinência sexual e de proibição da caça (para o homem), que sucede ao nascimento de um filho, uma mulher pode procurar sua *apihi-pihã* para "se esfriar" e um homem pode "colher mel no mato" com um de seus *apihi-pihã*. Vê-se, assim, a importância da *apihi-pihã* para estabelecer atitudes como liberdade, camaradagem e mutualidade.[6]

---

5 Ibidem, p. 121.
6 Ibidem, p. 111.

As relações marido-mulher e pai-filhos são importantes, mas os sistemas contingentes de afinidade, mesmo de afinidade entre irmãos, parecem se impor a eles em boa parte da vida social araweté. Quando parentes próximos, como tios e tias, se tornam amigos, no sentido de compartilhar trabalho, obrigações e diversões, eles se tornam *tiwã*. O termo é ambíguo, ainda mais nesse contexto, pois indica "não parente", o que pode ter uma conotação agressiva, mas também picante. Os brancos sem nome são *tiwã*. O matador trata o espírito morto do inimigo por *tiwã*. Ainda assim um *tiwã* não é um *awî*, ou seja, um termo genérico para "matável". O *tiwã* é o primeiro termo na escala do "nós" (*bïde*). Ele corresponde ao "nós" mais distante.

Os Araweté atribuem dois nomes aos inimigos: *molho de cauim* (cauim é uma espécie de cerveja nativa) e *canção futura* (pois brevemente serão louvados como mortos). O molho representa o que eles já foram, e a canção representa o que eles serão. A nomenclatura varia de passado para futuro, indicando como as perspectivas de tempo mudam a identidade do inimigo. A mesma ambiguidade é encontrada na palavra araweté *tovajar*, que se refere ou ao cunhado ou a um inimigo. É importante lembrar que o cunhado é um aliado potencial, o oposto do inimigo. Os inimigos são a fonte de novas palavras; trazem neologismos, palavras de linguagem infinita e desconhecida. Aqui temos dois exemplos de indeterminação e coincidência de oposição entre "nós-eles" que requerem um novo sistema de reconhecimento.

Num rito fúnebre, um xamã que acaba de matar um inimigo refere-se a uma certa mulher como "minha esposa". Mas de que ponto de vista ele está falando? Como um ser humano que se refere à "sua" esposa humana, ou à esposa do inimigo, cuja alma foi comida pelos deuses? Aqui temos um exemplo linguístico da experiência de desapropriação necessária para resolver o luto infinito. Não se trata apenas de uma questão de apropriação e herança, mas da experiência da loucura como livrar-se de si mesmo.

É crucial aqui a recapitulação da teoria freudiana do luto, considerando a introdução das suas variantes, totemista, animista e perspectivista, que estamos propondo:

(1) *Eu mato e devoro o Outro* [identificação]
(2) *devo enfrentar o destino de ser devorado por outro* [inversão ambivalente (*Verkehrung*)]

(3) *que não é aquele que eu devorei* [Inversão da passividade à atividade]
(4) *mantenho os seus traços* [negação por incorporação simbólica (*Verdrängung*) do objeto]
(5) *mas ao final é ele que retém meus traços* [retorno transitivista ao Eu (*Wendung*)]
(6) *na medida em que meu Eu se dissolve* [Translação do Simbólico].

Agora podemos comparar nosso modelo de luto com o luto baseado na narrativa dos Araweté.

> O morto "típico" é assim uma mulher, como o imortal ideal é um guerreiro. Ideal, mas paradoxal (…). Um matador morreu ao matar seu inimigo, identifica-se a ele, e só aproveita efetivamente estas mortes quando morre: confrontado com os deuses, não é tratado *como* um inimigo, porque *é* um inimigo, e assim imediatamente um *Maï*.[7]

Em primeiro lugar, a morte é um evento simultâneo, ou seja: *Morri quando matei meu inimigo*, denotando uma consciência clara de que a morte é sempre um ato de alguém, sendo inconcebível algo como uma "morte natural". Segundo a morte "comum" entre os que ficam e os que vão denota uma incidência diferencial do narcisismo, não redutível à forma moderna do indivíduo. Em terceiro lugar, a experiência de estranhamento é "teatralizada" ou vivida de modo ritual. Por exemplo, o xamã que já foi um assassino está agora vivendo um estado ambivalente de estar vivo e morto ao modo de um transe. Ao contrário de nosso modelo de luto, em que o sujeito enlutado permanece "cis", do ponto de vista do gênero, o luto ameríndio compreende uma passagem ou uma indeterminação do ser homem e ser mulher.

Considerando a teoria freudiana da inversão do modo de ação, ativo para passivo, a "feminização do assassino", a sua "fertilização" ou "posse pela vítima" não são uma simples inversão dos papéis ativo-passivo, mas, como na voz média, que caracteriza a terceira fase da fantasia, convocados por um dizer indeterminado: "*bate-se em uma criança*". Não há uma

---

[7] Viveiros de Castro, E. (2002). *A inconstância da alma selvagem*. São Paulo: Cosac Naify, p. 281.

simples oposição entre quem age e quem sofre a ação. Isso cria um novo traço no Eu, mas um traço resolvido por uma "condensação predicativa" que o dissolve:

> (...) a dupla negação – eu sou um inimigo de meu inimigo – não restitui uma identidade que já estaria lá como princípio e finalidade, mas, ao contrário, reafirma a diferença e a faz imanente – eu tenho um inimigo, e por isso o sou. Ou o Eu o é.[8]

O melhor exemplo de como a indeterminação perspectiva atravessa as relações araweté é o estatuto do cunhado. Ele pode ser tratado como um *tiwã*, ou seja, "não parente", mas também como um falso "irmão". Ele pode ser escolhido para ser um *apihi-pihã*, mas pode ser chamado também de *tovajar*, palavra ambígua que designa tanto a posição de cunhado verdadeiro, como de alguém aprisionado em cativeiro, cuja identidade ainda é incerta. Ou seja, ele pode vir a ser um de nós (*tiwã*), um irmão (verdadeiro ou falso), um amigo íntimo (*apihi-pihã*) ou pode vir a ser devorado, como um tipo especial e inferior de estrangeiro: o inimigo (*awĩ*). Aqui a contradição é flagrante, pois, para o totemismo, o cunhado é precisamente um amigo emprestado, um potencial aliado, adquirido por intermédio do casamento da irmã; portanto, o parente conceitualmente oposto do inimigo.

A recorrência da expressão "verdadeiro" para designar irmãos, tios ou cunhados aponta tanto para a duplicação cosmológica do mito araweté quanto para o fato de que, entre os dois sistemas, fraternidade-amizade e parentalidade-conjugalidade, há um mais verdadeiro do que o outro, sem que o segundo seja necessariamente falso. Ou seja, um é mais verdadeiro conforme a perspectiva que se adote, e não porque uma perspectiva seria mais originária, natural ou real e a outra seria mais artificiosa, construída e falsa.

A precedência do laço fraterno e do laço de amizade sobre o laço vertical de filiação ou horizontal de conjugalidade pode ser exemplificada pela situação na qual uma mulher se vê em uma disputa, ou em um entrevero, com um estranho. Ela pedirá ajuda primeiro a seu irmão, depois a seu amigo e apenas subsequentemente a seu marido e finalmente ao seu pai.

---

8   Ibidem, p. 293.

Os laços conjugais são relativamente instáveis, com situações recorrentes de ciúmes e divórcios. O lugar de moradia preferencial, depois do casamento, é a casa da mãe da esposa, não do pai do marido. Pessoas que se veem fora de um laço conjugal, por divórcio ou viuvez, rapidamente são acolhidas em outra relação. Idosos iniciam sexualmente meninas pré-púberes, idosas acolhem rapazes sem esposa disponível. Jovens passam por vários "casamentos tentativos", com pessoas de várias idades, antes de um "verdadeiro casamento". Ou seja, é uma sociedade com forte noção divisória entre "nós" e "eles", mas que não se compreende como uma única família ou clã, porque o sentido de pertencimento a "nós" ou a "eles" emana primariamente do tipo de partilha ou de aliança e, secundariamente, das obrigações consanguíneas. São exceções a essa tendência o forte sentimento de medo-vergonha entre irmãos de sexos diferentes e, como vimos, a situação do casal que passa de criança a adulto pelo nascimento de filhos.

Os Araweté e os Kayapó têm, obviamente, sistemas de parentesco regidos pelas proibições e nomeações descritas e prescritas pelo totemismo, mas há também uma parte significativa do seu vínculo social que é organizada por outro princípio, não simétrico nem complementar à gramática do totem e do tabu. Viveiros de Castro chamou essa outra forma de organização do laço social de "perspectivismo ameríndio". Essa cosmologia antinarcisista leva as teorias indígenas em estrita continuidade com a sua pragmática intelectual,[9] invertendo a relação, consolidada desde a modernidade, em que existe uma ontologia única, fixa e definida, em torno da qual são apresentadas diferentes epistemologias, ou, mais precisamente, um ponto de vista com os seus dispositivos de reconhecimento, classificação, predicação e julgamento. No perspectivismo, existe uma única epistemologia, de modo que os mundos produzidos se movem, ajustados ou reenviados, para tal epistemologia. No coração dessa epistemologia, a predefinição de "nós" é indeterminada: inclui animais, espíritos, deuses, mortos, inimigos feitos aliados, mas também aliados invertidos em inimigos. Não se trata de rever a relação entre povos e coisas, nós e eles, humanos e não humanos, mas sim de *irrealizar* e *indeterminar* suas fronteiras,[10] de acordo com o instituto de afinidade, tão presente nessas comunidades ameríndias amazônicas.

---

9 Viveiros de Castro, E. (2015). *Metafísicas canibais*. São Paulo: Cosac Naify, p. 24.
10 Ibidem, p. 28.

O que temos aqui é uma revisão da tese clássica de Lévi-Strauss, empregada por Lacan em sua releitura de castração: o tabu do incesto é a lei que separa cultura e natureza, já que, a partir daí, há várias naturezas formando uma espécie de multinaturalismo.[11] Essa intuição desdobra a experiência do reconhecimento em duas vertentes: uma do mesmo e outra do outro. O gozo fálico está para o totemismo, assim como os animais (totem) da natureza estão para as leis da cultura. Inversamente, mas não simetricamente, no perspectivismo os animais são versões possíveis dos humanos, versões de naturezas possíveis, que gozam de modo não-todo fálico fazendo corpo de outro... "se é que ele existe!".

> (...) a práxis europeia consiste em "fazer almas" (e diferenciar culturas) a partir de um fundo corporal-material dado (a natureza); a práxis indígena, em "fazer corpos" (e diferenciar espécies) a partir de um *continuum* sócio-espiritual dado "desde sempre".[12]

Nesse mundo, o real é definido como um "defeito semiótico", não como uma unidade ontológica. Essa dupla torção faz do perspectivismo uma atitude ao mesmo tempo materialista e especulativa,[13] nem relativismo, nem universalismo das totalidades, mas uma espécie de universalismo fraturado, transitivo e provisório. Sendo a cultura e o sujeito a forma do universal e a natureza a forma do particular:

> (...) os animais e outros não-humanos dotados de alma "se veem como" pessoas, e portanto, em condições ou contextos determinados, "são" pessoas, isto é, são entidades complexas, com uma estrutura ontológica de dupla face (uma visível e outra invisível), existindo sob os modos pronominais do reflexivo e do recíproco e os modos relacionais do intencional e do coletivo.[14]

A forma como os humanos veem os animais, espíritos e outros seres cósmicos difere de como esses seres se veem e como eles veem os huma-

---

11 Ibidem, p. 33.
12 Ibidem, p. 38.
13 Ibidem, p. 41.
14 Ibidem, p. 44.

nos, posto que a condição original e comum aos humanos e animais não é a animalidade, mas a humanidade.[15]

Quando alguém em transe, doença ou alteração de consciência vê um desses seres invisíveis, isso não significa que ele é anormal, mas sim que a situação ou que a perspectiva é anormal. A noção de pessoa não se aplica ou se sobrepõe à noção antropomórfica de indivíduo, ela aproxima-se mais do que Lacan chama de posição de sujeito, deduzida da relação entre dois significantes. Nesse caso, conhecer é basicamente conhecer o "quem das coisas",[16] como dizia Guimarães Rosa.

Há um tipo específico de ser, os xamãs ou espíritos, que têm a capacidade intrínseca de ser outra coisa, de modo que são personagens infinitamente diferentes de si mesmos. Eles são capazes de reconstruir as complexas relações de reconhecimento, ocorrentes quando entre humanos e não-humanos. Tudo se passa por um fundo comum de diferença a si mesmo.[17]

> Se os humanos se veem como humanos e são vistos como não-humanos – animais ou espíritos – pelos não-humanos, então os animais devem necessariamente se ver como humanos.[18]

Todos os seres "representam" o mundo da mesma maneira, o que muda é o mundo que cada qual vê, por isso o conceito central é o de *perspectiva*, e não o de *representação*. Como não reencontrar aqui a crítica hegeliana ao idealismo kantiano e sua separação entre a consciência em si (*an-sich*) e a consciência para si (*für-sich*), dotados de um sentido único e de referências múltiplas. O multinaturalismo perspectivista, portanto, é um tipo de animismo, e não de totemismo. Ele envolve uma transformação em dupla torção:[19] com a inversão entre termo e função, conforme Lévi-Strauss inicialmente descreveu para a estrutura dos mitos[20] e depois

---

15 Ibidem, p. 60.
16 Ibidem, p. 50.
17 Ibidem, p. 61.
18 Ibidem.
19 Ibidem, p. 69.
20 Lévi-Strauss, C. (1973). A estrutura dos mitos. In Levi-Strauss, C. *Antropologia estrutural*. Rio de Janeiro: Tempo Brasileiro.

formalizou com a noção de garrafa de Klein.²¹ Para tanto, é preciso entender que o perspectivismo traz um novo conceito de conceito.²² Levando em conta a descrição de Descola das quatro formas de ontologia, ou dos quatro "modos de identificação", em estrutura de grupo de Klein, veremos que o *animismo* está para o *totemismo* assim como o *analogismo* está para o *naturalismo*. Com isso podemos depreender um regime de identificação analogista que não se sobrepõe ao registro identitarista do totemismo. Se o totemismo efetiva traduções, o perspectivismo se apresenta como uma "*doutrina dos equívocos*",²³ não porque ela se preocupe em sanear os defeitos de interpretação, mas porque ela admite o excesso de interpretação como o ponto de partida.

> O equívoco determina as premissas, mais que é determinado por elas. Por conseguinte, ele não pertence ao mundo da contradição dialética, pois sua síntese é disjuntiva e infinita.²⁴

Pelo exposto até aqui, fica claro que o perspectivismo é no fundo uma teoria não identitarista do reconhecimento. Sem deixar de ser uma antropologia, ela desfaz as fronteiras entre o humano e o inumano, fundamento da leitura dialética de Kojève e da leitura estrutural básica de Lévi-Strauss. Ele trabalha com um duplo registro de negações invertidas, capaz de ultrapassar o "simetrismo" da abordagem lógica de Hyppolite.

Essa diferença sensível no que diz respeito à organização social contraria vários elementos que nos acostumamos a encontrar no totemismo: referência clara ao totem; sistema de filiação por linhagem associada com transmissão do nome; prerrogativa dos laços de filiação sobre os de amizade, fixação entre dispositivo de sexualidade e dispositivo de aliança, patriarcalismo e monoteísmo. Isso parece estar relacionado com a forma peculiar como os Araweté lidam com a morte, com seus rituais fúnebres e com o luto, mas, principalmente, pela maneira como entendem a antropofagia, sede e origem antropológica da concepção psicanalítica de identificação, como incorporação.

---

21 Lévi-Strauss, C. (2010). *A oleira ciumenta*. Lisboa: Edições 70.
22 Viveiros de Castro, E. (2015). *Metafísicas canibais*. São Paulo: Cosac Naify, p. 73.
23 Ibidem, p. 86.
24 Ibidem, p. 93.

A alma dos mortos casa-se com os deuses segundo um ritual alimentar, semelhante ao banquete totêmico descrito por Freud. No entanto, neste caso o banquete acontece no mundo espelhado, ou seja, do lado de lá do céu os deuses comem os seres humanos, e do lado de cá do céu as festas do cauim oferecem comida sacrificial aos deuses. Tal dieta híbrida dos deuses liga-se ao fato de que eles não são protetores naturais, mas seres fortes e gigantes como pedra, que sentem inveja dos humanos viventes. Por isso, os mortos querem atrair os vivos para "o outro lado", a fim de se alimentarem das suas almas. Há, contudo, deuses verdadeiros que, depois de canibalizarem a alma dos humanos mortos, tornam tais almas imortais.

Existem ainda seres da selva que podem invadir aldeias e devem ser mortos pelos xamãs. Estes não devem ser confundidos com o temido Senhor do Rio, espírito subaquático que rapta a alma de mulheres e crianças.[25] Nesse contexto, os xamãs operam como intermediários e diplomatas entre mundos, falando e cantando[26] em várias línguas. Capazes de se transformar em outros seres, inclusive mudando de sexo, eles são escolhidos em razão de certos sonhos, como o "sonho da onça". Além disso, também são conhecidos como "comedores de tabaco", o qual os leva a transes durante os quais se tornam translúcidos.[27]

Os mortos são enterrados na mata, em caminhos abandonados, o que retoma, aliás, a conotação errante desse povo que se entende como *abandonados pelos deuses*. Enquanto o corpo se decompõe, o espectro da alma assombra os vivos, gerando uma dispersão das pessoas na aldeia. Os Araweté falam do cadáver como algo feio, sujo, mesquinho, cheio de ressentimento por ter morrido. Um cadáver não é alguém que lutou e agora descansa em paz, mas alguém que está bravo por ter sido chamado para o outro lado e invejoso dos que ficaram por aqui.[28]

Depois disso, o espírito chega ao céu, onde é devorado, exceto no caso da pessoa guerreira-xamã, que é ressuscitada por meio de um banho mágico, ganhando vida eterna.[29] Há, portanto, uma segunda morte, mas, ao

---

25 Ibidem, p. 125.
26 Basicamente, "a música dos deuses" e a "música dos inimigos".
27 Ibidem, p. 127.
28 Viveiros de Castro, E. (2002). Xamanismo e sacrifício. In Viveiros de Castro, E. *A inconstância da alma selvagem*. São Paulo: Cosac Naify, pp. 459 e ss.
29 Ibidem, p. 264.

contrário de *Antígona*, ela sucede e não antecede a primeira morte. Na realidade, eternidade, ou seja, o infinito no tempo, significa algo como duas ou três gerações, pois equivale a "enquanto alguém na terra lembrar de você".

Os xamãs, como veremos, são figuras decisivas no processo de luto, uma vez que intermedeiam a viagem celeste em seus diferentes momentos: a tentativa de cura, o desprendimento entre corpo e espírito, a chegada ao céu, a devoração ritual pelos deuses, o banho mágico e o renascimento que conduz à eternidade.

Os xamãs praticam tratamentos chamados de *imone*, os quais envolvem fumigação, sopro resfriador, sucção de substâncias venenosas, extração de flechas invisíveis, fechamento de corpos e recondução das almas entre espíritos malignos terrestres e celestiais. O xamã pode intervir sobre os espíritos de crianças e jovens que ainda não "assentaram" no corpo. Ele é como um rádio, ou seja, dá voz ao canto que vem de alhures, e não a algo que está dentro do pajé. Ele se lembra do que disse ou cantou durante seu "transe" e sabe o que acontece ao seu redor durante a pajelança. Seus cantos são efetivamente repetidos pelas outras pessoas, como sucessos do rádio, mas está vetado ao próprio xamã que ele repita o que disse pela primeira e única vez.

> O xamanismo pode ser definido como a capacidade manifesta por certos humanos de cruzar as barreiras corporais e adotar a perspectiva de subjetividades não-humanas. Sendo capazes de ver os não-humanos como estes se veem (como humanos), os xamãs ocupam o papel de interlocutores ativos no diálogo cósmico.[30]

O xamanismo amazônico deve ser separado de suas formas mais típicas predominantes no registro do totemismo. O xamã vertical[31] se aproxima da figura do sacerdote, guardião esotérico ou poeta de uma tradição imemorial, simétrica com a da família, por isso geralmente exerce uma

---

30 Ibidem, p. 468.
31 Hugh-Jones, S. (1996). Shamans, prophets, priests and pastors. In N. Thomas et al. (orgs.). *Shamanism, History, and the State*. Ann Arbor: University of Michigan Press, pp. 32-75.

forma-poder genealógica. Já o xamã horizontal atua como guerreiro e conquistador, profeta e potencial dominador de outras comunidades de almas. Enquanto o xamanismo vertical acentua a continuidade diacrônica entre vivos e mortos e a descontinuidade sincrônica e hierárquica entre vivos, o xamanismo horizontal advoga uma descontinuidade radical entre vivos e mortos a partir de uma continuidade ancestral entre animais e humanos.

Não se pode esquecer que, do ponto de vista antropológico, os psicanalistas são xamãs modernos,[32] que lidam com mitos individuais dos neuróticos, e não com mitos coletivos de povos tradicionais.[33] A função social do xamã requer que eles sejam poliglotas, andróginos, diplomatas entre vivos e mortos, entre amigos e inimigos, entre animais e humanos. Não se trata apenas de experiências indeterminadas e transitórias, como o luto, mas eles próprios são pessoas indeterminadas. Vivem entre *nós* e *eles*, marcados por tatuagens que contêm uma mistura de traços entre os Araweté e os inimigos.

Consoante a história do povo dos abandonados e os seus baixos teores de paixão pela liderança e incitação coletiva para a ação, o xamanismo araweté não é nem vertical, nem horizontal, mas transversal. Nele, o xamã é ao mesmo tempo o sacrificador e a vítima. A hierarquia freudiana, que vai do animismo-narcísico ao totemismo-edipiano, passando pela religião monoteísta do neurótico e chegando ao estado de ciência e esclarecimento do adulto, presume que o xamanismo horizontal foi historicamente substituído pelo xamanismo vertical e que este fora superado pela ciência médica. Portanto, não há lugar claro para o xamanismo transversal, traço do perspectivismo ameríndio, senão reformulando tanto nossa teoria do narcisismo quanto nosso horizonte de produção de sujeitos "científicos". A solução seria dividir o animismo em dois subtipos: o narcísico, em que predomina o analogismo (freudianamente exemplificado pelo egocentrismo, projetando o pensamento mágico), e o perspectivismo, caso exemplificado pelos Araweté.

---

32 Lévi-Strauss, C. (1973). A eficácia simbólica. In C. Lévi-Strauss. *Antropologia estrutural*. Rio de Janeiro: Tempo Brasileiro.
33 Domiciano, J. F. (2021). *Corpos que escutam: função e campo do corpo do analista na experiência psicanalítica* (Tese de Doutorado). Instituto de Psicologia, Universidade de São Paulo, São Paulo, SP, Brasil.

Pedro Cesarino, a propósito do canto xamânico da língua Pan e do povo Marubo, indicou que o xamanismo amazônico compreende um uso poético da linguagem concentrado na diferença, replicação e variação.[34] Ele não remete a uma autoridade ancestral, do rei ou sacerdote, mas ao encadeamento de tempos sobrepostos. Sua temática não é a reconciliação histórica com o ser ou com a essência, mas a viagem como criação de mundos, daí sua cadência encantatória, sua visualidade, sua condensação metafórica e sua sonoridade circular e reiterativa.[35] O problema principal do xamã não é levar o sujeito ao seu lugar, mas lidar com a multiplicidade de pessoas que habita uma pessoa, ou seja, não apenas um duplo narcísico como postula a psicanálise, mas uma multiplicidade deles, consoante os diferentes regimes de alteridade que atravessam as relações sociais e as relações com a morte.

O caso mais simples é o das pessoas "mal morridas" que relutam em aceitar sua nova condição e podem voltar na condição de vivos, mas ao modo de duplos. Supõe-se que, antigamente, elas praticaram o canibalismo dos corpos cremados, mas hoje a prática sobrevive apenas como canibalismo funerário, cuja função é invertida em relação ao canibalismo totemista. Não é o sobrevivente que ingere o morto, mas o morto que se deixa devorar. É ele que precisa se deixar morrer. Entre *matar* e *morrer*, há, então, este terceiro termo emergente: *deixar-se morrer*. Entre o parricídio e a punição pela violação do tabu, há o deixar-se morrer. Para isso, os cânticos Marubo repetem uma longa enumeração dos seres que morrem com o morto, por exemplo: mulher-morte, rabo de cobra-morte, lama-morte, espinho-morte, raízes-morte, caramujo-morte, jabuti-morte, ponte-morte, concha-morte, macaco-preto-morte, cesto-morte, fogo--morte. É como se para morrer bem morrido a pessoa tivesse que escutar e apreender a morte em cada pedaço do mundo do qual ela se vai,[36] o que retoma o tema freudiano da comparação *pedaço por pedaço* entre o Eu e o que se perdeu no objeto perdido. Mas a experiência aqui é vivida ao

---

34 Cesarino, P. de N. (2011). *Oniska: poética do xamanismo na amazônia*. São Paulo: Perspectiva, p. 16.
35 Ibidem, p. 27.
36 Ibidem, pp. 333-349.

modo de uma narrativa encenada, cujo suporte é a voz em regime de indeterminação. Tal como no rito araweté, não se sabe de saída quem são os personagens e quais personagens se ligam a quais vozes: do morto, das divindades, do inimigo ou do xamã. Em certo sentido, o luto é o trabalho de descoberta de quais vozes estão em quais personagens, inferidos a partir do desenrolar da trama narrativa. A viagem segue até o ponto em que o xamã marubo recupera o ponto de vista do morto e com a voz do falecido repete: "*estou mesmo morto / estou mesmo morto / seria bom voltar*".[37]

Quando um xamã araweté, guerreiro e matador, aprisiona, mata e devora um de seus inimigos, ele não enriquece metaforicamente com suas propriedades mágicas. Ele entra em "estado de morte", vomitando sangue por cinco dias e assumindo uma posição ambivalente diante dos deuses. Ele matou o outro, mas é como se ele mesmo morresse nessa operação. Não estamos aqui no esquema totemista no qual o "outro", que não é "nós", pode ser morto impunemente, nem no momento do sacrifício em que o "um de nós" é morto ritualmente para reencenar o pacto entre irmãos. Toda e qualquer morte do outro envolve um "deixar-se morrer" do lado do xamã, porque paira uma indeterminação posicional sobre quem é o Outro. Cada morte é como um encontro na mata, no qual não se sabe, *a priori*, quem é a presa e quem é o caçador.

Lembremos que a alma dos mortos chega aos céus e é devorada pelos espíritos, inclusive a alma dos inimigos. Lembremos ainda que o estatuto terreno dos viventes está marcado pela indeterminação perspectivista. Isso fica claro quando olhamos para a prática do aprisionamento ritual de inimigos. Podem-se passar anos entre o cativeiro inicial, sua morte ritual e o devoramento. Durante esse tempo, o prisioneiro pode "integrar-se" com a comunidade local, inclusive casando-se com uma de suas mulheres e tornando-se assim um cunhado. Pode ser que o inimigo esteja disfarçado de cutia, capivara ou jacaré. Tudo dependerá do jogo continuado de troca e confirmação de perspectivas.

Supõe-se que o rito funerário araweté seja uma forma invertida do rito funerário tupinambá, que impõe que o assassino passe por uma transformação radical, ganhando um novo nome, falando em público como outro

---

37 Ibidem, p. 351.

e chorando no ato de assassinato, como se estivesse "no ponto de vista do inimigo". Entre os antigos tupinambás, todos os membros da comunidade podem comer um pedaço dos abatidos, com exceção do assassino. Matar e devorar são atos separados por uma proibição simbólica, mostrando mais uma vez como a função da fratria e a função do assassinato do pai não são necessariamente equivalentes, conforme a prescrição totemista.

No rito fúnebre dos Araweté, a comunidade de devoradores de alma está no céu invertido, representada pelos espíritos (Maï), que devoram a alma do morto quando este chega aos céus. Aqui encontramos a posição quádrupla da voz do xamã: fala pelo morto, pelas divindades, pelo inimigo e, ainda, pelo próprio xamã.[38] O rito araweté é uma tradução perspectiva do rito tupinambá, envolvendo duas substituições: a troca entre termo (morto) e função (xamã), além da inversão entre amigo e inimigo.[39] O "morto", que é um termo fixo no rito tupinambá, torna-se no rito araweté, uma função, representada pelo xamã, cujo termo é indeterminado (voz). A transformação do inimigo em amigo no rito tupinambá aparece invertida com a transformação do amigo em inimigo o rito araweté.

O resultado é que a devoração canibal não pode ser mais incorporativa, mas excorporativa. Não é mais o corpo que é devorado para que a alma se enriqueça, mas é a alma que é devorada pelos deuses, para que o corpo se empobreça, integrando a pessoa a sua comunidade simbólica. Assim como a concepção de filhos é a construção coletiva de um corpo, em que a alma se assentará só depois de dois anos, quando a pessoa ganha um nome, assim como seus pais passam então a ter nomes próprios, a experiência da morte não é vivida como a perda do outro, mas com a perda de si, mais além do seu próprio narcisismo. A ideia da pessoa múltipla é

---

38 Ibidem, p. 120.
39 "O ponto crucial do argumento era que as divindades desse povo ocupavam o lugar que, no rito tupinambá, era ocupado pelo grupo em função de *sujeito* – o grupo do matador, que devorava o cativo –, ao passo que o lugar de *objeto* do sacrifício, o cativo do rito tupinambá, era ocupado pelos mortos araweté. Os viventes araweté, por fim, ocupariam o lugar de *cossujeito* que nos Tupinambá era ocupado pelo grupo inimigo, aquele de onde a vítima era extraída. Tomei, em suma, o canibalismo divino araweté como uma inversão muito particular do canibalismo humano tupinambá." (Viveiros de Castro, E. (2002). Xamanismo e sacrifício. In E. Viveiros de Castro. *A inconstância da alma selvagem*. São Paulo: Cosac Naify, p. 461.)

compatível com o fato de que adultos dão o nome (termo) para a criança, mas é a posição da criança que cria o nome dos adultos (função filho de).

No perspectivismo araweté não se trata apenas de incorporar o traço do inimigo, mas de comer a "relação do inimigo com o seu comedor", também chamado de movimento de dupla torção, recíproca do ponto de vista do inimigo. Se para a teoria freudiana terminar o luto é concluir uma metáfora, para o perspectivismo o sacrifício funerário estabelece uma conexão metonímica entre o luto do Um e o luto do Outro, sendo a função do xamã o seu conector. Portanto, o canibalismo ritual invertido e o xamanismo transversal convergem para a questão fundamental do perspectivismo: *humano para quem?* Qual é o estatuto de sujeito para o Outro se meu lugar social não decorre de minha posição na ordem simbólica de parentesco e filiação?

Como o "deus fictício" do presidente Schreber, comentado por Freud, eles não podem distinguir aliados potenciais (*tiwã*) de inimigos próprios (*awin*). Através do xamã, inimigos rituais são ingeridos antropofagicamente, tornando-se uma parte determinada do "nós", e o próprio xamã torna-se carne indeterminada, composta da substância contraditória do inimigo (*awin*) e dos aliados (*tiwã*). Ou seja, "eles" não são apenas opositores e inimigos, mas alimento potencial para os nossos deuses. Ou seja, assim como postulou Freud em *O homem Moisés e a religião monoteísta*, os nossos deuses são feitos do outro.

O que temos aqui é uma espécie de luto de reversão. A ambivalência deve ser resolvida do ponto de vista do Outro, dos deuses *Maï*, e não do ponto de vista do *Selbst* ou *Self*. Ele toma posse do espírito inimigo, mas o espírito inimigo também toma posse dele, como na ambivalência freudiana. O conceito de possessão, crucial para propósitos totêmicos, não é aplicável aqui, logo o luto não pode se concluir com a criação de um novo traço no Eu. Em vez da autodepressão, o xamã cria uma terceira posição que não diz respeito à perda do "nós" (família, parentela ou nós "os Araweté"), nem à perda do "eles" (inimigos e aliados potenciais). Apesar disso, o fim da travessia funerária é marcado por uma nova posição. Ele se apresenta para ser devorado pelos *Maï* em uma posição feminina, ou seja, o reverso do assassino homem viril que ele era quando estava vivo.

Em comparação com o mito totêmico freudiano, aqui não temos os irmãos comendo o corpo do pai da morte para tornarem-se cada vez mais irmãos, infinitamente irmãos. No animismo-perspectivista, alguém, que não irmão ou irmã, se oferece para ser comido em sacrifício não totêmico, não aquisitivo, nem identitário, do ponto de vista do Eu. Muitos poderiam ver na aproximação entre o deus de Schreber e os deuses *Maï* uma reedição do argumento freudiano que faz equivaler narcisismo e animismo (pensamento mágico) ao pensamento da criança (egocentrismo) e ao pensamento psicótico (projetivo); no entanto, como vimos anteriormente, a afinidade principal não é entre luto e psicose, apesar da hipótese lacaniana da foraclusão invertida, mas entre luto e loucura transitória.

O perspectivismo não é uma teoria das relações entre termos, objetos e funções, mas uma teoria sobre relações e seus limites. Além da lei totemista e da metonímia sacrificial, ele introduz um modo de relação chamado perspectiva. Se o totemista identifica filiação e aliança, e se o animista advoga independência e autonomia entre esses dois registros, o perspectivista cria uma espécie de aliança contextual específica. Nela encontramos relações não judicialistas e não contratualistas com a lei, que levariam a uma espécie de síntese disjuntiva das três leis sociais descritas por Marcel Mauss[40] a respeito da troca social e da definição de ordem simbólica: dar, receber e retribuir. O perspectivismo não é um sistema de produção de identidades, mas uma gramática da predação simbólica. Uma busca para adquirir palavras, almas, nomes e tudo o que é do outro para suturar a permanente crise estrutural de identidade, ainda que esta não seja uma crise narcísica.

Os *Maï* precisam de novas almas porque sua fome é infinita, mas poderíamos perguntar, a partir de Lacan: infinita no sentido da falta fálica ou no sentido de que o Outro comporta um buraco no Real? Inversamente, a unidade do sujeito forma uma identidade como relação estável de reciprocidade, simetria e reflexividade? Vemos aqui como o perspectivismo nos oferece em cada um desses casos uma negação específica. O luto ameríndio nega a reciprocidade entre devorar e ser devorado. O xamã ameríndio nega a dissimetria entre mim e o outro, entre humano e animal. Finalmente, o devir-outro, o tornar-se é o movimento do próprio luto, ou

---

40 Mauss, M. (2008). *Ensaio sobre a dádiva*. Lisboa: Edições 70.

seja, de perder-se entre o animado e o inanimado, entre o "nós" e o "eles". Chegamos assim a uma teoria do luto que não parte de uma noção identitarista de identificação.

Freud acompanha o pensamento antropológico de sua época que pensava canibalismo sempre como incorporação, projetando nos chamados "povos primitivos" a mesma ganância aquisitiva e identitarista de seus colonizadores. Mas o paradigma da incorporação só funciona se sabemos quem somos nós, quem é o outro e como este é colocado para dentro, internalizado, absorvido, digerido, introjetado. Curiosamente, os colonizadores inventaram a palavra "fetichismo" para falar de sua própria cena de relação aos objetos-mercadorias atribuindo-a aos "primitivos".

Comparemos o luto araweté com o luto freudiano definido pela nova posse do objeto, por meio da construção de um novo traço, erigido no interior do Eu. No caso do xamã, como veremos, ele não agrega nada a si, nem à sua comunidade, apenas trabalha para que se crie uma espécie de trato entre os viventes e os "morrentes", trato por meio do qual ele mesmo pode se oferecer em sacrifício, para que os deuses aceitem as almas dos mortos e deixem os vivos seguir seu caminho. O momento depressivo de aceitação da perda é vivido do ponto de vista do Outro. O xamã criou, assim, uma terceira posição, que não é a perda infringida ao "nós", nem a perda imposta ao "eles", nem amor aos amigos, nem ódio aos inimigos.

Ao fim da travessia funerária, ele se apresenta para ser devorado pelos deuses em uma posição feminina. Se na vida terrena ele é um matador temido, na sua experiência celestial ele é comido, no duplo sentido: sexual e alimentar pelo Outro. Esse gesto de sacrifício não é feito apenas como reencenação do pacto entre irmãos para matar o pai e ocupar o seu lugar. Não há violação calculada e cerimonial de um tabu. Em vez de irmãos comendo o corpo do pai, temos uma irmã-trans que se oferece para ser comida em sacrifício não totêmico. Lembremos que o sacrifício totêmico é sempre "em nome de", ou seja, do animal totêmico e em nome do pai. Ele é um sacrifício que não erige lei alguma e tem contornos não troquistas.

Há espaço para algo assim na teoria psicanalítica. Para isso, precisaríamos pensar no simbólico não apenas como troca e substituição, mas também no que Marcel Mauss[41] chama de lógica do dom. Isso nos convidaria a ler a noção de parte maldita, de Georges Bataille,[42] não apenas com um precedente da noção lacaniana de objeto *a*, mas como uma espécie de resíduo histórico. Isso poderia nos levar a retomar as críticas de Roger Caillois, agora compreendendo-as como endereçadas à exclusão do animismo, como forma de simbolização e subjetivação, baseada em processos miméticos. Percebemos também que as críticas de Gayle Rubin[43] a Lévi-Strauss não remetem à destruição do conceito de estrutura, mas à sua limitação para traduzir a não identidade entre sexo, gênero e semblante, tal como Marilyn Strathern[44] descreveu para a flutuação da posição das mulheres e dos homens na Melanésia.

O chamado terceiro paradigma antropológico,[45] além do estruturalismo e do funcionalismo, parece inspirar ou enriquecer a formulação do conceito de objeto *a* em Lacan. Um objeto que não pode ser trocado, mas pode ser cedido. Um objeto que atravessa as relações de amor, como objeto *agalma*, baseado no ato de doação. Objeto que ocupa o lugar do morto no interior do jogo analítico. Objeto que indica que há um outro em mim, mas que não é meu inimigo imaginário e furioso, nem representante simbólico dos sistemas de troca dos quais participo, mas uma espécie de resíduo ou excedente dessas operações, de modo que ele se relaciona com minha angústia e com meu corpo experimentado como pedaço, parte ou fragmento, ou seja, da mesma forma que poderia ser comido pelo outro, aos poucos, tal qual poderia ser gozado pelo Outro, isto é, parcialmente. Ademais, do ponto de vista dos deuses, em outros termos, do Outro, tal objeto é percebido como carne feminina.

---

41 Ibidem.
42 Bataille, G. (2013). *A parte maldita: precedida de "A noção de dispêndio"*. Belo Horizonte: Autêntica.
43 Rubin, G. (2017). O tráfico de mulheres (1975). In Rubin, G. *Políticas do sexo*. São Paulo: Ubu.
44 Strathern, M. (2006). *O gênero da dádiva: problemas com as mulheres e problemas com a sociedade na Melanésia*. Campinas: Unicamp.
45 Caillé, A. (2002). *Antropologia do dom: o terceiro paradigma*. Petrópolis: Vozes.

Vemos assim que o modelo de identificação presumido pelo sacrifício totêmico, descrito por Lévi-Strauss[46] a partir de suas primeiras observações de populações indígenas no Centro-Oeste do Brasil, não é nem universal, nem necessário. Em sua época, Freud importou os fundamentos de sua teoria da identificação da antropologia funcionalista. Lacan também reformulou o conceito de identificação por meio da noção de estrutura, trazida da antropologia estrutural. Daí que a pesquisa recente do pós-estruturalismo antropológico que relativiza a soberania do totemismo em face do perspectivismo animista se preste a reformular, novamente, a concepção psicanalítica de identificação.[47] A teoria dos nomes da reciprocidade[48] e da diferença de gênero[49] constitui acréscimos significativos para um modelo de canibalismo não aquisicionista.

Vejamos então um exemplo concreto da ação do xamã durante um processo de luto araweté, lembrando que se trata de uma construção narrativa, polifônica e complexa,[50] composta de três posições enunciativas: o morto (que fala com o pajé desde o céu invertido), o inimigo (que fala com o pajé desde sua lembrança de vivo), os *Maï* (que falam quase sempre com o morto) e o xamã (que fala por si). Ele canta algo dito pelos deuses, cita o morto e interpreta a posição relativa do morto. Tomemos o exemplo do *Maï marakã*, cantado pelo pajé Kāñïpaye-ro, em dezembro de 1982,[51] travessia que se desdobrou em um tratamento xamânico (*imone*) da esposa do pajé, que se queixava de dores no peito.

---

46 Lévi-Strauss, C. (1973). Estrutura dos mitos. In Lévi-Strauss, C. *Antropologia estrutural*. Rio de Janeiro: Tempo Brasileiro.
47 Dunker, C. I. L. (2017). Hegel Amerindian: For a Non-Identitarian Conception of Identification in Psychoanalysis. *Crisis and Critique*; v. 4, n. 1, pp. 103-120; Lambotte, M.-C. (2000). A estética do desfecho. In Lambotte, M.-C. *Estética da melancolia*. Rio de Janeiro: Companhia de Freud.
48 Wagner, R. (2017). *A invenção da cultura*. São Paulo: Ubu.
49 Strathern, M. (2006). *O gênero da dádiva: problemas com as mulheres e problemas com a sociedade na Melanésia*. Campinas: Editora da Unicamp.
50 Viveiros de Castro, E.; Caux, C. de & Heurich, G. O. (2017). *Araweté: um povo tupi da amazônia*. São Paulo: Sesc, pp. 130-135.
51 Viveiros de Castro, E. (1986). *Araweté: os deuses canibais*. Rio de Janeiro: Zahar, pp. 549-558. Nas notas e no texto, as frases entre aspas duplas correspondem às falas dos mortos; as frases entre aspas simples, às falas dos deuses; e as frases em itálico, às falas do pajé.

Na primeira e segunda partes do canto, o pajé basicamente recita o que sua filha, seu irmão ou os deuses dizem, mas a rigor não sabemos quem está falando o que, ou seja, temos as vozes, mas não os personagens. Há uma inquietante e repetida pergunta: *por que os deuses estão emplumando a castanheira?*[52]

(1) "Por que você empluma a face da castanheira?"

A enunciadora desta fala está morta. Ela é a filha do pajé, Kãñĩpayero, que morreu com 2 anos de idade, em 1978, quatro anos antes da cena ritual que vamos reconstruir.

(9) "'*Porque deseja sua filha*', disse o deus, (Mulher-Canindé), por isso ele disse: '*vamos emplumar a grande castanheira*'."

Durante a canção, a filha do pajé fala com Modida̱-ro, a castanheira-avô, Ararĩñã-no, a castanheira-irmão de seu pai, mas também com seu próprio pai, o pajé. Além disso, ela fala com os deuses *Maï*. Surge então Yowe'ï-do, irmão de seu pai morto, e outra castanheira falante:

---

52 [Bloco I] (1) "Por que você empluma a grande castanheira?" / (2) "Por que os deuses estão emplumando a grande castanheira, Modida̱-ro?" / (3) "Por que os deuses solteiros emplumam a face da castanheira?" / (4) "Eis aqui os deuses, a emplumar a face da castanheira, Ararĩñã-ro", / (5) "Eis aqui os deuses emplumando a grande castanheira". Todas essas frases são enunciadas pela menina morta. (...)
[Bloco II] (6) "Eis aqui os deuses a emplumar a face da castanheira, ei-los", / (7) "Por que assim fazem os deuses, (Mulher-Canindé), emplumando a grande castanheira?" (8) [forte e alto] "Cá estão os deuses, cá estão, (Mulher-Canindé), emplumando a face da castanheira, cá estão, cá estão os deuses"; [bate o pé repetidamente] / (9) "Porque deseja sua filha, disse o deus, (Mulher-Canindé), por isso ele disse: '*vamos emplumar a grande castanheira*'", / (10) "Foi isto que disse o deus, (Mulher-Canindé), '*as pessoas não comeram a coisa*', disse o deus"; / (11) "Por que fazem assim os deuses, (Mulher--Canindé), por que disseram: '*vamos emplumar a grande castanheira?*'" / (12) "Eis aqui, veja os deuses emplumando a face da castanheira, Modida̱-ro". / (13) "'*Acenda meu charuto jogado fora*', disse o deus." / (14) "Eis aí os deuses a emplumar a face da castanheira, veja Ararĩñã-ro". / (15) [Batendo forte o chocalho no peito da esposa] "Eis aqui os deuses a emplumar a grande castanheira, ei-los". / (16) "Eis o que os deuses disseram, (Mulher-Canindé), '*vamos emplumar a grande castanheira*', eles se entredisseram". / (17) "Porque desejam nossa filhinha, por isso os deuses disseram: '*vamos emplumar a grande castanheira*'". / (18) "Por que fazem assim os deuses, (Mulher-Canindé), emplumando a face da castanheira?" (Ibidem, pp. 553-555).

(20) "Por que você empluma a face da castanheira?"; "'*Acenda meu charuto abandonado*', disse o deus".

Depois disso, novamente a menina morta pergunta pelo emplumamento da castanheira, ou seja: o que os deuses querem ao decorar a castanheira celestial com as penas de um gavião-real? Enfeitada dessa forma, a castanheira faz a sua "face", ou seja, sua folhagem, que brilha à distância. Isso significa que a castanheira está "irada, ou seja, ela está com fome, raiva e desejo". Os deuses estão ardendo de desejo pela criança morta. Desse modo, uma castanheira emplumada é uma árvore fálica e desejante.

A chegada dos deuses à terra, durante o ritual, é assinalada pela batida mais firme do pé no chão e pelo aumento do volume da voz do pajé. Nesse momento há uma indeterminação entre o pajé e a sua filha, ou uma síntese pajé-filha. Não se sabe muito bem quem é o autor da voz. Sabe-se que a causa da ira dos deuses é que eles estão com fome, desejo e contrariedade:

(10) "Foi isto que disse o deus, (Mulher-Canindé), '*as pessoas não comeram a coisa*', disse o deus".

Para pacificar os deuses e retornar a conversa, um charuto é partilhado:

(13) "'*Acenda meu charuto jogado fora*', disse o deus."

O pedido é feito pelo pajé à esposa por intermédio da filha. Lembremos que a esposa do pajé está presente, queixa-se de dores no peito e será curada durante o processo do luto. Isso tinha ficado evidente quando o pajé bate forte o chocalho no peito da esposa e diz: (15) "*Eis aqui os deuses emplumando a grande castanheira, ei-los*", fechando seu corpo e reassentando sua alma. Os versos seguintes exemplificam a indeterminação da origem da voz de outra maneira:

(16) "Eis o que os deuses disseram, (Mulher-Canindé), '*vamos emplumar a grande castanheira*', eles se entredisseram".
(17) "Porque desejam a nossa filhinha, por isso os deuses disseram: '*vamos emplumar a grande castanheira*'".

Quem diz isso não pode ser nem a menina nem o pajé, talvez seja o tio Youwe'ï-do. Mas só sabemos que o autor dessa frase é o tio em versos subsequentes. A trama prossegue com os deuses dizendo que estão com fome:

(21) "Por que você empluma a face da castanheira?"; "'*Por desejar nossa filhinha*', disse o deus a si mesmo,Ararïñã-no".
(22) "Por que os deuses ficam assim, a errar suas flechas nos tucanos grandes?"
(23) "Por que você empluma a face da castanheira, deus?"; "'*Ande, ponha-passe sua filhinha para mim*', disse o deus" [ao morto].
(24) "Por sua causa, realmente, se emplumam as castanheiras, (Refrão), '*não fui servido-oferecido de coisa nenhuma*', disse o deus" [ao morto].
(25) "Por que os deuses solteiros emplumam assim a face da castanheira, Modida-ro?"
(26) [forte] "Por que os deuses emplumam assim a face da castanheira? '*Vou devorar o finado Kãñïpaye-ro*' [o pajé], disse o deus".

O pajé é nomeado como "finado" e os deuses anunciam que vão devorá-lo. Por outro lado, o pajé se autonomeia, por antecipação, como morto. Figura-se assim essa situação dupla entre o "*já morto*" e o "*ainda não morto*" como momento de suspensão ou de indeterminação perspectiva da situação do corpo. Nesse ponto, aparece a voz do próprio pajé:

(27) [forte] "*Assim o deus me levará, para cozinhar-me em sua panela de pedra*".
(28) [forte] "'*Comeremos o seu finado pai*', os deuses disseram repetidamente"; "Vão cozinhar-me em sua panela de pedra, disseram os deuses".
(29) [forte] "*Enfim, mais uma vez os deuses vão-me devorar do outro lado do céu, é o que disseram*".

Revela-se aqui a barganha em curso desde o começo. Mas ela não é a barganha típica da situação daquele que diante da morte negocia uma transformação de sua atitude e de suas crenças como forma de se manter entre os vivos. Ele negocia em nome de um terceiro: a filha e, talvez ainda que indiretamente, a esposa. Os deuses querem que o xamã convença a sua filha a "flechar tucanos", ou seja, a manter relações sexuais com os deuses para que, em troca, ele possa reaver a alma da esposa. A morta pertence aos deuses, e não a seu pai, mas os deuses reconhecem o poder do xamã, por isso pedem sua permissão: "*fiquem vocês com quem está morto e devolvam-nos quem está vivo*".

(30) "'*Pergunte-peça à sua filhinha*', disse o deus, (Refrão), '*para nós dois irmos flechar tucanos grandes*', disse o deus."

O restante do canto recapitula a dupla barganha entre deuses devoradores e o xamã a ser devorado, e entre deuses libidinosos e humanos enlutados. Os deuses são corporalmente atraídos pela menina morta, enquanto a mãe enlutada tem sua alma "patologicamente" atraída pela filha perdida.[53] A castanheira emplumada torna-se assim o significante desse enigma, o marco simbólico-imaginário desta troca entre os mortos, os vivos e aqueles que virão, aqui representados pela filha. Agora a tinta de

---

53 (31) "Por que você unta (com urucum) a face da castanheira?" / (32) [forte e batendo o pé] "Cá estão os deuses, untando completamente a face da castanheira". / (33) "Por que os deuses acendem-iluminam assim a face da castanheira, Yowe'ï-do?"; "'*Ande, passe sua filhinha para mim!*'". / (34) "'*Eeeeh! comedor-de-pequenos-jabotis espantou os grandes* moneme̱', disseram os deuses"; (Refrão); "'*Nossa futura comida fez debandarem os grandes juritis*', disseram os deuses". / (35) "'*A plumagem das grandes araras--canindé-eternas,* moneme̱', disseram os deuses"; '*ande, vamos flechar os grandes tucanos*'". / (36) "'*Eeeh!*' quanto àquilo de '*passar filha para mim*', que disseram os deuses; para mim os deuses (desnecessariamente) disseram (tal coisa)". / (37) '*Nada me foi oferecido, ande, (dê) pequenos jabotis para mim*', disse o deus." [morto sobre os deuses] / (38) "Por que você empluma a face da castanheira?" / (39) "'*Eeeh! Nossa futura comida fez debandarem as grandes juritis*'" / (40) "Por que você empluma a grande (árvore) ičiri̱'i?" / (41) "*Por vontade de levar mulher para caçar, o deus empluma a face da castanheira*". [pajé] / (42) "Por que você unta (de urucum) a face da grande ičiri̱'i?" / (43) "Por que os deuses acabam com meu tabaco?" / (44) "'*Nossa terra* (solo) *é fragrante*', disse o deus, (Refrão), '*assim que tiver untado a grande* ičiri̱'i, *perfumar-nos-emos um ao outro* (com a resina da árvore)', disse o deus". / (45) "Por que os deuses emplumam a face da castanheira?"

urucum, a resina das castanheiras e os jabutis a serem consumidos ritualmente falam dos deuses e homens habitando o lado terrestre do mundo.

Se no luto totemista a primeira reação é a negação ou irrealização do acontecimento fatal, no luto perspectivista, expresso pelo caso do rito funerário do xamã-guerreiro, desde o início, o morto se identifica com seu matador. Ele se torna impuro. Durante os ritos fúnebres que cercam o enterramento, todos podem ingerir a carne do morto, com exceção do xamã. Em vez de se recolher em uma contração narcísica, marcada pela introversão, o xamã é habitado por uma voz indeterminada. Durante seu transe ritual, não se sabe exatamente quem fala no que ele diz. Sua loucura transitória é também uma loucura transitiva. Em seguida, percebe-se que o diálogo de angústia com o espírito do morto não acontece a partir dos vivos, mas dos mortos: a pergunta-chave *por que a castanheira está sendo emplumada?* é feita desde o ponto de vista do morto, e não desde a perspectiva dos sobreviventes. O momento da metáfora fantasmática também ocorre de forma invertida. Não são os vivos que comem uma parte essencial do morto, tornando-se assim mais poderosos, mas os deuses que podem tanto comer o xamã matador, como devorar sexualmente o morto. A síntese dessa situação pode envolver um ato de sacrifício, no qual o xamã se oferece para ser devorado *"como uma mulher"*. No centro do diálogo do luto e da negociação entre vivos e mortos, emerge um enigma na forma de um objeto estético: a castanheira ricamente emplumada. O desenlace pode conduzir a alma do xamã ao infinito da eternidade, contrariando a regra do desaparecimento geracional. Pode acontecer também que o encerramento do luto, que persiste depois do período ritualmente determinado manifesto por um sintoma de angústia, por meio de uma dor e pressão no peito, combine-se com a forma de uma cura, mas também como pajelança culinária.

PARTE II

LUTOS FINITOS E LUTOS INFINITOS

CAPÍTULO 5

Análise finita, análise infinita

O texto de *Luto e melancolia* é claro quanto ao fato de que o luto é uma experiência terminável. O luto, enquanto afeto normal, chega a um fim. Por outro lado, a observação clínica e o testemunho antropológico descrevem a existência de situações de prolongamento indefinido dos estados de luto. Podemos então distinguir lutos que não terminam porque seus movimentos são suspensos, adiados ou interditados indefinidamente, deixando assim de formar uma unidade individual e contável, e os lutos que se coligam com outros lutos, nos quais os movimentos são desdobrados, multiplicados ou generalizados em experiências coletivas.

Levando-se em conta que Lacan abordou o problema do final de análise pensando-o de forma análoga, ao final de um luto podemos reaplicar os mesmos termos que Freud mobilizou para enfrentar o problema da interrupção, término ou acabamento do tratamento psicanalítico. Estes são termos que dão título ao seu artigo de 1937: *Análise finita e infinita*. Se esse raciocínio for pertinente, poderíamos transpor os critérios empregados por Freud para falar da análise infinita ou finita de modo a deduzir as propriedades do luto finito e do luto infinito. Assim, também podemos nos aprofundar nas obscuras condições que determinam a finitude do luto, por comparação, com a terminabilidade da análise.

Tratamento psicanalítico e trabalho de luto (*Trauerarbeit*) passam pela recordação, pela repetição e pela elaboração (*Durcharbeiten*), pelo enfrentamento dos modos de relação com a falta (frustração, privação e castração), pela mudança de posição na fantasia, terminando na separação do objeto e dissolução das identificações que compõem a transferência. Isso quer dizer que não há apenas relação de analogia, pois ambos se referem ao processo de perda, mas também uma equivalência de função entre luto e tratamento psicanalítico.

Quando Lacan afirma que o final de análise corresponde à realização de um luto, ele está promovendo uma homologia, pois ambos são casos particulares da função de separação. Quando Freud afirma que o luto pode ocorrer com relação à perda de uma ideia, um país ou uma abstração, ele está propondo uma analogia, pois todas estão referidas a uma causa ou origem comum: a perda.

A novidade consiste em reverter a fórmula e argumentar que também o final do luto se estrutura com um término de análise. Isso nos ajudará a refinar a metapsicologia do luto, discernindo seu impacto real, simbólico e imaginário, mas também a justificar por que, no luto, não há apenas a formação de uma nova identificação, como queria Freud, mas uma "travessia das identificações" individualmente consideradas, rumo a um outro tipo de identificação, uma identificação que comporta o que é comum e infinito a todos os lutos.

Estamos agora em condições de colocar em prática nossa hipótese acerca da homologia entre o fim do luto e o fim da análise por meio de uma leitura cruzada do texto de 1937, *Análise finita e infinita*.

O primeiro movimento do texto consiste em examinar o problema do ponto de vista das condições subjetivas favoráveis ou desfavoráveis para o progresso da análise até seu bom termo. Freud aponta duas condições gerais para considerar o prognóstico de terminabilidade: a alteração do Eu (fator constitucional) e a força do traumático (fator acidental). Quando há um trauma, mas sem alteração de base do Eu, a análise permite, "graças ao fortalecimento do Eu, substituir por uma solução correta a decisão inadequada da época passada".[1] Apenas nesse caso poderia se falar em uma análise

---

1 Freud, S. (2018). *Moisés e o monoteísmo, Compêndio de psicanálise e outros textos (1937-1939)* (Obras Completas, Vol. 19). São Paulo: Companhia das Letras, p. 281.

definitivamente levada a termo (*einer endgültig beendet Analyse*), ainda que não se possa avaliar seus efeitos imunizantes contra provações severas vindouras. Inversamente, quando há desarticulação, inibição ou limitação do Eu, resultante da luta defensiva contra a força constitucional da pulsão, a situação é de pior prognóstico. Aparentemente, o grupo genético formado pelas alterações do Eu é composto pelas psicoses, onde há uma organização diferente do Eu, pelos transtornos de caráter, onde há limitação funcional do Eu e pelos momentos de transformação estrutural do Eu, como os desencadeamentos. Estes seriam também os casos limites de analisabilidade, segundo o repertório freudiano: psicoses, psicopatias do caráter e transtornos de desenvolvimento.

Uma conjectura análoga pode ser levantada para o luto. O prognóstico mais desfavorável para o fim do trabalho de luto também não está referido à condição traumática da perda, nem mesmo ao seu caráter coletivo ou às circunstâncias, mais ou menos penosas da perda, mas à compleição egoica do enlutado. Isso se aplicaria com razoável pertinência clínica aos casos de psicose, em que se estima que o processo de luto se realiza de maneira diversa da neurose, chegando eventualmente à negação da realidade da perda. Em muitos casos, a perda permanece vívida em uma espécie de exterioridade em relação à superfície tórica[2] do sujeito. Nos casos de neurose de caráter e demais grupos clínicos não estruturais, como os que analisamos em estudo anterior,[3] frequentemente o luto é capturado, de forma espiralar, como parte da economia de gozo do sujeito, integrando-se ao seu sistema de ideais, à sua narrativa de sofrimento e ao seu fantasma como parte de seu novo eu, um novo eu indefinidamente enlutado como o do melancólico. Finalmente, no caso das deficiências funcionais, entre as quais incluímos os fenômenos psicossomáticos[4] e os transtornos somatoformes de segunda ordem, os lutos caminham frequentemente como uma narrativa desencadeante que se fecha sobre si mesma como uma cápsula circular, referida à aparição, à reaparição ou à intensificação dos sintomas.

---

2   Referência à superfície topológica conhecida como toro, composta de um cilindro que se fecha sobre si mesmo, produzindo um vazio central, ao modo de uma boia de borracha.
3   Dunker, C. I. L. (2020). *O cálculo neurótico do gozo*. São Paulo: Zagodoni.
4   Dunker, C. I. L.; Assadi, T. C. & Ramirez, H. H. A. (orgs.) (2021). *A pele como litoral: fenômeno psicossomático e psicanálise*. São Paulo: Zagodoni.

Assim como a análise é mais finita quanto mais traumática a gênese dos sintomas, o luto é mais terminável quanto melhor for a composição entre trauma (real), o funcionamento do eu (imaginário) e os recursos para o enfrentamento da perda (simbólico). Assim como Freud recomenda a retomada periódica da análise para o enfrentamento de "fenômenos residuais", lutos para serem reabertos.[5] Tais fenômenos decorrem do fato de que nem tudo pode ser assimilado à transferência, assim como nem tudo pode ser incluído no trabalho de luto. Esses "dragões dos tempos primevos",[6] cuja extinção quase sempre colocamos em dúvida, são tanto os lutos concluídos e finitos, reabertos por perdas infinitesimais subsequentes, quanto os lutos incompletos, que podem derivar, indefinidamente, para a somação de perdas não integradas.

No segundo movimento do texto, Freud tenta definir a análise finita.

> A análise termina [no sentido de um término natural] quando analista e paciente não mais se encontram para o trabalho analítico.[7]

A interrupção do rito concreto, composto da série repetida dos encontros, introduz uma diferença importante entre fim de luto e fim de análise. Resguardado o caso especial de morte do analista, o fim da análise compreende um retorno potencial do analisante à sua experiência de análise. Esse é um dos sentidos em que ela é, ao mesmo tempo, finita e infinita. Se antecitarmos argumentos da parte final do texto, a análise termina por razões práticas, de modo natural, desde que certas condições estejam realizadas pelo analisante e pelo analista:

> Não tenho a intenção de afirmar que a análise seja de todo um trabalho sem fim. Seja qual for a vertente teórica que se defenda a esse respeito, penso que o fim da análise seja uma questão da prática.[8]
> (...) a análise não é um processo interminável, mas com conhecimento

---

5   Freud, S. (2017). *Fundamentos da clínica psicanalítica*. Belo Horizonte: Autêntica, p. 331.
6   Ibidem.
7   Ibidem, p. 319.
8   Ibidem, p. 321.

técnico adequado e paciência do analista ela poderá ser conduzida para um término natural.⁹
(...) O seu trabalho estará terminado quando trouxer para o aprendiz a convicção segura da existência do inconsciente, quando lhe transmitir as autopercepções – normalmente indignas de credulidade – ao aflorar o recalcado e, por fim, quando lhe mostrar, a partir de uma primeira amostra, a técnica que só se consolida na atividade analítica.¹⁰

Retomemos aqui a diferença enunciada por Freud quanto ao luto. Lembremos que ele se aplica tanto à perda real de uma pessoa significativa quanto ao declínio de um ideal e, ainda, ao final de uma relação amorosa. Tal aproximação entre o declínio da experiência amorosa e o surgimento de figuras consolatórias, como filhos e o retorno às amizades pré-nupciais, foi examinada por Freud como função causal, no quadro de sua psicologia da vida amorosa, por meio do conceito de *Erniedrigung* (degradação, declínio, depreciação).¹¹ Ainda que a perda incida no real, imaginário e simbólico, tal distinção carrega consigo a diferença entre *pessoa, ideia* e *causa* que ainda não foi elaborada com relação à metapsicologia do luto.

O fim da análise aplica-se mais propriamente à separação da função de causalidade (atribuída ao objeto *a*), em segundo lugar ao declínio relativo do ideal (conexo ao narcisismo, Supereu e ideal do Eu) e, de forma muito mais parcial ainda, à perda simbólica da transferência. A morte de uma pessoa, o rebaixamento de uma ideia e a queda de um objeto como causa de nosso desejo são eventos diferentes.

O primeiro termo está referido à série diacrítica ou animista, que estabelece uma diferença polar entre *vida* e *morte* ou *pessoa* e *coisa*. A série dos ideais é regulada por outro tipo de diferença, dada pela distância quantitativa, que compreende posições tais como *mais próximo de* ou *mais distante de*, ou qualitativa, por meio de termos como *mais autêntico* ou *mais original*. A terceira série é organizada pela diferença referida à lei que separa o que *deve*

---

9 Ibidem, p. 354.
10 Ibidem, p. 356.
11 Freud, S. (2013). Sobre a mais comum depreciação na vida amorosa (1912) (Contribuições à psicologia do amor II). In Freud, S. *Observações sobre um caso de neurose obsessiva ["O Homem dos Ratos"], Uma recordação de infância de Leonardo da Vinci e outros textos (1909-1910)* (Obras Completas, Vol. 9). São Paulo: Companhia das Letras.

ser do *que é*. Ela requer reconhecer o regime de causalidade como subordinado à lógica dos juízos modais: *necessário* e *possível, impossível* e *contingente*.

Chegamos assim ao terceiro movimento do texto, que estabelece a pergunta *seria possível acelerar o processo da análise?* como equivalente a apressar o processo de luto. Examinando as inovações técnicas de Otto Rank, que visam ir direto ao núcleo traumático representado pelo nascimento, suas fixações e recalques primordiais, Freud argumenta que agir assim equivale a retirar a lâmpada que iniciou o incêndio na casa, deixando que o resto se queime, ou seja, confundir causa desencadeante com causa estrutural.

Muitas vezes, na clínica do luto nos deparamos com problemas semelhantes. A perda de um animal de estimação, um pequeno desencontro amoroso ou uma decepção laboral desencadeiam um processo longo e excruciante de luto. Um análogo clínico do luto estendido é o que Freud chamou de "reação terapêutica negativa", ou seja, um desejo de não se curar, que torna as condições de sustentação da transferência, necessária ao tratamento, uma situação crônica. Para contornar isso, no caso do Homem dos Lobos, Freud propõe a tática do fim preestabelecido. Isso torna uma parte do material acessível, sob pressão da ameaça de separação, mas outra parte permanecerá retida, enterrada e perdida para o esforço terapêutico. Ora, essa parece ser uma situação paradigmática para o que chamamos de luto infinito, ou seja, as condições trazidas pelo final do luto: por exemplo, a necessidade de recomeçar a vida, de encontrar novos amores e de criar-se um novo início apresentam um custo subjetivo tão alto que o sujeito torna o luto, assim como outros tornarão a própria análise, parte de sua forma de vida.

O quarto movimento do texto enfoca o sofrimento como primeiro critério para decidir sobre uma análise terminada. Aqui Freud é cristalino ao dizer que a análise deve considerar sua tarefa prática realizada quando o sujeito não sofre mais com sintomas, inibições ou angústias. Sejamos literais, Freud não fala em reversão, cura ou extinção de sintomas, mas de redução do *sofrimento* que a eles se liga. Sabemos por pesquisas anteriores[12] que o emprego da expressão "sofrimento" (*Leiden*) nesse contexto não pode ser anódino. Dizer que um sintoma não causa mais sofrimento

---

12 Dunker, C. I. L. (2015). *Mal-estar, sofrimento e sintoma: uma psicopatologia do Brasil entre muros*. São Paulo: Boitempo.

não é o mesmo que afirmar que ele tenha sido dissolvido, mas apenas e tão somente que ele não infringe sobre o Eu esta desagradável mistura de identificação, demanda e transferência chamada sofrimento. Isso se aplica admiravelmente como critério de fechamento do luto. Não é que a perda tenha sido eliminada e nada mais signifique, mas apenas e tão somente que ela não causa mais tanta dor como antes. Se do lado do analisante o critério é a redução do sofrimento, do lado do psicanalista é necessário que ele considere que suficiente material recalcado foi tornado consciente, suficiente resistência foi vencida e suficiente repetição de processos patológicos foi suspensa. Reunindo os dois critérios, podemos dizer que o final de análise implica uma mutação da qualidade psíquica do sofrimento, assim como também se verifica no luto, que passa da dor à saudade.

No quinto e mais extenso movimento do texto, Freud analisa a importância do fator quantitativo da pulsão em conexão com a hipótese de que a psicanálise poderia ter um efeito preventivo contra recaídas e regressões ao estado patológico anterior. Aqui o texto faz uma volta sobre si mesmo, ao modo de uma recapitulação que retoma seu primeiro movimento, no qual se avaliou o prognóstico em termos da relação entre deformação traumática e transformação do Eu. Mas agora o problema é reapresentado como uma covariância entre momento constitucional e acidental.[13] Quanto mais forte um fator, mais fraco o outro. Isso parece concordar com a ideia de que lutos intermináveis decorrem tanto do caráter repentino, violento ou traumático de suas circunstâncias quanto do processo indefinido, adiado ou inconcluído de transformação do Eu (*Ichverschiedenheiten*),[14] incidindo sobre ambos a dimensão quantitativa.

Safatle, V.; Silva, N. da Jr. & Dunker, C. I. L. (orgs.) (2018). *Patologias do social: arqueologias do sofrimento psíquico*. Belo Horizonte: Autêntica.

Safatle, V.; Silva, N. da Jr. & Dunker, C. I. L. (Orgs.) (2020). *Neoliberalismo como gestão do sofrimento psíquico*. Belo Horizonte: Autêntica.

Dunker, C. I. L. (2022). *Lacan e a democracia: clínica e crítica em tempos sombrios*. São Paulo: Boitempo.

13 Freud, S. (2017). *Fundamentos da clínica psicanalítica*. Belo Horizonte: Autêntica, p. 320.

14 Ibidem, p. 348.

Freud mobiliza então o caso de seu paciente que, após um desfecho positivo em sua vida amorosa e de um primeiro tratamento baseado em uma transferência afável, retorna com a demanda de que sua transferência negativa não foi suficientemente analisada. A análise corre a contento e ele se casa com a mulher pretendida e se reconcilia com as figuras de admiração, entre elas o próprio analista. No entanto, anos depois, o analista é novamente interpelado pela crítica de que ele não teria dado atenção aos sentimentos hostis internos à transferência e ao caráter do analisante e que isso teria resultado em uma cura incompleta (*unvollständige*). Sabe-se que este é o caso de Ferenczi, que não se queixa apenas do fato de Freud não lhe ter analisado a transferência negativa, mas também de tê-lo influenciado a casar-se com a mulher mais adequada, que talvez não fosse a decisiva em seu desejo. O paralelo com o luto surge aqui imediatamente. Uma elaboração da perda parece bem-sucedida, mobiliza traços positivos e idealizados do objeto perdido; no entanto, deixa, de forma parcialmente intacta, sentimentos hostis, ambivalências, desavenças ou desejos e vingança pendentes para com o falecido. Mas observemos como a queixa de Ferenczi envolve um outro luto indireto, o luto pelo amor, supostamente verdadeiro, que fora perdido.

Assim, um luto incompleto (*unvollständig*) é como uma análise que não tratou certos conflitos ou que deixou resistências demasiadamente inabordadas. Ele deve ser distinguido de um luto inacabado (*unvollendet*), o qual é decorrente de ulteriores transformações do eu, como envelhecimento, doença, mas também traumas ou esgotamentos.[15] Ambos se separam ainda do que estamos chamando de luto infinito (*unendliche*), tanto porque este supera essas formas individuais de luto quanto porque envolve um conceito forte de infinito, ou seja, que não se resume a ser uma figura de negação da finitude.

Na literatura sobre o luto além do *luto incompleto*, encontramos expressões como *luto retido*, *luto adiado* e até mesmo *luto negado* ou *não reconhecido*, que parecem se reunir na classe dos *lutos patológicos*, ou seja, propensos a produzir sintomas, em contraste com a classe dos *lutos*

---

15 Ibidem, p. 327.

inacabados, que só podem originar novos sintomas quando se conectam com transformações de eventos traumáticos e com a classe dos lutos em "normalidade psíquica",[16] sem recalques e com preenchimento possível das lacunas de lembranças. Mas, neste caso, devemos salientar que os afetos ligados à perda individualizada deveriam encontrar sua expressão na partilha social, que os transforma em sentimentos coletivos.

No texto *Análise finita e infinita*, o caso mobilizado por Freud para exemplificar a análise inacabada ou inconcluída de Ferenczi contrasta com o tratamento bem-sucedido de uma jovem que houvera perdido a mobilidade das pernas (provavelmente Elisabeth von R.). A conversão histérica que a impedia de andar se ligava à intensa atividade desejante com o cunhado, que cerca a morte de uma irmã. Depois de passar pelo tratamento psicanalítico, ela se recupera, mas enfrenta uma vida repleta de adversidades. Falências, traições, divórcios são encarados com a valentia e a coragem típicas daqueles que passaram por uma análise. Mas quinze anos depois ela passa por uma complicação ginecológica que culmina em um novo trauma. Dele se depreende uma nova transferência com o médico que extraiu seus ovários e uma atualização de sua fantasia masoquista, da qual ela não se recupera.

> (...) um tratamento analítico bem-sucedido não protege o paciente originalmente curado de sucumbir a uma outra neurose, e mesmo a uma neurose da mesma raiz pulsional, ou seja, adoecer de um retorno do velho sofrimento.[17]

Um bom exemplo de que a psicanálise tem efeitos precários é quando se trata de imunização contra renovações do trauma, mas que, por outro lado, sugere que tais retraumatizações demandam cada vez maior especificidade para produzirem os mesmos efeitos patológicos. A psicanálise parecia tê-la imunizado contra muitos obstáculos posteriores envolvendo perdas de natureza familiar, financeira e amorosa até que um novo trauma encadeou-se retrospectivamente (*nachträglichkeit*) com o primeiro. Ora,

---

16   Ibidem, p. 280.
17   Ibidem, p. 324.

frequentemente uma cirurgia desse tipo mobiliza o luto da maternidade. Nesse sentido, é como se o luto anterior, ligado à maternidade e à rivalidade com a irmã, se reabrisse por reconexão com um luto posterior. Observe-se como também a abertura para a transferência, agora dirigida ao ginecologista, faz parte dessa reatualização, e que a aparição dos primeiros sintomas ocorreu justamente no contexto de luto pela morte da irmã. Aliás, este é também o caso em Lucy R.[18] (cuja esposa do patrão havia falecido), em Emmy von N.[19] (cujo marido havia falecido), no Homem dos Ratos[20] (a quem parecia que o pai não havia morrido), no Homem dos Lobos[21] (cujo luto da irmã passa estranhamente despercebido, mas cuja perda da esposa desencadeia um quadro inteiramente novo) e, finalmente, no caso do presidente Schreber[22] (para quem a morte do pai e suicídio do irmão ocuparam um papel decisivo). Sua resposta à queixa de Ferenczi poderia ser interpretada assim: "você me critica por ter deixado seu tratamento incompleto (*unvollständig*), mas eu digo que ele estava inacabado (*unvollended*), como toda análise entendida como terminada (*endlich*)".

Na argumentação contra Ferenczi aparece um segundo critério de terminabilidade da análise. Um critério que decorre do alcance e do limite do método psicanalítico, ou seja, a transferência. Vidas inteiras podem se passar sem que sentimentos hostis sejam declarados, de parte a parte, entre pessoas que se amam ou se admiram. De fato, em vários

---

18 Breuer, J. & Freud, S. (2016). *Estudos sobre a histeria (1893-1895)* (Obras Completas, Vol. 2). São Paulo: Companhia das Letras, pp. 155-179.
19 Ibidem, pp. 75-154.
20 Freud, S. (2013). Observações sobre um caso de neurose obsessiva ("O Homem dos Ratos", 1909). In Freud, S. *Observações sobre um caso de neurose obsessiva ["O Homem dos Ratos"], Uma recordação de infância de Leonardo da Vinci e outros textos (1909--1910)* (Obras Completas, Vol. 9). São Paulo: Companhia das Letras, pp. 13-112.
21 Freud, S. (2010). História de uma neurose infantil ("O Homem dos Lobos", 1918 [1914]). In Freud, S. *História de uma neurose infantil (O "Homem dos Lobos"), Além do princípio do prazer e outros textos (1917-1920)* (Vol. 14). São Paulo: Companhia das Letras, pp. 13-160.
22 Freud, S. (2010) Observações psicanalíticas obre um caso de paranoia (*dementia paranoides*) relatado em autobiografia ("O caso Schreber"). In Freud, S. *Observações psicanalíticas sobre um caso de paranoia relatado em autobiografia ("O caso Schreber"), artigos sobre técnica e outros textos (1911-1913)* (Obras Completas, Vol. 10). São Paulo: Companhia das Letras, pp. 13-107.

momentos, Freud separou a cura psicanalítica do tratamento psicoterápico recorrendo ao argumento de que a psicanálise mobiliza não apenas sentimentos ternos e pacíficos, mas também hostis e eróticos, que, uma vez atualizados na transferência, permitem reverter sintomas, angústias e inibições. Os "cães que permanecem dormindo" sem entrar na transferência podem ser postos para latir, por meio do hipnotismo ou da sugestão. Eles podem ser acordados por um manejo de transferência que reduza a oferta amorosa e produza frustração ou confrontação. Podemos também esperar que a realidade venha em auxílio do tratamento *levando o conflito ao seu desenvolvimento extremo*.[23] Portanto, se "*um conflito pulsional não é atual*", ele pode não se incorporar nem se realizar na transferência, consequentemente "*também não pode ser influenciado pela análise*". Mas, se o conflito for demasiadamente atual, como nas neuroses atuais ou nas crises agudas, acrescentamos, a psicanálise também ofereceria poucos recursos:

> É que o trabalho analítico se desenrola da melhor forma quando as vivências patogênicas pertencem ao passado, de modo que o Eu tenha podido tomar distância delas. Em estados de crise agudos, a análise é praticamente imprestável.[24]

De fato, muito pouco podemos fazer por nossos analisantes quando eles estão sob o impacto imediato da perda. Mas mesmo esse pouco parece estar ganhando cada vez mais relevância. A cultura contemporânea conta cada vez com menos recursos para enfrentar o luto. O declínio da mítica e da ritualística religiosa, a ascensão de formas cada vez mais individuais, para não dizer solitárias, no enfrentamento da morte, assim como sua invisibilidade social, por trás de aparelhos e instituições médicas, parecem expor a experiência do luto a um déficit narrativo generalizado. Nesse contexto, a experiência de escuta se dedica a lembrar junto, homenagear e refazer as circunstâncias daquela vida, mas para

---

23 Freud, S. (2017). *Fundamentos da clínica psicanalítica*. Belo Horizonte: Autêntica, p. 296.
24 Ibidem, p. 335.

isso precisaríamos saber um pouco mais sobre o que é uma narrativa e como sua partilha atua nas transformações atinentes ao luto. Adoecimentos sérios, experiências críticas e traumas vividos durante o próprio tempo do tratamento tornam-se entranhados na transferência de um modo um pouco diferente do que Freud conseguia descrever. Tais intercorrências tornam a transferência um dispositivo de memória, não só da infância, mas também do próprio percurso do tratamento. Tais experiências formam uma partilha de sofrimento, que responde em certa medida à demanda de maior "autenticidade" e "proximidade" que vimos no caso de Ferenczi:

> O analisando não pode, ele próprio, acomodar todos os seus conflitos na transferência; tampouco o analista pode despertar todos os possíveis conflitos pulsionais do paciente a partir da situação de transferência.[25]

Anunciar vulnerabilidades ainda não vividas, perigos vindouros, assim como lutos antecipados, são procedimentos de baixa potência terapêutica, pois baseiam-se na atualidade da transferência; no entanto, quando essa transferência acumula uma história de perdas atualizadas, isso muda de figura. Dessa maneira, a narrativa das perdas, atuais e passadas, enfrentadas por aquele percurso analítico, nos significantes que este pode isolar e acumular, pode reduzir a imprevisibilidade e a surpresa do evento, diminuindo seu impacto traumático, mobilizando certo tipo de transformação do Eu, no enfrentamento da perda real, atual e concreta. Uma vez que isso tenha sido feito algumas vezes, uma vez que a cadeia de perdas tenha se incluído na narrativa analítica, precipita-se uma espécie de saber, capaz de lembrar das perdas anteriores para fazer frente à perda atual. Nesses casos, é como se a transferência fizesse a função de quarto nó, rearticulando a disjunção entre Real, Simbólico e Imaginário, ocasionada pela perda.

Apesar do tom reticente sobre a terminalidade da análise, Freud retorna sistematicamente aos três problemas centrais para nossa homologia com lutos finitos e lutos infinitos, ou seja, a existência de

---

25 Ibidem, p. 336.

soluções definitivas para conflitos sistemáticos, a permanência dos efeitos terapêuticos imaginários e a advertência diante do mal-estar patogênico:

> (...) primeiro, ser possível eliminar um conflito pulsional (ou melhor: um conflito entre o Eu e uma pulsão) definitivamente, para todo o sempre; segundo, poder ser possível – digamos – vacinar uma pessoa contra todas as outras possibilidades de conflito enquanto tratamos desse conflito pulsional específico; terceiro, que temos o poder de despertar um tal conflito patogênico que no momento não se manifesta por qualquer sinal, objetivando um tratamento profilático, e que essa seria uma atitude sábia.[26]

É improvável que a solução de um conflito pulsional não nos reenvie a outro conflito pulsional, e assim por diante, enquanto houver pulsão, enquanto houver inconsciente e enquanto houver Eu. É improvável que a análise, conduzida sob determinada forma de vida, continue eficaz quando essa forma de vida se transforma. Por outro lado, a experiência clínica acumulada, quase cem anos depois dessa declaração, mostra que os efeitos terapêuticos de uma segunda ou uma terceira experiência de análise acontecem de forma mais rápida e que as ambições terapêuticas vão se deslocando da reversão de sintomas para o interesse formativo ou para o desejo de uma "transformação profunda da pessoa".[27] Ainda que o conflito entre o Eu e a pulsão não seja pacificável, as demandas da pulsão podem ser amansadas[28] (*Bändigung*) não só pela análise, mas também por exaustão, adoecimento ou envelhecimento:

> Creio que possamos chamar o efeito das defesas do Eu de "alterações do Eu", se entendermos por esse termo a distância de um Eu-normal fictício, que garante ao trabalho analítico uma fidelidade pactual inabalável.[29]

---

26 Ibidem, p. 285.
27 Ibidem, p. 286.
28 Ibidem, p. 287.
29 Ibidem, p. 344.

A superação da força exercida pelo "fator quantitativo"[30] não pode ser eliminada, mas apenas compensada pela "correção posterior do processo original de recalque",[31] por vezes favorecendo o "poder de resistência das inibições" (*Hemmungen*).[32] Freud admite, no horizonte do programa clínico da psicanálise, algo análogo ao que ele mesmo esperava de um processo de luto bem concluído, ou seja, a criação de um estado novo no interior no Eu:

> Nossa teoria não pretende justamente produzir um estado que nunca existiu de modo espontâneo no Eu, e cuja criação constitui a diferença essencial entre o indivíduo analisado e o não analisado?[33]

O sexto movimento do texto corresponde a uma recapitulação dos temas e problemas examinados até aqui, incorporando, não sem certa hesitação retórica, os impasses entre quantidade e qualidade, entre diagnóstico e prognóstico, entre necessidade e contingência, e assumindo que a análise é um processo que necessariamente deixará resíduos. Nesse sentido, toda análise é interminável (*unendlich* e *unvollichkeit*). Assim também podemos entender o luto.

A questão da terminalidade da análise em sua homologia com o luto desloca-se para saber que tipo de "desenvolvimento e transformação" pode ser esperado, considerando que o Eu, ao contrário da pulsão, é o elemento da equação que pode ser alterado pela análise.[34] Chegamos, assim, ao quarto termo das expressões freudianas para o trabalho (*Arbeit*): o trabalho do sonho (*Traumarbeit*), o trabalho do luto (*Trauerarbeit*), a elaboração (*Ducharbeiten*) e o trabalho de transformação do Eu (*Ichumarbeitung*).[35]

---

30 Dunker, C. I. L. (2020). *O cálculo neurótico do gozo*. São Paulo: Zagodoni.
31 Freud, S. (2017). *Fundamentos da clínica psicanalítica*. Belo Horizonte: Autêntica, p. 290.
32 Ibidem, p. 291.
33 Freud, S. (2018). *Moisés e o monoteísmo, Compêndio de psicanálise e outros textos (1937-1939)* (Obras Completas, Vol. 19). São Paulo: Companhia das Letras, p. 289.
34 Ibidem, p. 305.
35 Freud, S. (2017). *Fundamentos da clínica psicanalítica*. Belo Horizonte: Autêntica, p. 356.

Se alguém é pródigo e tem seu momento de avareza, ou se alguém é usualmente amável, mas incorre em um ato hostil, tendemos a julgar que a verdade sobre aquela pessoa se encontra na variação dela em relação a si mesma. Assim também o desenvolvimento alcançado pela análise remete à autocomparação e ao exame de exceções. Nesses pequenos pontos fora da curva é que podemos verificar traços do "Eu amadurecido" e a presença da "defesa transformada".

> (...) esse Eu normal é, como a própria normalidade, uma ficção ideal. Infelizmente, o Eu anormal, inutilizável para nossos propósitos, não é uma ficção. Cada indivíduo normal é apenas medianamente normal, seu Eu se aproxima daquele do psicótico nesse ou naquele ponto, em extensão maior ou menor, e o grau de distanciamento de um extremo da série e de aproximação ao outro será para nós, provisoriamente, uma medida dessa "alteração do Eu".[36]

Lembremos que as funções primárias do Eu envolvem motilidade, transitivação de afetos, regulação de funções corporais (fome, sede, dor, sono, propriocepção), defesa contra angústia e destino para a pulsão, fixações de caráter, e o molde deixado no Eu pelo uso das defesas tende ao ajustamento neurótico da realidade. Portanto, é na situação de anomalia, crise ou indeterminação que podemos verificar infantilismo ou ato específico do Eu, sua força ou fraqueza.

A oposição entre *philia* e *neikós*, extraída do pensamento de Empédocles de Agrigento,[37] parece muito adequada para ilustrar a ideia, uma vez que, para esse pensador pré-socrático, o princípio da amizade, em que o semelhante atrai o semelhante, alterna-se com o princípio da discórdia, em que o semelhante repele o semelhante, havendo fases alternadas de predomínio de cada uma dessas raízes ao longo do tempo. Portanto, se estamos no período movido pela *neikós*, o ato de amor-amizade se faz exceção, mas, se estamos em uma era de *philia*, é a discórdia que fará a diferença. É dessa inversão cíclica que Freud parece derivar a estratégia

---

36 Freud, S. (2018). *Moisés e o monoteísmo, Compêndio de psicanálise e outros textos (1937-1939)* (Obras Completas, Vol. 19). São Paulo: Companhia das Letras, p. 300.
37 Freud, S. (2017). *Fundamentos da clínica psicanalítica*. Belo Horizonte: Autêntica, pp. 351-354.

de alternar, durante a análise, procedimentos de retomada de conflitos pulsionais e correção, criação ou modificação de algo no Eu.

O texto de A *análise finita e infinita* poderia ter terminado dessa maneira. Um artigo genérico e esclarecedor, mas um tanto decepcionante para o clínico às voltas com as dificuldades reais para encerrar de forma *natural* e *prática* seus tratamentos, considerando a *suficiência* do nível de superação da resistência, recuperação do recalcado e transformação relativa do Eu. Até aqui, a comparação com o luto é feita ponto a ponto, com exceção das diferenças, já indicadas, entre perda real, separação simbólica e distância imaginária. Uma redescrição da finitude do luto, em termos da finitude da análise, poderia ser formulada da seguinte maneira: *Todo luto verdadeiro é infinito. Aqueles que se foram permanecem em nós por meio de nossa memória, nossa cultura e de nossos monumentos, objetivos e subjetivos. Por outro lado, o luto acaba. Ele termina de forma natural, normal ou prática, ao seu próprio tempo, quando adquirimos a convicção de não retorno da pessoa amada, quando nossos laços de resistência, identificação e transferência com a pessoa perdida são deslocados ou substituídos e quando surge um novo traço que representa e condensa a pessoa perdida, resultante de uma transformação do Eu.*

Todavia, a correspondência entre luto e finitude da análise se vê inesperadamente interrompida pela parte final do artigo. Nesse suplemento, dotado de grande consequência potencial para nossa pesquisa, observa-se que o final de tratamento possui incidência diferencial *conforme os gêneros*. Na mulher, a principal dificuldade do tratamento psicanalítico consiste em atravessar a inveja do pênis (*Penisneid*), ao passo que, no homem, um obstáculo correspondente encontra-se na "aversão contra a sua postura passiva ou feminina em relação a outro homem".[38] O rochedo da castração apresenta-se aqui sob duas figuras e emerge como nova condição para que "toda análise bem-sucedida" tenha "dominado esses dois complexos".[39]

Se a travessia dessas duas formas de angústia da castração é generalizável, segundo a hipótese da bissexualidade e a tese do Complexo de Édipo

---

38 Ibidem, p. 358.
39 Ibidem, p. 360.

invertido, disso se extrai a possibilidade de que o luto, como elaboração provisória da castração, também envolva um entranhamento entre luto infinito e finito. Tal hipótese poderia nos levar a ultrapassar criticamente a ligação entre apresentação passiva da castração e a feminilidade e figuração ativa da castração e masculinidade. Além disso, se levamos em conta a teoria lacaniana da sexuação e se percebemos como nela o conceito de infinito opera distinções decisivas, poderemos encontrar um modelo teórico capaz de nos ajudar na clínica dos lutos patológicos e sua infinitização.

Retenhamos o resumo da questão até aqui:

1. A força específica do traumático em relação à compleição do Eu considerada do ponto de vista das estruturas clínicas pode fazer o luto desencadear novos sintomas ao retomar retrospectivamente eventos traumáticos, o que torna a cadeia de lutos sincrônica com a cadeia de traumas do sujeito.
2. A terminação da análise como um processo natural e prático nos remete, por analogia, aos ritos funerários, por meio dos quais, em muitas culturas, se estabelece uma certa referência simbólica para o encerramento do luto. Depois desse momento, às vezes o nome do morto não deve ser mais pronunciado e a lembrança de seus feitos só pode ocorrer em circunstâncias especiais.
3. A hipótese sobre a possibilidade de acelerar o término da análise, por meio do foco nos processos traumáticos, encontra seu correlato nos apressamentos contemporâneos sobre o tempo exato que se espera para o luto, depois do qual entramos no espectro do patológico, mas também nas situações em que há ruptura da temporalidade imanente do luto, correspondente a um dos seus aspectos mais importantes do ponto de vista da etiologia de novos sintomas.
4. O critério genérico de que a análise termina quando o sujeito não sofre mais, ou não sofre como antes, dos sintomas, inibições e angústias é aplicável por analogia direta com o luto. Um dos sinais mais constantes da finalização do luto é quando a perda deixa de doer, quando a lembrança se torna possível e desejável, quando o encontro com os traços que evocam o morto não causa mais

desespero, angústia ou tristeza, mas a saudade e a possibilidade de lembrar. Suspendem-se as inibições para visitar o túmulo, mexer nas coisas do falecido, facilitando a solução de pendências jurídicas e testamentárias.

5. O trabalho de transformação do eu (*Ichumarbeit*) parece depender de certa experiência com a perda. Muitas pessoas testemunham que a acumulação de perdas durante a vida as habilita a enfrentar perdas futuras de modo melhor. Mas a arte de perder, como diria Elizabeth Bishop,[40] pode ser apenas relativamente dominada (*master*), pois para alguns cada perda parece avivar o sofrimento de todas as anteriores, potencializando a dor.

6. Finalmente, a ideia de que a análise deve criar um estado que nunca existiu anteriormente nos remete à dimensão de abertura criativa que percebemos em inúmeras experiências de luto. De fato, se a força da repetição, do traumático ou da pulsão combina com a incidência diferencial da castração e com as diferentes constituições do sujeito, espera-se que da análise surja uma nova aptidão para amar e trabalhar, e por que não dizer uma nova aptidão para enlutar, esta particular combinação entre trabalho, ato de criação e amor.

Essa última formulação está em oposição relativa à tese freudiana de que a conclusão de um luto requer a incorporação do objeto perdido ao Eu.

---

40 Bishop, E. (1976). *Uma arte: as cartas de Elizabeth Bishop*. (São Paulo: Companhia das Letras, 1995.) "A arte de perder não é nenhum mistério; tantas coisas contêm em si o acidente. De perdê-las, que perder não é nada sério. Perca um pouquinho a cada dia. Aceite, austero, a chave perdida, a hora gasta bestamente. A arte de perder não é nenhum mistério. Depois perca mais rápido, com mais critério: lugares, nomes, a escala subsequente da viagem não feita. Nada disso é sério. Perdi o relógio de mamãe. Ah! E nem quero lembrar a perda de três casas excelentes. A arte de perder não é nenhum mistério. Perdi duas cidades lindas. E um império. Que era meu, dois rios, e mais um continente. Tenho saudade deles. Mas não é nada sério. – Mesmo perder você (a voz, o riso etéreo que eu amo) não muda nada. Pois é evidente que a arte de perder não chega a ser mistério por muito que pareça (Escreve!) muito sério." (tradução de Paulo Henriques Britto). Recuperado de https://www.escritas.org/pt/t/47880/a-arte--de-perder.

Para Freud, o luto é o processo pelo qual a perda se positiva em um novo estado de identidade, ao passo que, para Lacan, a perda corresponde à queda do objeto *a* e à expansão do universo simbólico da falta, sem incorporação do objeto. Não há apenas canibalismo incorporativo, mas canibalismo excorporativo.[41] Portanto, a formulação mais rigorosa do luto lacaniano nos faria procurar por uma exteriorização do objeto, como apresentamos por meio de seu momento estético. Nele encontramos um modo de desligamento, cessão ou extração do objeto, como que a realizar que nunca o tivemos, no sentido de possuí-lo como uma propriedade. Ou seja, aquilo que perdemos em quem perdemos era algo que não era nosso, mas *comum*, que "*estava em ti mais que em tu*". Isso convida a introduzir um terceiro termo na dialética do *ter* e do *ser*, entre a introjeção simbólica e a projeção imaginária, ou seja, o *fazer*, no sentido do fazer luto.

Se nossa hipótese é pertinente, sua primeira consequência é que todo luto é, ao mesmo tempo, terminável (*endlich*) e interminável (*unendlich*). Isso decorre do fato de que o próprio trabalho de luto tem uma estrutura de cadeia, ou seja, cada luto envolve e mobiliza os lutos anteriores como parte do mesmo processo de simbolização. Cada luto termina quando se integra, como mais um anel, na cadeia de lutos do sujeito. Por outro lado, cada luto se abre ao conectar-se com a cadeia de lutos dos outros, por meio do sistema de ritos e mitos que cada cultura reserva para a partilha entre os viventes. Isso traduz, no primeiro caso, a relação específica e particular de transferência, em tese solúvel, terminável e finita, e reserva para o segundo a função genérica, infinita e inesgotável da identificação que não recai sob nenhum traço dotado da propriedade de identidade.

Se queremos pensar o luto como experiência produtiva de sofrimento de determinação simbólica e como experiência produtiva de indeterminação real, devemos investigar uma forma de amor compatível com a

---

41 Empregamos a noção de excorporação para traduzir a ideia de "extrusão do gozo", presente em Lacan, J. (1970). Radiofonia. In *Outros escritos*. Op. cit., p. 400-47. Em acordo também com "a verdade é a satisfação a que o prazer só se opõe na medida em que *se exila no deserto de gozo*. (…) o que acontece com o corpo para todos – que ele é, justamente, este deserto de gozo (…) A satisfação só se entrega na montagem da pulsão, ou seja, no desvio". In Lacan, J. (1967). Da psicanálise em suas relações com a realidade. In *Outros escritos*. Rio de Janeiro: Zahar, p. 357.

superação do princípio de identidade, como aparece, por exemplo, na ideia de sublimação como elevação do objeto à dignidade de Coisa.

Quando Lacan afirma que o luto "provoca um buraco no real",[42] ele o faz por homologia com o processo psicótico, definido pelo buraco no simbólico e pelo retorno no real. Mas se trata de um real combinado com inflação do imaginário, que dá forma aos delírios, alucinações e fenômenos elementares. Ao dizer que o luto é o "inverso daquilo que lhes apresento como *Verwerfung*",[43] ele sugere também que o buraco no real demanda trabalho para que ele reapareça no simbólico. Sabemos, por desenvolvimentos posteriores do ensino de Lacan, concernentes à metapsicologia do nó borromeano, que a noção de buraco ou furo define a consistência simbólica na teoria dos nós borromeanos.

Se cada luto é finito em si, como cada análise, que se fecha ao próprio tempo, seria preciso definir melhor qual é o ponto de fechamento do luto, que é também o ponto de torção do luto finito em luto infinito. Se o luto é tanto um dispositivo de simbolização genérico, estrutural e permanente quanto uma experiência ocasional, reativa e limitada no tempo, existe um ponto de passagem ou de inversão.

A escala dos lutos incompletos vai dos estados depressivos persistentes até o desencadeamento da melancolia, incluindo, ainda em seu ponto mediano, os lutos cujo rito é infinito. Aqui se inclui o exemplo das jovens esposas ibéricas que, uma vez tornadas viúvas, delas se espera um luto contínuo até o fim da vida, exteriorizado pelo sentimento permanente de tristeza, pelo uso do preto e da mantilha ou pela interdição de toda nova relação amorosa. Seria o caso também dos lutos que envolvem uma espécie de decisão insondável de interminabilidade, como é o caso da perda de um filho, mas também sobre aqueles casos de violação de elementos simbolicamente determinativos do luto, como a ausência do corpo do falecido, a incerteza quanto à natureza da morte ou o caráter sagrado ou injusto de sua ocorrência. Tal tipo de suspensão está tradicionalmente associado à violação da transmissão da dívida simbólica entre gerações

---

42 Lacan, J. (2016). *O seminário, livro 6: o desejo e sua interpretação (1958-1959)*. Rio de Janeiro: Zahar, p. 360.
43 Ibidem.

e, frequentemente, mobiliza míticas sobre sua origem em torno de fantasmas, espíritos reivindicativos, zumbis, vampiros ou outras figuras da antropologia do inumano.

Se a hipótese da conversão lógica dos lutos entre si estiver correta, os lutos incompletos permanecem abertos, repetindo-se indefinidamente porque se tornam uma espécie de demanda necessária para o sujeito ou para a cultura na qual ele se inclui. Isso pode incluir os casos nos quais um luto concluído pode ser reaberto por meio de lutos posteriores aos quais ele se encontraria conectado. O segundo tipo de infinito, infinito ruim, também chamado por Lacan de falso furo, não corresponde a uma generalização da simbolização, mas a um impasse de simbolização.

Incluímos aqui os processos de luto nos quais a participação do trauma é marcante. Lutos traumáticos frequentemente persistem como formas repetitivas e comemorativas, como lutos incompletos. Tanto o luto como o trauma podem ser entendidos como dispositivos genéricos de realização, subjetivação e simbolização, e como experiências específicas de perdas e de encontros do real, como causalidade acidental (*tiké*). Assim como o luto do sujeito pode encadear-se com o luto dos outros, por meio da experiência compartilhada de sofrimento, o trauma pode permanecer em sua forma individualizada, adquirindo força transmissiva e compositiva na cultura, como argumentou Freud em *Moisés e o monoteísmo*.

Chegamos assim à conclusão de que existiriam dois tipos de lutos infinitos: aqueles que são infinitos porque não se concluem, indo e voltando entre as tarefas de simbolização, de perda e de renovação de identificações; e aqueles lutos que são infinitos porque realizam o caráter potencialmente indeterminado das experiências de luto que compõem, em seu conjunto, o pacto entre as comunidades viventes com as comunidades passadas e com o futuro indeterminado das comunidades vindouras.

Vejamos agora o caso, mais ou menos típico, de um sonho que marca o término do luto. Nele, a transformação do Eu, assim como a transposição de afetos e a formação de um envoltório significante para o buraco no real, parece ser bem delimitada. Trata-se do processo de luto da viúva de Donald Winnicott, Clare Britton. Depois de um casamento infeliz e de um divórcio complicado, Winnicott se casa com Clare em 1951, vindo a falecer vinte anos depois, deixando-a em um luto inconsolável. Dois anos e meio depois da morte do marido, ela sonha que eles estão novamente juntos, em uma "orgia de compras de Natal". Eles sobem e descem escadas, compram presentes, muitos dos quais ficariam para eles mesmos, e ela se vê despreocupada com o cartão de Natal:

> Depois, estávamos sentados no restaurante, tomando o nosso café da manhã como era habitual (na realidade, sempre saíamos para tomar o café da manhã nos sábados). Estávamos de frente um para o outro, cotovelos sobre a mesa, e eu o olhei em cheio no rosto e disse: "Donald, existe algo que temos de dizer um ao outro, alguma verdade que temos de dizer, o que é?". Com seus olhos muito azuis, olhando resolutamente os meus, ele respondeu: "Que isto é um sonho". Eu lentamente repliquei: "Oh, sim, é claro, você morreu, você morreu há um ano atrás". E ele reiterou as minhas palavras: "Sim, eu morri há um ano atrás".
> Para mim, foi através deste sonho de brincar que a vida e a morte, a dele e a minha, puderam ser experienciadas como realidade.[44]

Encontramos aqui a típica satisfação do Eu, representada pela libertação do trabalho de luto, atravessada pelo humor, sentimento tão característico da relação entre Winnicott e Clare. O próprio sonho com seu nítido contexto de felicidade e rememoração natalina carrega um traço de incerteza: *resta algo a dizer*. E o que resta dizer é que o sonho é um sonho e que, portanto, sua negação pode ser figurada pela admissão, em um nível mais transformativo de um certo saber. *Eu sei que você morreu há um ano atrás*. A ironia de Winnicott carrega uma inversão decisiva: *não só eu*. É como se ele estivesse dizendo para sua viúva: *Clare, você me perdeu, mas eu também te perdi*. Há, portanto, duas voltas aqui: a primeira torção é narcísica e reflexiva, *você me perde, eu te perco*, mas a segunda torção é contranarcísica: *você está viva e eu estou morto*. Esta segunda torção é separadora e introduz um desnível ontológico na troca, responsável em segundo plano pelo efeito de chiste e humor, pela separação entre enunciação e enunciado.

---

[44] Winnicott, C. (1994). D. W.: uma reflexão. In Winnicott, C; Shepherd R. & Davis, M. (orgs.). *Explorações psicanalíticas*. Porto Alegre: Artmed, p. 13.

Podemos comparar o sonho de Clare com o sonho descrito em Freud: "*Pai, você não vê que estou queimando?*",[45] no qual o luto repete o desejo de reencontrar o filho e de livrar-se da culpa por sua morte. O desnível ontológico aparece por meio da intrusão do brilho das velas reais da cena do velório, que se intrometem no sonho, acordando o pai. Mas no sonho de Clare ocorre o inverso. Ele está mais perto do chiste narrado por Freud, do prisioneiro condenado à morte por enforcamento, numa segunda-feira, que comenta sua própria situação ironicamente: *que bela maneira de começar a semana*. No caso de Clare, não há culpa, mas um Natal feliz, que se torna ainda mais feliz com o gesto de Winnicott, que, como um presente de Natal, consente com sua própria morte: "*Sim, eu morri há um ano atrás*".

Percebe-se, assim, como o luto envolve três operações: aceitar simbolicamente a perda do outro, deixar que o outro possa imaginariamente nos perder e a emergência de uma intrusão simbólica que separa Real e Imaginário. Disso decorre que o plano de aceitação da realidade da perda, o buraco no real, não deve ser confundido com o plano no qual a verdade sobre a perda é articulada com lembranças e desejos: *estou aliviada porque não tenho mais que preencher cartões de Natal, temos compras juntos e tudo está como antes*. Ainda assim, há um fragmento de verdade faltante, um fragmento não integrável ao narcisismo ou ao desejo do sujeito. Quando Winnicott diz *isto é um sonho*, é como se ele fizesse lembrar a Clare de que isto é *apenas* o desejo dela que se realiza. O sonho não apenas repete e reconhece traços do objeto perdido, ele altera o estatuto psíquico da perda, de real para simbólica, pela referência ao tempo, e de simbólica para imaginária, pela referência ao gozo expresso na forma do humor. É por meio desse duplo movimento que um luto se encadeia com a série de outras perdas, definindo uma estrutura ou um modo de simbolização. Estrutura que se atualiza em trocas sociais concretas, compreendendo mitos e ritos, narrativas de sofrimento, discursos sobre o mal-estar e metáforas de sintomas.

---

45 Freud, S. (2019). *A interpretação dos sonhos (1900)* (Obras Completas, Vol. 4). São Paulo: Companhia das Letras, p. 563.

Assim também o final de análise não é um acontecimento intrassubjetivo independente do ritual da análise e da transferência específica que a sustenta. Ele é uma separação que transforma a estrutura de separações do sujeito, também chamada de estrutura de identificações, criando um problema para o seu reconhecimento social. Longe de representar um sujeito normal e curado, que será devolvido para um laço social normalopático, o sujeito analisado representa a conjectura de um outro tipo de laço social diferente daquele que o formou e constituiu. Ele será encarado, desde Freud, como uma questão prática, concernente ao momento no qual analista e analisante deixam de se encontrar. Essa questão prática se desdobrará em inúmeras outras consequências quanto ao reconhecimento ético e social dessa passagem, em termos das instituições, comunidades e da autorização clínica do psicanalista.

CAPÍTULO 6

O luto como parte do trato dos viventes

6.1. Brasil como nação de enlutados

Dez anos antes do fim da união ibérica entre Portugal e Espanha, em meio à ascensão dos Habsburgos como maior casa real europeia, precisamente em 1630, depois de inúmeras tentativas dos holandeses, eles mesmos, recém-libertos do jugo espanhol, em uma missão liderada por Maurício de Nassau, conseguem tomar Olinda e Recife. Cinquenta e oito anos depois, com a paz ibérica, o Brasil emergiria com a face que hoje conhecemos. Nesse espaço de tempo, os antigos donos de engenhos em Pernambuco fugiram para a Bahia, negros escravizados formaram quilombos como o de Palmares, as bandeiras em São Paulo intensificaram o apresamento de indígenas, a economia do gado e metais preciosos expandiu as fronteiras do país e a Coroa Portuguesa gradativamente desinteressou-se de investir nas Índias Orientais.

A paz ibérica de 1688 deixa duas outras heranças. A formação de uma economia do Atlântico Sul e o incremento do tráfico negreiro. Durante esse tempo, os holandeses tomaram Luanda na costa africana organizando *asientos*,[1] isolando os portugueses em fortalezas adjacentes. É nesse

---

1 Eram chamados de *asientos* os tratos comerciais ou contratos por meio dos quais uma companhia ou grupo de comerciantes recebia da Coroa Espanhola uma rota comercial por meio da qual obtinha o privilégio do monopólio comercial. Os *asientos* mais lucrativos

tempo que a rainha Nznja (Nzinga) do Congo expande seu império, o que em grande medida dependia de armas de fogo que ela adquiria dos holandeses em troca de inimigos escravizados. Os holandeses, por sua vez, os transportavam para o outro lado do Atlântico e os vendiam a crédito para os novos proprietários dos engenhos pernambucanos. Criavam, assim, um endividamento crescente dos produtores brasileiros, pois impunham comprar o açúcar que levavam para o consumo europeu, com elevado deságio. Essa situação de instabilidade política e de economia mercantil foi também oportuna para a organização da resistência dos escravizados, que fugiam e se armavam em torno dos quilombos e da liderança mítica de Zumbi. Portanto, em algum ponto entre 1630, data provável da formação do Quilombo dos Palmares, maior área territorial de resistência política à escravidão nas Américas, e 1693, morte da rainha Nznja, ou 1695, morte de Zumbi, podemos situar a formação do Brasil, tal qual conhecemos. Nesse ínterim, passamos para um novo tipo de colonização, tendo capitalismo, escravidão e guerra como contextos determinantes.

A retomada de Recife (1654) e Luanda (1648) foi obra de uma rara conjunção de fatos. Os holandeses, ao se envolverem na Guerra dos Trinta Anos, lutando pela própria independência, aumentam os impostos, cobram as dívidas dos senhores de engenho, as quais são forçadas aos novos donos de engenho com o fim de produzir açúcar mais barato para o mercado europeu. Os senhores de engenho subsidiam ataques aos quilombos e aliam-se aos indígenas potiguares, reduzindo a proteção militar Tapuia Tarairiú aos domínios administrados por Maurício de Nassau. Os donos de engenho endividados queriam se ver livres de seus credores holandeses, os indígenas queriam se ver livres do jugo europeu, os negros da escravidão e os holandeses da política dos *asientos*, empreendida pela Espanha, da qual tinham deixado de ser colônia em 1581. Nesse cenário parece tão simples quanto equívoco dizer que todos esses grupos queriam a mesma coisa: liberdade.

Mas a liberdade parece ter preço e condição. Os indígenas dividiam-se entre apoiar a catequese jesuítica e o crescente apresamento bandeirante.

---

envolviam o tráfico de escravizados e os direitos de *asiento* mais conhecidos foram firmados com os negreiros portugueses durante o domínio filipino (1595-1640).

Os bandeirantes colaboram com a expedição militar que devolve Luanda aos portugueses, onde a escravização é teologicamente justificada pelos jesuítas. Mas os mesmos jesuítas, como o padre Antônio Vieira, por exemplo, defendiam a liberdade dos indígenas, assim como a dos negros escravizados, em terras da América, desde que submetidos à prerrogativa da conversão jesuítica:[2]

> As duas virtudes cristãs que, juntas, podem desfazer o "laço diabólico" da escravidão são a "obediência" do escravo, em gratidão pela graça recebida da religião, e a "caridade" do senhor, para zelar pela alma do cativo. A junção virtuosa de ambas se pode traduzir pela virtude da "paciência", análoga à de Cristo, pois essa é a virtude essencial que se pede a ambos: ao cativo, para aceitar sem rebeldia os trabalhos exaustivos que se assemelham em tudo à *via crucis*; ao proprietário dele, para fazer jus à posição de senhorio, que tem almas à sua conta.[3]

Em *O trato dos viventes*,[4] o historiador Luiz Felipe de Alencastro mostrou como, ao longo do século XVIII, Portugal começou a depender cada vez mais do tráfico de escravizados e cada vez menos da produção direta das colônias. Em meio à impraticável construção da estrada que ligaria a região de Angola-Congo a Moçambique, as epidemias recorrentes, os problemas para sustentar a competição entre caravelas católicas de escravizados e as caravanas islâmicas pelo deserto subsaariano, Portugal depende cada vez mais do comércio interno entre Angola e Brasil e cada vez menos da própria produção das colônias. A exploração do tráfico de escravizados constitui uma razão estrutural para o declínio e a decadência do império português, selado em 1703 com o Tratado de Methuen, assinado com os ingleses.

---

2   Ou seja, o trato escravista justifica o cativeiro de indígenas, assim como, por outros meios, o degredo dos judeus ibéricos em terras brasileiras está condicionado à aceitação da conversão ao cristianismo. É daí que parte a ideia de que a prática da escravização era permitida em um único continente, o africano, tendo o outro lado do Atlântico, em contrapartida, lei inversa.
3   Pécora, A. (2019). A escravidão nos sermões do Padre Antonio Vieira. *Estudos Avançados,* v. 33, n. 97, pp. 158.
4   Alencastro, L. F. de (2000). *O trato dos viventes: formação do Brasil no Atlântico Sul.* São Paulo: Companhia das Letras.

Mas o "atraso" português em matéria política e econômica pode ser compreendido a partir da perda de sua autonomia para os espanhóis (1580-1640) e a sua recente reaparição como Estado independente decidido a retomar o tempo perdido. Isso significou a restauração de padrões absolutistas em um mundo que rumava cada vez mais para as restrições dos poderes reais e a consignação de constituições liberais, cujo marco é a Revolução Gloriosa na Inglaterra em 1688. Ou seja, é na forma como se pretende reconquistar o que foi perdido que se engendram as piores regressões. Talvez aqui encontremos as raízes da modernização regressiva que tem caracterizado o Brasil como um país que vê na nova versão do atraso a figura cativante de sua liberdade imaginária, em termos econômico institucionais, enquanto ignora a perda de liberdade real dos escravizados, desterritorializados, degredados e perseguidos.

Ao fim e ao cabo, podemos olhar a formação do Brasil a partir de uma população de enlutados. Milhões de mortos nas travessias, nos apresamentos, nas caravanas, nas epidemias, nas expedições guerreiras, nos cativeiros indígenas e negros, nas epidemias catequistas. Escravizados que perderam seu povo, sua nação e sua liberdade. Indígenas que perderam seu modo de vida e seu território. Judeus ibéricos que perderam sua pátria e sua religião.[5] Depois de tudo, os portugueses perderam seu império, terminando na periferia do próprio processo colonial vindouro nos séculos XVIII e XIX. Quanto aos holandeses, embora tenham perdido o Brasil, eles se deslocaram para o Caribe, onde implantaram a tecnologia da cana-de-açúcar, assim como a prática do tráfico de escravizados.

A hipótese de pensar a formação do Brasil a partir do luto coletivo e massivo nos quatro âmbitos definidos por Freud, pessoas, países, ideias e amores, nos leva a reconsiderar o "*trato dos viventes*" como formação de uma *unidade simbólica*, composta da combinação entre estruturas antropológicas e processos históricos, políticos ou econômicos. O trato dos viventes compreenderia a disputa narrativa entre vivos, mortos e ainda não existentes. Isso permite entender também o retorno daqueles a quem foi negado o luto, os impasses no processo de reparação, a reafirmação brutal dos processos que levaram à

---

5 Conforme Decreto de Alhambra, de 1492.

perda, ao silenciamento da história, enquanto esse trauma e essa fantasia de Brasil convivem como polos formativos de um sintoma fracassado. Como observou Brito,[6] o efeito de idealização, de normativização e de substituição entre escravizados e escravocratas comanda o imaginário do século XVIII.

O começo de toda reparação possível, condição para que certos lutos refaçam o trato entre os viventes não é o perdão, nem a desculpa, mas algo difícil de reduzir a protocolos e contratos, esta forma simbólica de amor e reconhecimento chamada de respeito:

> Por este motivo, Klaus Eichmann, porque dor, luto e piedade, como tudo o que é vivo, necessitam de certas condições, sem as quais não podem surgir; e porque a mais importante dessas condições se chama "respeito". Em suma: porque só podemos chorar a perda daqueles que pudemos respeitar.[7] [carta de Anders ao filho do criminoso nazista Adolf Eichmann]

Também Grada Kilomba, ao descrever os cinco movimentos de enfrentamento do racismo, a saber, negação, culpa, vergonha, reconhecimento e reparação,[8] condiciona este último movimento a uma certa negociação entre reconhecimento e realidade, que é no fundo o respeito necessário para a transformação.

Trato remete tanto a *pacto, acordo* ou *combinado* quanto a *tratamento*,[9] seja como cuidado e atenção a pessoas, seja como *trabalho, lida* ou *cultivo* com as coisas da terra. *Tratamento* é também *processo* ou *tratativa*, negociação e *troca de palavras*. Isso nos leva aos *pronomes de tratamento*, ou seja, a maneira particular ou genérica como reconhecemos alguém, seja como *eu, tu ele, nós*, seja como *vosmecê, seu* ou *sua*, seja como *senhor, doutora* ou *meritíssima*. O pronome faz parte da função simbólica de nomeação. Esta

---

6 Brito, L. C. (2015). Um paraíso escravista na América do Sul: raça e escravidão sob o olhar de imigrantes confederados no Brasil oitocentista. *Revista de História Comparada (UFRJ)*, v. 9, pp. 145-173.
7 Anders, G. (2023). *Nós, Filhos de Eichmann*. São Paulo: Elefante.
8 Kilomba, G. (2019). *Memórias da Plantação: episódios de racismo cotidiano*. São Paulo: Cobogó, p. 46.
9 Tal qual Freud se referia à psicanálise como um tratamento, ou seja, uma *Behandlung*. Ver Dunker, C. I. L. (2021). *Estrutura e constituição da clínica psicanalítica: uma arqueologia das práticas de cura, psicoterapia e tratamento*. São Paulo, Zagodoni.

se refere tanto ao sistema de parentesco, *filho de* sobrinha *de*, primo *de*, *mãe de*, quanto aos usos indiretos e eufêmicos na forma de tratar a pessoa que morre: tal como *o falecido*, *o amigo de meu amigo*, ou às perífrases do poder, como *o mais elevado*, *o senhor eterno*, *a rainha dos homens*, *aquele que tudo vê*. Ora, o que Lacan chama de cilindro anamórfico da tragédia, ou seja, seu sistema de deformações regulares que, ao contrário da estrutura do mito, não se conclui como um círculo, mas se abre para uma rotação aberta sobre si mesma, envolve, de modo decisivo, uma indeterminação do tratamento dos heróis na sua relação entre vivos, mortos e aqueles que estão por vir.

Aqui, podemos recuperar as tragédias menores antes mencionadas do conjunto mobilizado pela psicanálise: *Édipo em Colono*, de Sófocles; *Rei Lear*, de Shakespeare; e *Le pain dur* (*O pão duro*), de Paul Claudel, e seu ponto comum é a persistente temática do exílio, do desterro, do refugiado e do túmulo. O trato dos viventes mobiliza tais figuras de transição, semivivas ou semimortas, em tudo dependentes da habilidade para construir, inverter e dissolver perspectivas. Nesse sentido, o mito de Zumbi acompanha esse momento fundamental da formação do Brasil enlutado. A palavra zumbi, ou zambi, vem do termo *zumbe*, do idioma africano quimbundo, e significa fantasma, espectro, alma de pessoa falecida.

Na sua versão antilhana, hoje ainda corrente no Haiti, o mito de Zumbi versa sobre a origem da riqueza. Certas pessoas, dotadas de habilidades mágicas, possuem o segredo de transformar alguém que acabou de morrer em um morto-vivo que trabalhará infinitamente para seu senhor, sem questionar ou fugir. Esse mito teria sido introduzido nas Antilhas pelos próprios colonizadores franceses e holandeses para justificar o trabalho escravo. Outra hipótese é que ele é uma espécie de teoria sobre a origem da riqueza emanada dos próprios nativos, reinterpretando o sistema mercantil, depois da vitoriosa Revolução de São Domingos, em 1801.

Comparemos tais versões ao mito brasileiro do Zumbi do Quilombo dos Palmares. Por volta de 1678, o governador da capitania de Pernambuco, cansado do longo conflito com o Quilombo, aproximou-se de seu líder com uma oferta de paz: liberdade para todos os escravizados fugidos se o quilombo se submetesse à autoridade da Coroa Portuguesa. A proposta teria sido aceita por vários líderes, mas não por Zumbi. Após inúmeros embates, este teria sido preso e morto em 1696, conforme o relato de Melo e Castro, o governador de Pernambuco:

> Determinei que pusessem sua cabeça em um poste no lugar mais público desta praça, para satisfazer os ofendidos e justamente queixosos e atemorizar os negros que supersticiosamente julgavam Zumbi um imortal, para que entendessem que esta empresa acabava de todo com os Palmares.[10]

Podemos agora fazer uma volta desde a hipótese do luto como afeto fundador do Brasil para uma breve consideração decorrente dessa hipótese. Nossas quatro figuras formadoras estão atravessadas pelo luto, ainda que suas perdas sejam dissimétricas e referidas a processos de simbolização e subjetivação desiguais. Pensemos nos africanos longe de suas comunidades de origem, nos indígenas convertidos, nos judeus que devem fazer o luto do degredo em silêncio e discrição, além dos próprios portugueses às voltas com a perda de um império imaginário. Ou seja, como o luto de um afeta o luto dos outros; às vezes, para produzir uma negação recíproca?

Já vimos como o luto de Laertes por sua irmã Ofélia foi capaz de desencadear o luto retido ou suspenso de Hamlet. No entanto, essa conexão entre lutos nos remete tanto à forma da tragédia quanto ao próprio texto de Freud sobre *Luto e melancolia*. Ainda não mencionamos que esse trabalho foi escrito no interior do diálogo com Karl Abraham, e de seus estudos sobre a psicose maníaco-depressiva[11] e sobre suas conjecturas sobre o desenvolvimento da libido à luz da psicopatologia.[12] Decorre desses estudos a ideia de que o melancólico padece de um luto inconcluído, pois ele nunca pode propriamente introjetar o objeto, remanescendo que sempre e doravante espera ser desiludido, traído ou abandonado, como, de alguma maneira, teria sido em sua infância. Essa é a pista para que mais tarde Melanie Klein[13] e André

---

10 Gomes, L. (2019). *Escravidão: do primeiro leilão de cativos em Portugal até a morte de Zumbi dos Palmares* (Vol. 1). Rio de Janeiro: Globo Livros, p. 420.
11 Abraham, K. (1911). Notas sobre as investigações e o tratamento psicanalítico da psicose maníaco-depressiva e estados afins. In Abraham, K. (1970). *Teoria psicanalítica da libido: sobre o caráter e o desenvolvimento da libido*. Rio de Janeiro: Imago, 1970, pp. 32-51.
12 Abraham, K. (1924). Breve estudo do desenvolvimento da libido, visto à luz das perturbações mentais. In Abraham, K. (1970). *Teoria psicanalítica da libido: sobre o caráter e o desenvolvimento da libido*. Rio de Janeiro: Imago, pp. 81-161.
13 Klein, M. (1940). O luto e suas relações com os estados maníaco-depressivos (1940). In *Amor, culpa e reparação e outros trabalhos* (*1921-1945*) (Obras Completas de Melanie Klein. Vol. I). Rio de Janeiro: Imago, 1996.

Green[14] tivessem formulado a ideia de que, quando os pais ou cuidadores da criança estejam eles mesmos indisponíveis para a troca amorosa com seus filhos, em razão do curso de lutos, isso redundaria em uma "triangulação precoce defeituosa" e em uma espécie de transmissão sintomática do luto:

> "A criança estaria então incluída em um "luto branco" associado a "angústia branca." Conforme o autor: "A série branca: alucinação negativa, psicose branca, e luto branco [...] que poderíamos chamar de clínica do vazio, ou clínica do negativo, são o resultado [...] do recalcamento primário como um "desinvestimento massivo, radical e temporário que deixa marcas no inconsciente sob a forma de buracos psíquicos (...). No complexo da mãe morta a criança busca reparar a mãe de seu luto de várias formas, entre as quais figuram a agitação, a insônia, a alegria superficial e os terrores noturnos".[15]

Surge uma ironia involuntária quando o processo de imbricação de lutos, que potencialmente redunda em violência pervasiva e incapacidade de rememoração elaborativa, venha a se chamar, conceitualmente, *luto branco*. O contraste procurado com a melancolia como doença da bílis negra justifica em parte a escolha do termo, mas, por outro lado, poder-se-ia dizer que há um luto negro e um luto indígena que permanecem incrustados ao luto do vencedores, e por que não dizer à sua maneira de elaborar perdas.

Não se quer voltar aqui às antigas hipóteses essencialistas que, por exemplo, no século XIX, falavam do Brasil como um país melancólico, nem antropomorfizar uma nação, mas sugerir que a reconstrução das estratégias de luto cruzado, com seus efeitos encadeados em termos de bloqueio de reconhecimento, pode agir como formadora desses "buracos" ou "furos" psíquicos. Novamente encontramos uma inversão entre os termos na conceitografia lacaniana, para os quais a realização do buraco é o elemento fundamental de simbolização, e os termos de Green, para quem o buraco e o furo parecem constituir uma espécie de lacuna improdutiva e indutora, por si mesma, de efeitos regressivos, incapacidade de trabalhar, perda de sentido do prazer, redução da potência onírica do sonhar, como resultado de uma identificação traumática com a mãe morta.

---

14 Green, A. (1988). *Narcisismo de vida, narcisismo de morte*. São Paulo: Escuta.
15 Neves, M. L. T. (2022). *Dor e luto na histeria feminina*. São Paulo: Escuta.

Um autor como Octavio Souza[16] tentou levar adiante uma leitura de Brasil marcada pela tentativa de explicar a dependência entre racismo e exotismo. Lélia Gonzalez mostrou como a repressão envolvida no racismo passa pelo esquecimento e desmemória imposta no nível da língua. Ambos curiosamente abordam o luto, não como processo de incorporação do colonizador, mas de excorporação do colonizado.[17] Como se ao mito das três raças e sua suposta democracia faltasse um rito que permitisse pensar a identidade mais como processo, e menos como um objeto perdido ou danificado. Isso requer uma separação mais clara entre as identificações com o significante, que ocorrem em grande medida de modo inconsciente, e o que Jurandir Freire Costa[18] chama de operadores históricos de individualização. O luto é um processo de produção de identidade que reúne os dois sentidos, o *luto branco* e o *luto negro*, por assim dizer. Isso sugere que ali onde para um está o buraco improdutivo da angústia traumática, para o outro encontramos o pretexto e o motor de operações de subjetivação pela fantasia.

No entanto, a simbolização só pode acontecer se ela puder articular a intersecção entre os dois tipos de luto. Ora, racismo e exotismo têm uma referência comum como patologias do reconhecimento, ambas baseadas em uma perturbação da experiência de estranhamento. E é no texto de Freud sobre *O infamiliar*, ao qual regressaremos posteriormente, que nossos autores encontrarão uma hipótese para tratar o impasse próprio da fantasia de Brasil:

> A onipotência do pensamento observada nos primitivos e nas crianças é sempre vivida de modo transitivo: minha onipotência pode ser sempre a onipotência do outro. Se for dada a prevalência ao momento do Outro, como aliás requer a estrutura, complexo de castração e crença na onipotência do pensamento podem ser entendidos paradoxalmente, como efeitos da suposição de não-castração do Outro. Senão vejamos, a angústia de castração nada mais é do que a suposição de um outro não-castrado, de um outro

---

16 Souza, O. (1988). *Fantasia de Brasil*. São Paulo: Escuta.
17 Gonzalez, L. (2020). *Por um feminismo afro-latino-americano: ensaios, intervenções e diálogos*. (F. Rios & M. Lima, orgs.). Rio de Janeiro: Zahar.
18 Costa, J. F. (2021). *Violência e psicanálise*. 4. ed. rev. e ampl. São Paulo: Zagodoni.

que não encontra limites para seu arbítrio, que quer dispor de minha virilidade para a sua própria fruição (...) a angústia face ao estranho é provocada pela ameaça do desejo de um Outro, concebido como não-castrado.[19]

Comentando este texto de Freud, Neusa Santos Souza afirma que a existência de um desenlace para o luto, que seria capaz de abraçar o estrangeiro como passageiro da diferença, e que, como afirmação do múltiplo, seria um "verdadeiro antídoto contra toda foram de racismo".[20]

6.2. Historicidade do luto

Ao longo dos séculos XVIII e XIX, a literatura captura e reinterpreta gradativamente a função dos mitos, agora no contexto da formação dos Estados nacionais. É nessa transformação discursiva dos mitos coletivos e orais para a história, na forma das épicas nacionais e da literatura de formação que a torna romance, que teriam sido criadas as condições discursivas para a neurose como dispositivo genérico de subjetivação do indivíduo moderno, condições que permitem reler o pacto edipiano, o trauma, a alienação narcísica e a dissolução de união dos simbólicos de pertencimento como variantes do luto. Condições que foram redefinidas por Lacan e Lévi-Strauss, caracterizando a neurose como mito individual, ou seja, uma espécie de *roteiro impossível de seguir,*[21] dotado das seguintes particularidades formais:

a. Apresenta-se como um pequeno drama ou gesta, como "representação objetivada de um *epos*".[22]
b. Condiciona o desencadeamento de novos sintomas, de angústia máxima e de atormentação infinita.[23]

---

19 Souza, O. (1994). *Fantasia de Brasil: as identificações na busca da identidade nacional.* São Paulo: Escuta, pp. 131-132.
20 Santos Souza, N. (2021). *Tornar-se Negro.* Rio de Janeiro: Zahar, p. 129.
21 Lacan, J. (2008). *O mito individual do neurótico.* Rio de Janeiro: Zahar, p. 24.
22 Ibidem, p. 15.
23 Ibidem, p. 17.

c. Cria uma unidade entre o plano real e a função simbólica,[24] entre a constelação familiar e o relato autobiográfico, entre vivos e a morte.[25]

d. Fornece uma formulação discursiva a algo que não pode ser transmitido pela definição conceitual de verdade.[26]

O Zumbi como protótipo da neurose individual brasileira, como recalque do *pretoguês* como língua,[27] em sua face de enlutamento, parece sintetizar personagens fundamentais da literatura europeia vindoura: lobisomens, fantasmas, vampiros, o monstro de *Frankenstein* e duplos (*Doppelgänger*). Todos eles, condenados a não morrer, caracterizam-se pela errância, desterritorialização e repetição. Mas eles não são apenas personagens, pois traduzem traços narrativos marcados pelo caráter fragmentário da apresentação, a mistura entre história da doença e história do doente, a repetição perturbadora de eventos, a indiferença ou a angústia. Verificamos no mito de Zumbi uma versão do que Lacan encontrou em Hamlet, como "sonâmbulo que aceita tudo".[28] Cada um desses protagonistas tem um antagonista específico: o cientista que cruza os limites do humano (Frankenstein), o corpo fragmentado (Saci-Pererê, Mula sem Cabeça), o híbrido humano animal (Esfinge, Sátiro, Centauro, Lobisomem, Iara, Boitatá), a mulher assediada (Vampiro, Boto Rosa, Caipora), o usurpador (Fantasma, Horla), o explorador ou raptor de corpos (Duplo, Zumbi) e o sequestrador de crianças (Homem de Areia, Homem do Saco, Cuca, Papa-Figo). Cada par em conflito possui ainda um mediador, intermediário ou xamã como figuração social do trato entre viventes e morrentes:

> As características xamânicas que eu reconhecera nos andarilhos do bem parecem-me hoje partilhadas por outras figuras do folclore europeu: lobisomens eslavos e bálticos, *táltos* húngaros, *kersniki* dálmatas, *mazzeri* corsos e assim por diante. Todos esses personagens afirmavam

---

24 Ibidem, p. 40.
25 Ibidem, p. 42.
26 Ibidem, p. 13.
27 Gonzalez, L. (2020). *Por um feminismo afro-latino-americano: ensaios, intervenções e diálogos.* Rio de Janeiro: Zahar.
28 Lacan, J. (2016). *O Seminário, livro 6: o desejo e sua interpretação (1958-1959).* Rio de Janeiro: Zahar, p. 182.

ter a capacidade de dirigir-se periodicamente (em espírito ou em forma de animal) ao mundo dos mortos.[29]

Entre vivos e mortos, a relação pode ser de intromissão, de pacto, de alienação ou de negação. Por isso, não surpreende que a "mesma" história do Brasil enlutado, anteriormente resumida, possa ser contada a partir do *pacto* e das negociações políticas ou econômicas. Ou então que ela seja narrada a partir dos grandes heróis guerreiros e suas batalhas contra *objetos intrusivos*, do ponto de vista da testemunha imparcial, *alienada* dos fatos que ela organiza e retém, ou do ponto de vista da perda ou transformação em relação à unidade anteriormente constituída, ou dos duplos comparativos que ela pode engendrar.

Aqui introduzimos a noção psicanalítica de fantasma como ponto de vista de onde a realidade se constitui por exclusão do Real. O ponto de vista do morto não precisa ser teologicamente informado, antropologicamente consistente ou metafisicamente justificado para funcionar perfeitamente bem no âmbito da narrativa e do sonho. Por exemplo, Brás Cubas, personagem machadiano que, entre a tinta da galhofa e a melancolia, poderia ser considerado um dos fundadores de nossa literatura, não é apenas a extensão dos acontecimentos que ele lembra, mas também a combinação entre *voz* e *temporalidade*, na *perspectiva* do narrador no trato dos viventes, em situação de luto adiado.

A antropóloga indiana Veena Das, estudiosa de situações de conflito, opressão e ressentimento, particularmente dos grandes massacres de 1984 ao grupo religioso dos *sikhs* na Índia e da partição em 1947 entre Índia e Paquistão, observou a importância das estratégias de nomeação, não apenas como parte da disputa política pelo sentido da história, mas também como elemento essencial ao modo como o sofrimento pode ser tratado, considerando-se a convivência futura entre opressores e oprimidos no contexto do luto coletivo.

> (...) me parece que as noções de repetições fantasmagóricas, presenças espectrais e todos aqueles tropos que se sedimentaram em nossa linguagem comum da teoria do trauma são muitas vezes evocados cedo demais – como se os processos que constituem o modo como a vida cotidiana

---

29 Ginzburg, C. (1989). Freud, o homem dos lobos e os lobisomens. In Ginzburg, C. *Mitos, emblemas, sinais: morfologia e história*. São Paulo. Companhia das Letras, p. 209.

está envolvida no presente tenham pouco a dizer sobre como a violência é produzida ou vivida.[30]

Sua argumentação é uma resposta ao diagnóstico de Achille Mbembe de que haveria um fracasso relativo do imaginário africano em produzir um modo de escrever o sujeito, e que essa escrita tem sido bloqueada pelo discurso de vitimização, implantado em torno do primado histórico da escravidão, colonização e *apartheid*. Como se não se tivesse produzido, ainda, um homólogo africano da narrativa do holocausto judaico.[31] Dar lugar à vítima em vez do sujeito do sofrimento poderia, para Das, resolver o problema de que trauma, perda e ausência não são os mesmos dos dois lados do Atlântico, enquanto para Mbembe "o apelo à raça como base política e moral da solidariedade dependerá, em alguma medida, de uma miragem da consciência".[32] Para Das, tornar o cotidiano habitável para opressores e oprimidos não precisa depender de uma identidade unificada, mas da "convivência de vozes" entre fantasmas do passado e aspirações do futuro, entre corpos dolorosos das mulheres e seu destino comum com descendentes de seus algozes. Nesse percurso, a noção de verdade narrativa é muito importante. Ela permite, sem negar a história, criar discursos e, consequentemente, novos laços sociais, "reabitando o espaço de devastação novamente".

Autores de espectros filosóficos tão distintos como Alasdair MacIntyre,[33] Martha Nussbaum[34] e Axel Honneth[35] têm usado a congruência

---

30 Das, V. (2020). *Vida e palavras: a violência e sua descida ao ordinário*. São Paulo: Editora da Unifesp, p. 273.
31 Mbembe, A. (2002). African Modes of Self-Writing. *Public Culture*, v. 14, n. 1, pp. 239-273.
32 Ibidem, pp. 259-260.
33 MacIntyre, A. (1987). *Justiça de quem? Qual racionalidade*. São Paulo: Loyola.
34 Nussbaum mostrou como na ética trágica está envolvida uma inteligência prática e a capacidade de escolha e que sua particularidade ética emana da vulnerabilidade à perda: "ter a percepção correta da morte de uma pessoa amada não é simplesmente registrar este fato com o intelecto ou o juízo. Se uma pessoa observasse o fato, mas fosse destituída de resposta passional, seríamos inclinados a dizer que ela não viu, absorveu, reconheceu, realmente o que aconteceu; que não apreendeu a situação pelo que ela era". In Nussbaum, M. (2009). *A fragilidade da bondade: fortuna e ética na tragédia e na filosofia grega*. São Paulo: Martins Fontes, pp. 260-270.
35 Honneth argumenta que Freud teria descoberto como a autorrelação, como processo de apropriação do desejo, envolve a cada momento a admissão da angústia que lhe

narrativa entre si, outro e mundo como critério ético-moral. Lacan poderia tomar parte nessa direção se entendermos que essa congruência não diz respeito a valores específicos, mas a uma certa relação entre o que se diz e o que se compreende, entre o que se diz e a forma como se diz, uma relação que esteja à altura de "que se diga fica esquecido detrás do que se diz no que se ouve",[36] ou seja, como reconhecimento de uma perda de sentido ou de sentido negativo na congruência do dizer. Assim, o luto surge como um modelo alternativo para o trato dos viventes:

> (...) ficamos também com uma suspeita de que as noções de Mbembe do passado estão localizadas numa concepção linear de tempo, uma vez que ele parece recusar a possibilidade de alguém poder ocupar o espaço de devastação tornando-o próprio não por um gesto de fuga, mas ocupando-o como presente em um gesto de luto.[37]

Essa diferença foi captada também pelo interessante trabalho de Sharon Kangisser Cohen, ao entrevistar novamente os sobreviventes do Holocausto, cinquenta anos depois de eles terem participado de uma pesquisa, em 1946, sobre os acontecimentos àquela época. Com foco na experiência individual e na descrição dos fatos, a pesquisadora foi uma das primeiras a relatar a solidão e a culpa do sobrevivente,[38] assim como o jogo de vozes entre a autocondenação e a acusação dos colaboradores e algozes, bem como a conexão entre trauma psíquico e somático. Aqui começa uma discussão sobre a gradual diferença entre a memória da sensação, em que certas imagens recorrentes parecem devorar o conjunto da experiência, e a memória corporal narrativa. Revendo sua abordagem em 1956, Boder

---

é correlata. Experiências-chave como o luto instauram uma reconstrução biográfica, às voltas com um "corpo estranho" (*foreign body*), que são vividos, ao mesmo tempo, como experiências de desamparo e de liberdade. In Honneth, A. (2009). *Pathologies of Reason: On the Legacy of Critical Theory*. New York: Columbia, pp. 139-145.

36 Lacan, J. (1973). O aturdito. In *Outros escritos* (2002). Rio de Janeiro: Zahar, p. 26.
37 Das, V. (2020). *Vida e palavras: a violência e sua descida ao ordinário*. São Paulo: Editora da Unifesp, p. 284.
38 Cohen, S. K. (2014). *Testimony & Time: Holocaust Survivors Remember*. Jerusalém: Yad Vashem, p. 37.

já afirmava que ele *"não tinha entrevistado os mortos"*.[39] Cohen nota que a preocupação em não perder os fatos e o registro da descrição histórica levou muitos sobreviventes a um registro de linguagem que não favoreceu a elaboração do trauma. Recursos como o discurso indireto, a oscilação da posição narrativa, de primeira para terceira pessoa, a intrusão de palavras em outras línguas, onomatopeias, silêncios e o respeito pelo impronunciado podem fazer a diferença entre a reificação do sofrimento ou sua transformação em experiência coletiva.

Deslocar-se do registro descritivo ao narrativo pareceu uma estratégia importante para renunciar a identificação com a solidão e o isolamento da vítima com sua consequente passagem a sobrevivente.[40] No melhor cenário, o narrador oscila entre a *sua história,* a *deles,* e a *nossa,* de modo que o resultado é uma experiência de indeterminação e partilha, carregando o outro dentro de si no mesmo gesto pelo qual nos separamos dele.[41]

Para Cohen, a escuta empática implica renunciar ao poder, inclusive ao poder de reificar a vítima em seu próprio relato.[42] Entre os sobreviventes, havia claramente os que continuavam aderidos à mesma descrição objetiva dos fatos, como gesto político e monumento, e outros que se deixaram avançar para o risco da normalização. De um lado o luto finito, do outro a "amizade que surge da dor compartilhada".[43] Surgem então os temas malditos: canibalismo, denúncias trágicas, mas também o sofrimento suprimido em sua expressão para ajudar o outro a suportar um sofrimento ainda maior. Ao final, os movimentos do luto são compatíveis com o que elencamos até aqui: passagem da descrição para a narração, realização, interpretação e contextualização da perda, rememoração e reencenação das cenas, discurso indireto e, finalmente, reparação, criação e separação. Mas agora fica claro que o ato de criação interno do luto não precisa ser reconhecido publicamente, às vezes a criação envolve apenas

---

39 Ibidem, p. 67.
40 Ibidem, p. 82.
41 Ibidem, p. 87.
42 Ibidem, p. 99.
43 Ibidem, p. 131.

dizer de outro modo, dizer diferente. A estrutura dialogal no interior da qual o sofrimento é partilhado pelo luto pode agora ser desdobrada no conceito de trato dos viventes.

A narrativa de sofrimento não é a história e a história não é o discurso. A história em si mesma pertence ao Real, ou seja, o impossível que existe, a contingência para além do não necessário e do não possível. O discurso, enquanto domínio do que é necessário, contorna o Real, tornando possível o laço social agenciando o mal-estar por meio de um sistema de circulação e encobrimento. O discurso regula os diferentes regimes de verdade, no interior do qual ficções simbolizam, imaginarizam e nomeiam o Real, ainda que de forma fracassada. Entre eles, a narrativa é uma espécie de articulação comum entre o Real e a verdade. A narrativa encontra-se na distância que separa o Real da realidade, na acepção lacaniana, mas também na ficção que separa a verdade do saber.

Em trabalhos anteriores,[44] ligamos essas figuras como personagens-tipo de nossas principais narrativas de sofrimento na modernidade: a narrativa da alienação da alma (zumbis), do pacto violado (fantasmas), do objeto intrusivo (vampiros) e da perda da unidade simbólica (monstro de *Frankenstein*). Cada uma dessas narrativas pode ler e integrar em si as narrativas anteriores alterando sua estrutura de ficção, mas não seu conteúdo. Por exemplo, a "mesma" história sobre o século XVII brasileiro poderia ser feita a partir da narrativa das grandes invasões e de seus generais, da perda de sustentação da unidade do império português, poderia ser posta em forma de *páthos* poético (Fernando Pessoa) ou submetida ao conceito historiográfico de pacto colonial. A "mesma" história poderia ser apresentada com ênfase no discurso econômico, político, moral ou sociológico. Mas, para Freud, apenas uma narrativa capaz de articular história e discurso, rememoração e afeto, compartilhada e elaborada, como experiência revivida em ato, poderia curar o sujeito. Com Lacan aparece a hipótese de que tal trabalho narrativo deve se constranger aos limites da estrutura, quais sejam, a estrutura dos mitos, da tragédia, da moralidade e suas articulações entre Real, Simbólico e Imaginário.

---

44 Dunker, C. I. L. (2015). *Mal-estar, sofrimento e sintoma: uma psicopatologia do Brasil entre muros*. São Paulo: Boitempo.

A expressão *trato dos viventes* está sendo tratada aqui em acepção um pouco distinta, tanto do historiador quanto daqueles que fizeram a análise do discurso do luto. Assim como existem muitos gêneros históricos, elegíacos ou satíricos sobre a vida e a morte de heróis, existem gêneros literários ligados ao luto. Um bom exemplo é a filosofia da Consolação, cujo livro fundador, escrito por Boécio por volta de 524,[45] narra a função, o propósito e a meditação do autor, em situação semelhante à de Sócrates, que depois de ingerir cicuta fala aos seus discípulos. Consolar, escrever e meditar sobre a própria vida é parte do luto mais difícil de ser feito: o luto de si mesmo.

Se a narrativa do luto tende a percebê-lo como um processo finito, cujo coroamento é a eternidade simbólica do herói, o discurso do luto tende a caracterizá-lo como um processo infinito, de transmissão mítica e repetição indefinida de vidas individuais, que se tornam casos particulares da permanência simbólica de algo não inscrito, não tolerado, não aceito em uma comunidade. O plano narrativo funciona como uma espécie de articulação entre a finitude da historicidade de uma vida e a infinitude do luto discursivo. Uma cultura pode oferecer diferentes discursos sobre a morte e o morrer, alguns mais míticos, genealógicos ou teológicos, outros mais conceituais ou épicos, outros ainda literários ou psicológicos. Sua função é oferecer a armadura histórica do ritual correlato da estrutura discursiva do mito. Mas a tarefa do luto (*Trauerarbeiten*) – que por isso é o modelo de toda elaboração (*Ducharbeiten*) em psicanálise – é que cada sujeito deve encontrar a sua própria narrativa de luto, ou seja, encadear cada novo luto em sua cadeia de lutos finitos e infinitos.

Mantendo-nos no âmbito da produção de uma narrativa, nos referimos ao trato dos viventes como uma espécie de acordo, negociação ou tratamento, no sentido clínico e moral, entre os vivos, os mortos e os que virão. Nada revela melhor nossa política no trato dos viventes do que a maneira como damos destino aos casos-limite, aqueles que criam a cada momento o que não pode ser integrado propriamente à ordem simbólica, mas que mesmo assim merecem direito à ex-sistência. Tais casos se agrupam em torno do conceito lacaniano como objeto *a*, quando se trata do luto individual, e do que Agamben chamou de *homo sacer*, quando se trata do luto coletivo:

---

45 Boécio (2014). *A consolação da filosofia*. São Paulo: Martins Fontes.

A sala de reanimação onde flutuam entre a vida e a morte o *néomort* [neo-morto], o além comatoso e o *faux vivant* [falso vivente] delimita um espaço de exceção no qual surge, em estado puro, uma vida nua pela primeira vez integralmente controlada pelo homem e pela tecnologia. E visto que se trata, justamente de um corpo natural, mas de uma extrema encarnação do *homo sacer* (o comatoso pode ser definido como "um ser intermediário entre o homem e o animal"), a aposta em jogo é, mais uma vez, a definição de uma vida que pode ser morta sem que se cometa homicídio (e que, como o *homo sacer*, é insacrificável (…).[46]

Isso significa entender o luto como um processo de transição pelo qual os vivos reinstalam e dão lugar simbólico aos que se foram, recriando, continuamente, a cultura. Os viventes colocam-se também como intermediários entre os que nasceram e morreram e os que ainda não nasceram, perspectivando futuros possíveis. Finalmente, quando os viventes tratam consigo mesmos, em acordos, pactos ou contratos sociais, eles terão sempre em vista o fato de que são também apenas *morrentes* ou mortais. Isso significa que, quando alguém reconhece outro, reconhecerá também sua relação com outros viventes, e ainda o modo de tratamento dos que virão e dos que passaram. Disso decorre que o luto não é apenas um período mais ou menos ritual de transição. Quando ocorre a perda de uma pessoa, de um ideal ou de uma nação, ele institui, ainda que de forma inconsciente, o trabalho para reconhecer e localizar aquele alguém no interior do trato dos viventes. A imagem se coloca de acordo com a figura do colar, proposta por Freud para apresentar o fio do desejo:

> Ou seja, passado, presente, futuro se alinham como um cordão percorrido pelo desejo, que passa através deles. (…) Tentemos utilizar nossa proposição feita antes acerca da relação da fantasia com os três tempos, assim como os desejos com a obra do poeta e, com sua ajuda, estudar as relações dadas entre a vida do poeta e suas criações.[47]

---

46 Agamben, G. (2002). *Homo sacer: o poder soberano e a vida nua I*. Belo Horizonte: Autêntica, p. 171.
47 Freud, S. (2015). O poeta e o fantasiar (1908). In Freud, S. *Arte, literatura e os artistas*. Belo Horizonte: Autêntica.

Assim como Polinices, o irmão de Antígona que se encontrava ameaçado de não existir, no sentido de não se inscrever na ordem simbólica dos humanos vivos, passíveis de morte e lembrança, *Frankenstein* é um enigma-limite sobre a humanidade e os direitos do inumano, seja ele o animal, que não tem parentesco, seja ele o monstro, que não tem lugar, ou o estrangeiro, que não fala a nossa língua. Se *Édipo Rei* examina o trato dos viventes, na sua relação com os ancestrais, humanos e inumanos, e se em *Antígona* o trato dos viventes envolve a partilha entre quem tem direito e quem não tem direito ao luto, em *Édipo em Colono* a discussão diz respeito ao estatuto do corpo morto. Mas esse trato seria feito exclusivamente como negociações com os ancestrais genealógicos e parentais da pessoa?

> A releitura de Antígona conduzida pela teoria psicanalítica pode questionar a ideia de que o tabu do incesto legitima e normaliza o parentesco com base na reprodução biológica e na heterossexualização da família. Embora a psicanálise tenha com frequência insistido que a normalização é invariavelmente interrompida e frustrada por aquilo que não pode ser ordenado por normas reguladoras, ela raramente abordou a questão de como novas formas de parentesco podem surgir e, de fato, surgem em função do tabu do incesto.[48]

Lembremos que quando a Esfinge, esse monstro que emerge do interior da terra, pergunta a Édipo qual ser anda de quatro patas pela manhã, com duas patas à tarde e com três patas à noite, ele lhe responde com um gesto: *aponta para si mesmo*. Esse gesto faz com que a Esfinge se atire no precipício de onde veio, porque a resposta conserva a ambiguidade da questão: "*eu, Édipo, filho de Laio e neto de Lábdaco, herdeiro sanguíneo do reino de Tebas*", ou, então, "*eu, Édipo, como meu nome diz, 'pés inchados', que se arrastam sobre a superfície da terra, por sobre os mortos e seres ctônicos*", ou, então, "*eu, Édipo, representante dos seres humanos, que quando nascem engatinham em quatro patas, na vida adulta caminham sobre suas duas pernas próprias e na velhice apoiam-se em cajados, perfazendo três patas*"? As interpretações correntes da tragédia deixam de lado que, além de Édipo ser humano, pai de família e tirano de Tebas, há também o Édipo que morre,

---

48 Butler, J. (2014). *O clamor de Antígona: parentesco entre a vida e a morte*. Florianópolis: UFSC, pp. 94-95.

como ser humano do gênero masculino, pai mortal e rei de somente uma cidade. A lei da morte não pode ser reduzida nem ao tabu do incesto, nem ao pai morto do totem, nem ao homem representante do humano.

> Se o *Édipo Rei* consegue abalar o ser humano moderno tanto quanto os gregos contemporâneos, isso só pode se dever ao fato de que o efeito da tragédia grega resulta não do contraste entre destino e vontade humana, mas da peculiaridade do material que serve para demonstrar esse contraste. Deve existir uma voz dentro de nós disposta a reconhecer o poder imperioso do destino em Édipo [...]. A história de Édipo Rei realmente contém um elemento desse tipo. Seu destino nos comove apenas porque poderia ter sido também o nosso, porque o oráculo pronunciou a mesma maldição contra nós antes mesmo de nascermos. Todos éramos talvez predestinados a voltar ao nosso primeiro impulso sexual para a nossa mãe e o nosso primeiro ódio e desejo violento contra o pai; nossos sonhos nos convencem disso. O Édipo Rei, que matou seu pai, Laio, e se casou com sua mãe, Jocasta, é apenas a realização do desejo de nossa infância. [...] O poeta, ao revelar a culpa de Édipo, nos obriga ao conhecimento de nosso próprio interior, no qual aqueles impulsos, mesmo que reprimidos, continuam a existir.[49]

Ou seja, na introdução da ideia de Édipo em psicanálise, estão postas tanto a importância da apresentação, em contraste com a representação, o trato com a genealogia, como também a persistência do afeto no trato com os viventes, seja da culpa, seja da comoção. Podemos intuir que se o luto é um trabalho, ele se assemelha à construção de uma narrativa como aquela que o poeta cria para redefinir relações entre o passado e o presente, e que o profeta cria para definir relações entre o presente e o futuro. Disso inferem-se também certas condições preliminares para pensar o luto infinito, ou seja, a não-morte, o não-nascimento e a não-existência. Nesses três casos, o luto é infinito porque a reta contínua do desejo, ele mesmo infinito, é atravessada por outras formas de infinitude, por exemplo, o luto do filho que nunca se teve, ou o luto pelo pai que poderia ter sido. O luto por aqueles aos quais a segunda morte lhes foi negada assemelha-se ao luto daqueles cuja humanidade foi subtraída.

---

49 Freud, S. (2019). *A interpretação dos sonhos (1900)* (Obras Completas, Vol. 4). São Paulo: Companhia das Letras, p. 269.

Mas se a tragédia do luto infinito não é nem *Antígona* nem *Édipo Rei*, mas *Édipo em Colono*, isso acontece porque essa tragédia tematiza não o luto amoroso, nem o luto do objeto perdido, mas o luto do lugar. Aqui é preciso voltar a Platão e à sua distinção entre duas classes de lugares. Há, primeiro, o lugar como *topoi*, ou seja, vazio a ser ocupado pelo objeto, que remete a um espaço contínuo, abstrato e homogêneo, compatível com a "forma *a priori*" de Descartes e Kant. Mas há também o lugar como *khôra*, ou seja, como diz Lacan, "o nome do coro em movimento, o lugar como 'meio espacial onde se produzem as aparências' e 'aquilo do qual elas são constituídas'".[50] Se os lugares vazios, inclusive vazios de poder, suscitam uma teoria da ocupação ou da encarnação, os lugares como *khôra* evocam metáforas como a do "receptáculo do futuro" ou "aquilo no que se torna" e o "lugar para o qual se volta", segundo a alegoria literária da casa e da mãe. Se o *topos* levanta a pergunta "onde isso está?", *khôra* indaga "por que é necessário que isso tenha um lugar?".[51] *Khôra* é um princípio de nutrição, que circunda o *astu*,[52] o centro urbano da pólis, ou seja, a melhor ilustração grega do que se pode chamar de periferia, subúrbio, arredores de uma cidade, lugar onde justamente acontece a tragédia de *Édipo em Colono*. Ele está nos arredores da cidade, não pode entrar nela, mas também não pode dela se afastar indefinidamente. A *khôra* é também lugar onde se localizam os cemitérios, no limite do perímetro da cidade, o lugar intermediário ao qual convém a relação entre vivos e mortos. Mas o mais interessante é que *khôra* designa uma forma muito peculiar de *ter* algo ou alguém, ter no sentido de participar de "algo em movimento". O movimento aqui é ambíguo, pois designa tanto a passagem de um lugar ao outro, no sentido de topos e da topologia, quanto o movimento como *alteração*, ou seja, transformação ou mudança em outro, tornar-se *alter*.[53]

---

50 Lacan, J (1988). *O Seminário, livro 7: a ética da psicanálise (1958-1960)*. Rio de Janeiro: Zahar, p. 206.
51 Allouch, J. (2022). *O outrossexo: não existe relação heterossexual*. São Paulo: Zagodoni, pp. 201-207.
52 De onde teria advindo o substantivo "*wes*", casa, residência, morada, que originou *was* e *were*, no inglês, formas pretéritas do verbo *ser*, que teria também originado o alemão, *wesen*, ser, natureza, essência.
53 Observando essa distinção, Allouch propôs a noção de *encarpação*, em contraste com *encarnação*, para designar a ocupação de um lugar em movimento [Allouch, J. (2022). *O outrossexo: não existe relação heterossexual*. São Paulo: Zagodoni, p. 206]. Disso

6.3. Hegel ameríndio: esboço de um conceito não identitarista da identidade

Talvez tenha sido Hegel, em seus primeiros quatro capítulos da *Fenomenologia do espírito*, de 1807, o primeiro a perceber o entranhamento entre modalidades narrativas e posições subjetivas. Por isso, as "figuras da consciência", históricas e estruturais, que ele descreve recebem nomes de extração literária, tais como a *bela alma*, a *lei do coração*, a *consciência infeliz* e a *dialética do senhor e do escravo*. A *bela alma*, em referência às obras literárias de Goethe, diz respeito à atitude estética por meio da qual alguém se coloca à distância do mundo, sem conseguir se reconhecer como alguém que concorre para a produção da própria miséria ou ruína. A *lei do coração* refere-se ao momento em que o sujeito se apresenta como uma identidade autorreferida capaz de produzir sua própria lei, a partir da interpretação dos seus afetos e sentimentos, como queria Rousseau.[54] A *consciência infeliz* refere-se à narrativa estoica, cética e cristã de autodomínio e autodisciplina, como forma de sobreviver à dominação do outro e às exigências do mundo. Finalmente, a relação senhor (*Herr*) e escravo (*Knecht*) compreende a formação do indivíduo como cidadão, definido pela experiência dialética do reconhecimento, compreendendo a passagem da natureza ao espírito e o conceito de liberdade.

O *Fausto*, de Goethe, é um paradigma do projeto de autonomia individual capaz de superar a racionalidade contemplativa. Karl von Moor, protagonista da peça teatral *Os bandoleiros*, de Friedrich Schiller, representa a *lei do coração* e o *delírio da presunção*, que são formas históricas da divisão entre autonomia e ordem estabelecida. *Dom Quixote*, de Cervantes, indica a luta perdida da virtude contra o curso do mundo, a renúncia das aspirações sublimes, a loucura e o sonho.

---

    podemos inferir que o luto espectral se relaciona com o problema originário de *Édipo em Colono* e da experiência da colonização como perda de lugar, mas perda que se passa no desaparecimento e no destino do corpo.

54 Safatle, V. (5 jun. 2012). Aula 23-30 do curso de Fenomenologia do Espírito, de Hegel. *Projeto Phronesis*. Recuperado de https://projetophronesis.wordpress.com/2012/06/05/vladimir-safatle-aula-2330-fenomenologia-do-espirito-de-hegel/.

Seguindo o comentário de Kojève, posteriormente retomado por Lacan, o *desejo do homem é o desejo do outro*. O verdadeiro reconhecimento se realiza ao custo de uma antropologia que assume que, apesar de estarmos divididos entre escravos (*Knecht*) e senhores (*Herr*), estamos todos reunidos em nossa identidade humana e não animal. Essa identidade é dada pela capacidade de negação, expressa pela linguagem, pelo desejo e pelo trabalho. Nesse sentido pode-se entender a ideia de que a palavra é a morte da Coisa, ou seja, não apenas a capacidade de reconhecer objetos e estados de mundo, mas também atos de reconhecimentos:

> A atitude do senhor é um impasse existencial: o senhor não obtém o reconhecimento que queria obter, já que é reconhecido por uma consciência não livre: Ele percebe isso: impasse. Já o escravo reconhece a liberdade do senhor. Basta libertar-se de si ao se fazer reconhecer pelo senhor para chegar à situação do reconhecimento verdadeiro, isto é, mútuo. A existência do senhor é "justificada" enquanto ele transforma – pela luta – animais conscientes em escravos que se tornarão um dia homens livres.[55]

Em Hyppolite isso se resolve pelo progresso universalista da identidade, que parte do senhor como verdade da consciência imediata (Eu=Eu), no qual o escravo representa a mediação da essência, ou seja, em que há um sistema de negações que prescinde de passagens entre o animal e o humano, entre bárbaros e civilizados, entre infantil e adulto. Todas estas oposições estão contidas na oposição maior entre vida e morte:

> O que o senhor faz sobre o escravo, o escravo o faz sobre si mesmo, se reconhece como escravo; enfim, sua operação é a do senhor, não tem seu sentido nela mesma, mas depende da operação essencial do senhor. Entretanto, o que o escravo faz sobre si mesmo não o faz sobre o senhor, e o que o senhor faz sobre o escravo não o faz sobre si. A verdade da consciência do senhor é, portanto, a consciência inessencial, a do escravo.[56]

---

55 Kojève, A. (2002). *Introdução à leitura de Hegel*. Rio de Janeiro: Contraponto, p. 53.
56 Hyppolite, J. (1999). *Gênese e estrutura da fenomenologia do espírito de Hegel*. São Paulo: Discurso, p. 189.

Jameson nos lembra que nas versões preliminares da luta do senhor e do escravo,[57] em *O sistema da vida ética* (1802/1803), a dialética era apresentada em termos sexuais, como uma oposição de gêneros, que posteriormente foi realocada para os capítulos sobre "prazer e necessidade" e "lei do coração", na versão de 1807 da *Fenomenologia do espírito*.[58] Ali as figuras do senhor e do escravo estão marcadas pela oposição entre falta de essência ou anonimato, falso reconhecimento ou reconhecimento real. A par da interpretação antropológica ou histórica, Jameson observa que Hegel tenta alegorizar o nascimento da cidadania nos Estados europeus pós-revolucionários como um mito.[59] Um mito de apossamento e libertação. Mito indutor de nossas relações de apossamento e propriedade primária, que tem por objeto nossa identidade, seja como nome, seja como corpo. Neste sentido o mito do senhor e do escravo é uma versão do mito de Narciso, englobando agora trabalho, desejo e linguagem. Dentro desse mito, opera o que Butler chamou de contrato de substituição corporal:

> O escravo, portanto, pertence ao senhor, mas com um tipo de pertença que não pode ser reconhecida, pois reconhecê-la implicaria reconhecer a substituição e, por conseguinte, expor o senhor como o corpo que evidentemente ele não quer ser.[60]

Carla Rodrigues[61] mostrou como esse contrato ocorre entre a "dona de casa" e a "empregada doméstica" brasileira: *Seja meu corpo para mim, mas não me deixe saber que o corpo em que você está é o meu.* Uma pode trabalhar fora, outra trabalha dentro da casa. Uma se faz reconhecer porque "produz", a outra é diminuída porque "reproduz" vida. Entre elas acontecem, portanto, uma duplicação de corpos e a transmissão de uma dívida

---

57 Hegel, G. W. F. (1979). *System of Ethical Life*. Albany: State University of New York Press.
58 Hegel, G. W. F. (2003). *Fenomenologia do espírito*. Petrópolis: Vozes.
59 Jameson, F. (2015). *Las variaciones de Hegel: sobre la Fenomenología del espíritu*. Madri: Akal, p. 67.
60 Butler, J. (2017). *A vida psíquica do poder: teorias da sujeição*. Belo Horizonte: Autêntica, p. 44.
61 Rodrigues, C. (2021). *O luto entre clínica e política: Judith Butler para além do gênero*. Belo Horizonte: Autêntica.

impagável. Nessa substituição, em que o corpo da "patroa" adquire vida própria, enquanto o da trabalhadora enfrenta a "morrência" cotidiana, há sempre uma propriedade controversa que denuncia e envergonha ambas, ainda que a vergonha possa ser substituída pelo ódio ou pelo amor em formação reativa. Curiosamente, nesse afeto comum da vergonha de identidade entre ambas, expressa-se a verdade precária de que elas sofrem com déficit de reconhecimento, como mostrou Anna Muylaert, no filme *Que horas ela volta?*.[62]

Entre o reconhecimento universal e assexuado da *Fenomenologia do Espírito*, em sua versão final, e o Hegel de *Ciência da lógica*, com sua ênfase na contingência, seria possível encontrar uma teoria sexuada do reconhecimento, como conceito de conceito que nos levaria a outro tipo de universal? A dialética da senhora e do escravo ou a dialética do senhor e da escrava? Se assim fosse, poderíamos reconsiderar as aproximações até aqui salientadas entre perspectivismo ameríndio e filosofia hegeliana como a relação entre um sistema de mitos contraditórios sobre a lei fálica (Totem e Tabu e Complexo de Édipo, Narcisismo e Mestre-Escravo) e, de outro, um não-sistema ou não-conjunto de devires que não se opõem à lei fálica, nem a questionam, nem a dialetizam, mas trafegam em outro registro de conceito, em outra modalidade de tempo, chamada por Lacan de não-todo (sexuação). Ou seja, não existe uma dialética entre o todo (masculino) e o não-todo (feminino), mas uma explosão da unidade categorial, representacional e predicativa, a qual chamamos de identidade e que deve ser contada não como uma relação entre indivíduos, mas como uma relação não dialética entre perspectivas.

Como vimos, o perspectivismo amazônico envolve a produção de mundos e regimes de existência para enigmas práticos, para solucionar problemas de indeterminação entre o Eu e o Outro, entre o próprio e o impróprio, entre o familiar e o estranho, entre o morto-inanimado e o vivo-animado em um contexto de nomadismo e família estendida ao modo de parentela.Ele é, ao seu modo, uma crítica performativa da identidade representacional como regra geral das relações de reconhecimento. Aqui se poderia reencontrar a crítica hegeliana da verdade:

---

62 Muylaert, A. (Diretora) (2015). *Que horas ela volta?* São Paulo: África Filmes; Rio de Janeiro: Globo Filmes.

A possibilidade de que a representação *se conforme* ao objeto com o qual ela se relaciona só aparece como um enigma porque se deixou explodir a unidade efetiva na qual convergem a expressão (tornada determinação subjetiva), o sentido (tornado universal separado) e a coisa (tornada conteúdo pré-dado).[63]

Essa explosão da unidade do Outro é fundamental se quisermos pensar uma teoria não identitarista da identificação. Isso vem sendo pressentido por diversos autores que têm renovado o pensamento hegeliano. Žižek, por exemplo, percebeu a importância da noção de contingência em Hegel, tanto pela sua dificuldade para pensar certos aspectos do registro psicanalítico de contingência (inconsciente, sobredeterminação, objeto *a* e diferença sexual) quanto pela sua tese da identidade como negação absoluta. Contudo, a ideia de que a natureza representa a contingência da necessidade e o chiste involuntário de que "se a teoria não se ajusta aos fatos, tanto pior para os fatos" parece ser surpreendentemente reabilitada pelo perspectivismo multinaturalista.

> A crítica comum a Hegel é que ele tenta abolir a heterogeneidade absoluta do Outro, seu caráter totalmente contingente. Mas, em Hegel, *há* um nome para esse contingente e irredutível Alteridade: *natureza*.[64]

Contudo, não precisamos entender a natureza apenas como outro da ideia de cultura (como fazem o naturalismo científico e o totemismo), mas o Outro com relação a si mesmo, exatamente como em:

> Por que os animais (ou outros) veem-se como humanos, afinal? Precisamente, penso, porque nós, os humanos, os vemos como animais, vendo-nos a nós mesmos como humanos.[65]

---

63 Lebrun, G. (2006). *A paciência do conceito: ensaio sobre o discurso hegeliano*. São Paulo: Editora Unesp, p. 379.
64 Žižek, S. (2013). *Menos que nada: Hegel e a sombra do materialismo dialético*. São Paulo: Boitempo, p. 315.
65 Viveiros de Castro, E. (2015). *Metafísicas canibais*. São Paulo: Cosac Naify, p. 61.

O progresso da aparência contingente "exterior", o semblante ou a vestimenta pela qual todos os seres humanos (espíritos, animais, mortos, *Maï* etc.) são falsamente reconhecidos e o ponto de partida para conceitos como: interiorização e desalienação (Hegel), tomada de consciência (Marx), suspensão do recalque (Freud), subjetivação do desejo (Lacan), hermenêutica de si (Foucault) e autocompreensão (Honneth). Eles não precisam ser lidos como um progresso rumo a uma essência interior preexistente, mas como um "processo 'performativo' de construir (formar) o que é 'descoberto'".[66] Na mesma direção, Benjamin argumentou que a contínua abertura do sujeito de direitos para tornar-se anônimo encobre o fato de que o que "precisa ser reconhecido é que os particulares são eles mesmos pós-efeitos da relação".[67] Isso significa reconhecer em alguma esfera da corporeidade algo que resiste a se identificar, a se inscrever ou a se experimentar como próprio. Há algo que resiste à colonização e à submissão no próprio indiscernível do que é um corpo. Isso não significa nenhuma propriedade particular, nenhuma condição essencial, nenhum afeto misterioso, mas apenas algo que não cessa de não se escrever.

Chegamos assim à paradoxal conclusão de que a filosofia da natureza em Hegel é um péssimo modelo para pensar a natureza no sentido da ciência moderna, mas ela é um ótimo recurso para pensar uma teoria não identitarista do reconhecimento, na qual a epistemologia é fixa e a ontologia é variável. Hegel intuiu a existência de múltiplas naturezas. É a diferença entre pensar, com a contradição, no Hegel canônico, em que *a coisa torna-se o que sempre foi* (processo da autoidentidade), e no Hegel ameríndio, em que a coisa não é dada de antemão e antecedência, mas *forma-se em um processo aberto e contingente*: o devir.

Foi Judith Butler, em seu estudo sobre *Antígona*, a primeira a notar como em Hegel e também em Lacan há uma espécie de duplicação do simbólico. Em Hegel, as relações de sangue que não chegam a entrar na esfera do social são superadas violentamente para o social se fundar. Em Lacan, é a separação entre o simbólico como ordem social e o simbólico

---

66 Žižek, S. (2013). *Menos que nada: Hegel e a sombra do materialismo dialético*. São Paulo: Boitempo, p. 319.
67 Benjamin, A. (2015) *Towards a Relational Ontology: Philosophy's Other Possibility*. New York: Sunny, p. 158.

como sistema de parentesco. Se Hegel fala da lei do Estado, Lacan emprega a aparente perversão de Antígona para confirmar a lei do desejo:

> (...) o simbólico descentra o sujeito que cria. Lacan enfatiza, assim como nos aponta Butler, que o simbólico é ao mesmo tempo universal e contingente, não possui, conquanto, nenhum comando fora de si que possa servir como base transcendental para seu funcionamento. Butler nos diz então que o simbólico funciona como a tumba em que Antígona virá a cometer o suicídio na peça; tal tumba não extinguiria o que permanece vivendo sob seus termos.[68]

Essa duplicação do simbólico está na origem do tema lacaniano da divisão subjetiva historicamente dada entre saber e verdade, antropologicamente replicada pela divisão entre demanda e desejo e linguisticamente redobrada pela divisão entre enunciado e enunciação. A dupla acepção de simbólico em Lacan, como ordem ou registro, como sistema ou dimensão, poderia ser suprimida por meio de uma linguagem mais formal, capaz de superar a antinomia entre cultura e sociedade, mas com o caminhar da pesquisa lacaniana a solução para essa contradição acaba se reapresentando também em termos de impasses de formalização e dos limites do que se pode e do que não se pode escrever. É possível que a própria noção de Real seja o nome dado a essa propriedade não identitária do simbólico.

Essa variação é importante porque mostra como, por perspectivas distintas, a teoria do reconhecimento e, consequentemente, sua concepção de identificação permanecem dependentes da identidade presumida, ainda que contraditória, entre o simbólico do ponto de vista do sujeito e o simbólico do ponto de vista do mundo. A situação trágica do senhor diz respeito ao seu posicionamento diante da morte, que, por sua vez, o escravo teme e, em nome desse temor, aliena sua liberdade. Observemos que se o reconhecimento da morte, do risco da morte, da contingência da morte, da realidade da morte é o que caracteriza o sujeito moderno como mestre de si mesmo, em Freud, é o

---

68 Swiech, O. F. (2015). Sai Édipo, entra Antígona: uma leitura de *O clamor de Antígona* de Judith Butler. *Cadernos do Seminário da Pós*, v. 1, n. 1. Departamento de Direito da PUC-Rio.

reconhecimento precário, problemático e incerto da morte que inaugura o processo de luto e constitui, assim, a primeira figura do sujeito precário, vulnerável e finito diante do luto.

Por isso, sugerimos que tais figuras da consciência podem ser lidas como tempos de luto, articuladas com as narrativas de sofrimento antes apresentadas. Isso ocorre porque, como vimos, o luto é um processo de reconhecimento progressivo: da perda, do que se perdeu naquilo que foi perdido, da diferença entre o perdido e o sobrevivente, da dívida simbólica para com o outro e da conservação do outro, como parte da cultura do vivente. Nisso nos apoiamos em um procedimento largamente freudiano:

> As neuroses mostram, por um lado, notáveis e profundas concordâncias com as grandes produções sociais que são a arte, a religião e a filosofia, e, por outro lado, aparecem como deformações delas. Pode-se arriscar a afirmação de que uma histeria é uma caricatura de uma obra de arte, uma neurose obsessiva, a caricatura de uma religião, e um delírio paranoico, de um sistema filosófico.[69]

Menos do que o desprezo pelo sofrimento humano ou a sátira da infelicidade alheia, nesta passagem trata-se de valorizar o modo de dizer da arte e sobretudo a forma humor.

Freud tinha extremo apreço pela caricatura como arte e várias vezes aproximou-a dos processos primários de exageração e apagamento de traços. Mas os paralelismos aqui propostos podem ser lidos em sentido reverso, ou seja, talvez a neurose obsessiva não seja mais do que a produção de uma narrativa entre a história e o discurso da religião, particularmente das religiões monoteístas. Assim também a histeria pode ser pensada como uma gramática de reconhecimento do sofrimento, na qual a corporeidade é decisiva. O terceiro termo de comparação entre discursos culturais e formas de sofrimento reside na aproximação entre paranoia e filosofia. Nesse caso, reencontramos o tema do buraco, referido explicitamente à unidade do mundo:

---

[69] Freud, S. (2012). *Totem e tabu, Contribuição à história do movimento psicanalítico e outros textos (1912-1914)* (Obras Completas, Vol. 11). São Paulo: Companhia das Letras, pp. 124-125.

A filosofia não é oposta a ciência, ela mesma se comporta como uma ciência; em parte trabalha com os mesmos métodos, mas se distancia dela enquanto esta se aferra a ilusão de poder brindar uma imagem do universo coerente e sem lacunas, imagem que, não obstante, por força requebra em cada novo progresso de nosso saber. (...) "Com seus gorros de dormir e com o seu roupão rasgado [o filósofo] tenta tampar os buracos do universo".[70]

Não há nada que impeça que o processo individual de luto, com as reflexões metafísicas que ele sempre mobiliza, não seja mais que uma caricatura da filosofia, da arte e da religião.

Extraímos de Hegel a ideia de que as patologias do luto são, direta ou indiretamente, patologias do reconhecimento, e entre elas destaca-se a tomada de processos infinitos como finitos.

Primeiro, para a consciência escrava, o senhor é a essência; portanto, a consciência independente para si essente é para ela a verdade; contudo para ela [a verdade] ainda não está nela, muito embora tenha de fato nela mesma essa verdade da pura negatividade e do ser-para-si; pois experimentou nela essa essência. Essa consciência sentiu a angústia, não por isto ou por aquilo, não por este ou por aquele instante, mas sim através de sua essência toda, pois sentiu o medo da morte, do senhor absoluto. Aí se dissolveu interiormente; em si mesma, tremeu em sua totalidade; e tudo que havia de fixo nela vacilou.[71]

Isso aparece claramente nos elementos que definem a tragédia como temática central da noção de violação de ex-sistência no horizonte futuro. Um mesmo modelo pode ser encontrado na estrutura da tragédia, na cura psicanalítica e no trabalho de luto, um modelo que envolve: *hubris* (excesso, desmesura e sofrimento), *páthos* (passividade e perturbação da harmonia), *mímesis* (representação, reprodução), *krisis* (julgamento, decisão, separação), *aestesis* (sensação) e *catharsis* (purificação).

---

70 Freud, S. (1932). En torno de una cosmovisión. Sigmund Freud Obras Completas V. *XXII Nuevas Conferencias de introducción al psiconaálisis* (1932-1936). Buenos Aires: Amorrortu, p. 148 [tradução do autor].
71 Hegel, G. W. F. (2003). *Fenomenologia do espírito*. Petrópolis: Vozes, p. 132.

Aqueles que pensam que o recurso de Lacan a Hegel é um pecado de juventude talvez se surpreendam com sua reaparição fulgurante nas primeiras páginas de *O Seminário 17: O avesso da psicanálise*, no qual percebemos que este primeiro discurso, o discurso do inconsciente, a partir do qual os outros serão deduzidos, por progressão ou regressão, nada mais é que a forma lógica do discurso do senhor hegeliano:

> Mas o que é preciso compreender deste esquema – como já foi indicado ao colocar o S_2, no discurso do senhor, no lugar do escravo, e em seguida colocá-lo no discurso do senhor modernizado (…). No lugar que Hegel, o mais sublime dos histéricos, nos designa no discurso do senhor como sendo o da verdade. (…) O que chamo de histeria (…), mesmo que essa máquina histórica (…) nunca atingisse o saber absoluto, (…) para marcar a anulação, o fracasso, o desvanecimento ao término da única coisa que motiva a função do saber – sua dialética com o gozo.[72]

Chegamos assim a uma diferença importante entre Freud e Lacan, no que concerne ao problema da identificação, problema que é pleno de consequências para todo entendimento possível do processo de luto. Podemos ler a teoria freudiana da identificação em sua estreita aproximação com o entendimento kantiano e do princípio de identidade. Para Kant,[73] a identidade restringe-se à forma inteligível das coisas, está desprovida de tempo e é imanente ao puro pensar e à necessidade do ser das coisas e dos fenômenos. Pensar é identificar e elaborar esquemas entre razão (*Vernunft*), entendimento (*Verstand*) e intuições (*Anschauen*). Identificar é encontrar unidades até a evidência intuitiva mais simples dos números e sua equivalência com os objetos empíricos. A identidade é uma experiência finita e depende do conceito de finitude para se manter como princípio.

Frequentemente, Hegel é lido como um pensador que recuperou a força da infinitude, mas ao preço de introduzir um finalismo que, no fundo, nos levaria a uma teoria mais forte ainda da identidade, representada pelo conceito de espírito absoluto capaz da autoconsciência de si (*Selbstbewusstsein*).

---

[72] Lacan, J. (1992). *O Seminário, livro 17: o avesso da psicanálise (1969-1970)*. Rio de Janeiro: Zahar, p. 33.
[73] Canto, R. E. (2011). O pensar da identidade e a identidade do pensar. *Revista Ítaca*, n. 18, pp, 20-36.

A ideia de negação[74] e a crítica do caráter idealizado da semântica pura, que faz equivaler sistemas lógicos e estruturas lógicas reais,[75] são, segundo o lógico brasileiro Newton da Costa, dois aspectos fundamentais da lógica hegeliana, pois são elementos para uma crítica da primazia do uso da não contradição nos sistemas lógicos e, consequentemente, da admissão inquestionada do princípio da identidade.[76] As ontologias naturalistas partilham com o totemismo a confiança no princípio da identidade:

> E se a aposta de sua dialética não é adotar o "ponto de vista da finalidade" com respeito ao presente, encarando-a como se já fosse passado, mas sim, precisamente, *reintroduzir a abertura do futuro no passado, apreender aquilo-que-foi em seu processo de devir*, ver o processo contingente que gerou a necessidade existente?[77]

Podemos perceber no pensamento de Lacan uma atitude crítica e constante ao princípio da identidade, que parece ser subordinado ao de diferença, propriedade fundamental do significante desde a menção ao problema das grandezas negativas em Kant e a consequente disparidade entre contradição lógica e oposição real:

> (…) indicar que no *Ensaio sobre as grandezas negativas* de Kant podemos sacar como é bem aproximada a *hiância que, desde sempre, a função da causa oferece a todo saque conceitual*. Neste ensaio, quase se diz tratar-se de um conceito, no fim das contas, inanalisável – impossível o inconsciente

---

74 Costa, N. C. A. da (1979). *Ensaio sobre os fundamentos da lógica*. São Paulo: Hucitec, p. 250.
75 Ibidem, p. 255.
76 Acompanhamos a avaliação de Taylor de que o sistema teleológico de história, com sua ontologia baseada na reconciliação e no reconhecimento da consciência nas estruturas que corporificam a Ideia, e, em última instância, o Estado, fracassou. A natureza não será mais vista como emanação do espírito. Seu fracasso como programa é parte importante para entender sua recuperação histórica em três áreas: política, linguagem e antropologia. Nos três casos, a recuperação da potência expressiva do sujeito serve para entender como a potência negativa da consciência permite engendrar efeitos de transformação da realidade que condiciona a produção dessa mesma consciência. Ver Taylor, C. (2014). *Hegel: sistema, método e estrutura*. São Paulo: É Realizações.
77 Žižek, S. (2013). *Menos que nada: Hegel e a sombra do materialismo dialético*. São Paulo: Boitempo, p. 316.

freudiano e o nosso de compreender pela razão – se é que a regra da razão, a *Vernunftsregel*, é sempre alguma *Vergleichung*, ou equivalente – e que sobra *essencialmente na função da causa uma certa hiância*, termo empregado nos *Prolegômenos* do mesmo autor.[78]

De forma mais específica, a noção de infinito é decisiva para pensar a dialética não como uma gramática fixa composta de tese, antítese e síntese, mas como um movimento do conceito como subposição, posição e exposição no tempo. Isso ocorre porque em Hegel[79] há uma produção temporal da identidade, ela é um momento da relação entre *saber* e *ser*, momento que se contradiz, retrospectivamente, com a diferença e que não se sustenta em um princípio geral. Portanto, os atos de identificação, também chamados de "atos do espírito", se colocam a partir do infinito, e não da finitude dada. Isso será essencial, por exemplo, para pensar um estado de eticidade (*Sitlichkeit*) como um futuro contingente, ou seja, um futuro não determinado mecanicamente, ao modo laplaciano, mas pela hipótese da coexistência entre diferentes temporalidades, na realização do conceito.

Lacan é um pensador crítico da identidade que se apoia em uma ontologia do negativo,[80] sendo suas diferenças epistemológicas, metodológicas e até estilísticas para com Freud concentradas no conceito e no pensamento da identificação. Para Freud, há três ou quatro tipos de identificação: primordial (com o pai morto), regressiva (que ocasiona sintomas) e histérica (com o desejo). Lacan valorizou a ideia de que a identificação não recai sobre uma pessoa, mas sobre um traço unário (*einziger*). Mas o que aconteceria

---

78 Lacan, J. (1964). O *Seminário, livro 11: os quatro conceitos fundamentais da psicanálise*. Rio de Janeiro: Zahar, 1988, p. 26.
79 Bourgeois, B. (2004). *Hegel: os atos do espírito*. São Leopoldo: Unisinos, p. 306.
80 "A tentativa de mostrar como os modos de subjetivação na clínica lacaniana são fundamentalmente estruturas de reconhecimento de uma negação ontológica que se manifesta de maneira privilegiada na confrontação entre sujeito e objeto, confrontação que pode fornecer operações tão distintas entre si quanto podem ser a recuperação do amor para além do narcisismo, a redefinição da racionalidade estética a partir da mimese e a reorientação da clínica por modos de implementação de experiências do Real, tudo isso parece excessivamente dependente de uma 'guinada ontológica' na compreensão da metapsicologia." (Safatle, V. (2006). *A paixão do negativo: Lacan e a dialética*. São Paulo: Editora Unesp, p. 319.)

se esse traço possuísse unidade sem identidade? Este parece ser o caso do nó borromeano, ou seja, da relação entre Real, Simbólico e Imaginário, que forma unidades de experiência, como o afeto de luto, mas cuja identidade é apenas um momento do movimento entre finitude e infinitude.

Remanesce dessa aproximação o problema relativo à existência de uma quarta identificação, representada pela sexuação. Seria ela uma composição entre as identificações anteriores ou poderíamos falar em uma identificação não identitária neste caso?

6.4. Lutos espectrais

Argumentamos em outros lugares[81] que a noção de melancolia, ainda que tenha emergido com Hipócrates no século VII a.C., tornou-se a narrativa soberana e hegemônica para entender o sofrimento psíquico na modernidade. Isso por si só seria suficiente para reconhecer a melancolia como paradigma genérico da história da psicopatologia, ou pelo menos da psicopatologia de extração greco-romana. Se a melancolia é essa "doença mãe", ancestral da qual todas as outras formas de sofrimento seriam derivadas, e se ela é uma espécie de exageração do luto, um luto que se desenvolve indefinidamente, de modo circular, em torno do fenômeno fundamental da autocrítica, podemos aprofundar a hipótese do enlutamento encadeado investigando a origem das figuras espectrais que acompanham a fragmentação e os desdobramentos da melancolia na alta modernidade. Isso nos ajudaria a entender como uma experiência individual, unitária e finita de luto se coliga com as suas variantes ligadas à "perda de uma abstração que ocupa o lugar de uma pessoa", à "perda de uma nação" e à "perda de um amor".

Comecemos notando que a reinterpretação da experiência de perda define historicamente o período medieval como perda da experiência histórica originária do cristianismo primitivo. A modernidade, para muitos, se define pela consciência da perda da Antiguidade clássica. Não está claro que a perda aqui se refere a uma abstração que caracteriza os diferentes momentos do Renascimento (como no Humanismo e no Modernismo), suas retomadas

---

[81] Dunker, C. I. L. (2021). *Estrutura e constituição da clínica psicanalítica: uma arqueologia das práticas de cura, psicoterapia e tratamento*. São Paulo: Zagodoni.

(como no Barroco) e retornos (como no Romantismo) ao que teria sido perdido com a saída do mundo medieval, teológico e organicamente organizado. Temos então uma série de fantasias de luto, organizando nosso senso de historicidade, em torno do que *foi perdido naquilo que se perdeu*.

Revisitamos assim duas metadiagnósticas da modernidade,[82] duas lógicas discursivas, desejantes e laborais que interpretam nosso sofrimento a partir de três grandes experiências: a invenção da América como redescoberta do Outro antropológico; as revoluções, políticas e religiosas, como modelos de transformação, individuais e coletivas, de nossas gramáticas desejantes; e o capitalismo como novo modo de produção, consumo e distribuição de riqueza.

Há uma vertente moderna que traduz narrativamente esses acontecimentos históricos em discursos nos quais há um excesso de *experiências improdutivas de determinação*, presentes no romance clássico e em seus heróis: *Dom Quixote, Robinson Crusoé, Fausto* e *Hamlet*. Nela vigora a interpretação de que nosso sofrimento emana do exagero e descontrole dos dispositivos de controle social e subjetivo da indeterminação. Excesso de lei, exagero da disciplina, confiança demasiada em nossas expectativas de controle, aposta decepcionante em nossas exigências de emancipação, autonomia, independência e autodeterminação, formada em nossa esperança de liberdade.

Mas há outra vertente que supõe que nosso sofrimento, e com ele a articulação entre sintomas clínicos e mal-estar existenciário, deriva do *déficit de experiências produtivas de indeterminação*. Aqui se encontrará o Iluminismo sombrio que vai de Lautréamont, Sterne, Kafka, Virginia Woolf e Joyce até a filosofia de Pascal, Schopenhauer, Nietzsche e Kierkegaard. Aqui não se trata do sofrimento por asfixia e perda de liberdade, mas dos atos positivos de liberdade, em que a indeterminação ontológica, que configura um ser sem essência, sem qualidades e sem destino, nos trará uma nova visada da tragédia da liberdade.

---

82 Dunker, C. I. L. (2012). *Estrutura e constituição da clínica psicanalítica: uma arqueologia das práticas de cura, psicoterapia e tratamento*. São Paulo: Zagodoni;
Safatle, V., Silva Jr. & Dunker, C. I. L. (org.) (2015). *Patologias do social: arqueologias do sofrimento psíquico*. Belo Horizonte: Autêntica.

Podemos acrescentar agora que a relação entre as duas metadiagnósticas pode ser pensada tanto pela via do totemismo-naturalista, ou seja, instalação ou reinstalação das determinações simbólicas do sujeito, quanto pela via do animismo-perspectivista, se quisermos questionar a consistência da unidade ou identidade do Eu. Entre ambos sempre existiu o analogismo, como sistema de espelhamento entre as doenças "naturais" e os "transtornos" mentais. O analogismo sempre procurou encontrar o caso modelo no qual a doença da alma fosse também um espelho da natureza.

O ponto de confluência entre essas duas metadiagnósticas da modernidade é, sem dúvida, as narrativas de luto. Dentro delas, personagens desafiam as relações entre vida e morte, como representantes da estabilidade de oposições entre determinação e indeterminação. Se a morte é a única certeza ou determinação, se ela é o ponto de vista de onde uma vida, até então indeterminada, pode ser justamente apreciada, o que dizer das condições nas quais o trato dos viventes cria zonas intermediárias, figuras de suspensão da dialética entre saber e gozo, entre vivos e mortos, entre nós e eles? Se a escrita e a literatura substituíram o rito e o mito oral, nos quais o luto se fazia uma experiência comum, os mitos literários dos quase mortos, dos ainda não vivos, dos infinitamente não mortos e dos finitamente não vivos denunciam que nem toda narrativa e nem todo acontecimento histórico integrou-se perfeitamente ao discurso da modernidade. Seus sintomas são também os sintomas que tornaram possível a aparição da psicanálise como retomada da verdade e do sujeito foracluídos. O buraco entre finito e infinito é pensável a partir da ética e das tragédias antigas, assim como das narrativas ameríndias, dos saberes da floresta e, ainda, dos povos escravizados nos subterrâneos da formação histórica do capitalismo. Alienação da alma, violação de pactos, perda da unidade do espírito e objetos intrusivos são as narrativas sobreviventes e intervenientes, entre discurso e história. Elas nos ajudam a pensar o luto infinito daqueles que se transformaram em testemunhas da desintegração das formas simbólicas, da precariedade de nossos pactos simbólicos, na vulnerabilidade de nossos traumas e na indeterminação de nosso destino. Mais além do luto finito do indivíduo moderno e sua heroica banalidade retorna em suas modalidades de luto e sofrimento espectral um conjunto de sintomas sociais. Curiosamente, eles nos falam do indivíduo além da culpa, sonhado por Lacan ao final do *Seminário 7: A ética da psicanálise* (1959-1960).

Uma versão moderna muito interessante sobre a força de objetos intrusivos na dominação da alma pode ser encontrada no já referido mito haitiano sobre a origem da riqueza. Ainda que os ideais de liberdade e igualdade tenham emergido como aspiração universal da Revolução Francesa (1789-1799), e mesmo que eles tenham sido postos em prática institucional pela Revolução Americana (1775-1783), devemos lembrar que a primeira revolução a colocar em forma institucional e universal a abolição da escravidão foi a Revolução Haitiana (1781-1904). A Revolta de São Domingos, que teria inspirado a figura dialética do senhor e do escravo no pensamento de Hegel,[83] culminou em uma abolição radical da escravidão e na instituição de um Estado livre na ex-colônia francesa. Como parte de um compromisso entre as antigas teologias liberais e a ascensão das narrativas africanas, emergiu a ideia de que o zumbi era uma forma de explicar a origem da riqueza. Intuindo corretamente que alguém enriquece graças à exploração do trabalho alheio, o mito do zumbi descreve a fabricação de um trabalhador ideal, que não é nem um escravo nem alguém que vende sua força de trabalho, mas alguém que foi entorpecido ou envenenado por uma poção mágica. Alguém com conhecimentos vodus ou de santería seria capaz de se apoderar de um corpo recém-falecido e transformá-lo em uma espécie de servo trabalhador desprovido de consciência própria. Estudos mais recentes sugerem que certas substâncias químicas, derivadas de certos peixes disponíveis na região do Haiti, seriam capazes de produzir tal efeito.[84] Uma vez apossado pelo feiticeiro, alguém que não é mais alguém, posto que morto, poderia ser transformado em um zumbi que "trabalhará indefinidamente nas plantações, enriquecendo seu proprietário".

A ideia de um ser morto-vivo, sem alma, cuja vontade é determinada pelo seu senhor, replica o problema da escravidão e sua relação com a produção da riqueza, sem passar, precisamente, pelos pactos e tratados comerciais necessários para que a produção se renove pelo capital. Aparentemente, o bloqueio comercial dos países que lucravam com a escravização teria sido a causa da ruína da ex-colônia francesa mais produtiva

---

83 Buck-Morss, S. (2017). *Hegel e o Haiti*. São Paulo: N-1 Edições.
84 Davis, W. (1986). *A serpente e o arco-íris: zumbis, vodu, magia negra. Viagens de um antropólogo às sociedades do Haiti e suas aventuras dignas de um novo Indiana Jones*. Rio de Janeiro: Zahar.

da América. Uma vez tornada independente, ainda pujante, era capaz de comprar navios negreiros cujo destino eram os Estados Unidos para libertar os cativos. Teria a tradição brasileira de resistência à escravização escolhido o nome Zumbi dos Palmares para indicar essa forma de morto-vivo que trabalham indefinidamente sem se rebelar? Ou como forma de mostrar que a resistência à escravidão passa pela subversão das relações finitas e convencionais entre morte e vida? Ou uma forma de dizer que o espírito de Zumbi vive, ainda que seu corpo esteja morto há muito tempo?

A relação com fantasmas antecede esse incidente se considerarmos as teorias sobre possessão, animismo e retorno do espírito de familiares ofendidos em sua honra ou desejo. Mas essa parece ser uma reinterpretação colonial e europeia das diferentes práticas sobre a sobrevivência da alma. Na modernidade, particularmente na Inglaterra, os fantasmas, como o do pai de Hamlet, estão profundamente ligados aos castelos e às mansões rurais abandonados pela marcha rumo às grandes cidades.

Na Holanda, a partir do século XVIII, encontram-se fantasmas habitando navios. Na França do século XIX, serão reinterpretados no contexto da religiosidade científica do positivismo como retorno dos mortos, principalmente daqueles que irrealizaram a própria morte. Nesse contexto, o poema "*The Rime of the Ancient Mariner*" (O *Conto do Velho Marinheiro*, ou, ainda, *A Balada do Velho Marinheiro*), de Samuel Taylor Coleridge (1798), marca o início da literatura romântica na Inglaterra, narrando a viagem de um marinheiro em um navio fantasma:

> Foi como um que ficou atordoado,
> E é desprovido de sentido:
> Um homem mais triste e mais sábio,
> Levantou-se na manhã de amanhã.[85] [*He rose the morrow morn*]

A expressão *morn* aqui nos remete tanto a amanhecer (*morning*), quanto a luto (*to mourn*), fazendo do confronto com as almas penadas

---

[85] Tradução livre do original: "He went like one that hath been stunned / And is of sense forlorn: / A sadder and a wiser man, / He rose the morrow morn.". Coleridge, S. T. (2022). The Rime of the Ancient Mariner (text of 1834). *Poetry Foundation*. Recuperado de https://www.poetryfoundation.org/poems/43997/the-rime-of-the-ancient-mariner-text-of-1834.

do navio um exemplo poético do trabalho de luto. A travessia marítima torna-se uma alegoria da decomposição de cadáveres e seus fantasmas, mas também do luto pelo lugar deixado para trás.

A lenda do Conde Drácula, patrono do vampirismo, remonta à figura de Vlad III, príncipe que governou a Valáquia entre 1456 e 1462, conhecido pela sua crueldade, notadamente no ato de empalar seus inimigos. Ela foi recuperada por Bram Stoker em *Drácula*,[86] de 1899, dando origem a uma das tematizações mais contemporâneas sobre a morte e o morrer, ou seja, pessoas que alcançaram a imortalidade consumindo sangue alheio, apossando-se do outro e parasitando seu desejo:

> (…) o mito de vampiro, "alma do outro mundo em corpo", nem morto nem vivo, e suas variantes literárias e artísticas, se prestam a esclarecer aspectos clínicos e metapsicológicos aquém das problemáticas edipianas e narcísicas. Um vampirismo psíquico pode ser revelado nas patologias narcísicas, *borderline*, ou psicossomáticas está em ação particularmente nas patologias do luto e pós-traumáticas. Irrepresentável, ante e antinarcísico, o vampirismo associa uma tendência à indistinção sujeito/objeto, uma imprecisão de limites temporoespaciais, a circulação umbilical de um fluxo sanguíneo de um ao outro dos parceiros no interior de uma pele comum. Negando origem, nascimento e mortalidade, forçando em tensão infanticida e matricida/parricida, o vampirismo encadeia as gerações no processo vampiresco de uma "precedência" muda da linhagem anterior, que entrava a subjetivação.[87]

O vampiro, assim como o protagonista de *O retrato de Dorian Gray*,[88] inveja a aptidão para a morte e, consequentemente, para o luto que ele reconhece nos mortais. Em 1818, um ano antes de Bram Stoker publicar, Mary Shelley, no contexto de uma aposta fortuita em uma noite de tempestade, escreve *Frankenstein, ou o Prometeu moderno*. Menos conhecido é o fato de que ela mesma vivia o luto agudo pela perda de sua filha Clara, com apenas seis semanas de vida, além do luto prolongado pelo suicídio de sua irmã. Ela teria concebido o personagem, fruto da ciência do doutor

---

86 Stoker, B. (2017). *Drácula*. Rio de Janeiro: Zahar.
87 Kohn, M. (2012). O vampiro, um não morto ainda vivo. *Ágora: Estudos em Teoria Psicanalítica*, v. 15, n. 2, pp. 304-305. Recuperado de https://doi.org/10.1590/S1516-14982012000200007.
88 Wilde, O. (2021). *O retrato de Dorian Gray*. Rio de Janeiro: DarkSide.

Victor Frankenstein, feito de pedaços de corpos reunidos em uma nova unidade, a partir de um sonho:

> Sonhei que minha filhinha voltou à vida – que estava fria e que a esfregamos ao fogo e a trouxemos à vida – eu acordei, e agora não vejo o bebê – penso no meu pequeno amor o dia todo. (…)[89]

A criatura ou coisa, tal como é designado o *ser sem nome*, que procura por sua noiva e questiona seu criador sobre o sentido de sua invenção foi concebida a partir de uma visão, tal como a autora afirma no prefácio à edição de 1841:

> Eu vi (…) o pálido estudante de artes profanas ajoelhado diante da coisa que havia construído. Vi a silhueta horrorosa de um homem deitado que, então, pelo trabalho de alguma máquina poderosa, demonstrou sinais de vida e agitou-se em nervosos movimentos, apenas parcialmente vivos. A cena há de ser aterrorizante – pois supremamente aterrorizante deve ser o que deriva de qualquer tentativa humana de troçar da extraordinária máquina do Criador do mundo.[90]

O *trato dos viventes* pode ser rompido sem que isso seja exatamente tabu ou violação edipiana, afinal o doutor Victor Frankenstein era ou não pai da criatura? Ademais, o rompimento desse trato, e sua reformulação, é o que torna a finitude do luto edipiano transversal ao luto infinito dos desaparecidos, dos que perderam suas almas, dos que se tornaram objetos intrusivos e dos que violaram as regras de parentesco. Estes não têm mais um pai, mas um mestre.

Já se mostrou[91] como a narrativa do vampiro foi absorvida pelo Modernismo brasileiro de Mário de Andrade, com seus temas fundamentais do parasitismo e da contaminação, ao passo que Oswald de Andrade teria escolhido a narrativa de *Frankenstein*, com sua problematização da unidade e da filiação. Os monstros abrasileirados são retornos espectrais do luto não reconhecido, não terminado e não subjetivado do processo

---

89 Shelley, M. (2017). *Frankenstein: ou o Prometeu moderno*. Rio de Janeiro: Zahar, p. 13.
90 Ibidem, p. 39.
91 Magalhães, C. (2003). *Os monstros e a questão racial na narrativa modernista brasileira*. Belo Horizonte: Editora UFMG.

colonizatório. Chamaremos essa forma de luto composta da violação do pacto entre os viventes e o consequente retorno do objeto em figuras de possessão, vingança, esquizoidia ou mortificação de *luto espectral*.

O paradigma edipiano, presente na famosa passagem de *A interpretação dos sonhos*, sobre o sonho de morte de pessoas queridas, e confirmado em *Totem e tabu*, por meio da punição fantasmática dada à violação do tabu, acabou encobrindo um paradigma talvez mais genérico, em que o retorno do totemismo paterno na infância é apenas um caso particular do luto como retorno ao objeto perdido.

Um exemplo notável de como o luto espectral constitui um paradigma mais amplo que o Édipo se encontrará em *O delírio e os sonhos na* Gradiva *de W. Jensen* (1907). O estudo mais longo e sistemático de Freud sobre a literatura não faz recurso algum ao Édipo. O livro de Jensen conta a história de Norbert Hanold, um arqueólogo fascinado pela Roma Antiga, que é levado a investigar as ruínas de Pompeia. Lá chegando, vê-se fascinado por um afresco, no qual uma mulher está andando de modo muito característico, mostrando a planta do pé. Descoberto tratar-se de Gradiva, morta por volta do ano 79 d.C., ele passa a sonhar como se tivesse estado presente "no enterro dela".[92] Depois disso ele começa a ver de relance a própria Gradiva, viva e rediviva, pelas ruas. Seria uma alucinação ou o cientista deveria admitir a existência de espíritos, como em *Hamlet* ou *Macbeth*? Finalmente, Gradiva revela-se em carne e osso, senta-se ao seu lado em um banco e, para sua surpresa, ela não fala grego ou latim, mas alemão. A conversa entre Norbert e Gradiva prossegue com um feitio delirante: seu verdadeiro nome é Zoé, triste alcunha para uma pessoa morta, porque significa "vida". Ele lhe oferece asfódelos, as flores do esquecimento, em vez de rosas. O túmulo de Gradiva tem uma entrada estranhamente parecida com a de um hotel. Ela aparece quando ele está acompanhando a exumação de um casal de namorados, abraçados, envoltos em lava de Pompeia. Finalmente, ele cria um truque para saber se ela é de carne e osso, dando-lhe um tapa na mão, como se fosse matar uma mosca. Nessa hora, a menina reclama: *Norbert Hanold*! Ele se dá conta de que ela sabe seu nome e o enigma se resolve. Gradiva era, na verdade, Zoé Bertgang,

---

92 Freud, S. (1989). *El delirio y los sueños en la «Gradiva» de W. Jensen, y otras obras (1906-1908)* (Coleção Sigmund Freud, Vol. IX). Buenos Aires: Amorrortu, p. 14.

sua vizinha de infância, filha de um entomologista, com quem ele tivera um primeiro amor que teria ficado recalcado (*Verdrängung*) ou enterrado (*Verschüttung*) durante todos esses anos.[93] Sua profissão de arqueólogo denunciava o interesse em fazer reviver o passado. Em alemão, *Bertgang* quer dizer, literalmente, "que brilha ao andar", o que explicava o fascínio dele pelo afresco de Gradiva. Um detalhe que teria animado seu amor infantil, uma vez que Zoé visitava a mesma região da Itália que ele. As aparições e desaparições, as conversas incompreensíveis, o sentimento de familiaridade e estranheza (*Unheimlich*), enfim, todo o romance se desenrola em torno das deformações arqueológicas que ele introduziu no seu amor infantil a ponto de impedi-lo de reconhecer, a não ser como deformação delirante, que ele estava diante da mesma menina, agora crescida.

Freud argumenta que a sexualidade infantil pode combinar agressividade e manifestação de amor (como na cena do tapa), que a fixação com o andar e formato do pé se alinha com um fetichismo, que o delírio tem um formato erotomaníaco, que a cidade petrificada pela lava serve de alegoria para o recalcamento que praticamos contra a sexualidade infantil. Para justificar o processo de amnésia infantil, Freud mobiliza um sonho, relatado na novela, no interior do qual Norbert se vê em Pompeia no dia da erupção do Vesúvio. Ele observa Gradiva andando, perto do Templo de Apolo, até ser enterrada pelas cinzas, convertendo-se em estátua de pedra antes que ele pudesse ver seu rosto. Mas por que ele teria acordado, em plena angústia? A resposta remete ao reencontro de um signo que fez emergir o que fora esquecido: a visão de Zoé Bertgang, que ele reconheceu e não reconheceu como seu amor de infância. A experiência de que era um sonho real e que tinha uma extensa duração testemunham o seu desejo de reter aquele acontecimento. Portanto, o interesse pelo afresco veio depois do sonho e depois do encontro de relance com Zoé.

A leitura de Freud é minuciosa e tenta captar todos os detalhes dos sonhos e das conversas entre Zoé e Norbert, mas a homologia fundamental não se dá com o Édipo, e sim com a própria relação analítica. Zoé age como uma analista que suporta sobre si um amor que é deslocado, cuja origem é a infância e que atualiza uma verdade esquecida. *Gradiva* é uma novela sobre o luto de amores infantis, que, uma vez congelados e reprimidos, são recuperados pacientemente por meio da *aestesis* amorosa, da

---

93 Ibidem, p. 34.

mimésis da lembrança e da *catharsis* dos afetos. As falas de Gradiva-Zoé podem ser lidas sempre em duas cenas:

> "Faz muito tempo me acostumei a estar morta" [Porque você não olha para mim e se interessa arqueologicamente por minha substituta arqueológica] (...). "Para mim a flor que corresponde à tua mão é o esquecimento" [Pois você não consegue reconhecer quem eu sou] (...). "Que alguém deva primeiro morrer para depois estar vivo. Mas para compreender os arqueólogos isso é sem dúvida necessário" [Preciso estar morta e enterrada, aceitando o lugar que você me destina em seu delírio, para que você possa recuperar, da sua maneira e a seu próprio tempo, o que sente por mim] (...). "Me parece como aquela vez, há dois mil anos, quando comemos pão juntos. Não te recordas?" [Pois os dois mil anos atrás são apenas um modo de dizer *quando éramos crianças e brincávamos, um na casa do outro de caçar lagartixas*].[94]

Como uma xamã moderna ou uma psicanalista operando no interior de uma transferência amorosa, Zoé Bertgang se deixa escutar desde o ponto de vista da morta. Sem nenhum traço totemista, ela aceita o animismo delirante de Norbert, guiando-se sempre pelo pequeno grão de verdade expresso em seu delírio e em seus sonhos. Ela se deixa revelar até ser tocada e responder com a convocação do nome, na enunciação completa pela qual convocamos, nas crianças, sua posição de sujeito: "Norbert Hanold".[95] Ao se ver sendo

---

94 Ibidem, p. 71. Tradução e acréscimos (entre colchetes) nossos.
95 "Para isso, partiremos deste último nome e da significação que lhe é dada pela etimologia. 'Zoé', em grego, significa 'vida', enquanto 'Bertgang', em alemão, é um nome composto em que a raiz alemã, 'bert' ou 'brecht' corresponde ao inglês 'bright' (brilho); do mesmo modo, 'gang' corresponde a 'go' (na Escócia, 'gang'), (ir andar). Bertgang, pois, é 'a que brilha ao andar'. (...) 'Quanto ao nome de Norbert Hanold, a etimologia também nos fornece dados interessantes e permite-nos fazer a primeira ligação entre as duas personagens. Norbert, como Bertgang, também traz em seu nome o significado de 'luz', 'brilho' ('bert'), mas sob forma negativa, através da partícula 'nor', que, em inglês, serve para dar sentido negativo ao que lhe segue. Assim, já pelo nome, Norbert é aquele que não tem luz e, por extensão, aquele que não tem vida. Se atentarmos para o seu outro nome, Hanold, aí encontraremos um novo significado que ganhará sentido na trama da narrativa – 'old', que significa 'velho' em inglês. Norbert Hanold é um arqueólogo, por tradição familiar ('tinha sido destinado a conservar, e se possível aumentar, o lustro do nome de seu pai, seguindo o mesmo caminho')." (Andrade, V. L. (1988). Inconsciente e linguagem: o nome próprio na *Gradiva*, de Jensen. *I Congresso da Associação Brasileira de Literatura Comparada*, Porto Alegre, RS, Brasil,

reconhecida pela morta, ao confrontar sua incredulidade científica contra a crença em espíritos e almas retornadas, Norbert gradativamente acorda do delírio e ajusta a verdade do sonho à realidade, assim como antes acomodava o Real do sonho, indiciado pela angústia à estrutura de verdade de seu delírio. Gradiva é um fantasma que retorna para cobrar sua pendência amorosa, diante de Norbert, que, como um Zumbi, alienado e liberto, prossegue em busca de afrescos e épocas passadas. Ela o fascina como um vampiro que atrai sua vítima, mas também reúne os pedaços de uma experiência perdida no tempo. Para operar a cura do arqueólogo, e terminar o luto de um amor incluído, Zoé teve que suportar ser Gradiva, e seu luto infinito, ao longo de quase todo o percurso.

Como veremos em um capítulo subsequente, essas quatro figuras espectrais encontram-se combinadas no segundo texto fundamental de Freud sobre a literatura, a saber: o conto *O Homem da Areia*, de E. T. A. Hoffmann, publicado em 1815. Ali veremos ressurgir o mesmo tema da mistura e da crise de reconhecimento entre o familiar e o estrangeiro, entre o vivo e o morto, entre o próximo e o distante, entre o infantil e o adulto. *Das Unheimliche*, de 1919, vem à luz no mesmo ano em que Kafka torna pública esta síntese das figuras do luto infinito, Odradek:

> Alguns dizem que a palavra Odradek deriva do eslavo e com base nisso procuram demonstrar a formação dela. Outros por sua vez entendem que deriva do alemão, tendo sido apenas influenciada pelo eslavo. Mas a incerteza das duas interpretações permite concluir, sem dúvida com justiça, que nenhuma delas procede, sobretudo porque não se pode descobrir através de nenhuma um sentido para a palavra. Naturalmente ninguém se ocuparia de estudos como esses se de fato não existisse um ser que se chama Odradek. À primeira vista ele tem o aspecto de um carretel de linha achatado e em forma de estrela, e com efeito parece também revestido de fios; de qualquer modo devem ser só pedaços de linha rebentados, velhos, atados uns aos outros, além de emaranhados e de tipo e cor os mais diversos. Não é contudo apenas um carretel, pois do cento da estrela sai uma varetinha e nela se encaixa depois uma outra, em ângulo reto. Com a

---

pp. 190-191. Recuperado de http://www.periodicos.letras.ufmg.br/index.php/cltl/article/view/10142.)

ajuda desta última vareta de um lado e de um dos raios da estrela do outro, o conjunto é capaz de permanecer em pé como se estivesse sobre duas pernas. (...) Inutilmente eu me pergunto o que vai acontecer com ele. Será que pode morrer? Tudo o que morre teve antes uma espécie de meta, um tipo de atividade e nela se desgastou; não é assim com Odradek.[96]

Seu corpo é descrito como um ajuntamento de coisas improváveis: carretel, fios, pedaços de linha, como o monstro de *Frankenstein*. Ele é dotado de certa funcionalidade, pois é capaz de ficar de pé ou andar, como um zumbi. Como um vampiro, sua morte é tão improvável quanto sua origem. Tal como os fantasmas, sua existência é uma incógnita. Duvida-se que ele seja passível de morrer e de que ele de fato está provido de existência real, como um fantasma. Finalmente, Odradek, sem origem ou meta, sem família ou parentesco, não tem nome próprio. Odradek não é uma palavra dotada de sentido rastreável, talvez provenha do "eslavo"; aliás, de onde vem a palavra "escravo".

Para muitos, a psicanálise emerge em dependência estrutural do romance moderno, para o qual o século XIX fornece o paradigma e o século XX é sua crise continuada. Se os casos clínicos de Freud podem ser lidos como romances, se Samuel Beckett foi paciente de Bion e se Lacan comentou Joyce, Duras e Claudel, é porque a relação entre literatura e psicanálise não é só de ilustração, mas de invenção. Isso também deveria se aplicar à teoria do luto, a começar pelo fato de que se sentimos cada vez mais falta de palavras para consolar, nomear e partilhar o luto com os outros. Talvez isso ocorra porque nossa relação com o luto substituiu, gradativamente, a primazia da oralidade pela escrita. Como observou Jean Allouch, retirando as antigas narrativas religiosas, não temos muito o que dizer, hoje, diante da morte. A observação corrobora a extensa investigação histórica empreendia por Ariès,[97] mas também a retomada psicológica das narrativas heroicas.[98] A morte vai se tornando cada vez mais um acontecimento

---

96 Kafka, F. (1999). A preocupação do pai de família. In Kafka, F. *Um médico rural*. São Paulo: Companhia das Letras, pp. 43-45.
97 Ariès, P. (2003). *História da morte no Ocidente*. Rio de Janeiro: Ediouro.
98 Becker, E. (2020). *A negação da morte: uma abordagem psicológica sobre a finitude humana*. Rio de Janeiro: Record.

vergonhoso, silenciado em hospitais, asséptica e medicalizada, sem últimas palavras ou rituais de despedida.

Nesse mesmo arco histórico emergiu uma nova forma de narrar os que se foram, um novo suporte para as palavras que não podem ser ditas, mas lidas silenciosamente: a literatura. Tal literatura do luto e com o luto enfatiza mais a apresentação do que a representação, mais o vazio do que o preenchimento, mais o infinito do que a finitude. Ela aproxima-se cada vez mais da matemática, como sua ontologia de base, e dos experimentos de formalização, como procedimento de autonomização da linguagem:

> (...) psicanálise é o inconsciente da literatura e a literatura é o inconsciente da psicanálise, aquilo que permanece impensado na psicanálise (...) Lacan não concede à literatura o status de um discurso, apesar de conferir a ela uma grande importância até o ponto de chamar seus *Écrits* de literatura. Eu vou substituir a palavra "amor" na sua nota sobre a literatura: literatura é o signo de que mudamos de discurso.[99]

Ora, uma mudança de discurso é também um ponto de abertura para a transferência, um ponto de inflexão do amor. Se o luto é uma operação de transmutação do amor que se sentia por aquilo que se foi, e se a essência da perda é chamada por Lacan de objeto *a*, podemos dizer que o luto é uma narrativa em torno do objeto *a*. Agora fica fácil perceber como nossas quatro versões narrativas do sofrimento referem-se a diferentes aspectos desse objeto descrito por Lacan como libra de carne perdida pela entrada na ordem simbólica ou dívida simbólica como o outro (Fantasma), expressão da sexualidade intrusiva e traumática (Vampiro), sede última da alienação do desejo em demanda (Zumbi) e resíduo de uma operação de gozo (Frankenstein). São versões do objeto *a* que determinam simbolicamente a finitude do sujeito a partir do imaginário da negação da morte real:

> É um objeto *a* que deseja. (...) O sujeito, sendo esse objeto, fica irremediavelmente marcado pela finitude.[100]

---

99 Chattopadhyay, A. (2018). *Beckett, Lacan and the Mathematical Writing of the Real*. Nova York: Bloomsbury Academic, p. 22. Tradução nossa.
100 Lacan, J. (2005). *O Seminário, livro 10: a angústia (1962-1963)*. Rio de Janeiro: Zahar, p. 35.

Ou seja, o ponto de vista do morto não é necessariamente uma versão religiosa sobre a sobrevivência da alma, em suas diferentes concepções de reencarnação, vida eterna ou ressurreição dos mortos, mas uma tentativa de ler a mitologia recorrente do ponto de vista da teoria psicanalítica do luto. Nisso seria preciso enfrentar a afirmação de Lacan, que diz que:

> (...) o analista deva ajudar o sujeito a encontrar o que existe no jogo de seu parceiro. É por essa razão que é dito que o *i(a)* do analista deve se comportar como um morto.[101]

Tal afirmação é traduzida habitualmente na suposição de que "os mortos não falam", contudo não é bem assim nem no jogo de bridge, aludido pelo texto, visto que o futuro morto fala ativamente no leilão que antecede a determinação de quem será o morto, nem na experiência antropológica nem psicanalítica na qual o luto envolve um "diálogo" com o morto. Há especificamente dispositivos discursivos e linguísticos que fazem o semblante de onde é possível falar do ponto de vista do morto.

Da mesma forma, também é possível conceber que o espelho não é só uma estrutura óptica de reprodução da perspectiva visual, mas também que o ponto de vista do espelho cria um espelho falante, como em *Branca de Neve e os Sete Anões*.[102] Muito se debateu na psicanálise se deveríamos traduzir a expressão freudiana *phantasie* pelo termo em francês *phantasme*, como o faz Lacan, ou por *phantome*, como sugere uma leitura mais literal. O uso corrente acabou consagrando a primeira solução, mas deixando de lado um resíduo que é o chamado lado imaginário do fantasma, para o qual Mário de Andrade propôs, com tradução, a forma brasileira da "assombração".

No Brasil, curiosamente, os fantasmas não estão só ligados a nomes de assassinos, almas penadas ou desertores, mas também a cidades-fantasma, como Airão Velho, devorada pelas formigas amazônicas, Fordlândia, fábrica de automóveis no Pará, o centro de mineração diamantina em Igatu, sem falar nas cidades submersas por lagoas e cursos de rio artificiais ou pela desolação de Canudos.

---

101 Lacan, J. (2010). *O Seminário, livro 8: a transferência (1960-1961)* (2. ed.). Rio de Janeiro: Zahar, p. 236.
102 Soler, C. (2012). *Declinações da angústia*. São Paulo: Escuta, p. 31.

6.5. A conversa infinita e a reparação precária

Depois de André Breton e Paul Éluard, nos anos 1930, dois personagens parecem atravessar a relação de Lacan com a literatura, nos anos 1960. Dois personagens que se prestam a confrontar a perspectiva do luto finito com o luto infinito: Jean Paulhan e Maurice Blanchot.

Em 1917, Jean Paulhan publica *O guerreiro aplicado* (*Le guerrier appliqué*),[103] romance no qual o protagonista permanece em seu vilarejo, no interior da França, enquanto seus amigos alistam-se heroicamente para lutar na Primeira Guerra Mundial. Intimidado, ele acaba indo para o *front*, mais por vergonha das mulheres do que por convicção. Ali ele passa todo o tempo obedecendo ordens sem se questionar sobre o sentido histórico dos acontecimentos: burocraticamente imunizado contra os horrores, protegido da morte, insensível ao luto que o rodeia por toda parte. Uma vez ferido, passa a receber cuidados como os outros, e, em uma longa recuperação, ele se dá conta das perdas e da miséria da qual estava participando. Sua convalescença é também a realização da perda e a abertura do luto coletivo, até então por fazer. O relato tem alta carga autobiográfica e testemunhal, traduzindo sua experiência como sargento do regimento dos zuavos. Seu processo, como observou Paul Valéry, é o modelo de como a catástrofe se infiltra gradativamente na experiência privada das pessoas e como elas vão sendo acordadas pela perspectiva da finitude.

Durante a Segunda Guerra Mundial, ao lado de Breton e Éluard, Paulhan atuou ativamente na Resistência Francesa. Ele considerava que a literatura era um parque público, onde não se deve entrar sem flores nas mãos. Partidário de uma escrita engajada, ele advogava que a escolha entre terror ou retórica não pode ser ignorada. A retórica como modo de dizer, como *récit*, colhido por Paulhan entre os malgaxes, que assim usavam a sabedoria ancestral dos provérbios para resistir à colonização francesa em Madagascar, é um exemplo de como a língua pode ser caminho para reparação da perda, particularmente quando se trata do povo e do país. A recuperação do *pretoguês*, proposta por Lélia Gonzalez, forma sedimentada e recalcada do português, segue uma proposta análoga a de

---

[103] Tradução disponível em: Menegassi, A. (2006). *O conceito de destituição subjetiva na obra de Jacques Lacan* (Dissertação de Mestrado). Instituto de Psicologia, Universidade de São Paulo, São Paulo, SP, Brasil.

Paulhan. A retórica, enquanto uma das versões da verdade em estrutura de ficção, pode ser entendida como o meio privilegiado para a reparação. Maurice Blanchot, crítico da posição de Paulhan, argumentava que é preciso respeitar e escutar o terror, o abismo, o vazio, de forma a torná-lo parte da conversa infinita:

> (...) ele percebe toda a estranheza que havia em ser observado por uma palavra, como por um ser vivo, e não somente por uma palavra, mas por todas as palavras que se encontravam nessa palavra, por todas aquelas que o acompanhavam e que, por sua vez, continham nelas mesmas outras palavras, como um séquito de anjos se abrindo ao infinito até o olho do absoluto.[104]

O impossível de dizer não é o mistério da poesia, que a cada vez tentamos trair, mas o vazio que habita tanto a retórica quanto o terror, o vazio que acontece em um "tempo fora do tempo". Uma vez que entramos na literatura, não conseguimos mais cobri-lo com a linguagem ordinária.[105] A relação com o mundo é só um capítulo menor e finito de nossa relação infinita com a linguagem. Nossa relação com ela é tão única e insubstituível que diante dela nos sentimos tão sozinhos como diante de nossa própria mortalidade. A perspectiva da literatura como infinito nos acorda porque nos separa do mundo ao nos aproximar desse vazio infinito, diante do qual as palavras necessariamente faltam. Lacan aproxima-se de Blanchot precisamente pelo tema da morte e do luto:

> É aqui que eu gostaria de participar-lhes a minha felicidade, ao encontrar esses pensamentos na pena de alguém que considero simplesmente como o poeta de nossas Letras, que foi incontestavelmente mais longe que qualquer um, presente ou passado, na via da realização do fantasma, eu nomeei Maurice Blanchot, cujo *L'Arrêt de Mort* [A Sentença de Morte] há muito tempo foi, para mim, a confirmação segura do que eu disse o ano todo, no seminário sobre *A Ética*, a respeito da segunda morte.[106]

---

104 Blanchot, T. (1950). Thomas l'obscur. Paris: Gallimard apud Lacan, J. (2003). *O Seminário, livro 9: a identificação (1961-1962)*. Recife: Centro de Estudos Freudianos do Recife, p. 432.

105 Syrotinski, M. (1998). Noncoincidences: Blanchot Reading Paulhan. *Yale French Studies*, n. 93, pp. 81-98.

106 Lacan, J. (2003). *O Seminário, livro 9: a identificação (1961-1962)*. Recife: Centro de Estudos Freudianos do Recife, p. 431.

Ao comentar *Thomas o Obscuro*, de 1941,[107] Lacan nos remete à experiência perspectivista da indeterminação da identidade, conectando-a com a imagem do louva-a-deus macho e sua fêmea prestes a devorá-lo:

> Alguma coisa se encontra nele que encarna a imagem desse objeto *pequeno a*, a propósito do qual falei do horror, é o termo que Freud emprega, quando se trata do Homem dos Ratos. (…) Ele lia, com uma minúcia e uma atenção insuperáveis. Ele estava próximo de cada signo, na situação onde se encontra o macho, quando o louva-a-deus vai devorá-lo.[108]

A par do *nouveau roman* e das tendências literárias dos anos 1970 e 1980, muitos dirão que a psicanálise declina sua presença na cultura, à medida que a forma romance entra em colapso e, finalmente, teria sido substituída pelas neurociências, pelas teorias cognitivas e pelas narrativas com experiências quimicamente moduladas da paisagem mental. Filósofos como Lyotard,[109] Deleuze,[110] Sloterdijk[111] e Byung-Chul Han[112] sugerem que teríamos abandonado a era dos conflitos e dos traumas e avançado rumo a uma experiência meramente intensiva e imunológica da subjetividade. A pós-modernidade, como perspectiva cultural inerente ao neoliberalismo, valoriza a combinatória explícita de aparências sobrepostas e

---

107 Blanchot, M. (2021). *Thomas o Obscuro*. Tradução de Manuel de Freitas. São Paulo: E-primatur.
108 Ibidem.
109 Lyotard, J.-F. (1971). *Discours, Figure*. Paris: Klincksieck.
110 Assim como no luto infinito: "As três características da literatura menor são a desterritorialização da língua, a ligação do individual no imediato-político e o agenciamento coletivo da enunciação". In Deleuze, G. & Guattari, F. (1975). *Kafka: por uma literatura menor*. Belo Horizonte: Autêntica, p. 39.
111 Assim como no luto infinito: "O melancólico não perde o objeto da maneira como deveria perdê-lo, segundo as regras da ciência: ou seja, de modo que em fine, ele perduraria vitorioso após a separação – existencialmente livre para novos investimentos da libido e simbolicamente inspirado para seu lamento criativo – mas antes perderia, junto com o 'objeto', a maior parte de sua competência comunicativa e erótico-musical". In Sloterdijk, P. (2016) *Esferas I: bolhas*. São Paulo: Estação Liberdade, p. 422.
112 Assim como no luto infinito: "A 'alienação' que ela [a ferida-luto] prolonga ao infinito se encontra irreconciliada e não-mediadamente oposta à inferioridade e identidade do eu que se fixa em si mesmo". In Hal, B.-C. (2020). *Morte e alteridade*. Petrópolis: Vozes, p. 397.

gramáticas de reconhecimento baseadas em identidades não problematizadas. O indivíduo líquido substitui a cultura do narcisismo, assim como a nova era é desprovida de interioridade. A repressão da sexualidade e a sobrevalorização da família deixam de ser matrizes importantes da subjetivação, ainda que a hostilidade, a agressividade e a violência, o outro polo temático do recalcamento tenha se tornado tão positivo quanto invisível.

Combinando o diálogo de Lacan com Blanchot e Paulhan, remetendo ambos às origens da noção de Real no surrealismo francês e ao fim do romance em Joyce, podemos dizer que a tarefa literária do luto envolve a retomada de uma conversa infinita, no interior da relação entre viventes, morrentes e aqueles que virão. Paulhan aparece como um representante da metadiagnóstica baseada no *excesso de experiências improdutivas de determinação*, sendo a narrativa da guerra o mais claro exemplo de como o progresso, o desenvolvimento da técnica e a colonização concorrem para a produção de um sofrimento em estrutura de paradoxo e contradição entre ideais e sua própria realização. Blanchot, ao contrário, é um digno representante do sofrimento como *déficit de experiências produtivas de indeterminação*. A angústia aqui não é um sintoma de fracasso simbólico, mas índice da aproximação da potência transformativa do Real. A relação precária com o lugar existenciário, a improbabilidade do encontro, a insuficiência da potência simbólica da palavra, diante da repetição, apresentam uma outra estética do sofrimento.

Entre eles, há uma insubstituibilidade ou incomensurabilidade entre os dois tipos de infinito, discreto e contínuo. Uma disputa entre duas políticas de luto, dois modos de produzir mundos e duas formas ontológicas do tempo. Por outro lado, tanto Paulhan como Blanchot estão às voltas com uma percepção de que a forma romance é insuficiente para moldar perfeitamente nossos modos emergentes de sofrimento. Daí o retorno ao mito e à tragédia, no primeiro, ou a exploração da impossibilidade de dizer e do abismo na linguagem, no segundo. Se enfatizarmos a função política da escrita do luto, cada luto se abre e se conclui por seu encadeamento em uma cadeia infinita de lutos de mundos por vir. O real não é apenas o que fracassa em cada caso, mas também o que impede que eles sejam o mesmo.

A discussão contemporânea sobre o antropoceno, o pensamento decolonial e a emergência de novas epistemologias críticas cria um cenário de reinvenção das estruturas estéticas de sofrimento. Revisitando as fronteiras entre literatura e etnologia, entre ficção e autoficção, entre história e testemunho, entre ficção científica e ficção política. Davi Copenawa em *A queda do céu*,[113] Carolina Maria de Jesus em *Quarto de despejo*[114] e Sidarta Ribeiro em *O oráculo da noite: a história e a ciência do sonho*[115] são exemplos dessa nova configuração no Brasil. Também faz parte desse movimento um vasto conjunto de testemunhos, relatos e biografias inspirados no sofrimento ocasionado por processos demenciais, desagregações cerebrais e neurodiversidades. É possível que a extensa literatura testemunhal, etnológica e científica sobre o luto pertença, em alguma medida, a esse circuito.

Críticos literários como Marco Roth[116] e Paulo Werneck[117] apontam como nossa forma de produzir romances teria se desligado das antigas narrativas psicanalíticas repletas de interioridade, conflitos de desenvolvimento, tramas familiares e divisões da consciência. O apelo ao sonho como lugar de verdade, a hermenêutica dos conflitos subjacentes aos sintomas e as novas formas de sofrimento, próprias do capitalismo neoliberal, teriam superado a relevância cultural da psicanálise. Agora a neuroliteratura contemporânea nos trouxe relatos pungentes de perdas "em vida" que podemos ler em torno de doenças terminais, de adoecimentos com morte em vida, como a doença de Alzheimer, as síndromes degenerativas e os estados vegetativos prolongados artificialmente, nos quais perdemos a pessoa sem que ela tenha propriamente morrido. Às vezes isso acontece em retomadas ou retornos de consciência e despedidas que tornam o processo de luto em vida mais doloroso e mais complexo. Poderíamos dizer que essa reapropriação literária focaliza novas formas de sofrer, em oposição aos

---

113 Kopenawa, D. & Albert, B. (2015). *A queda do céu: palavras de um xamã yanomami*. São Paulo: Companhia das Letras.
114 Jesus, C. M. de (2015). *Quarto de despejo: diário de uma favelada*. São Paulo: Ática.
115 Ribeiro, S. (2020). *O oráculo da noite: a história e a ciência do sonho*. São Paulo: Companhia das Letras.
116 Roth, M. (2009). The Rise of the Neuronovel. *N+1, 8*. Recuperado de www.nplusonemag.com/rise-neuronovel.
117 Instituto CPFL (2016, maio 3). Neuroliteratura, com Paulo Werneck (versão completa). *Café Filosófico*. Recuperado de https://institutocpfl.org.br/neuroliteratura-com-paulo-werneck-versao-completa/.

romances de Balzac ou Flaubert, Joyce ou Proust, Dostoiévski ou Henry James, Machado ou Guimarães. Mas, curiosamente, o que tais narrativas enfatizam é mais uma vez o luto, agora com figuras mais ou menos concretas do corpo em decomposição ou em limiar de sobrevivência, como nos relatos de doenças terminais.

As pesquisas contemporâneas sobre a neuroimagem cerebral dos processos de luto mostram como ele mobiliza regiões que processam emoções, criam perspectivas alheias, reconhecem rostos familiares e regulam batimentos cardíacos.[118] Mas eles não conseguem separar a ação cerebral do monomito popular da jornada épica do herói enlutado:

> A atração aparentemente magnética de uma representação do luto em etapas, que começa com uma separação desorientadora do mundo normal, pré-luto e progride heroicamente por meio de uma série de provas emocionais claramente marcadas antes de se materializar em uma etapa triunfante de aceitação.[119]

Por mais que os eventos ligados ao luto não aconteçam dessa maneira, do ponto de vista objetivo, é assim que ele é expresso no funcionamento cerebral e no relato dos enlutados. Os trajetos que se distinguem deste monomito permitem caracterizar perfis preditivos de luto, 48 meses depois da perda: 66,3% de resilientes, 9,1% de lutos crônicos, 14,5% em depressão crônica e 10,1% em depressão melhorada.[120]

Há muitas formas de perder ou de ir perdendo uma pessoa em vida, e a pandemia de Covid-19 (2020-2022) nos trouxe algumas particularmente penosas, como pessoas intubadas, meses a fio, sem poder falar, nem se despedir, nem mesmo olhar o rosto por inteiro do outro antes de falecer. A morte solitária sempre foi um desafio literário, mas também político, como nas grandes teorias sobre o pacto social, como em Hobbes e Rousseau. A morte injusta, solitária ou violenta parece ser uma violação do trato dos viventes.

---

118 O'Connor, M-F. (2023). *O cérebro de luto*. Rio de Janeiro: Principium, p. 91.
119 Idem, p. 96.
120 Idem, p. 104.

Montaigne dizia que escrever é aprender a morrer, porque nos colocamos no plano das palavras que nos sobreviverão, mas também porque, ao escrever, estamos nos preparando a cada vez para perder a propriedade e o sentido de nossas palavras. Depois de tornado público, depois de publicados a intencionalidade e o contexto de nossa experiência, pertencerá ao leitor e seu poder discricionário infinito de decidir, de mudar o sentido e de rasurar o que haveríamos de querer ter dito. Como se ao perder novamente, ao repetir em escrita a perda vivida na realidade, a perda se integrasse simbolicamente em nós, pública e privadamente, ou seja, como se a perda se tornasse ao mesmo tempo íntima e comum. É o que se consegue depreender do *Diário de luto*, de Roland Barthes, escrito como uma espécie de cura bem-sucedida à depressão que sucedeu a perda de sua mãe. Nele, sua perda se articula com outras narrativas de luto, desde as notas e bilhetes deixados por sua mãe até os lutos descritos por Proust no romance *Em busca do tempo perdido*:

> A literatura, é isto: que não posso ler sem dor, sem sufocação de verdade, tudo o que Proust escreve nas suas cartas sobre a doença, a coragem, a morte da sua mãe, o seu desgosto etc.[121]

A formação de uma literatura testemunhal de luto[122] acompanhou a ascensão dos protocolos hospitalares de eutanásia, de distanásia, de ortotanásia e os tratos que condicionam até onde e como alguém quer viver. Interessante perceber como as fronteiras na pesquisa sobre o luto se distorcem entre a literatura, como solo comum, a pesquisa sobre a terminalidade e a qualidade de vida (experiências produtivas de determinação) e a pesquisa com psicodélicos e experiências transformativas (experiências produtivas de indeterminação). Preparar o luto, por exemplo, no contexto da terminalidade, de doenças neurodegenerativas e cuidados paliativos,

---

121 Barthes, R. (2009). *Diário de luto*. Lisboa: Edições 70, p. 187.
122 Ver Bracher, B. (2004). *Não falei*. São Paulo: Editora 34.
  Didion, J. (2006). *O ano do pensamento mágico*. Rio de Janeiro: Nova Fronteira.
  Kucinski, B. (2016). *K: relato de uma busca*. São Paulo: Companhia das Letras.
  Rothenberg, J. (2012). *A catastrófica história de nós dois*. Rio de Janeiro: Rocco.
  Tyler, A. (2012). *O começo do adeus: aprendendo a se despedir*. São Paulo: Novo Conceito.

significa antecipar nossa determinação fundamental, situando-nos no trato dos viventes e nas narrativas de luto. Sabe-se que, nesses casos, a adesão a narrativas religiosas potencialmente protege de angústias devastadoras.

No ângulo inverso, certas pesquisas com substâncias enteógenas,[123] que aparentemente produzem o sentimento de que "há algo maior" ou que "existem outros modos de existência", mudam radicalmente o progresso do luto. Assim como no caso dos lutos antecipatórios, descritos pelos soldados que voltam da guerra, por pessoas que passam tempos desaparecidas ou em estado vegetativo e que depois regressam, surpreendendo os entes queridos que os imaginavam perdidos, há uma reversão da angústia no processo de luto.[124]

---

123 Pollan, M. (2018). *Como mudar sua mente: o que a nova ciência das substâncias psicodélicas pode nos ensinar sobre consciência, morte, vícios, depressão e transcendência*. São Paulo: Intrínseca.

124 Ondere, J. Neto & Lisboa, C. S. de M. (2017). Doenças associadas ao luto antecipatório: uma revisão da literatura. *Psicologia, Saúde & Doenças*, v. 18, n. 2, pp. 308-321.

CAPÍTULO 7

Políticas do luto

7.1. Quais existências têm direito ao luto?

Judith Butler nos apresentou uma nova dimensão do luto, aquela na qual este se insere como um processo político de reconhecimento e mediação do sofrimento entre a dimensão pública e a privada. Em *O clamor de Antígona: parentesco entre a vida e a morte* (2014), *Quadros de guerra: quando a vida é passível de luto?* (2015) e *Vida precária: os poderes do luto e da violência* (2019),[1] ela apresenta o luto como um direito político, acentuando o caráter relacional entre vida e morte, uma vez que esta é o marco para uma experiência peculiarmente humana: a finitude. Com isso, ela participa de uma reflexão filosófica cada vez mais importante sobre o conceito de vida. A vida é julgada pelo significado que se acrescenta a ela ao depois, mobilizando uma ontologia corporal da distribuição desigual do luto público, das vidas que são passíveis de luto e das vidas não inteligíveis, traduzindo, assim, noções mobilizadas pela autora no âmbito da teoria de gênero.

Butler desenvolveu uma crítica ao conceito lacaniano de Outro, notadamente voltada contra seu formalismo, derivado do conceito

---

[1] Ver Butler, J. (2014). *O clamor de Antígona: parentesco entre a vida e a morte*. Florianópolis: Editora da UFSC.
Butler, J. (2015). *Quadros de guerra: quando a vida é passível de luto?* Rio de Janeiro: Civilização Brasileira.
Butler, J. (2019). *Vida precária: os poderes do luto e da violência*. Belo Horizonte: Autêntica.

lévi-straussiano de parentesco, compreendido como "combinação socialmente alterável de um campo que não possui estrutura intercultural e que pode ser extraído de operações sociais que reproduzem a vida material".[2] Respondemos a essa crítica mostrando como esta é uma concepção que sobrevaloriza a importância de Lévi-Strauss e Saussure em detrimento de Hegel e Marx na obra de Lacan.[3] A hipótese até aqui apresentada, de uma duplicação e translação do registro Simbólico em Lacan, apoia-se no acolhimento da crítica butleriana e na observação de que o Simbólico não é apenas idêntico à estrutura e esta à linguagem, mas também comporta a dimensão de história, de escrita e de língua (*lalangue*), crescentemente valorizada nos últimos trabalhos de Lacan.

Por caminhos diversos, Butler e Lacan encontram-se na crítica do individualismo, do psicologismo e do liberalismo contratualista. Ambos valorizam a dimensão de vida como experiência ética entrelaçada e ambos são críticos da naturalização do patológico. No centro dessa retomada dialética do estruturalismo, encontra-se a afirmação hegeliana de que "é a vida que suporta a morte e nela se conserva, que é a vida do espírito".[4]

> (...) o luto será, para Butler, uma forma de compreender cada vida para além de sua existência individual, o que se marca a partir do valor da vida não de modo ontológico, mas pela sua condição de enlutável e pela sua crítica à distribuição desigual do luto público.[5]

Butler faz de Antígona não apenas a protagonista pessoal e familiar, que reclama um direito fraterno, mas também um empreendimento coletivo, um direito, uma exigência e uma política de Estado. O direito ao luto seria uma condição universal de precariedade compartilhada por

---

2 Butler, J. (2003). *Problemas de gênero: feminismo e subversão da identidade*. Rio de Janeiro: Civilização Brasileira, p. 69.
3 Cossi, R. K. & Dunker, C. I. L. (2017). A diferença sexual de Butler a Lacan: gênero, espécie e família. *Psicologia: Teoria e Pesquisa*, v. 33. Recuperado de https://doi.org/10.1590/0102.3772e3344.
4 Hegel, G. W. F. (1992). *Fenomenologia do espírito*. Petrópolis: Vozes, p. 38.
5 Rodrigues, C. (2017). A função política do luto na filosofia de Judith Butler. In Correia, A.; Haddock-Lobo, R. & da Silva, C. V. (orgs.). *Deleuze, desconstrução e alteridade*. São Paulo: ANPOF, p. 330.

todo vivente. Uma das evidências desse argumento reside na forma problemática com a qual o texto de Sófocles repete o uso de nomes próprios em vez de significantes indeterminados para Etéocles, Polinices ou Édipo. Deslocando a centralidade do conceito de morte em Hegel, como modelo de incorporação conservativa (*Aufhebung*), ela insistirá, com Derrida, na morte como *différance* sem origem e sem *telos*, ou seja, como uma relação de diferença (*Different Beziehung*).[6]

Vida e morte diferem e a realização simbólica da simbolização é um dos protocolos de subjetivação mais importantes para o desejo. Mas a diferença entre vida e morte pode ser pensada como uma diferença polar, ou como um "diferendo", conforme se radicalize o sentido dos termos de vida e morte. Por exemplo, seria só depois, no futuro anterior, que se poderia decidir o que terá sido uma vida, do ponto de vista de sua existência. Mas essa posição não é dada apenas a partir da "acontecência" da morte, ela é projetada a todo momento por cada vivente. O conceito de vida pode ainda ser diferido na relação entre uma vida individual e o entrelaçado de vidas que define cada vida como tal. Nesse caso, o luto, como preservação das vidas que tornaram esta vida possível, não é apenas uma contingência ou um predicado da substância vital, mas também seu diferencial específico.

Ora, esse entranhamento entre formas de vida ou modalidades de laço social tem um nome conceitual em psicanálise: transferência. Há muitas formas de apresentar esse conceito, seja pela vertente imaginária do amor, seja pela dimensão simbólica do sujeito suposto saber, ou ainda pela "realidade sexual do inconsciente posta em ato".[7] A descoberta de que a teoria lacaniana do luto se desenvolve no interior de suas investigações sobre o final de análise nos habilita agora a propor que o luto seja um homólogo da transferência. Ela também tem um começo e um fim. Ela também é uma forma modificada de amor e separação. Finalmente, ela não termina por uma identificação, mas por uma desidentificação.

---

6 Koyré, A. (2011). Hegel à Iéna. In Koyré, A. *Estudos de história do pensamento filosófico*. Rio de Janeiro: Forense Universitária.
7 Lacan, J. (1988). *O Seminário, livro 11: os quatro conceitos fundamentos da psicanálise (1964)*. Rio de Janeiro: Zahar, p. 144.

Até aqui reunimos indicações em que, sob certas circunstâncias, como as relatadas por Freud em sua carta a Binswanger, ocorre a possibilidade de um ato ético, pelo qual um luto permanece decididamente infinito. Vimos também que essa possibilidade deve ser distinguida das formas interrompidas, suspensas ou negadas de luto. Nesses casos é preciso inverter a fórmula totemista, pela qual o outro perdido passa a formar parte de nós, em uma abertura para a dissolução de si no Outro, experiência da qual o ritual de sacrifício perspectivista oferece uma narrativa plausível, e para o qual uma contraleitura do fenômeno do estranhamento ofereceria um precedente conceitual em Freud.

Se um luto finito corresponde ao seu encadeamento com outros lutos da história do sujeito, formando uma nova unidade, o luto infinito é uma mutação ou uma transferência do luto individual para o luto indeterminado e aberto de uma comunidade. Por isso, o representamos pelas operações de dupla torção (translação) e inversão entre termos e funções, cujo resultado é a desidentificação (diferença) do Simbólico em relação a ele mesmo. Isso significaria operar com uma experiência de morte do lado do sujeito, ainda que esta não seja melancólica, em que a transferência individual fracassa, transformando-se em uma transferência para com uma "obra humana", ao modo de um luto coletivo. Encontramos um correlato para isso em uma das definições mais simples do lugar do analista, no ensino de Lacan:

> Cara fechada e boca cozida não têm aqui a mesma finalidade que no *bridge*. Com isso, antes, o analista convoca a ajuda do que neste jogo é chamado de morto, mas para fazer surgir o quarto jogador que do analisado será parceiro, e cuja mão, através de seus lances, o analista se esforçará por fazê-lo adivinhar: é esse o vínculo, digamos, de abnegação, imposto ao analista pelo cacife da partida na análise. (…) Mas o que há de certo é que os sentimentos do analista só têm um lugar possível neste jogo: o do morto, e que, ao ressuscitá-lo, o jogo prossegue sem que se saiba quem o conduz.[8]

---

8 Lacan, J. (1958). A direção do tratamento e os princípios de seu poder. In *Escritos*. Rio de Janeiro: Zahar, p. 595.

O morto introduz este quarto lugar, correlato do elo entre os três registros, Real, Simbólico e Imaginário. Ele envolve uma destinação dos sentimentos, em acordo, portanto, com a tese de que o luto é a transformação de um afeto individual indiscernível em um sentimento social compartilhado. Assim como o luto finito é um equivalente de uma transferência que termina com uma determinação simbólica, o luto infinito é uma transferência que se abre para a indeterminação produtiva. Nos dois casos, analistas e enlutados pagam com suas palavras (interpretação), com seu corpo (transferência) e com o juízo mais íntimo de seu ser (*Kern unseres wesen*).[9]

Uma breve exemplificação de como a transferência se liga aos lutos infinitos pode ser oferecida pela situação na qual um analisante tem que enfrentar o luto pela perda de seu psicanalista. Sendo ele representante de significantes, objetos e modos de relação da história do analisante, o luto do analista é uma duplicação do luto, já em curso supostamente ao longo do tratamento dos lutos do paciente. Descobrir o que se perdeu naquele que se perdeu torna-se uma tarefa ainda mais complicada porque o objeto no qual a suposição de saber se envolve é justamente o objeto mais intimamente conectado ao fantasma do analisante; daí que, por outras vias, o luto do analista seja o luto invertido de si mesmo. Finalmente, por representar a própria análise, o desejo de cura e a transmissão do desejo de psicanalista, a morte do analista costuma trazer um abalo para a própria potência do indivíduo de fazer novas transferências. Muitos relatam que, nessa situação, tiveram que esperar um longo período para conseguir retomar a análise com outro psicanalista. De fato, quando isso acontece, experimentamos exatamente essa translação da transferência que se transmite de forma indeterminada, ainda que pessoal, por essa comunidade por vir, de pessoas invisíveis ligadas umas às outras, chamada psicanálise.

Chegamos, assim, à existência de mortos que causam problemas, como era o caso em Polinices, como é o caso em todo processo de luto e como se dá na posição do analista no interior da transferência. Nesse sentido, a

---

9   Idem, p. 593.

posição de morto reflete as três versões de amarração do Simbólico que estamos discutindo neste livro: a *identificação* com as perdas singulares da história do sujeito, a *inversão* da falta particular no Outro com a divisão do sujeito e a transferência generalizada do luto de modo a elevar as causas do luto em dignidade universal (*translação*).

A universalização do direito ao luto significa que há vidas que serão mais reconhecidas que outras, mas o trágico é que esse reconhecimento será dado *a posteriori*, na indeterminação infinita dos futuros por vir.

O segundo movimento essencial introduzido por Butler é ter percebido que *Antígona* deslocou o problema do reconhecimento advindo da morte para o reconhecimento advindo do luto, ou seja, o luto substitui a questão de quem tinha razão, legitimidade ou direito ao trono de Tebas. O trato de Creonte estabelece que uma vida teve valor porque cumpriu a lei, e que a outra, por ter transgredido a lei, não teve. A recusa de Antígona não é uma insubmissão a Creonte, mas uma divergência quanto à forma como a morte marca o começo da vida do espírito, como assinala Hegel no prefácio de *Fenomenologia do espírito*,[10] de tal maneira que o luto pode ser considerado tanto uma luta pelo reconhecimento interditado como uma disputa para prolongar o reconhecimento daquela vida. Como teria dito o imperador Adriano, em seu leito de morte:

> A vida é atroz, nós sabemos. (…) Os progressos parciais, os esforços para recomeçar e para continuar parecem-me tão prodigiosos que quase compensam a quantidade monstruosa de males, derrotas, indiferenças e erro. (…) Alguns homens pensarão, trabalharão e sentirão como nós, e aventuro-me a contar com esses continuadores, que aparecerão a intervalos irregulares através dos séculos e com esse tipo de imortalidade intermitente.[11]

Para Hegel, Antígona busca um duplo reconhecimento: da vida de Polinices e de seu lugar na pólis. Mas nesse reconhecimento não há reciprocidade: senhor ou escravo,[12] marido ou esposa, irmão ou irmã, ho-

---

10 Hegel, G. W. F. (1992). *Fenomenologia do espírito*. Petrópolis: Vozes.
11 Yourcenar, M. (1974). *Memórias de Adriano*. Rio de Janeiro: Record, p. 324.
12 "Não foi como escravo que ele morreu, foi como irmão."

mem ou mulher, humano ou inumano. Ocorre que essas diferenças não precisam ser simétricas. Os dois personagens e as duas leis estão determinados por negação.[13] Creonte afirma a lei da pólis contra a lei divina. Antígona afirma a lei da família como negação da lei da pólis, mas, como ela responde às duas oposições, encontra-se "nem dentro nem fora da pólis". Lacan chamou essa situação de *entre duas mortes*. Há uma quádrupla *Aufhebung*: (1) superação da morte natural e ingresso na vida do espírito; (2) superação da consciência natural em consciência de si, ao arriscar a própria vida pelo irmão; (3) a mulher superando a hierarquia da diferença de gênero; e (4) superação do luto finito e particular pelo luto infinito e universal. É só a partir dos que virão e dos que já não são mais que se abre a perspectiva do luto como infinito:

> Para Antígona a vida só é abordável, só pode ser vivida e refletida a partir deste limite em que ela já perdeu a vida, em que ela está para além dela – mas de lá ela pode vê-la, vivê-la sob a forma do que está perdido.[14]

Žižek responde ao trabalho de Butler dizendo que o ato de Antígona não é um ato fundador, mas um ato pela pulsão de morte, por meio do qual ela introduz um "destrabalho" (*désoeuvrement*) segundo a expressão de Blanchot:

> O conceito freudiano que melhor designa esse ato de aniquilamento é *das Ungeschenmachen*, "o desacontecer o acontecido", ou mais sucintamente, a anulação retroativa.[15] E é mais do que um mero acaso encontrarmos o mesmo termo em Hegel, que define *das Ungeschenmachen* como o supremo poder do espírito. (Conforme Hegel, "O Espírito pode fazer com que o que aconteceu não tenha acontecido".[16]) Este poder de desfazer o passado só é

---

13 Chanter, T. (2011). *Whose Antigone? The Tragic Marginalization of Slavery*. New York: SUNY Press.
14 Lacan, J. (1998). *O Seminário, livro 7: a ética da psicanálise (1959-1960)*. Rio de Janeiro: Zahar, p. 339.
15 Freud, S. (1926-1929). *Inibição, sintoma e angústia* (Coleção Sigmund Freud: Obras Completas, Vol. 17). São Paulo: Companhia das Letras, 2016, p. 41-42.
16 Hegel, G. (1832). Philosophie der Religion, I-II. Lasson, G. (org.). *Sämliche Werke*. Leipzig, p. 172.

concebível no nível simbólico: na vida imediata, em seu circuito, o passado é apenas o passado e como tal irrecusável; mas tão logo nos instituamos no nível da história como texto, como rede de traços simbólicos, podemos fazer desacontecer o já acontecido, podemos aniquilar o passado.[17]

Ora, este *desacontecer* deixa sempre uma marca de seu próprio apagamento, e esta marca aparece no duplo limiar da experiência estética, do belo, do brilho da composição da imagem como imagem e do que se insinua como sensação, qualificação preliminar ou incipiente do afeto. Como destacou Lacan, o ato de Antígona é principalmente um ato belo, no sentido kantiano da experiência que não faz conceito. Isso decorre do entendimento que se tem sobre a não existência. Alguém que morre deixou de existir? Consideração que vimos insistir em nossos testemunhos dos primeiros momentos do luto. O ato de Antígona representaria, nesse sentido, um desafio para as regras de parentesco e de gênero, tais quais se apresentam a partir do tabu do incesto.

No discurso da tragédia, Antígona está na posição de objeto *a*: socialmente morta, excluída do tecido de relações da vida, que não pode ter seus interesses trocados por outros. Ela representa o mal que deve ser extraído da realidade para que esta se apresente como uma totalidade ordenada simbolicamente. Ao contrário do que advoga Butler, o ato de Antígona não é uma violação da lei, mas um ato para *além da lei*.[18] Em vez de confirmar a institucionalização do totem e satisfazer a demanda do tabu, ela age ao "não existir".[19]

---

17 Žižek, S. (1989). *O mais sublime dos histéricos: Hegel com Lacan*. Rio de Janeiro: Zahar, p. 80.
18 "Lembremo-nos como, após Kant com Sade, o verdadeiro ato, ou seja, o que nos leva às vias do gozo feminino, da experiência do corpo para-além da imagem, da sublimação, da experiência do Real e da pulsão. Será sempre aquilo que excede a Lei fálica e paterna. Trata-se de um ato para-além do reconhecimento intersubjetivo prometido pela Lei, já que nos permite atravessar a Lei." (Safatle, V. O ato para além da Lei: Kant com Sade como ponto de viragem do pensamento lacaniano. In Safatle, V. (org.) *Um limite tenso: Lacan entre a filosofia e a psicanálise*. São Paulo: Editora Unesp, p. 226.)
19 Hugill, A. (2013). The Act as Feminine: Antigone Between Lacan and Butler. *Psychoanalytic Post*. Recuperado de https://www.academia.edu/798605/The_Act_as_Feminine_Antigone_Between_Lacan_and_Butler.

Agamben capturou o lado oposto da mesma questão ao indicar a presença da voz como ponto de descontinuidade entre o humano e o inumano.

> Por sua vez, o ponto mínimo de tal *articulação* (άρθρωσις) Agamben localiza na Voz ao entendê-la como o mais tradicional mitologema do ocidente. Segundo ele, o manejo filosófico da Voz teria tornado possível concebê-la como o ponto de divisa entre o homem e o animal como voz da consciência. A *articulação* ao político sendo possível porque a Voz, em si, seria *articulada* ou *articulável* em letra, *gramma*, em oposição à voz inarticulada, ou não gramatizável, dos animais.[20]

A *precarious life* (vida precária) de Butler, o *homo sacer* de Agamben, o *deixar morrer* de Mbembe e *a mulher que não existe* de Lacan são figuras contemporâneas do luto infinito em uma época de individualização finitista da vida e de transmissão acumulacionista de bens por herança e patrimonialismo. Assim como os lutos espectrais, representados pelos fantasmas, zumbis, vampiros e Frankensteins do século XIX, essas figuras desafiam a razão biopolítica que define a vida como propriedade do organismo, o organismo como propriedade do indivíduo e o indivíduo como propriedade do Estado. Para Lacan,[21] como vimos, a vida está para o Real assim como a morte está para o Simbólico. Daí que entre eles se coloquem formações imaginárias e que estas adquiram valência articulatória entre o discurso e a história.

O Outro, para Lacan, é tanto linguagem como sistema de signos quanto linguagem como unidade do espírito dividido entre cultura e sociedade, ou seja, como *Geist*. Mas em todas as figuras do universal em Lacan, tais como a linguagem, o Outro, o gozo ou o inconsciente, encontraremos um ponto de negatividade: a falta, a perda, o furo, a causa. Mas todas estas figuras reúnem-se em torno de discursos específicos que lhes conferem

---

20 D'Afonseca, V. da C. P. (2022). *Voz e fantasia: reflexões arqueológicas e fantasmológicas entre biopolítica e psicanálise* (Tese de Doutorado). Instituto de Estudos da Linguagem, Universidade de Campinas, Campinas, SP, Brasil, p. 12.
21 Lacan, J. (s.d.). *A terceira*. Recife: Traço Freudiano.

uma unidade. Esta, como vimos, é a função da tragédia para a ética da psicanálise, e também do luto para a vida. Benjamin observou que o trágico combina forma estética e história para dar palavras ao sentimento de luto.[22] Ele também tentou separar a tragédia antiga (*Tragödie*) do drama trágico (*Trauerspiel*) que emergiu com o Barroco. O primeiro dá forma a uma lenda; o segundo é uma crônica. Onde um elabora a culpa trágica, o outro cria a culpa natural. Onde antes estava a unidade do herói surgem diferentes sujeitos envolvidos. O antigo tema da imortalidade é substituído pela vida fantasmática. Se a antiga tragédia se opunha à comédia, o *Trauerspiel* (brincadeira do luto?) combina vários gêneros. Para isso se vale da metafísica da repetição e da ciclicidade, "onde o cômico, o terrível, o espectral e muitos outros se substituem em uma roda sem fim".[23] Temos então entre um e outro o confronto entre duas teorias da corporeidade no tempo:

> O drama trágico e a tragédia distinguem-se quanto ao modo em que se posicionam no tempo histórico. Na tragédia o herói morre porque ninguém pode viver no tempo preenchido. Morre de imortalidade. A morte é uma imortalidade irônica: é esta a origem da ironia trágica. (...) O drama trágico é matematicamente comparável a um dos braços da hipérbole, sendo que o outro está no infinito. (...) O tempo do drama trágico não está preenchido, e, no entanto, é finito.[24]

A *ontologia corporal*, defendida por Butler, é, em grande medida, herdeira desse problema benjaminiano concernente à relação entre a imortalidade antropologicamente finita dos antigos e a infinitude histórica dos modernos. Não tem que ver com o produto orgânico do qual o corpo é uma de suas narrativas, mas com a pergunta sobre a desigualdade dos corpos do ponto de vista do espírito. O espírito em sua relação com a determinação do passado é a infinitude futura. Algumas vidas terão luto público, outras, luto privado. Outras, ainda, serão objeto de lutos não inteligíveis. Mais ou menos como na arte, que propõe linguagens para um mundo que

---

22 Benjamin, W. (2011). *Origem do drama trágico alemão*. Belo Horizonte: Autêntica, p. 266.
23 Ibidem.
24 Idem, p. 262-263.

ainda não existe, tais existências propõem vidas para as quais ainda não há luto possível. Daí que nosso análogo psicanalítico comporte a unidade da reconstrução de experiência passada e a unidade infinita dos lutos por vir.

Há lutos que põem em questão se houve ou não vida, o que depende de como aquela vida é lembrada, reconhecida ou refeita no quadro do espírito, inclusive do ponto de vista jurídico. O problema, corretamente apontado por Butler, é a soberania da narrativa do pacto, da dívida e do contrato, subsidiada pela teoria totemista do parentesco, em detrimento da narrativa da unidade simbólica do corpo, do objeto intrusivo ou da perda da alma. Esse problema só pode ser ultrapassado se ao mesmo tempo conseguirmos nos livrar do modelo de luto na forma indivíduo, do qual surge o contraexemplo espontâneo do luto massivo, expresso, por exemplo, na perda de uma nação, de um povo ou território.

A pergunta central de Freud em torno *do que se perdeu naquele que se perdeu* sobrepõe aquela pessoa a algo, um *isso* ou um traço, que eventualmente supera a forma que define aquele alguém como alguém. Daí nossa hipótese do encadeamento borromeano entre lutos, admiravelmente posta na forma narrativa no relato de Cláudio Thebas, em torno da perda de sua mãe:

> Me parece que, quando uma pessoa morre, nós nos quebramos em tantos pedaços que nem sabemos quantos. Os dias vão se passando e vamos dando conta de cuidar apenas de uma parte do que perdemos. A parte mais visível, mas sensível, mais à mão. Até que uma nova morte acontece. E, então, quando estamos de pá e vassoura na mão tentando juntar os pedaços dessa morte, mais recente, de repente encontramos um caco de uma morte mais antiga, que havia escorregado para baixo de algum armário. E só aí nos damos conta da falta que faz o pedaço que falta. E naquele instante, ali na pá de juntar cacos de luto, as mortes se encontram e se conectam. A grande diferença é que os cacos de vidro nós juntamos e jogamos fora cuidando de embalar para que ninguém se machuque com eles. Os cacos de luto guardamos dentro, e eles só deixarão de nos machucar quando os incorporarmos como parte de nossas ausências.[25]

---

[25] Thebas, C. & Coimbra Amaral, A. (2022). *De mãos dadas: um palhaço e um psicólogo conversam sobre a coragem de viver o luto e as belezas que nascem das despedidas*. São Paulo: Planeta, p. 111.

Retomemos a ordem da narrativa. (1) A morte, como acontecimento, cria muitos e incontáveis pedaços. (2) Só uma parte deles pode ser reconhecida e preservada. Outra parte dos cacos esconde-se em lugares invisíveis. (3) Quando os pedaços de uma perda atual se misturam com os cacos perdidos, anônimos e indiscerníveis de perdas passadas, descobrimos a falta que a falta faz, *o que perdemos no que perdemos*. (4) Tentando juntar os cacos de um encontramos os cacos dos outros em nós mesmos. (5) Ao final, temos que nos separar daquilo que pode ser envelopado, formando uma nova unidade, que passamos adiante, como resíduo. (6) Só então os cacos que sobram podem deixar de doer e nos aguilhoar por dentro.

O que propomos neste livro coloca no cerne da questão o próprio estatuto da linguagem diante da morte: cacos são metáforas de uma situação natural de interrupção da vida? Um modo epistemicamente variável, entre outros, de dizer dessa mesma coisa, universal, eterna, idêntica a si mesma, através dos tempos, única certeza terrena, chamada morte?

Pensando assim, partimos de uma distinção primária entre a substância viva e a substância morta. Este seria só um caso das ontologias naturalistas, que presumem a precedência dos substantivos em relação a adjetivos, pronomes e demais formas de nomeação. Contudo, existem inúmeras línguas nas quais isso não acontece, não apenas porque são modos variáveis de dizer o mesmo mundo. Se queremos realmente entender o lugar da ontologia naturalista, que subjaz a ciência, da física de Ptolomeu a Copérnico, de Kepler a Newton, ou de Einstein a Schrödinger, não basta redescrevê-las de forma confirmatória em antropologias distintas, como que a reencontrar um fragmento de sua verdade transversal, transferindo sua autoridade para outros saberes originários, em acordo com uma conhecida estratégia metafísica e colonialista. É preciso entender, ao contrário, que línguas, cosmologias e formas de vida, como a neurose ou a psicose, podem organizar outras ontologias, em que, por exemplo, o substantivo não é a forma primária do ser.

Nesse sentido, as declarações de Lacan sobre a não existência, do Outro, da mulher, da relação sexual, da metalinguagem, do Outro do Outro são declarações que envolvem compromisso ontológico. Mas isso não ocorre porque elas mobilizam pressuposições óbvias ou canônicas sobre conceitos como substância, essência ou unidade do ser, mas porque elas convocam perguntas e compromissos sobre qual conceito de conceito uma determinada acepção de verdade presume ou envolve. Que modo de existência pode se associar com palavras, sinais, signos ou significantes? O que são corpos e em qual tipo de mundo eles existem? Ou por que eles se apresentam sob determinadas aparências? É muito importante não confundir ontologia com metafísica ou teologia, o que seria um erro semelhante a reduzir a reflexão ética aos hábitos morais.

Colocar as políticas do luto no crivo das ontologias significa, por exemplo, saber se o luto é um problema do ser-em-seu-lugar (*being-in-place*), ou se devemos considerar também o ser-em-comum (*being-in-common*).[26] Ontologias naturalistas e totemistas tendem a privilegiar a alternativa da identificação e oposição entre posições e lugares (vivo ou morto). Ontologias animistas, analogistas e perspectivistas procuram entender o luto no contexto de um relacionalismo entre vivos, mortos e vindouros. Enquanto as primeiras trabalham com um conjunto mais ou menos finito e determinado de classes, categorias e conceitos, a começar pelo parmenidiano: *o que é, é; o que não é, não é*; as segundas enfatizam relações indeterminadas, infinitas e conjuntos abertos, envolvendo seres inanimados, indiscerníveis e ininteligíveis. Se as ontologias tradicionais olham para a linguagem como espelho do mundo, as ontologias relacionalistas, como a dos sofistas, percebem a linguagem como meio e condição para um mundo comum. Quando Lacan responde à pergunta sobre a ontologia do inconsciente dizendo que o inconsciente não é ôntico, mas ético, e que ele pode ser cernido por uma estrutura temporal,[27] menos do que recusar a problemática ontológica, ele parece estar se alinhando com o segundo grupo.[28]

Um exemplo da acidentalidade da ontologia naturalista pode ser encontrado na língua Yawalapiti. Como um caso entre outros das ontologias

---

26 Benjamin, A. (2015). *Towards a Relational Ontology: Philosophy's Other Possibility*. New York: SUNY Press, p. 219.
27 Lacan, J. (1988). *O Seminário, livro 11: os quatro conceitos fundamentais da psicanálise (1964)*. Rio de Janeiro: Zahar, 1988.
28 Para um desenvolvimento mais extenso da questão, ver Dunker, C. I. L. (2022). *Lacan e a democracia: clínica e crítica em tempos sombrios*. São Paulo: Boitempo.

ameríndias do alto Xingu, nela os substantivos são deformados conforme seu emprego segundo quatro modificadores que designam respectivamente as noções de excesso (*kumã*), autenticidade (*rúru*), inferioridade (*mína*) e semelhança (*malú*). Nesse sentido, uma cobra pode ser grande, brava ou invisível (*kumã*), verdadeira ou falsa (*rúru*), imprestável, malévola (*miná*) ou apenas semelhante a uma cobra (*malú*). As noções de alteridade e excesso podem condensar significados contraditórios entre si, tais como diferente e arquetípico, fato intolerável para as ontologias naturalistas:

> O Outro é o próprio e vice-versa. Como se estivéssemos diante de duas proposições: todo modelo apresenta uma superabundância ontológica; toda superabundância é monstruosamente outra.[29]

Como bem observou Carla Rodrigues, a partir da crítica de Fisher a Derrida, ao lado da ontologia corporal devemos pensar a *hantologie*, ou ontologia da assombração[30] (*haunt*), a ontologia melancólica, o materialismo transcendental[31] e a ontologia pós-colonial, como reiteração da perda e impossibilidade de substituição:

> Tomo o caminho dos fantasmas para falar da condição colonial de ser assombrado *por aquilo que não se é* nem *se poderia ser*. Ser latino-americano assombrado por não ser europeu, ser negro assombrado por não ser branco, ser indígena assombrado por não ser português, ser periférico assombrado por não ser central, ser mulher assombrada por não ser homem, ser homossexual assombrado por não ser heterossexual, ser transgênero assombrado por não ser cisgênero (...).[32]

---

29 Viveiros de Castro, E. (2006). Esboço de cosmologia Yawalapiti. In Viveiros de Castro, E. (2006). *A inconstância da alma selvagem e outros ensaios de antropologia*. São Paulo: Cosac Naify, p. 30-31.
30 Frosh, S. (2013). *Hauntings: Psychoanalysis and Ghostly Transmissions*. London: Springer-Verlag GmbH.
31 Johnston, A. (2014). *Adventures in Transcendental Materialism*. Edimburgo: Edinburgh University Press.
32 Rodrigues, C. (2021). *O luto entre clínica e política: Judith Butler para além do gênero*. Belo Horizonte: Autêntica, p. 90.

A antifilosofia e a antipsicologia de Lacan podem ser entendidas não apenas como recusa da ontologia aristotélica e de sua acepção genérica de substância, mas como indicação de que há outras ontologias, nem sempre aristotélicas, nem sempre naturalistas. Podemos contrastar a *hantologie*, como ontologia dos espectros, com a *hontologie*, proposta por Lacan, como combinação entre ontologia e vergonha (*honté*).[33] Teríamos então quatro versões da *ontologia decolonial* como crítica da ontologia aristotélica da identidade. A ontologia envergonhada nos remete às narrativas nas quais o buraco e o abismo surgem sob nós, denunciando um saber interditado sobre quem se é. É a vergonha por ser demasiadamente branco ou negro, excessivamente europeu ou periférico, cis ou trans, homem ou mulher, binário ou não-binário. Esse excesso de "ser" é sempre denunciado como impostura e violação de semblante. Ali, onde nos esforçamos para "*pare-ser*", para-todos, um fragmento de verdade, nos desmente, emergindo pela voz do que Lélia Gonzalez chamou de *denunciação*, ou seja, híbrido entre enunciado e enunciação, expresso nesta outra língua que é o "*pretoguês*".[34]

A vergontologia (*hontologie*) não é uma visão de mundo, mas o risco de dizer mais do que o possível, o ponto no qual o gozo nos convoca como ser.[35] Daí que o buraco da vergonha seja, como o buraco na política, o lugar onde se coloca a metafísica do falo.[36] Em certa medida, a ontologia da vergonha, como versão animista da ontologia do gozo, opõe-se à ontologia da culpa, como sua versão totemista. Enquanto a denunciação define a ontologia decolonial de Fanon[37] a Wendy Brown,[38] e a ontologia melancólica define um mundo moderno, que se quebrou, sem volta e cujo último capítulo se encena indefinidamente, a ontologia da vergonha nos faz desejar desencarnar, nos tornando espectros evasivos, errantes e

---

33 Lacan, J. (1992). *O Seminário, livro 17: o avesso da psicanálise (1969-1970)*. Rio de Janeiro: Zahar, p. 172.
34 Gonzalez, L. (2020). *Por um feminismo afro-latino-americano*. Rio de Janeiro: Zahar.
35 Bernard, D. (2022). *Lacan e a vergonha: da vergonha à vergontologia*. São Paulo: Blucher, pp. 165-166.
36 Lacan, J. (1973). Introdução à edição alemã aos Escritos. In *Outros escritos*. Rio de Janeiro: Zahar, 2004.
37 Fanon, F. (2020). *Alienação e liberdade: escritos psiquiátricos*. São Paulo: Ubu.
38 Brown, W. (2019). *Nas ruínas do neoliberalismo: a ascensão da política antidemocrática no Ocidente*. São Paulo: Editora Filosófica Politeia.

sem lugar. A ontologia da vergonha situa-se como inversão da *ontologia melancólica* da culpa e como torção da *hauntologia* da dívida.

Cada uma dessas narrativas é conversível logicamente em qualquer uma das outras, mas isso implicará outras maneiras de pensar sistemas de filiação e família, como formas de vida, bem como a relação entre aliança e sexualidade, e ainda estratégias de nomeação e gramáticas de reconhecimento. No fundo, isso definirá a diferença entre o luto de pessoas queridas e de pessoas distantes, de amigos e inimigos, de ideias, amores e nações, de corpos que desaparecem e corpos que efetivamente morrem. Mas isso poderá separar o luto neuroticocêntrico e proprietarista de outras formas de luto,[39] que no seu interior serão interpretadas como infinitas.

No fundo as políticas de luto não exprimem apenas conflitos entre vidas que merecem inscrever-se no simbólico e aquelas que são tornadas inumanas, por sua monstruosidade, estrangeiridade ou animalidade, mas conflitos entre ontologias e suas políticas de sofrimento. Malabou percebeu esse problema ao estudar as condições de traumatização e degeneração cerebral. Não se trata apenas de um novo materialismo primário, baseado na homologia entre estrutura simbólica e estrutura cerebral, como sugere Lacan com Lévi-Strauss,[40] mas também de uma revisão da neurose de transferência para além do pressuposto não criticado, de que o sujeito depende da fala como emissão vocal emanada de um corpo.

Como se esse corpo fosse aristotelicamente proprietário de todas as suas vozes e como se a soberania da linguagem fosse indiferente ao problema

---

39 "O ponto de vista que postula haver uma *cisão do Eu* em todas as psicoses não poderia reclamar tanta consideração se não se condizente com outros estados mais semelhantes às neuroses ou se mostrasse ao final compatível com essas últimas. Convenci-me disso inicialmente a partir de casos de *fetichismo*." (Freud, S. (2014). *Compêndio de psicanálise e outros escritos inacabados.* Belo Horizonte: Autêntica, p. 171.)

40 "Eu diria em primeiro tempo é: o mundo existe. (...) Este mundo tal como é, eis o que concerne à razão analítica, aquela a que o discurso de Lévi-Strauss tende a dar primazia. (...) com esta primazia este lhe confere certa homogeneidade (...) o que poderíamos chamar de retorno ao materialismo primário, na medida em que, no limite deste discurso, o funcionamento da estrutura, o da combinatória, tão poderosamente articulada pelo discurso de Lévi-Strauss, só faria aproximar-se da estrutura do cérebro, por exemplo, ou da matéria, e representaria, segundo a chamada forma materialista, no sentido do século XVIII, apenas seu par, e nem sequer seu substituto." (In Lacan, J. (2005). *O Seminário, livro 10: a angústia (1962-1963).* Rio de Janeiro: Zahar, p. 42.)

do vivente e do morrente. A oposição entre linguagem e corpo, como se a psicanálise tivesse que escolher uma destas duas, é apenas mais um capítulo da ontologia naturalista. Um conceito de transferência que seja capaz de ultrapassar o individualismo substancialista da linguagem precisa considerar o luto como experiência de indeterminação e desapossamento do corpo. Trata-se de encontrar uma maneira de "tornar-se sujeito do sofrimento do outro" sem transferi-lo para o outro (sadismo), nem se apropriar dele extraindo uma mais-valia narrativa (masoquismo):

> (...) o fato novo que desafia a psicanálise a se transformar profundamente é que as novas formas de sofrimento (*nouveaux blésses*) não regridem ao trauma político ou lesional, não têm o valor de uma repressão, não têm uma significação reveladora, nem constituem como uma forma de verdade na história passada do sujeito.[41]

De todos os fatos clínicos concernidos pelos novos adoecimentos do cérebro, incluída a recusa da etiologia sexual e da expressão da pulsão de morte, sobrevive o luto como trabalho e política incontornável do sofrimento psíquico.

7.2. Nomes infinitos e suas mulheres

Podemos localizar o início da crítica de Lacan – tanto à soberania do totemismo quanto ao caráter transcendental-histórico do Outro – em sua conferência sobre os Nomes-do-Pai, de 1963, aula única de um seminário jamais concluído.[42] Nesse momento de balanço, em que Lacan reflete sobre o próprio percurso – "os primeiros passos do meu ensino"[43] –, ele começa por destacar a importância de tal objeto, referindo-se à angústia, notado de uma maneira inédita se compararmos com o produto do

---

41 Malabou, C. (2007). *Les nouveaux blessés: de Freud à la neurologies, penser les traumatismes contemporains*. Paris: Bayard, p. 345.
42 Lacan, J. (2005). *Nomes-do-Pai*. Rio de Janeiro: Zahar.
    Lacan, J. (s.d.). *Os Nomes-do-Pai*. Recife: Traço Freudiano.
43 Lacan, J. (2005). *Nomes-do-Pai*. Rio de Janeiro: Zahar, p. 62.

Seminário 10: A angústia (1962-1963), ou seja, como [a/ℵ ◊ $],[44] que se lê aproximativamente como: "a relação entre objeto *a* e infinito equivale, segundo a lógica da fantasia, à divisão do sujeito". Outra leitura possível seria: o objeto *a* articula o desejo do Outro ao desejo no sujeito, segundo uma certa relação entre ordinalidade e cardinalidade matemática, para a classe dos conjuntos infinitos, conhecida como aleph [ℵ].

Os aleph, introduzidos por Cantor, são notações para medidas de tamanho de conjuntos infinitos. O infinito, comumente definido como um limite extremo da reta real, pode ser comparado com o conjunto dos números inteiros, com o conjunto dos racionais e dos algébricos empregando o método da diagonal.[45] Aplicado a uma função ou sequência que "diverge no infinito" ou "é sempre crescente" a um ponto extremo da reta real estendida e empregando-se o axioma da escolha, pode-se demonstrar que qualquer conjunto não vazio de números cardinais tem um elemento mínimo. A classe dos números cardinais é bem ordenada e pode ser indexada pelos números ordinais. Essa indexação gera a notação aleph para os números cardinais.

> O objeto *a* é o que caiu, do sujeito, na angústia. É o mesmo objeto que eu desenhava como *a causa do desejo*. (...) A função inicial desse objeto perdido sobre o qual Freud insiste, eis a falha que não nos permite tratar do desejo na imanência lógica exclusiva da violência como dimensão a forçar os impasses da lógica.[46]

Lembremos que a violência, como paradigma da origem civilizatória no parricídio, envolve o ordenamento dos atos previstos em *Totem e tabu* – a saber, (1) horda primitiva, (2) assassinato do pai, (3) pacto e banquete totêmico e (4) formação do tabu como origem da moral, da religião e da cultura. Para Lacan, a subversão da "lógica exclusiva da violência" envolve a introdução do objeto *a*, como falha, hiância ou descontinuidade entre finitude e infinitude. Isso significa, em tributo a Hegel, investir contra o

---

44 Idem, p. 69.
45 Klein, F. (1960). *Matemática elemental desde un punto de vista superior: aritmética, álgebra, análisis* (Vol. 1). Madrid: Nuevas Gráficas, p. 374.
46 Lacan, J. (2005). *Nomes-do-Pai*. Rio de Janeiro: Zahar, pp. 60, 63-64.

mundo da positividade, reconhecer o déficit intrínseco da lógica da predicação e agregar a contingência à existência. Contudo, Lacan reconhece como esse autor teria sido insuficiente para realizar a crítica à religião, daí o enfrentamento do problema central da sobrevivência do nome-do-pai, vale dizer, como estrutura histórica.

Com efeito, o problema é abordado de maneira clássica. Se o nome-do-pai explica a gênese do desejo, ele o faz apenas para suas formas finitas e androcêntricas, deixando de lado a mulher:

> (…) a mulher se sublima, de certa forma, em sua função de capa protetora, mas aonde alguma coisa que vai mais longe permanece *infinitamente* do lado de fora. Foi para lhes mostrar isso que comentei longamente com vocês aquela passagem de Ovídio em que se fabula o mito de Tirésias. Do mesmo modo é preciso indicar o que se vê de vestígios do mais-além inquebrantável do gozo feminino no mito masculino de seu pretenso masoquismo.[47]

A mulher fica infinitamente de fora e seu gozo deveria ser pensado mais além do masoquismo feminino, o que, afinal, é um mito masculino sobre o assunto. Essa diferença afeta o próprio estatuto do estranhamento, *Unheimlich*, como Aleph da angústia, e não mais a angústia de castração, à qual este se reduz pela fantasia narcísica animista. Nessa nova chave, retoma-se a formulação sobre a gênese do desejo de psicanalista como algo que se forma pelo trabalho e no ato de luto, mas agora mais precisamente colocado no interior das operações de cuidado de si, cujo modelo é o diálogo platônico entre Alcebíades e Sócrates:

> Tal é o frenesi de Alcebíades. Daí a réplica que Sócrates lhe dirige: "*Ocupa-te da tua alma*", o que quer dizer: "*Saiba que o que persegues não passa daquilo que Platão mais tarde fará a tua alma, ou seja, tua imagem. Percebe que a função desse objeto não é de visada, mas de causa mortal, e faça teu luto desse objeto. Ele não é senão tua imagem. Então conhecerás os caminhos de teu desejo. Pois, eu, Sócrates, que nada sei, a única coisa é a função do Eros*".[48]

---

47 Ibidem, p. 68. Grifo nosso.
48 Ibidem, p. 70. Grifos nossos.

O luto desse objeto assegura, no sujeito, a separação entre a lei arbitrária das injunções históricas daquela parentalidade formativa do Supereu e do lugar do Outro como lugar infinito onde o Isso fala. Precisamente, é a voz que fará essa função contingente que liga o Supereu às leis no sentido das leis da cidade. É nesse ponto que se pode colocar também um ponto de disjunção entre Freud e Lacan:

> Se Freud coloca no centro de sua doutrina o mito do pai, é claro que é em razão da inevitabilidade da questão. Não menos claro é o fato de que, se toda a teoria e práxis da psicanálise nos parecem atualmente em pane, é por não terem ousado, nessa questão, ir mais longe que Freud.[49]

Ir além do mito do pai é ir além do que pode ser colocado como questão. Uma observação que remete à definição mais simples de estrutura como estrutura de uma questão: o que quer uma mulher? (histeria), a morte na neurose obsessiva, até a estrutura mais simples e fundamental da neurose, na qual aparece o híbrido pai-animal, chamado fobia,[50] o protótipo é sempre o modelo de sofrimento totemista. Mas há um "sujeito *anterior à questão*",[51] declaração decisiva para pensar identificações anteriores à definição de estrutura clínica, como aquelas concernentes ao gênero e a certos tipos de luto, remetendo o assunto à própria antropologia de base:

> (...) a despeito do erro e da confusão do tempo, Freud pôs o dedo no que merece permanecer de cada um desses autores, de Robertson Smith a Andrew Lang, após a crítica, sem dúvida fundada do ponto de vista do especialista, da função do totem feita por meu amigo Claude Lévi-Strauss.[52]

---

49 Ibidem, pp. 71-72.
50 "Não é verdade que seja no nível da fobia que o animal surge como metáfora do pai. A fobia nada mais é do que o retorno de algo anterior, o que dizia Freud referindo-se ao totem. O totem quer dizer que o homem, não tendo muito do que se orgulhar por ter sido o último produto da criação, aquele que foi feito do barro, o que não é dito de nenhuma outra criatura, vai buscar para si ancestrais honrados." (Ibidem, pp. 83-84.)
51 Ibidem, p. 72.
52 Ibidem, pp. 72-73.

Ou seja, assim como a epistemologia feminista, a objeção antropológica contemporânea refaz a crítica ao totemismo. Lacan colocava o erro da antropologia freudiana e até mesmo sua correção lévi-straussiana como parte de uma argumentação na qual a psicanálise seria capaz de reivindicar certo estatuto de verdade e, portanto, concorrer para sua delimitação de forma análoga à separação entre cultura (nomeação) e natureza (totem como animal). Seria o sujeito anterior à questão um animal? Seria a criança e sua ancestralidade ligada por um traço unário (*einziger Zug*) ao pai, também ele um animal, ou uma versão do mito sobre o gozo puro?[53] Ora, esta pergunta presume um alinhamento totemista entre criança, psicótico, "primitivo" e "mulher", ou seja, uma identidade entre os polos da casa, do próximo, do confiável e do vivo. Esse alinhamento presume se tratar da mesma diferença, em todos os casos. Aqui está a raiz do identitarismo totemista, como fonte e referência para o que significa "nós", em relação a "eles". Mas se a hipótese de que existem diferentes tipos de diferença é válida, e se ela exprime diferentes tipos de animismo (perspectivista, analogista, naturalista), a distinção homem-animal, cultura-natureza não funcionará da mesma maneira. Ademais, a antropologia pós-estruturalista vem apontando como são a guerra e a aliança, e não o parentesco ou a sexualidade, que respondem melhor a esse tipo de estrutura, sendo a relação com a morte o campo decisivo para estudar os dois modos lógicos da estrutura.

Tipicamente, esse movimento teórico nos apontará para uma espécie de condição de loucura ou de psicose como momento anterior à questão do pai, anterior ao sujeito como questão[54] e anterior à nomeação.[55] A solu-

---

53 "*La jouissance pure du père comme primordiale.*" (Ibidem, p. 75.)
54 Por exemplo, "(...) a esquizofrenia como problema humano. Seria exagerar, pois nas realidades a que o poeta nos conduz, até mesmo as categorias que nos parecem coextensivas ao humano – a mãe e o pai – são substituídas numa certa contingência, aquela que a etnologia também aponta ao mostrar, por exemplo, como o acesso à Lei, ao Simbólico, em certas sociedades, incumbe a outras instituições, que não a do pai". (Laplanche, J. (1991). *Hölderlin e a questão do pai*. Rio de Janeiro: Zahar.)
55 "O fato de o sistema recorrer a nomes animais e vegetais é um caso particular de um método de denominação diferencial, cujos caracteres subsistem, qualquer que seja o tipo de denotação empregado. Possivelmente, é neste ponto que o formalismo de Boas não acerta o alvo, pois, se os objetos denotados devem, como afirma, constituir um sistema, o

ção inversa insistirá no pai como uma função simbólica, e não como uma entidade corporal:

> (...) em nenhum caso o animal, o "totem" ou sua espécie, pode ser tomado como entidade biológica; devido a seu duplo caráter de organismo – vale dizer, de sistema – e de emanação de uma espécie, que é um termo dentro do sistema, o animal aparece como um instrumento conceitual de múltiplas possibilidades, para destotalizar e retotalizar qualquer domínio situado na sincronia ou na diacronia, no concreto e no abstrato, na natureza ou na cultura. Propriamente falando, nunca é, então, a águia que os Osage invocam. Pois, conforme as circunstâncias e os momentos, trata-se de águias de diferentes espécies: águia real (...), águia mosqueada (...), águia calva (...) etc.[56]

Entre essas duas soluções, Lacan toma um caminho intermediário, notando que o pai é anterior à interdição do incesto, logo não pode estar antes do advento da cultura, e que sua definição se baseia em uma relação específica com a satisfação, ela: "*não tem fim*". Voltamos, assim, para a separação entre finito e infinito, em sua acepção mais simples, de que o infinito é meramente uma negação da finitude. Nesse ponto, o problema do pai se desloca para as operações de classificação e nomeação, reconhecidas em equivalência ao totem pela pesquisa etnológica. Cada comunidade emprega classificadores concretos e classificadores abstratos, gerando momentos de totalização, violação de classe e nova totalização:

> Cada clã possui um "símbolo de vida" – totem ou divindade – do qual adota o nome: puma, urso negro, águia real, cervo jovem etc. Os clãs se definem, assim, uns em relação aos outros por meio de um corte diferencial.[57]

Em tese, isso replicaria à árvore de partições dos gêneros e classes, presente em Aristóteles e Porfírio: cada entidade pode ser dividida em

---

modo de denotação deve ser sistemático também, a fim de que desempenhe cabalmente sua função" (Lévi-Strauss, C. (1975). *O totemismo hoje*. Petrópolis: Vozes, p. 23.)
56 Lévi-Strauss, C. (1989). *O pensamento selvagem*. Campinas: Papirus, p. 169.
57 Ibidem, p. 167.

Coisa ou *Não Coisa*; cada Coisa, em *Planta* ou *Não Planta*; cada Planta, em *Herbácea* ou *Não Herbácea*; cada Herbácea, em *Pé de Pimenta* ou *Não Pé de Pimenta*. Ainda que a divisão totêmica não seja uniforme,[58] ela estabelece um sentido que separa no topo da série o limite abstrato do número, a partir da presença ou ausência [zero ou vazio], [1 ou 0] e, na base infinita da série, léxico ou nome. Vimos esse processo em curso nos primeiros movimentos do luto, em que se trata de passar do *Vivo* ou *Não vivo* para o *Morto*.

> (...) a passagem é sempre possível da *espécie à categoria*, em seguida, que nenhuma contradição aparece entre o *sistema* (que se impõe no topo) e o *léxico*, cujo papel torna-se preponderante à medida que se desce a escala das dicotomias. O problema da relação entre *contínuo* e *descontínuo* recebe assim uma solução original (...). O nível das espécies pode ampliar sua rede para o alto, isto é, em direção aos elementos, às categorias e aos números, ou restringi-los para baixo, em direção aos nomes próprios. (...) O conjunto constitui, então, uma espécie de aparelho conceitual que filtra a unidade através da multiplicidade, a multiplicidade através da unidade, a diversidade através da identidade, e a identidade através da diversidade.[59]

Lévi-Strauss vê nesse movimento a passagem constante das ideias para as imagens, assim como da gramática para o léxico. Se em Saussure a língua vai do arbitrário ao imotivado, os sistemas etnológicos vão do motivado (história) para o arbitrário (sistema)[60] chegando ao totemismo, e seu corolário, o tabu do incesto, como única lei universal não natural. Contudo, a antropologia pós-estruturalista introduziu um novo par, não simétrico anterior, composto da comparação entre sistemas de escrita (analogismo) e a indeterminação perspectivista. Isso significa dizer que os sistemas simbólicos não são entidades fixas, mas produções e reproduções constantemente renovadas por nossas práticas de troca material e de linguagem.

---

58 Ibidem, p. 178.
59 Ibidem, pp. 160-161, 170, 174.
60 Ibidem, p. 178.

Isso nos faz introduzir um problema, até aqui latente, concernente ao luto, a saber, a distribuição das propriedades do morto entre seus herdeiros. Estudando a redistribuição da riqueza na Nova Irlanda, Marilyn Strathern notou como os ritos de luto têm uma estreita relação com a partilha e a transmissão futura de bens. O direito ao luto torna-se, assim, uma questão entrelaçada com o direito dos herdeiros a ter uma parte dos talentos, virtudes sociais e bens simbólicos e materiais do morto. Isso dependerá, entre os Hage, da fabricação de estátuas *mallanggan*, equivalente formal da fabricação de um corpo. Assim é o domínio da técnica ou de um saber sobre o objeto perdido que realiza mimeticamente a legítima reapropriação do objeto perdido, pela via de seus traços remanescentes.

O luto surge, assim, como separação do que nos habita e como ato de aceitação dos representantes daquele que se foi e principalmente como recebemos e como destinamos a herança material e imaterial que o outro nos lega. Monique David-Ménard[61] extraiu desse exemplo um paradigma para criticar a razão proprietarista, notadamente da modernidade, que compreende que, em última instância, ou somos proprietários de nossos corpos, ou então o Estado tem prerrogativa sobre ele. Ora, esse animismo das coisas, aplicado aos nossos corpos e a sua materialização na transmissão dos bens residuais, confunde e torna equivalente a propriedade finita dos bens com o valor infinito do objeto que os articula e dá corpo. O objeto torna-se agora não apenas uma versão passiva de uma encruzilhada de determinações, mas também um objeto agente, tal qual a noção de objeto *a*, introduzida por Lacan no texto em questão. Para ele, o equivalente abstrato da conjunção entre léxico e gramática, entre nome e número, é o nome próprio, par perfeito e equivalente simbólico do corpo-próprio, emergente da experiência do espelho.

> O nome, como lhes mostrei, é uma marca já aberta à leitura – eis por que ela será lida da mesma forma em todas as línguas – impressa sobre alguma coisa que pode ser um sujeito que vai falar.[62]

---

61 David-Ménard, M. (2022). *A vontade das coisas: o animismo e os objetos*. São Paulo: Ubu.
62 Lacan, J. (2005). *Nomes-do-Pai*. Rio de Janeiro: Zahar, p. 74.

Talvez o debate entre Bertrand Russell e Howard Gardner, a hipótese de Jacques-Alain Miller sobre a sutura e os achados de Flinders Petrie[63] sobre a importância dos nomes próprios na decifração dos hieróglifos egípcios tenham fixado demasiadamente em Lacan a ideia de que o nome próprio se define pela intradutibilidade.[64] Consequentemente, por seu alinhamento maior com o número do que com os termos classificatórios. Sztutman,[65] acerca da função antropológica da nominação, Domiciano,[66] ao abordar o corpo, e Zular, no âmbito da enunciação do "nós" para a constituição de mundo comum,[67] mostraram que essa relação é mais contingente do que parece quando nos deslocamos do paradigma totemista.

Para os povos amazônicos a nominação é um elemento crucial para *a formação da pessoa masculina*. No ritual antropofágico, o matador troca de nome, ou seja, inimigos e animais exteriores servem como nominadores sociais. Os nomes engendram um processo cumulativo e irreversível.

---

63 Sir William Matthew Flinders Petrie (1853-1942), arqueólogo e egiptólogo britânico, inventou um método para reconstituir a sequência de acontecimentos históricos em culturas antigas baseado nos nomes grafados em material artesanal.

64 O selo do "peixe nadando", datado em provavelmente 3.400 a.C., foi descoberto por Flinders Patrie em 1912, na região egípcia de Tarkhan. Ele era aplicado à argila que fechava o pote no qual sementes eram deixadas para secar. A impressão consistia em fazer rolar o cilindro anamórfico produzindo a imagem do peixe envolto em um quadrilátero encimado pelo falcão Hórus. Quando o sol se erguia em uma posição específica, captada pela arquitetura das mastabas, desse período, chegava o momento de rasurar o selo, abrir os vasos de sementes e aproveitar o tempo de plantio na cheia do Nilo. Esse conjunto de técnicas, de escrita e plantio, de preservação e multiplicação de sementes, envolvendo as propriedades germinativas da luz, teria dado origem à unificação dos deuses em torno da figura de Amon-Rá, discutida por Freud em *O homem Moisés e a religião monoteísta*, para criar uma história do monoteísmo, compreendendo uma multiplicidade de figuras fundadoras, unificadas pelo mito. In Stevenson, A. (2022). *The Petrie Museum of Egyptian Archaeology: Characters and Collections.* Londres: UCL Press.

65 Sztutman, R. (2012). Sobre nomes e marcas. In Sztutman, R. *O profeta e o principal: a ação política ameríndia e seus personagens.* São Paulo: Edusp, pp. 223-230.

66 Domiciano, J. F. G. M. S. (2021). *Corpos que escutam: função e campo do corpo do analista na experiência psicanalítica.* (Tese de Doutorado). Instituto de Psicologia da Universidade de São Paulo, São Paulo, SP, Brasil.

67 Zular, R. (2014). Luto, antropofagia e a comunidade como dissenso. In: Penna, J. C. & Dias, Â, (org.). *Comunidades sem fim.* Circuito: Rio de Janeiro, 2014, v. 1, p. 274.

Assim como o inimigo, assim como o morto em geral, que será ingerido e dessingularizado, o matador vai se tornando mais "alguém que outro".

O trabalho de luto faz esquecer. Durante seu percurso o nome do morto não deve ser pronunciado. Entre os Tupi da costa brasileira, isso implicava a incisão no próprio corpo. Enquanto o nome adquirido pelo matador faz lembrar, pois ele comemora ao mesmo tempo o morto e o inimigo, o nome do luto faz esquecer. Assim, o morto adquire os *poderes de "intimidação do espírito da vítima"* e *"a potência pública de cantos e falas"*.[68] Os nomes são correlatos das escarificações no corpo e marcas corporais de prestígio (cicatrizes e tatuagens). As incisões no corpo são tanto a objetivação de uma *vingança consumada* quanto a incitação de uma *vingança futura*, ambas com sentido terapêutico-xamânico. Nomes e marcas compõem um sistema de produção da pessoa diferenciada, na qual seu prestígio se objetiva pela palavra (nome entoado) e pela marca (imagem exibida).[69] Os nomes são sempre nomes de outros, advindos de animais, homens e deuses. Nesse caso, "distanciando-se da função classificatória", os nomes seriam a marca máxima da singularidade.

No caso inverso, a "fonte das 'identidades' vem de fora",[70] e não de marcadores da mesma linhagem. Se a função classificatória do totem tem relação com a confiança taxonômica na existência de classes excludentes, divididas entre gênero e espécie, a função nos modificadores, nas línguas ameríndias, como a dos Yawalapiti do Alto Xingu, compreende relação perspectivas, e não opositivas e excludentes entre conceitos indeterminados e relativos, entre o excessivo e o autêntico, entre o inferior e o semelhante. Como vimos anteriormente, entre os modificadores vigora um princípio de gradação intensiva em que vigora uma indeterminação perspectiva entre tipo e indivíduo. Vale para os nomes algo análogo, de tal maneira que cada qual ocupa uma posição conforme é chamado, com tal ou qual, modificador, por tal e qual pessoa, em tal ou qual situação.

---

68   Ibidem, pp. 226-227.
69   Ibidem, p. 230.
70   Ibidem, p. 230.

Para Lacan, ir além do mito significa relacionar de outra maneira, que não o modo lógico prescrito pelo mito, as relações entre desejo, gozo e objeto.[71] O que Lacan ignora são os mitos cuja raiz não é função classificatória totemista, como o mito de Édipo, mas a ordenação entre mundo e corpo animista, como o mito de Narciso. A hipótese da plurificação dos nomes-do-pai resolve parcialmente o problema, pois a nomeação continua a ser pensada em referência genealógica ao pai. Ao final do *Seminário 22*, há uma tentativa de pensar um sistema de nomeação perspectivista, baseado na relação entre Real, Simbólico e Imaginário,[72] contudo essa teoria parece ter sido abandonada ou substituída pela concepção de *sinthoma*. Apesar disso, a crítica lacaniana aos limites do mito paterno aproxima-se vivamente da crítica de Viveiros de Castro à soberania do totemismo em Lévi-Strauss.

Verificamos então a existência de duas estratégias de nomeação entre os ameríndios brasileiros. A primeira é a *exonímia*, presente entre Tupi, Araweté, Guarani, Caribe, Yanomami, em que há uma tendência centrífugo-canibal. Nesse caso, não se deve partilhar o mesmo nome. O nome de infância não é jamais pronunciado e, em seu lugar, usam-se de tecnônimos com o "filho de", ou "sobrinha de". O nome próprio é um indexador de singularidade, pois remete à exteriorização particular de uma relação interiorizada e também a um universal sem conceito. O nome como sinédoque da pessoa pode ser adquirido e perdido. Ou seja, há o risco permanente de que alguém perca suas insígnias e se transforme num "genérico", sem nome, sem marcas.

A segunda estratégia de nomeação é conhecida como *endonímia* e está presente entre os povos Jê, Kayapó e Timbira. Ela é chamada de centrípeta, pois segmenta um estoque de nomes, mais ou menos restrito, que circula dentro do grupo. Aqui temos um sistema classificatório de posições fixas, em que o nome próprio responde à função classificatória de nomeação genealógica e distribuição de herança.

---

71 "Não poderíamos ir mais além do nome e da voz, e nos balizar pelo que o mito implica no registro fruto de nosso progresso, o desses três termos: o gozo, o desejo e o objeto?" (Lacan, J. (2005). *Nomes-do-Pai*. Rio de Janeiro: Zahar, pp. 74-75.)
72 Lacan, J. (2022). *O Seminário, livro 22: R.S.I. (1973-1974)*. São Paulo: Fórum do Campo Lacaniano São Paulo.

Temos que ter em mente também o caso híbrido, representado pelo grupo Tukano, no qual há uma inflexão exonímica-Tupi, em um grupo supostamente endonímico-Jê. A transmissão se dá entre vivos e mortos a partir de um estoque fixo de nomes. Observa-se, aqui, a tripartição entre (1) o *nome de espírito*: transmitido de um falecido exogâmico, organiza descendência e posição de chefe, xamã ou cantador; (2) o *apelido*: usado pela comunidade e criado em decorrência de encontros, acontecimentos em festas e partilhas; e o (3) *nome de estrangeiro*: conquistado pelo contato com outros povos, por exemplo, João, Maria, Jesus ou Cristo, são nomes tomados aos brancos. São "manifestações de antiespírito e os brancos são antiancestrais",[73] dada a capacidade de intensificar relações e objetivá-las em nomes e imagens.

Para Viveiros de Castro, a diferença entre os sistemas é menos uma questão de origem e mais um problema de transmissão. No primeiro caso está em jogo a capacidade de matar; no segundo, a capacidade de gerar filhos. Mas disso decorre, contra Lévi-Strauss, que nem sempre o nome próprio é um análogo classificatório da noção de espécie:

> No raciocínio desenvolvido por Lévi-Strauss, o indivíduo singular seria um elemento irredutível da classificação e a noção de "personalidade" (…) impassível de ser integrado nas classes.[74]

Isso não significa apenas que há pouco espaço para a personalidade individual nas sociedades holistas, mas que a personalidade é uma espécie de totem moderno. Se o sujeito é impossível no contexto do mito, ele se torna contingente no contexto do discurso da modernidade, encarnado nas formas de individualismo. Por isso, Lévi-Strauss chega à conclusão de que homens trocam mulheres como trocam palavras. Se em Lévi-Strauss o foco é a lei entre vivos e mortos, em Viveiros de Castro e no perspectivismo ameríndio o foco está no guerreiro e em sua vítima. Se no totemismo estrutural clássico o canibalismo gera uma identificação sacrificial e incorporativa, no animismo pós-estrutural o canibalismo depende de outro tipo de identifi-

---

73 Sztutman, R. (2012). *O profeta e o principal: a ação política ameríndia e seus personagens*. São Paulo: Edusp, p. 237.
74 Viveiros de Castro, E. (2022). Esboço de cosmologia yawalapiti. In Viveiros de Castro, E. *A inconstância da alma selvagem e outros ensaios de antropologia*. São Paulo: Cosac Naify.

cação não sacrificial, mas "'fusão ritual', em que não há apenas confronto, mas assimilação de uma subjetividade pela outra",[75] o que traz consequências para o luto. Ao final, as ponderações de Viveiros de Castro parecem assimilar as críticas de Rubin ao estruturalismo clássico:

> As questões que têm tradicionalmente inquietado a antropologia e as ciências sociais – tais como a evolução da estratificação social e a origem do Estado – devem ser reformuladas de modo a incluir as implicações do casamento entre primos cruzados matrilineares, o excedente gerado na forma de filhas, a conversão do trabalho das mulheres em riqueza dos homens, a conversão da vida das mulheres em alianças matrimoniais, a contribuição do casamento para o poder político e as transformações pelas quais todos esses diversos aspectos da sociedade passaram ao longo do tempo.[76]

Poderíamos acrescentar a esse elenco de problemas a própria questão sobre a produção da neurose a partir da estrutura patriarcal, desde que se considere o patriarcado sinônimo de totemismo, e não como equivalente genérico de estrutura simbólica:

> Por outro lado, se isso deve supostamente nos dar a marca da formação do desejo na criança em seu processo normal, não convém colocar a questão de saber por que isso gera, antes, neuroses?[77]

O giro anunciado por Lacan, nessa conferência de 1963, manifesta que a alternativa disponível, para o neuroticocentrismo-totemista, no interior do método estrutural, concerne à perversão. Doze anos mais tarde, depois de passar pela teoria dos quatro discursos e pelas teses sobre a sexuação, chegaremos ao ponto da reformulação completa dessa ideia:

> Um pai só tem direito ao respeito, para não dizer ao amor, se o dito amor, o dito respeito estiver – vocês não vão acreditar em seus ouvidos – pai-versamente [père-versement] orientado, isto é, feito de uma mulher,

---

75 Ibidem, p. 234.
76 Rubin, G. (2017). O tráfico de mulheres: notas sobre a "economia política" do sexo. In Rubin, G. *Políticas do sexo*. São Paulo: Ubu, p. 61.
77 Lacan, J. (2005). *Nomes-do-Pai*. Rio de Janeiro: Zahar, p. 75.

o objeto *a*, que causa seu desejo. Mas o que essa mulher *a* colhe disso, se posso me exprimir assim, nada tem a ver com a questão. Aquilo de que ela se ocupa é de outros objetos *a* que são os filhos, junto aos quais o pai, no entanto, intervém – excepcionalmente, na melhor das hipóteses – para manter na repressão, no justo meio-Deus [*juste mi-Dieu*, alusão a *juste milieu*, justo meio-termo], se me permitem, a versão que lhe é própria de sua perversão, única garantia de sua função de pai, que é a função de sintoma tal como a escrevi. Para isso, basta que ele seja um modelo da função. Eis o que deve ser o pai, na medida em que só pode ser exceção. Ele só pode ser modelo da função realizando seu tipo. Pouco importa que ele tenha sintomas, se a eles acrescentar o da perversão paterna, isto é, que sua causa seja uma mulher que ele tenha conseguido para lhe dar filhos, e que a esses, querendo ou não, dispense cuidados paternos.[78]

Há várias outras formulações[79] dessa mesma ideia de que o pai é uma versão de natureza perversa e que a perversão, menos do que uma estrutura, é a lei do amor.[80] Notemos que o que está em questão a princípio é o respeito, como forma de amor, que se pode dirigir ao pai.[81] Aqui o pai é redefinido como uma função de exceção e a relação entre função e termo. Entre função (Simbólico) e o tipo (Imaginário), aparece a noção de realização (Real). A perversão é redefinida como "tomar uma mulher como objeto *a*". Menos do que passividade e dominação, em Lacan

---

78 Lacan, J. *Séminaire XXII: R.S.I. (1974-1975)*. Staferla. Recuperado de http://staferla.free.fr/S22/S22%20R.S.I..pdf. Tradução nossa.
79 "A perversão não é definida porque o simbólico, o imaginário e o real estão rompidos, mas, sim, porque eles já são distintos, de modo que é preciso supor um quarto que, nessa ocasião, é o *sinthoma* [*sinthome*]. Digo que é preciso supor tetrádico o que faz o laço borromeano – perversão [*perversion*] quer dizer apenas *versão em direção ao pai* [*version vers père*] –, em suma, o pai é um sintoma, ou um *sinthoma*, se quiserem. Estabelecer o laço enigmático do imaginário, do simbólico e do real implica ou supõe a ex-sistência do sintoma." (Lacan, J. (2007). *O Seminário, livro 23: o sinthoma (1975--1976)*. Rio de Janeiro: Zahar, pp. 20-21.)
80 "A Lei da qual se trata, nesse caso, é simplesmente a lei do amor, isto é, a pai-versão [*père-version*]." (Ibidem, p. 147.)
81 "A neurose é inseparável, aos nossos olhos, de uma fuga diante do desejo do pai, o qual o sujeito substitui por sua demanda. O misticismo está em todas as tradições, exceto na que vou introduzir, em que se fica bastante constrangido sob esse aspecto, uma busca, construção, ascese, assunção, o que quiserem, um mergulho em direção ao gozo de Deus." (Lacan, J. (2005). *Nomes-do-Pai*. Rio de Janeiro: Zahar, p. 76.)

a noção de objeto *a* concerne à causa do desejo e ao que, ao final, não pode se integrar ao sistema simbólico de trocas, sejam elas consideradas históricas ou estruturais.

Ora, a introdução das versões do pai pode ser lida tanto como uma generalização do totemismo, para além da cosmogenia e da continuidade moral entre humanos e não humanos, agora apoiada em um naturalismo antropocêntrico, quanto como uma guinada animista, por meio da qual as versões do pai podem incluir seres como uma montanha ou um rio gerando sistemas de nomeação contextual específicos ou perspectivos. Este seria o caso dos aborígenes do deserto centro-australiano e seu peculiar sistema de nomeação:

> O espírito-criança escolhe seus pais para nascer porque o ato sexual não é suficiente para dar a vida; não há fala sem corpo em movimento. O outro aspecto ontologicamente crucial é que ele vem em um lugar particular e este lugar será o nome secreto da criança, seu totem de concepção.[82]

Vê-se assim que aquilo que chamamos de lugar simbólico, como abstração e constelação topológica de posições, pode realizar-se como nominação no território. Considerando que o objeto em psicanálise é aquilo que é opaco, contingente e localizado,[83] levando em conta que a psicanálise é crítica da definição jurídica da sociedade, e ao contrato de uso, posse e propriedade, ponderando a associação histórica entre os gêneros e sua relação ao objeto *a*, e não mais ao falo, esta seria uma maneira de responder à crítica feminista de que:

> Se o sistema de propriedade sexual fosse reorganizado de tal modo que os homens não tivessem direitos hegemônicos sobre as mulheres (se não houvesse a troca de mulheres) e se não existisse gênero, todo o *drama edípico* não passaria de uma lembrança.[84]

Ainda pesa no argumento a hipótese: "*se não existisse gênero*". Curiosamente, este será o núcleo da teoria da sexuação em Lacan: "*a mulher*

---

82 Glowczewski, B. (2015). *Devires totêmicos: cosmopolítica do sonho*. São Paulo: N-1, p. 156.
83 David-Ménard, D. (2022). *A vontade das coisas: o animismo e os objetos*. São Paulo: Ubu.
84 Rubin, G. (2017). O tráfico de mulheres: notas sobre a "economia política" do sexo. In Rubin, G. *Políticas do sexo*. São Paulo: Ubu, p. 61. Grifo nosso.

não existe". A formulação pode ser tomada em dois sentidos. No primeiro sentido, "*a mulher não existe*" do ponto vista lógico, porque os gêneros não existem, pois não há "*relação sexual*", e, do ponto de vista antropológico e econômico, porque ela é tomada como "*objeto a ser gozado*", no tráfico das mulheres e no sentido do gozo fálico. No segundo sentido, "*a mulher não existe*" do ponto vista histórico, porque em uma sociedade patriarcal, totemista e capitalista, "a mulher" ainda não pode existir. O que nos levaria a conjecturar que ela representa justamente o vir-a-ser, o que ainda não é, o irrealizado de uma época, o inconsciente de uma forma de vida, que, até aqui, é hegemônica. As duas colocações se fundem no fato de que Lacan frequentemente joga com a ideia de que o gozo-não-todo-fálico remete a um Outro, que talvez não exista.

Mas, se isso é correto, deveríamos igualmente admitir que existe um luto centrado sobre o gozo fálico e com uma identificação incorporativa, mas que também existe um luto que contempla o objeto *a* e aquilo que não pode ser comprado nem trocado, nem na economia psíquica do sujeito, nem no trato dos viventes, baseado em uma identificação excorporativa. Encontramos aqui uma expressão conceitual para o que os teóricos da psicologia do luto chamam de aceitação do luto de si mesmo. Tratar-se-ia de um luto que considere a si mesmo como desaparição. Isso inclui o por vir de outros lutos, com aspirações de desejo e de universalização ainda não cumpridas. Infinitamente incumpridas.

Podemos agora refazer as narrativas de luto, até aqui discutidas, tomando por referência as diferentes políticas para lidar com a lei e com o Outro. Podemos dizer que a figuração ascendente sobre a morte na modernidade é o naturalismo, para o qual, a forma do Outro é a coisa, cuja expressão direta é o cadáver ausente de vida. O ponto de vista dos vivos cria o objeto natural cuja negação se exprime em personagens espectrais que repetem, de modo acéfalo, um mesmo gesto de busca de satisfação.

A oposição mais simples ao naturalismo é o analogismo, para o qual a "forma do Outro é a pessoa".[85] Aqui é o ponto de vista que cria o sujeito, e

---

85 Viveiros de Castro, E. (2002). Perspectivismo e multinaturalismo na América indígena. In Viveiros de Castro, E. *A inconstância da alma selvagem e outros ensaios de antropologia*. São Paulo: Cosac Naify, p. 358.

as relações de analogia entre cultura e natureza são corrigidas, indefinidamente, por identificação entre si e pela existência de pensamentos, desejos e formas de memória que trabalham de modo inconsciente, produzindo objetos. Tanto o fetichismo quanto o sadismo e o masoquismo são formas de analogismo. Eles mobilizam uma lógica reflexiva e especular da imagem e pretendem encontrar o feitiço dos objetos pelos quais o analogismo pode incorporar o outro como sujeito dividido enquanto se mimetizam de fetiche.

A terceira perspectiva narrativa é o oposto e inverso do naturalismo, ou seja, o totemismo. Aqui a forma do Outro é o animal, a zona de passagem é o totem e a lei é a única lei universal não natural, o tabu do incesto. Isso cria tanto a hierarquia quanto a série ontológica entre coisas, animais, mortos e seres humanos. Chegamos, assim, aos seis movimentos do luto: pai primordial (trauma),[86] pai morto (fantasia),[87] tabu monoteísta (metáfora edipiana),[88] sacrifício (identificação, idealização),[89] banquete totêmico (pacto),[90] e formação de um novo traço no Eu (traço unário e objeto *a*).[91] As formas híbridas, morcego-humano (vampiro),

---

86 "(...) a necessidade de sua reflexão o levara a ligar o aparecimento do significante do Pai, como autor da Lei, à morte, ou até mesmo ao assassinato do Pai?" (Lacan, J. (1998). De uma questão preliminar a todo tratamento possível da psicose. In Lacan, J. *Escritos*. Rio de Janeiro: Zahar, p. 563.)

87 "(...) o verdadeiro pai, o pai simbólico, é o pai morto." (Lacan, J. (1998). Situação da psicanálise e formação do psicanalista em 1956. In Lacan, J. *Escritos*. Rio de Janeiro: Zahar, p. 472.)

88 "Ele é um obstáculo entre o filho e a mãe, é o portador da lei, mas isso de direito, ao passo que, nos fatos, intervém de outra maneira, e é também de outra maneira que se manifesta a falta de sua intervenção." (Lacan (1999). A lógica da castração. In Lacan, J. *O seminário, livro 5: as formações do inconsciente (1957-1958)*. Rio de Janeiro: Zahar, p. 194.)

89 "De fato, a imagem do Pai ideal é uma fantasia de neuróticos" (Lacan, J. (1998). Subversão do sujeito e dialética do desejo no inconsciente freudiano. In Lacan, J. *Escritos*. Rio de Janeiro: Zahar, p. 839.)

90 "*Se o mito da origem da Lei* se encarna no assassinato do pai, é de lá que são tirados todos esses protótipos que sucessivamente se chamam animal totem, depois tal deus, mais ou menos poderoso e ciumento, e no fim das contas o deus único, o Deus, o Pai." (Lacan, J. (1998). A morte de Deus. In Lacan, J. *O seminário, livro 7: a ética da psicanálise (1959-1960)*. Rio de Janeiro: Zahar, p. 217.)

91 "Por isso a psicanálise, ao ser bem-sucedida, prova que podemos prescindir do Nome-do-Pai. Podemos sobretudo prescindir com a condição de nos servirmos dele."

cão-humano (lobisomem), peixe-humano (Iara), coisa humana (Homem da Areia), são figurações típicas da interpretação totemista sobre os seres quase-humanos. Daí que Lacan tenha terminado identificando Freud ao totemismo e a teoria dos nós como uma saída ou uma alternativa,[92] ainda que nem sempre clara.[93] Nesse caso, o animismo, assim como o fetichismo, fica incorporado e subsumido ao totemismo, como duas de suas formas embrionárias. A afinidade entre totemismo e classificação sugere, inclusive, que os próprios signos diagnósticos da psicanálise dependem da admissão preliminar do tipo de função de nomeação.[94]

A quarta apresentação narrativa corresponde à dupla torção perspectivista. Nesse caso, a forma do Outro é o corpo.[95] Aqui, narcisismo e animismo são dissociados, assim como fetichismo e mercadoria, pois os objetos são não trocáveis e o corpo de saída é um corpo genérico e indeterminado. O perspectivismo é um maneirismo corporal,[96] não é, portanto, um relativismo, como o analogismo, mas um multinaturalismo[97] e um relacionalismo.[98] Há uma mutação do que chamamos "ponto de vista", pois ele não se refere nem à objetividade das coisas naturais, nem à subjetividade das perspectivas culturais.[99] Podemos sugerir que se

---

(Lacan, J. (2007). Do inconsciente ao real. In Lacan, J. (2005). *O Seminário, livro 23: o sinthoma (1975-1976)*. Rio de Janeiro: Zahar, p. 132.)

92 "A pai-versão [*père-version*] é a sanção do fato de que Freud faz tudo se ater na função do pai. E o nó bo é isso." (Ibidem, p. 146.).

93 "Bem, é daí que, por um movimento inverso... pois um furo, se vocês creem em meus esqueminhas, um furo turbilhona, mais exatamente, engole, e logo há momentos em que cospe. Cospe o quê? O Nome. É o Pai como Nome." (Lacan, J. *Séminaire XXII: R.S.I. (1974-1975)*. Staferla. Recuperado de http://staferla.free.fr/S22/S22%20R.S.I.. pdf. Tradução nossa.)

94 "Sucede ao totemismo o que sucede à histeria. Quando começamos a duvidar que podemos isolar arbitrariamente certos fenômenos e agrupá-los entre si para torná-los sinais diagnósticos de uma doença ou de uma instituição objetiva, os sintomas já não existem, ou se mostram rebeldes a interpretações unificadoras." (Lévi-Strauss, C. (1975). *O totemismo hoje*. Petrópolis: Vozes, p. 13.)

95 Viveiros de Castro, E. (2002). *A inconstância da alma selvagem e outros ensaios de antropologia*. São Paulo: Cosac Naify, p. 388.

96 Ibidem, p. 380.

97 Ibidem, p. 379.

98 Ibidem, p. 382.

99 Ibidem, p. 384.

a angústia de castração é a forma elementar do totemismo, o *Unheimlich*, ou angústia de estranhamento, é a forma básica da relação com o Outro no perspectivismo.

Se o totemismo é o registro da metáfora entre cultura e natureza, o perspectivismo é o registro da metonímia da predação e do sacrifício. Se o totemismo estabelece nossa identidade pelas relações de filiação e parentesco, o perspectivismo cria novas relações de predação, aliança e mutualidade. Se o ponto de vista das coisas é inerte e passivo no naturalismo, no perspectivismo ele é ativo e agente, como o objeto *a*. Enquanto o animismo ligava-se em Freud à psicose, à criança e aos povos primitivos em geral, o perspectivismo liga-se a formas não identitárias de lidar com o desejo. O perspectivismo recusa a identidade, inclusive a identidade ordinal e cardinal do conceito, em razão do infinito de perspectivas.

Vejamos um exemplo comparativo:

> Certa noite, Carlos Eduardo conversava com um jovem em frente de sua casa quando dois homens os chamaram para o centro da aldeia. Já estava escuro e iluminavam com suas lanternas uma cobra coral (*Micrurus corallinus*). Os dois homens são pais de filhos pequenos, o que os impede de matar uma cobra, pois essa poderia fazer mal para seus filhos durante seus sonhos. Tahaja, o jovem com quem Carlos Eduardo conversava, acertou em cheio um pedaço de pau na cabeça da cobra, que, embora bastante debilitada, ainda se contorcia viva no chão. Logo após aplicar o golpe, ele jogou para longe o pedaço de pau, disse "*ugotakitohó*" e foi embora para sua casa sem mais palavras. *Ugotakitohó* e *uhekugohó* significam, respectivamente, premonições sensoriais diferenciadas para "negativo" e "positivo". Cada pessoa tem em alguma parte de seu corpo um sinal, um aviso sobre os desencadeamentos futuros do que está por acontecer. Assim, pode-se sentir determinada.[100]

Para o totemista, a cobra está interditada porque pertence ao circuito do tabu que nos reenvia ao totem que nos envia à filiação, mas, na leitura perspectivista, a cobra não está numa série diferente dos humanos, pois

---

[100] Lanna, M.; Costa, C. E. & Souza, A. C. de (2015). Sacrifício, tempo, antropologia: três exercícios em torno de *O pensamento selvagem*. Revista de Antropologia, v. 58, n. 1, p. 325.

pode ser um humano vestido com roupa de cobra. Para o totemista, a marca no corpo é versão do nome próprio, ao passo que, para o perspectivista, a marca no corpo é índice de destotalização do Outro. Mesmo que pensemos o perspectivismo como transformação estrutural do totemismo, ao modo lévi-straussiano, ele ainda pode ser interpretado como intrusão da razão dialética no interior da razão analítica, pois se a diferença "*ugotakitohó/uhekugohó*" opera dentro de uma analítica do objeto.

PARTE III

ANTROPOLOGIA PSICANALÍTICA DO LUTO

CAPÍTULO 8

Um caso clínico de luto infinito

Em 2016, organizamos uma expedição de escuta e cuidado à população de ribeirinhos, desalojados de suas habitações nas ilhas e baixões do rio Xingu, pela construção da usina hidrelétrica de Belo Monte.[1] O local pouco dista das comunidades Araweté, Asurini e Kayapó, estudadas pela antropologia perspectivista. As lideranças dos movimentos sociais relatavam um quadro caótico do ponto de vista da saúde mental, com a aparição de sintomas psíquicos e orgânicos de vários tipos sem diagnóstico exato, mas em evidente relação com a substituição abrupta de uma forma de vida comunitária, ligada à pesca, ao extrativismo e à pequena agricultura que se organiza em volta dos rios amazônicos por uma forma de vida urbana, em conjuntos residenciais, com muros de condomínios, marcados pela forte individualização e pela estranheza da vizinhança.

Foi assim que chegamos à nova casa deste senhor que, com seus mais de 70 anos, morava sozinho em um reassentamento urbano, nas cercanias de Altamira, norte do Pará. Fomos recebidos com um farto copo de água gelada, cheio até a borda, retirado de uma geladeira vazia, à exceção de outra jarra de água, não tão gelada como a que nos foi ofertada.

Ele, que não consegue mais dormir como antes, acorda no meio da noite pensando em tudo que lhe aconteceu. Vem para a sala vazia e, sozinho,

---
1 Katz, I. & Dunker C. I. L. (2019). Clinique du Soin aux Bords de la Rivière du Xingu. *Recherches en Psychanalyse*, n. 27, p. 49.

assiste à televisão, onde *só passa bobagem*. Tem dores de cabeça, pressão alta, visão turva, pressão no peito. Tudo isso piora quando fica nervoso, e piora mais ainda quando cai o *veneno da madrugada*. Mas não toma pílulas. O posto de saúde, a UPA, os médicos e até os filhos insistem, mas ele não toma.

São muitas dívidas. Ele não queria, mas o gerente do banco insistiu que ele tomasse um tanto a mais daquela vez para cultivar cacau, arroz e cuidar de gado. Ele era mais da pesca, mas ficou meio sem jeito na hora. Depois a dívida cresceu. Os bois eram pequenos, o cacau nunca veio e o arroz pouco cresceu. Descobriram, depois, que tudo era oferecido pelo banco: o arroz, o cacau e os bois. Ele tinha que escolher os animais, *magrinhos que só*, e o cacau, que nunca veio. Endividado pela primeira vez, tinha que pagar, apesar de o gerente dizer que *não ia dar em nada*. Mas não era assim que o pai tinha ensinado. Ele *fez que fez*, mas teve que vender uma parte de sua própria propriedade para pagar a dívida. Vendeu barato porque estava precisando. Sem espaço, foi explorado no preço da talha dos animais.

Depois veio o rolo das casas. Com o que sobrou, ele comprou uma casa em seis parcelas. Posteriormente, ele e a esposa compraram outra casa. Em seguida, trocaram a primeira casa por outra com um conhecido. É a casa na qual estamos agora. Só depois de muitas voltas e versões entendemos que a esposa recebeu essa casa em contrapartida pela primeira, porque ele mesmo não estava habilitado a ser proprietário, por causa da dívida.

Dona Nazaré – apelidada de Mazé –, com quem teve e criou doze filhos, morreu de derrame em 2013. Ficou tão nervosa com a perda da ilha que teve um derrame. Desde que a construção da usina começou e vieram as desapropriações, ela não dormia de preocupação. A vizinhança mudou muito. Os filhos foram indo para longe, cada um num lugar. O primeiro derrame foi feio. Ela teve que ir às pressas para Teresina. Quando voltou, *tomou pílulas*, mas não *deu em nada*. Ela morreu mesmo assim, enfezada, nervosa e preocupada. Por isso ele *também* não toma pílulas.

Três meses atrás, ficou muito nervoso à noite, pressão no peito e dor de cabeça. Teve que tomar quatro comprimidos de paracetamol. Ainda bem que uma filha ligou e veio vê-lo na hora, na sua casa. Depois chegou a ambulância. Quando acordou, não sabia onde estava. Tinha umas máquinas, com *barulhos estranhos*. Foi percebendo aos poucos que "não era sua casa". Era o hospital. Ele contou para o médico que estava com um *problema de memória*, isso fazia com que os pensamentos certos e os errados entrassem na ordem errada e ficassem *alternando* na cabeça.

Os doze filhos são todos trabalhadores, mas nenhum deles tem o compromisso de prestar alguma ajuda diária. Ele nem ia querer. "Orgulho?" Saiu a pergunta direta, daquelas que escapam na hora. Ele pareceu gostar do *papo reto*. *Mais ou menos*. Não consegue pedir, porque, se pedir e não receber, não vai aguentar. Às vezes passa fome, não tem o que comer. Não é como na ilha, onde era fácil ir pegar tangerina, frutas ou pescar ali na hora mesmo. Geladeira sempre cheia de peixe, *agora só tem água*.

O pior aconteceu quando eles vieram tomar a ilha e não avisaram. Queimaram tudo: plaina, barco, madeira, planta... tudo. *Eu não estava lá, mas meu filho viu e tirou fotografias*. "Mas você viu as fotos?" – outra pergunta meio errada. *Não, nunca, mas, se você quer ver, eu ligo para ele e ele traz, tenho certeza*. As fotos estão com ele, mas foram apagadas, será que sobrou alguma foto da ilha? *Depois que acontece você fica pensando que podia ter mais imagens para ajudar a memória. Às vezes basta uma imagem, como esta da Virgem*, que fica na estante em cima da televisão. Esta outra é do pai e da mãe, a única que sobrou. Vieram com eles quando mudaram para cá.

Ele sabe fazer canoa, mas de que adianta isso se o rio ficou a vinte quilômetros de distância? Queria mariscar, mas quando os amigos chamam ele não vai. Tem forró, os amigos convidam, ele também não vai. Deixar a casa sozinha, *não sei não*. Os novos vizinhos, nunca se sabe, muitos se aproximam apenas por dinheiro, depois enganam.

O pai ensinou muita coisa, até passou o nome para ele, mas sabe como é: *nome herdado faz dívida*. O pai ensinou que na vida é preciso fazer como o peixe-lagarto, que fica escondido dentro do pau, na água, e só sai para comer, não deixa a casa vazia. Como o pai dizia: *uma vida risca a outra*. O pai morreu antes da mãe. Quando a mãe morreu, ele veio para a ilha com Mazé, com quem viveu 42 anos. Agora está sozinho em casa. Traz a foto da Mazé com o neto nos braços. *Nem queira saber* quantos são os netos e bisnetos. Bem que o pai avisou que se deixasse a casa sozinha, iam perder tudo. Ele já sabia que ia ser assim, o pai tinha avisado: *uma vida risca a outra*.

Ele trabalhava com o pai desde pequeno no seringal. Começou a trabalhar cedo. Os filhos dele não estudaram, como ele, mas aprenderam a trabalhar cedo, como ele. Naquela época, o pai já tinha avisado que um dia iria acabar o peixe, que iriam destruir tudo. Ficamos sabendo então que Altamira era o epicentro de uma série de devastações repetidas: a Guerra da Borracha, nos anos 1940, o morticínio indígena nos anos 1950, a grilagem da terra nos anos 1960, a construção da Transamazônica nos anos 1970, a mineração de Carajás até os anos 2000. Achava que era por isso que sempre tinha sido assim, meio triste, só pensando nas coisas que se foram, nas pessoas que se foram, nas ilhas que se foram, nas casas que se foram e, agora, em Mazé, que se foi. "E já era triste nessa época?" – essa entrou. *Rapaz, acho não*. Todo mundo dizia que ele era um menino alegre, arteiro, que vivia inventando coisa.

Na sessão seguinte tinha bolo e as fotografias estavam todas em cima da mesa da cozinha. As ideias estavam mais claras e conseguimos descobrir que a empresa que desapropriou a casa deles aportou na ilha num dia em que ele não estava em casa. Eles disseram que Mazé precisava assinar um papel e ela acabou assinando. Isso teria selado um negócio desastroso, que marcou o agravamento das preocupações dela, o que culminou no "derrame". Eles se aproveitaram do fato de que ela não sabia nem ler nem escrever direito para contar uma história enganadora. Se ele estivesse em casa, aliás, como o pai recomendava, talvez nada disso tivesse acontecido: nem a desapropriação, nem o acidente vascular cerebral, nem a morte, nem a mudança de casa, nem a solidão noturna.

Ficamos sabendo também que, durante a noite, o cheiro é horrível. Tudo culpa dos vizinhos, que ficam cozinhando umas coisas esquisitas. Os *barulhos, então*, são muito diferentes daqueles com os quais ele estava acostumado na floresta e na ilha. Ele não sabe bem de onde foi que vieram esses vizinhos. Ele também não sentia confiança, porque dava para ver que uma hora podiam fazer alguma coisa.

Depois disso, e, para nossa surpresa, ele diz: *Desta vez, quando eu levantei à noite, não liguei a televisão. Fiquei pensando na pergunta.* De fato, alguma coisa podia ter acontecido que de criança alegre ele virou um adulto triste. Foi aí que veio esta lembrança:

Estava no seringal, buscando borracha que ficava no oito. A gente punha o copo vazando durante o dia, depois punha a bola no saco, fumegava até a bola ficar grande para poder vender. Naquele dia, ele e seu amigo, o Chico Branco, desembarcaram numa ilha já com a carabina nas costas. Ele, que era mais prudente, logo viu uma caixa de castanha em cima de uma estaca. Naquela época, vendia a 50 centavos a castanha e a 70 centavos o gato (pele de jaguatirica). O Chico ia na frente já colocando a castanha no alforje. Ele ficou atrás pensando: *castanha não dá em estaca.* De repente, ouviu o barulho dos porcos de lá para cá. Correu e logo encontrou o corpo do Chico Branco caído, com um furo no olho e um rombo na parte de trás da cabeça. Era o tiro de uma 22. Para piorar, ali, bem no meio do peito, estava encravada uma flecha Kayapó. Ele já ia sair correndo desembestado, quando pensou: *Se eu voltar para o barranco, eles vão estar lá me esperando, porque a essa altura já acharam a nossa canoa.* Ele escolhe outro caminho e chega à margem do rio. De lá, vadeia para outra ilha que ele avista ali perto. Ali foi dureza, sozinho, à noite, no frio.

Cedo ou tarde, os Kayapó iriam encontrá-lo. Até que lhe ocorreu a ideia de dar um tiro de aviso. Sabia que outros caçadores estavam por ali e que podiam vir em auxílio. A ideia dá certo. Logo depois, o pai chega com os outros. Ele estava salvo. Mas tinham que fundear o barco para passar a noite. Sorte que tinham comprado uma luz de bateria que dava para ligar à noite, na barcaça, em caso de emergência. Naquela noite, ele não conseguia dormir de medo. Pensava no Chico Branco. A imagem da flecha e do olho dele não saía da cabeça. Tentava dormir, mas *com um olho aberto, outro fechado.* Estava ali, sozinho, quando começou a ouvir uns *barulhos estranhos* vindos do rio. Ligando a tal bateria de luz, percebem que estão cercados por um monte de Kayapó chegando com bordunas em cima da cabeça: *que pareciam um bando de queixadas, andando na água.* Por sorte, estavam bem armados. Atiram sem piedade nos indígenas. Até hoje tem gente que lembra dos corpos dos Kayapó descendo o rio: *deviam ser uns cinquentas ou sessenta.*

Uma vida risca a outra.

Pergunto então como fica essa história de uma vida que risca a outra, quando a gente pensa na Dona Mazé. A usina tomou a ilha, o rio, a canoa, a Mazé, que, agora ficamos sabendo, *morreu mesmo é de desgosto*. O fim da história veio com um silêncio, e na face dele uma mistura de alívio e pena. A imagem dos Kayapó descendo o rio, passou do triunfo para o pesar. Afinal, eles também tinham perdido a terra deles. "É muito sangue derramado", comento, tentando juntar as duas histórias e dar continuidade à narrativa. *Sabe que eu não lembrava mais dessa história? Apaguei, bem apagado.*

Ele muda de assunto. *Você sabe que uma mulher tentou atear fogo na própria casa aqui do lado*. Pode ser o mesmo assunto. O pessoal da usina ficou preocupado e logo no dia seguinte vieram aqui e acertaram as contas todas. Dona Mazé deixou um papel assinado. Por ele, eles teriam direito a um bom dinheiro, mas o juiz não assina nunca. Será que é por que eles nunca foram casados no papel? *Será que se eu levar a fotografia do casamento ele acredita?* A memória é uma coisa difícil de provar. Tem coisa que parece que não aconteceu. *Hoje está tudo muito violento por aqui*. Três filhos trabalham na empresa de manutenção. Outro dia, apontaram uma arma para eles e roubaram as máquinas de cortar grama. Ainda bem que eles entregaram as máquinas sem discutir.

Uma vida risca a outra.

Na terceira sessão temos uma surpresa. Ele está mais alegre, falante e menos monotemático. Somos logo lembrados de que o problema é confiar demais nas pessoas, principalmente naqueles que chegam como se fossem amigos, ou amigos de amigos. Um amigo do filho jogava bola com a turma errada. Num dia, a mãe sentiu a falta do filho quando deu quatro horas e ele não voltava. Ela tinha dado dinheiro para ele comprar roupa e um tênis. Ele *deu trela* para aqueles meninos que fumavam no trem. Quando tocou o telefone, o pai atendeu e eles já foram dizendo que tinha um corpo perto do campinho. A mãe disse que ia junto, mas ele disse que não era. Chegando lá, era. O rapaz moreno de brinco fugiu. Foi preso, ficou só dois meses e soltaram ele. Não tinha para onde ir, foi para a casa da mãe. Os irmãos se reuniram e esperaram ele na esquina. Deram umas trinta facadas de peixeira. O pior é que ele não morreu, foi parar no hospital. Os irmãos se reuniram de novo, foram no hospital e pipocaram ele todo. Nunca mais apareceram, mas a mãe sabe onde eles estão porque eles ligam. O moreno disse para a polícia que ele não sabia por que tinha feito aquilo. Ele gostava do amigo, jogavam bola, mas os outros ficaram incitando, dizendo que o tal era folgado demais, que tinha falado isso e aquilo. Ele foi lá e matou o amigo pelos 200 reais e um cordão. *Viu como é fácil ficar ilusionado com os outros? Por isso eu ando sozinho.*

"Uma vida risca a outra", completei.

A gente não pode confiar, especialmente, em mulher. Como aquele que consertava carro e motor, ficou viúvo e logo se engraçou com a fulana. Ela tinha interesse, jovem, bonitona, queria ganhar confiança. Um dia a porta ficou fechada. Dois dias sem abrir a porta. Lá dentro um cheiro ruim. Tinha gente dizendo que tinha alguma coisa *cozinhando* lá. Veio a polícia e, quando abriram, ele estava ali, deitado no chão da sala. *Como se fosse aqui, olha só.* Mas as pernas estavam dobradas e tinha uma corda dependurada bem aqui. Ele tinha uma corda no pescoço, mas não dava para ele ter se matado. Foi ela com certeza, ou os amigos dela. Depois acharam ela. Alguém acabou matando, essa que vivia de enganar os outros. *Por isso eu moro sozinho.*

"E dormiu bem depois de nossa última conversa?"

Dormi, mas eu durmo durante o dia. A não ser quando fico nervoso, como quando me levaram duas vezes no hospital. *Porque quando a gente está sozinho durante a noite... eu acordo, escuto rádio. Venho na sala, escuto os barulhos da rua.* Como naquela vez que eu acordei e tinha um barulho no vizinho. Ele não estava, mas tinha emprestado a casa para outro. Malandros. Tinham entrado na casa, arrebentado a porta. Não dá para confiar mesmo.

"Tem que dormir com um olho aberto e outro fechado?", comentei.

O vizinho do outro lado, também foi roubado. A menina dela deixou a porta aberta e ele lá, brincando com a dona no quarto, alguém entrou e levou o botijão de gás. O filho mais velho bebia. Bebia sozinho e em silêncio, mas bebia muito. *Eu e a velha falamos, alertamos, que era para ele desgarrar daquelas companhias, mas ele vivia bebendo e farreando.* Morreu de cirrose. Ele veio aqui com um amigo índio e queria apresentar o amigo. Eu disse: *bom dia, mas pode ficar aí na porta, não vai entrar não.* De noite ele reapareceu com um saco de roupa que tinha pegado no varal, da mulherada. Só que, quando foi entrar, a roupa pegou no arame farpado e ele acordou com o barulho. *Quando chegamos para ver, ele atacou com facão. O facão pegou nos dedos do próprio amigo assaltante.*

— Pegamos ele e colocamos no Bamba, aí veio a polícia e levou ele. Tá vendo como não dá para confiar?

— Mas a sua filha se casou com um índio, dá pra confiar?

— Mas ele é muito bom.

— Ele te convida para pescar, como os seus filhos?

— Mas eu não gosto muito. *Ele fica pedindo, mas eu não vou, porque eu gosto de fazer as coisas sozinho, do meu jeito. Se vou com eles, tem o jeito deles de pôr a rede, aí não dá certo, dá confusão. Não dá para confiar nem nos filhos.*

— Desculpa perguntar assim, mas, com tanta desconfiança, como é que você nos abre as portas da sua casa, deixa a gente entrar, abre seu coração e confia na gente tanto assim?

— Mas vocês são diferentes, dá para ver.

A sessão seguinte foi a última. Nela, alguns pontos foram se ligando. A tristeza tinha começado mesmo depois do episódio dos Kayapó. Um massacre sem luto em meio ao luto do amigo Chico Branco. Um massacre que se colocava em linha com a narrativa paterna sobre a repetição de devastações. É como se ele tivesse passado a vida em estado de luto e só agora podia contá-la como uma série de perdas. Uma importante articulação parecia ter acontecido quando ele ligou o assassinato dos indígenas à sua própria experiência de perder sua ilha, sua terra e sua esposa. Mortes e assassinatos povoavam seu relato, como se a história fosse sendo contada a partir desses marcos de referência. De alguma forma a sua contagem de vidas, ou de mortos, foi desequilibrada por nossas conversações. Depois disso, entre uma vida e outra vida, há um risco que as desidentifica. Elas deixam de ser contáveis, assim como ele deixa de fazê-las equivalentes, momento que é marcado pela irrupção de angústia e pela transformação de humor.

Percebemos, então, que, apesar de sua dor e tristeza, em nenhum momento ele transparecia raiva pelo que lhe tinha acontecido. Mas o prazer da raiva justiceira veio quando ele se lembrou daquela noite na barcaça, assim como a pena sentida logo depois. Os detalhes da noite na ilha foram se repetindo nas outras histórias sobre os filhos perdidos e sobre a violência que gera desconfiança. São eles que reaparecem nos sintomas de hoje: os *barulhos noturnos*, o medo da *violência inesperada*, o desconhecimento dos vizinhos *estranhos*, o *cheiro ruim*, a *canoa* tomada, a incerteza sobre os *amigos*, a distância impotente do *rio*, a *solidão* noturna.

O luto do pescador viúvo só pôde prosseguir quando ele se colocou do ponto de vista do Outro. Tal como os indígenas que perderam suas terras, como Chico Branco que perdera seu olho, tal como a mulher que perdera sua casa, tal qual os irmãos do morto no campinho, tal qual a mãe que perdera seu filho para a bebida, tal qual a esposa que perdera os documentos da ilha. Agora ele podia se reconhecer nos tais vizinhos estranhos, que faziam barulho como os Kayapós daquela noite de medo.

Mas o seu luto não dependeu apenas da inversão pela qual ele pôde ver-se a partir do outro. Dependeu também de nos ter narrado tais lembranças, a nós, que aparecíamos como outro tipo de Outro. Nem simétricos, nem inimigos, apenas forasteiros perdidos na Amazônia, mas não perdidos como ele. O trabalho de luto não decorreu do que nós lhe fizemos escutar, mas do que ele nos fez ouvir. A mesma contenção estoica aparece na forma como ele narra o afastamento dos filhos e sua dificuldade de pedir ou de se aproximar deles. A culpa se tornou uma espécie de fio condutor para o encadeamento de lutos, até mesmo a culpa por sua ausência de casa no dia em que a empresa se aproveitou da inexperiência de Dona Mazé. A sua desconfiança não era apenas um emblema da sabedoria paterna, mas também uma maneira de se privar dos outros e de se impor uma pena simbólica pelo que havia feito. Seu luto infinito não era mais do que uma série dispersa de lutos individuais, desarticulada da experiência de lutos coletivos e irrealizados.

Desde o começo, ele já havia avisado seu médico que estava com problemas de memória e ideias alternando. A lembrança dos Kayapó e a integração dessa lembrança no circuito de lutos, posterior e anterior, parecem ter trazido uma mudança significativa em sua apresentação clínica. Os sonhos ruins pararam, ele dormiu como não fazia havia anos. Sentia-se mais leve. Não sabemos se esse estado perdurou ou se ele também queria nos agradecer pela visita, salientando pontos positivos de nossa presença, ou de nossa eficiência.

Quando já estávamos saindo, meio de longe, acenando da porta de entrada da sua casa, ele se despediu dizendo:

— *Ah, tem mais uma coisa. Eu falei com meu genro Kayapó para a gente pescar junto semana que vem.*

Nunca saberemos se o tal genro era mesmo dessa etnia, ou se ele havia entendido o recado, mais além da nossa própria compreensão.

Ao que parece, o Pescador sem Canoa vivia uma espécie de luto infinito. Mas, nesse caso, vivido como desafetação, anedonia e indiferença, como estado intermediário entre vivos e mortos. Um estado equivalente à violação do pacto entre viventes que ele tantas vezes testemunhou. Havia muitas perdas, mas poucas separações. Carregando os barulhos da noite, os cheiros do estrangeiro e as memórias da esposa, ele não podia se lembrar dela, nem chorar propriamente sua partida. Ele também não podia esquecer, vivendo em meio aos escombros das perdas sucessivas.

Essa era também a preocupação dos sobreviventes do massacre contra os Yanomami, narrado por Davi Kopenawa e Bruce Albert:

> Tudo o que sobra da existência física e social dos mortos deve ser destruído ou obliterado: seus objetos, suas pegadas e marcas, o uso de nomes e as cinzas de seus ossos. Esse trabalho ritual tem por objetivo impedir os espectros de quererem retornar das "costas do céu" e representa, portanto, um esforço para garantir a separação, sempre precária, entre o mundo dos mortos e dos vivos. Ele só acaba, junto com os lamentos funerários que evocam a saudade dos falecidos e louvam suas qualidades, quando suas cinzas, enterradas ou ingeridas, desparecem, "postas em esquecimento". Tudo isso explica por que os de *H'axima u*, apesar de expostos aos mais graves perigos e apavorados diante da violência desenfreada dos garimpeiros, sempre puseram a realização dos ritos funerários acima de sua própria segurança. Se falhassem nesse dever básico, os fantasmas de seus próximos ficariam condenados a vagar entre dois mundos, e os vivos a sofrer o tormento de uma saudade infinita, bem pior que a própria morte".[2]

---

2 Kopenawa, D. & Albert, B. (2015). *A queda do céu: palavras de um xamã yanomami*. São Paulo: Companhia das Letras, pp. 581-582.

CAPÍTULO 9

O modelo totemista de *Totem e tabu*

Muito se tem questionado a psicanálise em razão da hipótese do Complexo de Édipo. Por meio dela teríamos trazido para a clínica psicanalítica uma espécie de confirmação do patriarcalismo, do antrocentrismo, do familiarismo, do falocentrismo e da sobreposição entre sexo e gênero. Todos esses elementos estão na cúspide da crítica social contemporânea e nas reivindicações transformativas mais importantes de nossa época. Da concepção monovalente de família, emergiria também uma série de consequências para a noção de classe e raça, que seriam, por assim dizer, imunizadas pela experiência psicanalítica. Poucos notaram que a hipótese edipiana é uma teoria sobre o fracasso do patriarcado, não sobre seu futuro.

> Não se deve esquecer que a descoberta do Édipo foi contemporânea da organização jurídica da perda do poder paterno (na França, através das leis de 1889 e 1898). No momento em que Freud descobria qual era o desejo de Dora, e permitia-lhe manifestar-se, havia quem se armasse para desatar, em outras camadas sociais, todas essas proximidades condenáveis (…).[1]

---
1 Foucault, M. (1988). *História da sexualidade I: a vontade de saber*. Rio de Janeiro: Graal, p. 121.

A julgar pelos trabalhos recentes de Van Haute e Geyskens,[2] que demonstraram a inexistência conceitual do Complexo de Édipo no interior do caso Dora, bem como seu estatuto completamente alusivo na primeira edição reconstruída de *Três ensaios sobre a teoria da sexualidade*, publicada em1905),[3] Foucault está factualmente equivocado. A descoberta do Complexo de Édipo é muito mais tardia do que a dos sonhos de morte das pessoas queridas, examinados em 1900 na *A interpretação dos sonhos*, à luz da tragédia de Sófocles. Lembremos que, nesse caso, "a paixão por um e o ódio pelo outro dos pais"[4] é algo que caracteriza a experiência infantil dos futuros psiconeuróticos, e não de todas as pessoas. O fato de nos reconhecermos em uma tragédia do destino, como a lenda de Édipo, nos comove porque "poderia ter sido também o nosso".[5] Ademais, se a tragédia de *Édipo Rei* tem suas raízes no mesmo solo que *Hamlet*, de Shakespeare, e em *O pão duro*, de Claudel, isso não significa que o desejo de morte em relação ao pai seja universal, mas que ele é uma referência para entender a conversão do luto em escrita e nisso inverter a perda vivida passivamente, como imposta pelo Outro, em fantasia ativa de matar o outro:

> Na obra de Georg Brandes *Shakespeare* (1896), encontro a informação de que o drama foi escrito imediatamente após a morte do pai de Shakespeare (1601), ou seja, em pleno luto por ele e, como podemos supor, no *reavivamento* dos sentimentos de infância referentes ao pai. Sabemos também que o filho de Shakespeare, falecido precocemente, se chamava Hamnet (idêntico a Hamlet).[6]

Ao que tudo indica, a observação de Foucault deve ser tomada no contexto da antropologia requerida ou suposta pela psicanálise. É nesse plano que podemos entender a disjunção entre dispositivo de aliança e

---

2   Van Haute, P. & Geyskens, T. (2016). *Psicanálise sem Édipo? Uma antropologia clínica da histeria em Freud e Lacan*. Belo Horizonte: Autêntica.
3   Van Haute, P. & Westerink, H. (2020). *Reading Freud's Three Essays on the Theory of Sexuality: From Pleasure to the Object*. London: Routledge.
4   Freud, S. (2019). *A interpretação dos sonhos (1900)* (Obras Completas, Vol. 4). São Paulo: Companhia das Letras, p. 301.
5   Ibidem, p. 303.
6   Ibidem, p. 307.

dispositivo de sexualidade, que é o cerne da crítica para a coligação de um conjunto de personagens sociais em uma mesma narrativa:

> Aparecem, então, estas personagens novas: a mulher nervosa, a esposa frígida, a mãe indiferente ou assediada por obsessões homicidas, o marido impotente, sádico, perverso, a moça histérica ou neurastênica, a criança precoce e já esgotada, o jovem homossexual que recusa o casamento ou menospreza sua própria mulher.[7]

Em um trabalho anterior,[8] tentei mostrar como as objeções à centralidade e à soberania do Complexo de Édipo poderiam ser reduzidas à crítica do neurótico-centrismo da psicopatologia psicanalítica, aspecto muito menos comum e infrequente de crítica. Para tanto, argumentei que o modelo de formação de sintomas, gradualmente introduzido na história da psicanálise, começou a se estabilizar em torno da teoria de que o conflito psíquico possui uma estrutura genérica, derivada da narrativa da violação de um pacto. O desejo e a teoria da defesa, pensados a partir da negação da lei e em contraposição aos interesses do Eu, demandarão uma espécie de confirmação e generalização de sua regularidade. Essa confirmação pode advir de três fontes mais ou menos convergentes: uma teoria política do contrato como forma fundamental de individualização na história da modernidade; uma descrição psicológica do desenvolvimento infantil como interiorização progressiva de regras civilizatórias; e uma hipótese antropológica sobre as formas elementares das trocas sociais.

Lembremos que o mesmo Foucault afirmara que a psicanálise, com a etnologia, ocupava um lugar privilegiado entre as ciências humanas, não só por sua proximidade positiva com conceitos e experiências, mas também pelo "velho projeto de serem verdadeiramente científicas"[9] e pela "função crítica" que elas teriam, mantendo aberta a distância entre

---

7 Foucault, M. (1988). *História da sexualidade I: a vontade de saber*. Rio de Janeiro: Graal, p. 103.
8 Dunker, C. I. L. (2015). *Mal-estar, sofrimento e sintoma: uma psicopatologia do Brasil entre muros*. São Paulo: Boitempo.
9 Foucault, M. (1999). *As palavras e as coisas: uma arqueologia das ciências humanas*. São Paulo: Martins Fontes, p. 517.

representação e finitude, impedindo a unificação perfeita entre significação, conflito e função. Essa "mitologia freudiana" é o caminho pelo qual se mantém o *desejo* como impensado no coração do pensamento, o enigma da origem da *significação* e a versão empírico-transcendental da *morte* como finitude. Resulta disso que se mantém uma inconclusão ou intermitência do que significa *ser humano*. "É por isso que nada é mais estranho à psicanálise que alguma coisa como uma teoria geral do homem ou uma antropologia."[10]

Como entender que do espaço psicanalítico da dissolução antropológica tenha se erguido a consistência prescritiva de um mito como o de Édipo? Mito tomado como naturalização, sanção e perseverarão de relação de classe, gênero e raça. Mito que é também lenda, romance, tragédia e teoria sexual infantil. Mito individual que é também hipótese antropológica e discurso sobre o pai, como fundamento da autoridade e do poder.

> Mas por que o herói da tragédia tem de sofrer, e o que significa sua culpa "trágica"? (...) Ele tem de sofrer porque é o pai primevo, o herói daquela grande tragédia dos tempos primeiros, agora repetida tendenciosamente, e a culpa trágica é aquela que ele tem de tomar sobre si, a fim de livrar o coro de sua culpa.[11]

A unificação de diferentes gêneros narrativos, a conjunção de expressões de linguagem historicamente distintas, a articulação convergente de conceitos variáveis, a crer nas inúmeras leituras do Édipo em psicanálise, em um único discurso, são parte do mito do Mito de Édipo.

Em parte, isso pode ser atribuído à gradual subordinação das outras narrativas de sofrimento, que habitam a psicanálise desde seu início, ao discurso do pacto e de sua reformulação simbolizante. Por exemplo, a narrativa da intrusão traumática de um objeto dotado de valência sexual precoce permaneceu oculta e incorporada ao mito fundador da psicanálise como

---

10 Ibidem, p. 521.
11 Freud, S. (2012). Totem e tabu (1912-1913): algumas concordâncias entre a vida psíquica dos homens primitivos e dos neuróticos. In Freud, S. *Totem e tabu, Contribuição à história do movimento psicanalítico e outros textos (1912-1914)* (Obras Completas, Vol. 11). São Paulo: Companhia das Letras, p. 237.

posição a ser abandonada para que a verdadeira psicanálise surgisse. Apesar das tentativas de Ferenczi e Laplanche em torno da importância do objeto intrusivo e da sedução primária, a narrativa do trauma permaneceu periférica em relação ao freudismo hegemônico. Por outro lado, coube a Lacan mostrar que a concepção de narcisismo, combinada com a função da negação na constituição do desejo, já em Freud definia um tipo de sofrimento por alienação. Finalmente, psicanalistas de linhagem kleiniana, mas também o último Lacan, perceberam que o conceito de pulsão de morte leva a uma teoria da dissolução das unidades simbólicas do espírito, ou seja, a necessidade de ler o sofrimento que decorre da perda da unidade por meio de uma crítica psicanalítica da noção de realidade. A teoria do Real, Simbólico, Imaginário e Real em Lacan, bem como os desenvolvimentos sobre a esquizoidia e a dissociação psíquica, na tradição anglo-saxônica são uma forma de pensar esta outra narrativa de sofrimento. Portanto, a hipótese de Édipo é uma entre pelo menos quatro outras concepções de sofrimento em psicanálise.

Continuando com Foucault, em sua leitura específica sobre *Édipo Rei*, ele ressalta que o drama do personagem é a sobreposição demasiada entre saber e poder, associada pela razão judicialista.

> (…) o que deve desaparecer para que esta sociedade exista é a união do poder e do saber. A partir deste momento o homem do poder será o homem da ignorância. Finalmente, o que aconteceu com Édipo foi que, por saber demais, nada sabia. A partir desse momento, Édipo vai funcionar como o homem do poder, cego, que não sabia e não sabia porque poderia demais. (…) Assim, para além de um poder que se tornou monumentalmente cego como Édipo, há os pastores, que se lembram e os adivinhos que dizem a verdade. O Ocidente vai ser dominado pelo grande mito de que a verdade nunca pertence ao poder político, de que o poder político é cego, de que o verdadeiro saber é o que se possui quando se está em contato com os deuses (…). Esse grande mito precisa ser liquidado.[12]

Ou seja, nada de errado com o pequeno mito de Édipo, o problema é quando ele se faz versão do grande mito de exílio da verdade na qual a

---

12 Foucault, M. (2002). *A verdade e as formas jurídicas*. Rio de Janeiro: Nau, pp. 50-51.

exclusão entre saber e poder se resolve exclusivamente pela gramática do pacto e do contrato ou por suas reformulações simbolizantes, conhecidas como reedições da metáfora paterna:

> O sistema totêmico foi, digamos, um contrato com o pai, em que este concedia tudo o que a fantasia da criança podia dele esperar, proteção, cuidado, indulgência, em troca do compromisso de honrar sua vida, ou seja, não repetir contra ele o ato que havia destruído o pai real.[13]

Mas, se Édipo não era a narrativa de sofrimento dominante, nem a primeira nem a última a ser descrita por Freud, de onde ele extraiu sua força? A resposta talvez nos envie ao grande esforço demonstrativo mobilizado por Freud para pleitear a universalidade do Édipo em sua monumental obra antropológica, de 1912-1913, chamada *Totem e tabu*.[14] Ora, neste trabalho vemos o sistema totemista explicar uma série desconcertante de fatos conexos:

> Concluindo esta pesquisa extremamente abreviada, seu resultado seria que no Complexo de Édipo reúnem-se os começos da religião, moralidade, sociedade e arte, em plena concordância com a verificação psicanalítica de que este complexo forma o núcleo de todas as neuroses, até onde elas foram acessíveis ao nosso entendimento.[15]

Mas o próprio texto fornece elementos para questionar, não exatamente a primazia do Complexo de Édipo, mas sua sustentação perfeita no totemismo. Lembremos que o totemismo é um operador antropológico importante para pensar sistemas simbólicos baseados em trocas sociais, mas ele convive com outros operadores estruturais igualmente importantes, como

---

13 Freud, S. (2012). *Totem e tabu, Contribuição à história do movimento psicanalítico e outros textos (1912-1914)* (Obras Completas, Vol. 11). São Paulo: Companhia das Letras, p. 221.
14 Freud, S. (2012) Totem e tabu (1912-1913): algumas concordâncias entre a vida psíquica dos homens primitivos e dos neuróticos. In Freud, S. *Totem e tabu, Contribuição à história do movimento psicanalítico e outros textos (1912-1914)* (Obras Completas, Vol. 11). São Paulo: Companhia das Letras, pp. 13-244.
15 Ibidem, p. 238.

o analogismo, o animismo e o naturalismo. Nem toda lógica de trocas é totemista, pois existem trocas baseadas em sacrifícios, e estas não estão todas submetidas à lógica totemista, como argumentou Freud. Além disso, nem todo canibalismo compreende a aquisição acumulativa de traços do objeto, como Freud pensa, em acordo com a antropologia de sua época. Como consequência, nem toda teoria da identificação em psicanálise precisa ser de tipo totemista, o que abre um caminho de pesquisa que temos explorado com a introdução do perspectivismo ameríndio em psicanálise.

Desde a objeção de Jung[16] ao sistema freudiano, que contava com a objeção levantada pelo antropólogo J. J. Bachofen, em torno de sociedades matriarcais, até a crítica estabelecida por Malinowski,[17] de que nem sempre a interdição do incesto se dá entre filho e mãe, ou entre pai e filha, fatos antropológicos são levantados contra o universalismo de Édipo. A polêmica que atravessou a famosa compilação de Kroeber,[18] que foi reelaborada por Lévi-Strauss,[19] leitor de Freud, e retomada por Lacan, leitor de Lévi-Strauss, equivoca-se ao introduzir o Édipo como equivalente do totemismo, elevando este último à condição de universal em razão da lei do incesto como marco da oposição cultura-natureza. A questão aqui é se a hipótese, na verdade narrativizada por Darwin[20] e completada por Atkinson, quanto à generalização

---

16 Jung, C. G. (1962). *Símbolos de transformación*. Buenos Aires: Paidós.
17 Malinowski, B. (1983). *A vida sexual dos selvagens*. Rio de Janeiro: Francisco Alves.
18 Domiciano, J. F. G. M. S. (2021). *A anatomia torcida dos mitos: perspectivas da antropologia estrutural à clínica psicanalítica*. Curitiba: CRV.
19 Lévi-Strauss, C. (1975). *O totemismo hoje*. Petrópolis: Vozes.
20 "(…) a concepção mais provável é de que o homem primevo originalmente viveu em pequenas comunidades, cada um com tantas esposas quantas podia obter e sustentar, que ele ciumentamente guardaria dos outros homens. Ou pode ter vivido sozinho com várias esposas, como o gorila; pois todos os nativos 'concordam em que apenas um macho adulto é enxergado num bando; quando o macho jovem cresce, há uma disputa pelo domínio, e o mais forte, matando ou expulsando os outros, estabelece-se como líder da comunidade." (Darwin, C. (1871). *The Descent of Man, and Selection in Relation to Sex* (Vol. 2). London: John Murray, p. 127 apud Freud, S. (2012). *Totem e tabu, Contribuição à história do movimento psicanalítico e outros textos (1912-1914)* (Obras Completas, Vol. 11). São Paulo: Companhia das Letras, p. 193.)
    E sua versão por Freud. "Naturalmente não há lugar, na horda primeva de Darwin, para o início do totemismo. Um pai violento e ciumento, que reserva todas as fêmeas para si e expulsa os filhos quando crescem, eis o que ali se acha. *Esse estado primevo da sociedade não foi observado em nenhuma parte*. O que vemos como organização primitiva,

da relação sexual intragrupo, é uma hipótese corroborada por evidências não exaustivas, ou uma conjectura universal que compreende exceções.

Temos aqui uma discussão intrincada em torno do que se deve entender por universal. Se a estrutura é uma variante do conceito de universal, isso não significa que ela compreende a atualização de todos os casos possíveis, nem que ela se identifique com a totalidade. Uma estrutura, como argumentará Lacan, é feita de suas exceções, e mais, a soma das exceções negativas e positivas, "a integral de equívocos" entre língua e *alíngua*,[21] que não pode reestabelecer o universal como totalidade. No caso da antropologia, isso se ilustra pelo fato de que a oposição cultura-natureza não é a única compreendida pela teoria estrutural das trocas sociais; aliás, é por isso que o estruturalismo tem que dividir seu espaço com as chamadas teorias do agenciamento (ou do ato) e com as teorias institucionalistas da sociedade. Cultura e natureza se compõem e se contrapõem com a gramática de relações entre indivíduo e coletivo, assim como com a dialética de relações entre sociedade e história.

Essa diferença epistemológica não é reconhecida por Freud quando ele subordina o animismo ao totemismo, o narcisismo ao Édipo, o pensamento mágico, egocentrado, típico dos povos primitivos das crianças e dos psicóticos ao pensamento adulto, científico e emancipado. Ademais, este é o núcleo do que há de mais colonial no pensamento freudiano:

> Então a fase animista corresponde, tanto cronologicamente como em termos de conteúdo, ao narcisismo; a fase religiosa, ao estágio de eleição de objeto, caracterizado pela ligação aos pais; e a fase científica tem sua plena contrapartida no estado maduro do indivíduo que renunciou ao princípio do prazer e busca seu objeto no mundo exterior, adequando-se à realidade.[22]

---

que ainda hoje vigora em determinadas tribos, são *bandos de machos*, compostos de membros com direitos iguais e sujeitos às restrições do sistema totêmico, inclusive a herança por linha materna." (Ibidem, p. 216. Primeiro grifo nosso.)

21 Esse dizer provém apenas do fato de que o inconsciente, por ser estruturado 'como uma linguagem', isto é, a língua que ele habita, está sujeito a equívoco pelo qual cada uma delas se distingue. Uma língua, entre outras, não é nada além da integral dos equívocos que sua história deixou persistir nela. É o veio em que o real – o único, para o discurso analítico, a motivar sua saída, o real de que não existe relação sexual – se depositou ao longo das eras. Lacan, J. O aturdido (1973). In Lacan, J. *Outros escritos*. Tradução de Vera Ribeiro. Rio de Janeiro: Zahar, 2003, pp. 448-497.

22 Ibidem, p. 142.

Ora, essa subordinação, que hierarquiza formas sociais e tipos de pensamento, tendo no topo a ciência naturalista, depois o totemismo e, finalmente, o animismo, não se sustenta como herdeira óbvia e inesperada do comtismo spenceriano no autor de *Totem e tabu*.

> (...) *totemismo*, onde a diferença entre as espécies naturais são utilizadas para organizar logicamente a ordem interna à sociedade, isto é, onde a relação entre natureza e cultura é de tipo metafórico e marcada pela descontinuidade intra- e inter-serial; o *animismo*, onde "as categorias elementares da vida social" organizam as relações *entre* os humanos e as espécies naturais, definindo assim uma continuidade de tipo sociomórfico entre natureza e cultura, fundada na atribuição de disposições humanas características sociais aos seres naturais; e o *naturalismo*, típico das cosmologias ocidentais, que supõe uma dualidade ontológica entre a natureza, domínio da necessidade, e a cultura domínio da espontaneidade, regiões separadas por uma descontinuidade metonímica.[23]

Percebe-se aqui uma atualização antropológica das categorias foucaultianas; conflito e desejo (totemismo), morte e função (naturalismo), norma e significação (animismo). Segundo a definição freudiana, o animismo é um sistema de pensamento onipotente[24] que confunde vínculos reais com ideais,[25] pensar e viver,[26] ou uma visão em que o mundo[27] é habitado por espíritos que lhe conferem uma significação, que interfere normativamente sobre causas, além de que não apenas animais e pessoas são animados, mas também coisas, como no caso do fetichismo. Parece simples fazer essa observação quando se desconsidera a hipótese levantada por Marx, de que os indivíduos, sob o capitalismo, lidam com mercadorias em geral e com o capital em particular, como se elas possuíssem

---

23 Viveiros de Castro, E. (2002). *A inconstância da alma selvagem e outros ensaios de antropologia*. São Paulo: Cosac Naify, pp. 361-362. Grifos nossos.
24 Freud, S. (2012). *Totem e tabu, Contribuição à história do movimento psicanalítico e outros textos (1912-1914)* (Obras Completas, Vol. 11). São Paulo: Companhia das Letras, p. 136.
25 Ibidem, p. 126.
26 Ibidem, p. 137.
27 Ibidem, p. 124.

vontade própria, ou seja, o fetichismo da mercadoria.[28] Mas, se pudermos retomar o emprego da categoria em psicanálise, poderíamos dizer que o fetichismo é um tipo de animismo, mas um tipo não inteiramente redutível ao narcisismo.[29]

Pouco se observou que a comparação freudiana entre a mentalidade primitiva e os neuróticos concentra-se em um tipo específico de neurose, a saber, a neurose obsessiva, tipo clínico marcado pela ambivalência,[30] pela desconfiança,[31] pela repetição do proibido,[32] ademais pela incidência maior em homens.[33] Observemos também como a neurose obsessiva é sincronizada com a ideia de morte com luto problemático: projeção da hostilidade dos mortos sobre os vivos,[34] retorno vingativo do morto, tabus de tocar e nomear o morto, identificação entre julgamento e ato,[35] conscienciosidade,[36] autopunição.[37] "Somente os neuróticos ainda turvam o luto pela perda de um ser querido com autorrecriminações obsessivas".[38] Apesar de que o único caso discutido em *Totem e tabu* tenha sido o de uma mulher, que manda jogar fora as navalhas do marido, afiadas em uma loja ao lado de uma casa funerária,[39] a neurose obsessiva é uma afecção típica em homens. Não seria isso um motivo pelo qual a narrativa originária do

---

28 "Uma relação social definida, estabelecida entre homens, assume a forma fantasmagórica de uma relação entre coisas. Para encontrar um símile, temos que recorrer à região nebulosa da crença. Aí, os produtos do cérebro humano parecem dotados de vida própria, figuras autônomas que mantêm relações entre si e com seres humanos. É o que ocorre com os produtos da mão humana, no mundo das mercadorias. Chamo a isso de fetichismo, que está sempre grudado nos produtos do trabalho, quando são gerados com mercadorias." (Marx, K. (2011). *O Capital [Livro 1]*. São Paulo: Boitempo, p. 94.)
29 Calligaris, C. (2023). *O grupo e o mal: estudo sobre a perversão social*. São Paulo: Fósforo.
30 Ibidem, p. 60.
31 Ibidem, p. 86.
32 Ibidem, p. 88.
33 "Se não estivesse habituado a designar tais pessoas como 'doentes obsessivos', acharia apropriado o nome 'doença do tabu' para seu estado." (Ibidem, p. 13. Também, pp. 54-56.)
34 Ibidem, p. 102.
35 Ibidem, p. 108.
36 Ibidem, p. 112.
37 Ibidem, p. 114.
38 Ibidem, p. 110.
39 Ibidem, p. 150.

mito tenha como protagonistas apenas os homens, em luta pela posse das mulheres? Ou deveríamos levar mais a sério a ilação freudiana de que:

> A derradeira fonte do totemismo seria, então, a incerteza dos selvagens quanto ao processo pelo qual homens e animais se reproduzem. Em especial, a ignorância do papel dos machos na fecundação. (...) Por isso o totemismo é uma criação do espírito feminino, não do masculino. Suas raízes estão nos caprichos (...) da mulher grávida. (...) Tais fantasias maternas, tão naturais e, ao que tudo indica, tão universais, parecem ser a raiz do totemismo.[40]

Disso decorre que o canibalismo, que faz ingerir traços do pai morto pela conjuração dos filhos, seja a base de um tipo de identificação positiva, baseada na assimilação, pela qual ingerir é acrescentar traços ao Eu, e não transformar o eu em outro, subtraindo-lhe positividade.

Disso decorre que existe uma sobreposição entre o gênero do pai com a masculinidade da identificação que a ele se dirige. Todo pai é um homem, o que parece subsidiar, indevidamente, a eleição de famílias heterossexuais como modelo universal. Ora, *"todo pai é um homem"* é verdadeiro se o mito de *Totem e tabu* for uma versão equivalente do mito de Édipo, mas:

> Ninguém parece ter-se pasmado nunca com essa coisa curiosa – a ponto que *Totem e tabu* nada tem a ver com o uso corrente da referência sofocleana.[41]

Totem e tabu é um mito, ainda que seja um mito científico. Ele pode ser escrito de modo lógico, conceitual ou narrativo sem perder sua identidade ou função. As tragédias de Sófocles dependem da maneira específica como são apresentadas em ato, para uma recepção específica, em uma dada montagem ou expressão literária. *Totem e tabu* compreende uma ontologia necessariamente totemista, ao passo que em *Antígona* ou *Édipo*

---

40 Ibidem, p. 182.
41 Lacan, J. (1992). *O Seminário, livro 17: o avesso da psicanálise (1969-1970)*. Rio de Janeiro: Zahar, p. 107. Nesse sentido, vale também: "(...) a relação analítica (...) está fundada no amor à verdade, (...) o que quer dizer – no reconhecimento de realidades." (Ibidem, p. 157.)

em Colono encontramos temas, estratégias e modos de apresentação discursivos animistas, perspectivistas e analogistas. Disso decorre também que o mito que organiza a transmissão do saber seja identificado com os personagens que executam seu rito. Aqui, mostra-se a importância de entender as diferentes características do totemismo. Ele é tanto organizador do sistema de parentesco, como saber sobre a filiação e o sacrifício, quanto supostamente o pivô do sistema de aliança e poder. Freud parece ter percebido isso ao falar, recorrentemente, sobre as duas versões do pai: como um deus e como um animal. Mas ele não percebe que isso deveria fazê-lo questionar a sua teoria da identificação, considerando não apenas a existência de moções contrárias de amor e ódio em uma única identificação (ambivalência), mas a possibilidade teórica de dois tipos de identificação concorrentes e irredutíveis entre si, a totemista e a animista. Oposição que se duplica para o totemismo-naturalista *versus* animismo-perspectivista.

Disso decorre, em segundo lugar, que a teoria da identificação em psicanálise presume a identidade, e não a diferença como regra de composição. Identificar-se não precisa ser o equivalente de assimilar traços do Outro ou erigir traços no Eu. Isso seria ainda mais suspeito quando recuamos para o âmbito da antropologia das comunidades aferentes:

> Nas sociedades chamadas primitivas, na medida em que as inscrevo como não estando dominadas pelo discurso do mestre – digo isto para quem quiser saber um pouco mais –, é bastante provável que o significante-mestre seja demarcável a partir de uma economia mais complexa.[42]

Acompanhando o texto de Freud, existe uma perspectiva alternativa de leitura que inverteria a soberania totemista. Para tanto, bastaria desassociar a identificação entre animismo, narcisismo e fetichismo e perceber que os argumentos de Freud sobre o horror ao incesto, baseados na hereditariedade e punição associadas com o totem, bem como o sistema classificatório decorrente da exogamia, são extraídos de um contexto maior que engloba e converge as concepções totemistas, animistas e naturalistas, a saber, o luto. Há animismos narcísicos e animismos não narcísicos, como o perspectivismo.

---

42 Ibidem, p. 86.

Também existem naturalismos totemistas e naturalismos não totemistas (homologistas), nos quais podem conviver diferentes versões de natureza (multinaturalismo), assim como renovações históricas de suas formas (antropoceno). É o dispositivo de luto como modelo de simbolização por incorporação canibal, como negação contra narcísica da finitude, como resolução coletiva do parricídio, como comemoração festiva ao modo do banquete e como identificação com o pai morto que comanda todo o argumento freudiano.

Disso resulta que o modelo de luto que subjaz os argumentos de *Totem e tabu*, de ponta a ponta, baseado na finitude, no patriarcado e no proprietarismo acumulativo de traços por identificação ao pai-homem, representa o maior obstáculo epistemológico da psicanálise contemporânea.

> Os nomes com que designam o parentesco não consideram o laço entre dois indivíduos, mas entre um indivíduo e um grupo; pertencem, na expressão de L. H. Morgan, ao "sistema classificatório". Isto significa que um homem chama de "pai" não apenas seu genitor, mas qualquer outro homem que, conforme os estatutos da tribo, poderia ter desposado sua mãe e se tornado seu pai.[43]

Observe-se, com Freud, que os dois tabus decorrentes do totem, o de interdição sexual e o de não matar o totem, têm origens distintas. Bastaria pensar que um é de natureza animista e outro propriamente totemista para substituir "qualquer outro homem" por qualquer outro ser vivo, animal ou humano, homem ou mulher. É apenas do ponto de vista totemista que todo pai é um homem e toda mãe é uma mulher. Do ponto de vista animista, por mais que isso possa gerar estranheza (*Unheimlich*), a distinção entre animado (vida) e inanimado (morte), próximo e distante, familiar e estrangeiro, oculto e revelado não é linear e opositiva, mas de "continuidade sociomórfica". Aliás, em acordo com a ambiguidade e intradutibilidade do termo polinésio *tabu*, ao mesmo tempo "santo, consagrado" e "inquietante, perigoso, proibido, impuro".[44] Ora, é claro que podemos entender

---
43 Freud, S. (2012). *Totem e tabu, Contribuição à história do movimento psicanalítico e outros textos (1912-1914)* (Obras Completas, Vol. 11). São Paulo: Companhia das Letras, p. 26.
44 Ibidem, p. 46.

o luto do ponto de vista da violação do pacto (edípico), assim como caso particular de perda da alma (alienação narcísica) ou ainda do objeto intrusivo (trauma real), graças a propriedade da reversibilidade estrutural. Contudo, nos parece mais correto pensar que a teoria do luto se liga, primariamente, com a narrativa da dissolução de unidades simbólicas.

Há ainda um motivo metodológico para que Freud não tenha percebido que o primado do totemismo estava longe de ser universal: suas fontes etnográficas. Notadamente nos três primeiros ensaios, Freud é farto no uso de exemplos de culturas e povos ditos "primitivos", mas há uma regularidade marcante nessa extensa seleção de fatos: das 35 comunidades mencionadas como referências etnológicas, 34 se referem a povos da Ásia, da África, da América do Norte, da Europa e da Oceania.[45] Em todo o livro há apenas duas alusões aos povos ameríndios Guaicuru,[46] que habitam, historicamente, o Paraguai. Freud os menciona para falar de um sistema de nomeação onde existe um número limitado de nomes próprios disponíveis, de tal forma que, eventualmente, alguém deve morrer para que outro possa ganhar um nome, um traço típico de sociedades totemistas. Ora, a nova antropologia pós-estruturalista ganhou forte impulso justamente ao trazer à luz a mitologia e os sistemas de parentesco desses indígenas, entre eles os brasileiros.

Portanto, encontramos em *Totem e tabu* um modelo de luto baseado na identificação identitarista:

---

45 Entre os povos mencionados, encontramos:
    (4) Na África: barongos; gallas; massais; akambas; zulus; basogas.
    (8) Na América do Norte: dakotas; natchez; choctaws; apaches; ouataouaks; shuswaps da Colúmbia Britânica; zunis e hopis do Novo México.
    (7) Na Ásia: battas de Sumatra; palus de Celebes; dayaks; povos de Timor; ainus do Japão; agutanos de Palawans, nas Filipinas.
    (15) Na Oceania: povos das ilhas Banks; povos das Novas Hébridas; da Nova Caledônia; da península de Gazelle; de Novo Meclemburgo; povos de Logea; povo Toaripi ou Motumotu; monumbos da Nova Guiné; maoris da Nova Zelândia; povo Ta-Ta-Thi de Nova Gales do Sul; povos polinésios; povos melanésios; aruntas da Austrália; intichiumas da Austrália.
    (1) Na América do Sul: guaicurus do Paraguai (total de 35 povos).
46 Ibidem, p. 95.

> A concepção inteiramente realista da comunidade de sangue como identidade de substância permite compreender a necessidade de renová-la periodicamente pelo processo físico da refeição sacrificial.[47]

Lembremos que, segundo Robertson Smith, em quem Freud se apoia em sua teoria do sacrifício, a realização de um ato coletivo que é interditado aos indivíduos é a forma individual ou coletiva que autoriza ou impede o assassinato do totem, daí a localização pública do local onde ele se realiza, o altar. Mas, se a identificação com o totem é o essencial do totemismo,[48] disso não se conclui que a identificação deva produzir sempre um estado de identidade, pois poderia ser o caso também de um devir-Outro. Isso fica mais claro na teoria nominalista do totem, quando a morte decreta a perda do nome. Freud descreve três formas básicas de tabu: sobre os inimigos, sobre os soberanos e sobre os mortos. Em seguida, argumenta que o luto decorre do totemismo, e não o contrário,[49] assim como o animismo decorre de uma negação da morte, assumindo uma posição consequentemente naturalista. Por que não pensar que isso se refere apenas a um tipo de luto, o luto masculino, cujo paradigma é a neurose obsessiva e cujo sintoma de base é a zoofobia infantil? Disso decorre uma narrativa de luto específica:

> O fato de os demônios sempre serem vistos como espíritos de gente há pouco falecida atesta, mais que qualquer outra coisa, a influência do luto na origem da crença em demônios. Cabe ao luto uma tarefa psíquica bastante específica, ele deve desprender dos mortos as recordações e expectativas dos que lhes sobrevivem. Uma vez realizado esse trabalho, a dor se atenua; com ela, o arrependimento e a recriminação, e, portanto, também o medo dos demônios. Os mesmos espíritos que inicialmente eram temidos como demônios passam a ter o destino mais amigável de serem venerados como ancestrais e solicitados a prestar ajuda.[50]

---

47   Ibidem, p. 211.
48   Ibidem, p. 181.
49   Ibidem, p. 98.
50   Ibidem, p. 109.

Ao associar narcisismo, animismo e fetichismo, Freud deixou de considerar tanto o analogismo, do qual parecem preceder seus exemplos sobre o pensamento mágico, quanto o perspectivismo, definido justamente pela deflação de si e pelo valor posicional do Eu.

CAPÍTULO 10

O modelo animista de *O infamiliar* (*Das Unheimliche*)

Das Unheimliche, o pequeno artigo de 1919, é uma verdadeira encruzilhada de três caminhos no interior da obra freudiana. Ele retoma e ajusta contas com a antropologia expressa em *Totem e tabu*,[1] cujo problema central é o papel do totemismo e do animismo. Ele antecipa a nova teoria das pulsões, marcada pela acentuação do papel da repetição e da angústia, que virá à luz, um ano depois, em *Além do princípio de prazer*.[2] Finalmente, ele é um ancestral metodológico do texto sobre *A negação*,[3] de 1925, no qual Freud faz a análise discursiva das negações e dos tipos de juízo existencial e valorativo. Assim o artigo se presta tanto a uma leitura centrada no Édipo, como figuração da castração-angústia-morte, quanto a leituras animistas, baseadas na irredutibilidade entre estranhamento e castração, ou ainda perspectivistas, apoiadas no problema do conflito de juízos sobre a universalidade da morte.

---

1 Freud, S. (2012). *Totem und Tabu* (Coleção Gesammelte Werke, Vol. 9). Frankfurt: S. Fischer.
2 Freud, S. (2010). *Jenseits des Lustprinzips / Massenpsychologie und Ich-Analyse / Das Ich und das Es* (Coleção Gesammelte Werke, Vol. 13). Frankfurt: S. Fischer.
3 Freud, S. (2010). *Werke aus den Jahren (1925-1931)* (Coleção Gesammelte Werke, Vol. 14). Frankfurt: S. Fischer.

Vimos que o totemismo está para a teoria do parentesco assim como o animismo está para a teoria da guerra e da predação. Daí que seja um precedente importante para entender o animismo no texto de 1919, o trabalho de 1915 "*Considerações atuais sobre a guerra e a morte*",[4] bem como a conexidade entre seus dois temas principais: a desilusão diante da guerra e a atitude diante da morte. A desilusão de que a raça branca e suas nações tenham caminhado tão pouco na arte de resolver conflitos e desinteligências, e que "estrangeiro e inimigo não mais deixaram de se fundir em uma mesma nação",[5] são consequências da disparidade entre nossa atitude diante da morte dos outros e diante da nossa própria finitude. Tudo se passa como se entre o inimigo e o estrangeiro existisse uma relação intensiva, e não uma diferença categorial.[6] Assim também ocorre entre o familiar e o aliado amoroso, sobre o qual sempre remanescem ódio e ambivalência.

A morte é um fenômeno no qual acreditamos à distância, como morte do outro, portanto cuja realidade psíquica diverge da realidade fática, envolvendo uma espécie de conflito de juízos, conforme as circunstâncias. Uma atitude heroica tradicional, bélica ou religiosa, diante da morte é também uma relação que explora a crença na própria imortalidade, assim como no caráter não propriamente humano, dos inimigos. Inversamente, um herói psicanalítico "deve dar à morte o lugar que lhe cabe, na realidade e em nossos pensamentos".[7] Percebe-se como o pequeno texto de Freud presume como atributo imanente ao Eu o sentimento de propriedade de si, ou seja, que cada um saiba quem é *nós*: *nossa* morada, *nossa* família e *nossos* seres amados. Ora, essa divisão simples é derrogada pela incerteza quanto à realidade fática ou psíquica, histórica ou ficcional, pessoal ou impessoal da morte.

Vimos como a transformação estrutural, que toma o Complexo de Édipo como modelo, apoia-se na formulação do mito individual e como este organiza-se em torno de operações de negação, baseadas na oposição, na

---

4   Freud, S. (1915). Considerações atuais sobre a guerra e a morte. In Freud, S. *Introdução ao narcisismo, ensaios de metapsicologia e outros textos* (1914-1916) (Obras Completas de Sigmund Freud, Vol. XII). São Paulo: Companhia das Letras, 2010.
5   Idem, p. 213.
6   Idem, p. 241.
7   Idem, p. 246.

inversão e na contradição, entre os diferentes lugares da estrutura, também chamados *mitemas*, na antropologia, e *matemas*, na psicanálise de Lacan. Vimos em seguida que essa transformação comporta um momento dialético de relação com o Outro, no qual se trata da constituição de um objeto a partir da experiência ontológica da angústia, Estamos agora em posição de apresentar a hipótese de que o luto combinado com a angústia pode ampliar o conceito de estrutura em psicanálise.

Agora tentaremos mostrar como o pequeno artigo *O infamiliar* pode ser pensado como o embrião de uma antropologia contratotemista, capaz de introduzir outro papel para a angústia, assim como para o sistema ordenado de negações que constitui o mito individual. Essa Outra antropologia poderá nos ajudar a entender transformações clínicas ligadas à indeterminação, assim como rever a relação entre o mundo, a realidade e o Real na constituição da aparência dos objetos, descrita pelo modelo de *Totem e tabu*. Ou seja, talvez o totemismo em psicanálise tenha sido tão reforçado justamente porque ele traz consigo uma tese mais "científica" sobre o ordenamento do mundo, ou seja, o naturalismo. O naturalismo parasita duas propriedades fundamentais do totemismo: a existência de tipos naturais (classes de nominação estável) e a diferença-continuidade entre humanos e animais (linguagem).

Em carta a Ferenczi, de 12 de maio de 1919, Freud relata que retomou um antigo manuscrito residual na redação de *Totem e tabu*, entre 1911 e 1914. O tema sintetiza literariamente a ampla gama de fenômenos mágicos, místicos, semirreligiosos e sobrenaturais que ocupou parte decisiva da colaboração e da dissenção com Jung. *O infamiliar* é um reexame do paradigma do "modo animista em geral de pensar", mas também uma interrogação sobre o estatuto da verdade e da realidade em psicanálise, bem como um exemplo de como a lógica da negação em psicanálise ultrapassa a oposição entre juízo de existência e juízo de valor.

A primeira parte de *O infamiliar* remete ao problema linguístico e antropológico representado por esse sentimento (*Gefühlt*). Há uma crítica ao conceito de *Unheimlich* como conceito aparentemente autocontraditório, o que explicaria, em parte, sua dificuldade de tradução. Ou seja, de certa forma partimos de um conceito demasiadamente dependente do significante que o expressa e o representa, de modo análogo a, por exemplo, o sentimento de *Unbehagen* (mal-estar, desconforto, descontentamento). Freud indica que no sentimento de infamiliaridade persiste a onipotência de pensamentos. Isso indica uma espécie de déficit de simbolização que remanesce na crença de que o pensamento possui poder causal sobre fatos do mundo. O *Unheimlich* atesta que fantasias narcísicas, de textura animista, persistem no sujeito e que, portanto, remanescem elementos edipianos irresolvidos, uma vez que o Édipo estabilizaria a relação entre realidade e nomeação bem como introduziria o sujeito em uma realidade marcada pela lei simbólica, determinada pela linguagem, cujo modelo de ação é o pacto.

A segunda parte, provavelmente escrita em 1919, concentra-se na análise do conto *O Homem da Areia*, de E. T. A. Hoffmann, publicado em 1815.[8] Desenvolve-se aqui o tema do duplo, da incerteza entre vida e morte, entre corpo e máquina, entre lembrança e realidade, entre ilusão e verdade, a partir da história de Natanael e seus sucessivos encontros com o Homem da Areia, ser mítico que vem buscar as crianças que não dormem. Destaca-se aqui o personagem do alquimista Coppelius, amigo do pai, com quem ele tem um encontro explosivo na infância, encontro que seria reeditado na vida adulta com Coppola, o vendedor de óculos que ele encontra quando vai estudar na Itália.

Aqui a leitura de Freud é plenamente edipiana: o Homem de Areia perturba o amor, gera temor de castração; nesse caso, envolvendo os olhos e presentifica-se na morte do pai. A angústia liga-se ao retorno do recalcado, associada com os processos de repetição e retorno dos desejos hostis contra o pai. O *Un-heimlich* é uma versão do *Un-bewusst*, ou seja, negação que volta e cria novos objetos e sentimentos nesse processo. Ele é a expressão do animismo, que acha os "genitais femininos" estranhos,[9] que transforma uma mesa em forma de crocodilo em um devorador de

---

8 Hoffmann, E. T. A. (1815). O Homem da Areia. In Freud, S. (2019). *O infamiliar*. Belo Horizonte: Autêntica, pp. 219-264.
9 Freud, S. (2019). *O infamiliar*. Belo Horizonte: Autêntica, p. 95.

jovens casais,¹⁰ que cria mãos que se mexem separadas do braço, que cria mortos que voltam do túmulo, números e lugares aos quais retornamos misteriosamente,¹¹ bem como desejos que são realizados por sua mera formulação:¹²

> A análise de casos da ordem do *infamiliar* nos remeteu à antiga concepção *animista* de mundo, que se caracterizava pelo preenchimento do mundo com espíritos humanos. (...) Com o animismo, a magia e a feitiçaria, a onipotência de pensamentos, a relação com a morte, a repetição involuntária e o complexo de castração já se esgotou razoavelmente a extensão de fatores a partir dos quais o angustiante se torna *infamiliar*.¹³

A terceira parte, a que mais nos interessa, tem seu foco no papel da realidade e nas operações de retorno do recalcado e parece ter sido escrita em concomitância com as preocupações de *Além do princípio de prazer*. Nela, o axioma da realidade-verdade, contra o qual o animista se insurge, a saber "todos os homens devem morrer", assume outra dimensão. Se todo infamiliar é um retorno do recalcado, por que nem todo retorno do recalcado traz consigo o efeito de infamiliaridade? A mão amputada no conto de Hauff cria *Unheimlich*, a mão cortada na narrativa do tesouro de Rampsinito, não.¹⁴ Desejos realizados nos contos maravilhosos ou nas histórias cômicas do folclore não geram infamiliaridade, assim como bonecos que ganham vida nos contos infantis e os que retornam dos mortos na Bíblia. Por outro lado, a infamiliaridade de certos silêncios e de algumas solidões não parecem remeter a nenhuma castração. É nesse ponto preciso que a atenção de Freud é atraída para o fato de que o *Unheimlich* parece depender do gênero literário, ou seja, de um regime de linguagem ou de ficcionalidade específico para acontecer:

> Quase todos os exemplos que contrariam nossa expectativa são retirados do domínio da ficção, da criação literária. (...) Nós – assim como nossos

---

10 Ibidem, p. 95.
11 Como o número 62 e a região do prostíbulo napolitano. (Ibidem, p. 75.)
12 Como em *O anel de Polícrates*. (Ibidem, p. 79.)
13 Ibidem, pp. 83, 89-91.
14 Ibidem, p. 97.

ancestrais primitivos – consideramos, em primeiro lugar, essa *possibilidade como real*, fomos convencidos da *realidade desses acontecimentos*. Hoje, não acreditamos mais nisso, *superamos* esse modo de pensar, mas não nos sentimos inteiramente seguros acerca dessas novas convicções, as antigas sobrevivem em nós e estão à espera de uma confirmação.[15]

Chamo a atenção para a expressão "possibilidades reais" (*Moglichkeiten für Wirklichkeit*). Existem possibilidades irreais? Diante delas aplica-se o qualificativo "realidade desses acontecimentos" (*Realität dieser Vorgänge*), sobre a qual nós teríamos sido convencidos (*überzeugt*). Quando algo *acontece*, que confirma nossas antigas crenças, elas ganham nova vida. Disso decorrem três tipos de infamiliaridade:

1. O infamiliar da vivência (*Erlebnis*). Ocorre quando acontece, em nossas vidas, algo que confirma crenças animistas, de modo que devem ser superadas pela confrontação com a realidade material. Aqui não há medo, mas surpresa.
2. O infamiliar dos complexos infantis. Ocorre quando o retorno do recalcado reencontra fantasias que independem da prova de realidade para causar medo e angústia, como repetição da castração.
3. O infamiliar da ficção. É quando o que acontece na vida e o que acontece na ficção diferem entre si enquanto campo de "possibilidades". Há, portanto, *infamiliares* que só podem acontecer na ficção e outros que só ocorrem na vida.

Mas isso contraria a própria observação de Freud em *O homem Moisés e a religião monoteísta*,[16] em que ele volta a citar Hoffmann, pela última vez, para dizer que ele formulava seus contos de horror a partir das lembranças de uma viagem que ele teria feito quando pequeno. Ou seja, há vida sem consciência clara de si mesma.

Retenhamos a origem dessa tripartição no contexto específico do romantismo alemão, ao qual pertencem tanto o conto de Hoffmann quanto

---

15 Ibidem, p. 101. Grifos nossos.
16 Freud, S. (1939 [1937-1939]). Moisés y la religión monoteísta. In *Sigmund Freud: obras*. Buenos Aires: Amorrortu, 1988, p. 21.

as observações de Jentsch, sobre as qualidades de nosso sentir (*Fühlens*), e ainda o ponto de partida da teoria freudiana dos afetos. Como observou, de forma precisa e clara, Nelson da Silva Jr.,[17] no quadro da conversação entre Freud e Thomas Mann, com exceção talvez da ironia como método, há uma disparidade inconciliável entre as pretensões ontológicas do Romantismo e as ambições clínicas e conceituais da psicanálise. Ainda assim, é possível que os três tipos de estranhamento recapitulem os três modos de relação propostos por Schelling no núcleo da teoria estética do Romantismo. Quando o universal significa o singular e este confirma o universal, estamos no modo do *esquematismo*. Quando o universal é considerado a partir do singular, estamos no modo *alegórico*. Quando nem o universal significa o singular, nem o singular significa o universal, estamos no modo *simbólico*. Ora, para a psicanálise não há nenhuma reconciliação possível com o ser, nem restauração de um estado originário, muito menos identificação eficaz do sujeito com seu mito. Assim o estranhamento da vivência (singular), o estranhamento do histórico dos complexos infantis, encabeçado pelo Édipo (universal), muito menos o estranhamento da ficção, representado pela ironia e pelo mito (particular), não se reúnem no projeto de unificação e reconciliação com o ser e não orientam o programa clínico da psicanálise. Ainda assim há algo que se pode aproveitar das raízes românticas da psicanálise, que não se prende à sua reificação do passado, mas à sua abertura a pensar o futuro. Essa abertura do mundo de modo a incluir em seu conceito não apenas o presente e o passado, mas também o futuro, ou seja, o mundo tal qual *queremos* que este seja, reconfigura a problemática ontológica de O estranho.

> O que temos aqui é uma variação de incidências da infamiliaridade decorrente do mundo ao qual ela se aplica. *Mundo* inclui, no primeiro caso, a noção de *acontecimento* (*Unfall*), ligada com a realidade material e a realidade psíquica. No segundo caso, *mundo* remete à oposição entre infância de fantasia *versus* adultez de realidade, ambas sujeitas a mediação dos complexos, em particular o de Édipo e seus acasos (*Willkür*). O terceiro caso envolve o mundo criado pelo gênero narrativo conhecido como "contos

---

17 Silva, Jr. (2019). *Fernando Pessoa e Freud: diálogos inquietantes*. São Paulo: Blucher, pp. 175-180.

maravilhosos". Se o Complexo de Édipo é um mito, ele envolve um mundo diferente dos mundos da literatura. Já os registros literários criam juízos, que entremeiam arbitrariamente (*Zufall*) realidade ficcional e realidade histórica. (...) ele trai as crenças que supúnhamos superadas, ele nos ilude, na medida em que nos promete a *realidade comum* quando, de fato, vai muito além dela. Reagimos às suas ficções tal como reagiríamos às nossas próprias vivências; quando percebemos o engodo, já é tarde demais, o escritor atingiu suas intenções, mas devo afirmar, ele não visava a nenhum efeito real.[18]

A literatura não visava a um efeito real? Infiltrou-se agora, nas considerações de Freud, uma nova forma de mundo, definida pela *realidade comum* (*gemeine Wirklichkeit*). Reencontramos, assim, as nossas três formas de vida, referidas respectivamente ao *mundo da vida-morte*, ao *mundo da realidade psíquica-material* e ao *mundo-comum*. Ao mundo comum aplica-se com maior propriedade a noção de sentimento, ou de processo de sentimento (*Gefühprozesse*), ao passo que ao mundo da vivência, da vida e da morte (*Erlebniz*) se aplica a noção de emoção, e ao mundo da realidade-psíquica material, a ideia de afeto (*Affect*), cujo modelo é a angústia.

A força e a graça desse ensaio são inseparáveis de seu imanente problema de tradução. A impossibilidade de estabelecer, descritiva e conceitualmente, o que significa *das Unheimliche* (o infamiliar),[19] o *Unheimilichkeit*

---

18 Ibidem, p. 111. Grifo nosso.
19 Considero um avanço tecnicamente muito pertinente a escolha feita por Pedro Heliodoro e Ernani Chaves de manterem-se na tradução mais literal possível na edição da obra publicada em 2019, pela editora Autêntica: Freud, S. (2019). *O infamiliar* [*Das Unheimliche*] (Coleção Obras Incompletas de Sigmund Freud, Edição comemorativa bilíngue (1919-2019), seguido de *O Homem da Areia*, de E. T. A. Hoffmann). Belo Horizonte: Autêntica. (Obra original publicada em 1919). Ou seja, a escolha de "*in-*", prefixo de negação, para "*un-*", prefixo de negação em alemão, e a escolha de "*familiar*" para traduzir "*heimlich*", do original, em alemão. Assim, respeita-se a dupla indeterminação, de sentido e de conceito, que constitui a base e a fórmula expressiva do ensaio. Decidir por *estranho, inquietante* ou *misterioso* impede que o leitor tenha que fazer a versão semântica para cada caso. *Unheimliche* nos remete a uma experiência linguística, antropológica e talvez ontológica de indeterminação. Em vez de forçar a comensurabilidade semântica do termo, como se fez nas traduções inglesa (*uncanny*), espanhola (*ominoso*) ou nas traduções brasileiras anteriores (*estranho*), dessa vez optou-se por manter o problema. Se as soluções anteriores sempre pediam por um esclarecimento complementar e corretivo, como em "estranheza inquietante", essa

(a infamiliaridade) e o *Unheimlich* (efeito de infamiliaridade), bem como suas condições objetivas e subjetivas de verificação ou de produção, faz convergir a estratégia expositiva do texto com seu problema metapsicológico. Lacan enfatizará no estranho, estrangeiro, infamiliar a dimensão de *hóspede*, de onde se poderia derivar o *hospedeiro*, como habitante da casa, mas cuja significação permanece indecidida. É o caso do cativo, do prisioneiro ou do refém, que podem se tornar parte da casa ou permanecer estrangeiros.

> (...) como lhes indica muito bem o termo em francês, assim, de imediato, esse hóspede [*hôte*], em seu *sentido comum*, já é alguém bastante inquietado pela espera. (...) No sentido corriqueiro, esse hóspede não é o *heimlich*, não é o habitante da casa, é o hostil lisonjeado, apaziguado, aceito. O que é *Heim*, o que é *Geheimnis* [segredo, mistério] nunca passou pelos desvios, pelas redes, pelas peneiras do reconhecimento. Manteve-se *unheimlich*, menos não habituável do que não habitante, menos inabitual do que inabitado.[20]

Surge aqui a indicação espontânea para formular-se não apenas uma *hontologia* (uma ontologia da vergonha), mas uma *hotontologia*, ou seja, uma ontologia da hospitalidade, do hospital, do hospício e do hospedeiro (*hotê*). Uma *hotontologia* é o que pode entrar no buraco da oniropolítica, justamente por ser, como se diz em português, *tonta* e *errante*, evitando assim a armadilha dos que se querem *não-tontos*, os *non-dupes* (não-patos) que simplesmente erram (*non-dupes-errent* = nomes-do-pai).

O infamiliar é um exemplo maior desse gênero expositivo no qual Freud mostrou sua excelência como escritor, o ensaio (*Abhandlung*). Tentando apreender um fenômeno segundo um certo ponto de vista da totalidade,

---

nova decisão tradutiva deixa o problema às claras, ainda que ao preço de um neologismo. Com isso, somos levados a reconhecer, de saída, que há diferentes maneiras de negar a familiaridade e que essa dificuldade faz parte do conceito examinado. Outro ganho dessa decisão consiste em nos aproximar do gênero neutro da palavra *Unheimliche*. Lembremos que em alemão palavras terminadas em "e", em geral, referem-se a substantivos femininos. Mas *das Unheimliche* é uma palavra que não é nem masculina nem feminina, mas neutra. O artigo "*das*", cujo pronome correlato é o "*es*", nas traduções brasileiras de Freud fixaram-se com a forma latina do "Id". O substantivo *infamiliar* é masculino, mas o adjetivo *infamiliaridade* é feminino.

20 Lacan, J. (2005). *O seminário, livro 10: a angústia (1962-1963)*. Rio de Janeiro: Zahar, p. 87. Grifo nosso.

fazendo variar perspectivas e oscilando entre diferentes discursos, o ensaio pratica o que Adorno[21] chamou de pensamento por constelação. A forma ensaio envolve um conjunto de determinações sucessivas do conceito, nas quais seus movimentos formativos não se separam de suas formulações expressivas. No caso desse ensaio, temos então o primeiro movimento linguístico literário, no qual se apresenta o *Unheimliche* pelos usos da língua e pelo paradigma do conto de Hoffmann, o segundo movimento no qual se reexamina a conexão entre narcisismo e animismo, variando e generalizando os exemplos literários, e o terceiro movimento no qual se introduz o problema clínico da realidade e da angústia diante dos mundos de ficção.

Se no luto Freud investiga a qualidade de um sentimento (*Gefühlsqualität*) a partir de um afeto (*Affekt*), em *O Infamiliar* ele parte de um sentimento (*Gefühl*) para chegar ao afeto da angústia (*Angst*):

> (...) todo *afeto de uma moção de sentimento*, de qualquer espécie, transforma-se em angústia por meio do recalque, entre os casos que provocam angústia deve haver então um grupo no qual se mostra que esse angustiante é algo recalcado que retorna.[22]

A disciplina que primeiro se dedicou a esse problema não foi a Psicologia, mas a Estética enquanto doutrina de nossas qualidades do sentir (*Fühlens*). O sentimento de si (*Selbstfühlung*) se expande ou diminui, em razão da distância para com o ideal, por causa da identificação (de grupo, melancólica, regressiva ou histérica). O sentimento de si difere de uma reação emocional, considerando-se as emoções descritas por Darwin (medo, raiva, alegria, tristeza, surpresa, nojo). Há certos afetos que se transformam quando são socialmente compartilhados, por exemplo, o terror (*Schreckhaften*) individualiza mais o afeto do que o horror (*Grausen*, *Scheu*), sendo os dois termos modulações do afeto da angústia (*Angst*). Um afeto pode gerar uma expectativa ou uma coerção (*Zwang*) para a ação ou para a recepção (*Erwartung*) e o circuito repetido entre o afeto esperado e o afeto encontrado é chamado de humor (*Humor*) ou disposição (*Stimmung*). O humor também pode ser partilhado

---

21 Adorno, T. W. (2003). O ensaio como forma. In Adorno, T. W. *Notas de literatura I*. São Paulo: Duas Cidades/Editora 34.
22 Freud, S. (2019). *O infamiliar*. Belo Horizonte: Autêntica, p. 85.

na forma de uma atmosfera, na qual se desenvolve, por exemplo, o suspense. Ocorre que *Angst* é uma palavra que designa tanto uma emoção (como *Fucht*) quanto um afeto (como a ansiedade, *Angst*), e ainda um sentimento (como *Unheimlich*). O mesmo se aplica ao luto (*Trauer*), que é um afeto solitário de perda (*Verlust*), uma emoção reativa de tristeza (*Traurig*), um sentimento socialmente partilhado (*Kummer*) e um humor depressivo (*Grauenerregenden*).

A empatia (*Einfühlung*), introduzida por Vischer como uma das variedades estéticas do sentimento, ao lado do "sentir com" (*Mitfüllen*) e do "sentir para" (*Nachfüllen*), depende da consciência que alguém tem dos afetos alheios.[23] Se a infamiliaridade é antes de tudo um sentimento, ela pertence ao mesmo circuito do *sentimento de realidade* e do *sentimento de si*, também chamado de autoestima (*Selbstgefüllt*). Se entendemos os sentimentos como uma experiência intersubjetiva ou social de reconhecimento compartilhado de afetos, a familiaridade constitui um paradigma dos sentimentos em geral. A familiaridade traz consigo um curioso efeito de sinestesia, ou seja, o cruzamento de qualidades sensoriais de fontes diversas. Quando isso acontece, as palavras podem ter musicalidade, as imagens adquirem sabor, os sentimentos podem se fazer acompanhar de experiências de textura (como no arrepio) e os pensamentos podem vir junto com cores.

Nesse sentido, *Unheimlich* é um circuito de afetos do campo do desamparo, no sentido proposto por Vladimir Safatle, ou seja, um tipo de incorporação que me "despossui dos predicados que me identificam"[24] e que se exemplificará ao final da segunda proposta de antropologia freudiana, com *Moisés e o monoteísmo*. Não possuo ou sou o dono dos sentimentos, como possuo afetos e emoções. Se a identificação é definida por Freud como o mais antigo "laço de afeto", e se a angústia é a substância *mater* de todos os afetos, ela poderá aparecer como sentimento, desde que se observe seu processo de partilha social, também chamado por Lacan de rede de reconhecimento:

---

23 Ganczarek, J.; Hünefeldt, T. & Belardinelli, M. O. (2018). From "Einfühlung" to empathy: exploring the relationship between aesthetic and interpersonal experience. *Cognitive Processing*, n. 19, pp. 141-145. Recuperado de https://doi.org/10.1007/s10339-018-0861-x.
24 Safatle, V. (2015). *O circuito dos afetos: corpos políticos, desamparo e o fim do indivíduo.* São Paulo: Cosac Naify, p. 26.

A *Unheimlichkeit* é aquilo que aparece no lugar em que deveria estar o menos-*phi*. Aquilo de que tudo parte, com efeito, é a castração imaginária, porque não existe, por bons motivos, imagem da falta. Quando aparece algo ali, portanto, é porque (...) a falta vem a faltar.[25]

10.1. Gramáticas de estranhamento

O texto de Freud começa pelo estudo comparativo dos termos *Heimlich* e *Unheimlich*, levando em conta a recorrência de usos e sentidos em diferentes línguas e etimologias. Se *Heimlich* nos conduz a *casa* ou *lar* (*Heim*), seu contrário é diverso e indeterminado. Seu campo semântico heterogêneo envolve: *suspeito* (latim), *estrangeiro* (grego), *sinistro* (inglês), *lúgubre* (francês), *desconfiado* (espanhol). Aqui, agrupam-se quatro gramáticas diferentes: a relação de *apropriação do lugar*, a dimensão de *proximidade* ou *distância* com o outro, o modo de *estar* ou *pertencer ao mundo* e a *distinção vivo-morto*. Destas decorrem, respectivamente, relações éticas de hospitalidade e reconhecimento, de segredo e ocultamento, de interpenetração entre público e privado e de separação entre fantasia e realidade.

Unheimlich pertence a esse pequeno círculo de palavras fundadoras da psicanálise, que tem por característica o prefixo negativo (*Un*), ou seja, "não", como *Unbewusst* (inconsciente) e *Unbehagen* (mal-estar). Elas nos mostram como a negação de um conceito determinado, como consciência (*bewusst*) ou felicidade (*behagen*), cria sentidos completamente diferentes do que se espera pela mera oposição inversiva ou binária. Nesses casos não estamos diante apenas de negações determinadas, como entre antônimos, nem de negação indeterminada, na qual a oposição não tem valor correlacional. Uma decorrência disso é a indeterminação relativa entre o sentido adjetivo, de propriedade ou efeito de algo (*Unheimlich*), e sua condição substantiva ou sistêmica (*Das Unheimliche*). É por isso que a negação da familiaridade (*Heimlich*) não equivale nem ao *estrangeiro*, como negação positiva do familiar, nem ao *estranho*, como alheio ou indiferente, mas correspondente ao caso da negação indeterminada. Para Freud, o *Unheimliche*

---

25 Lacan, J. (2005). *O Seminário, livro 10: a angústia (1962-1963)*. Rio de Janeiro: Zahar, pp. 51-52.

"diz respeito a dois círculos de representações, os quais, sem serem opostos, são, de fato, alheios um ao outro",[26] ou seja, trata-se de uma oposição parcial e de não-toda e qualquer "alheiedade" (alteridade).

Nelson da Silva Jr., apoiando-se nos trabalhos de Barbara Cassin,[27] examinou as flutuações da noção de *Unheimlich* em simetria com os três argumentos levantados por Aristóteles contra os sofistas. Primeiro: eles não têm um discurso próprio, apenas reagem a uma posição outra, *"ele não tem nenhum discurso, pois um homem, na medida em que ele for assim, é semelhante a uma planta"*.[28] Segundo: eles desrespeitam o princípio de não contradição, fazendo a palavra ter precedência sobre o Ser, o que é *impossível*. Terceiro: quando o discurso tem sentido, ele se desinteressa pela verdade, pois estaria comprometido com o *contingente* daquilo que poderia ter sido (como a verdade para o historiador), ou com o *possível*, que pode ou parece existir (como a verdade para o poeta trágico). Apenas quando aderimos à ontologia da filosofia podemos encontrar conciliação e identidade entre *logos* (o discurso, a razão ou o pensamento) e *ousia* (o ser, a substância ou a essência).

Quando Heidegger chama a linguagem de a morada (*Heim*) do ser, ele segue a ambição de reconciliação e identidade prevista pela ontologia aristotélica. Daí que existam três estranhamentos, simétricos às três vacilações do ser: o estranhamento como vivência de irrealidade (uma planta que fala), o estranhamento como regressão histórica ou poética trágica (vozes do passado) e o estranhamento como conflito de juízos (futuros contingentes). A estas três ontologias não naturalistas Silva Jr. acrescenta uma quarta, representada pelo estranhamento como inquietude, tal como aparece na poesia de Fernando Pessoa:

> Fernando Pessoa provoca um tipo de inquietante não descrito por Freud [no qual] a realidade do autor dos heterônimos é igualmente aproximada ao espaço da ficção. (...) Fernando Pessoa, ele mesmo, autor real que

---

26 Freud, S. (2019). *O infamiliar*. Belo Horizonte: Autêntica, p. 45.
27 Cassin, B. (2000). *Aristóteles e o lógos*. São Paulo: Loyola.
_____. (2005). *O efeito sofístico*. Campinas: 34.
_____. (2012). *Jacques le Sophiste: Lacan, lógos et psychanalyse*. Paris: Epel.
28 Aristóteles (2007). Metafísica – Livro IV (Gamma) e Livro VI (Epsilon). Tradução, introdução e notas Lucas Angioni. *Clássicos da Filosofia: Cadernos de Tradução n. 14*.

precederia sua obra de heterônimos, é apresentado como obra de ficção, feito da mesma natureza fictícia que seus heterônimos. [Nele] a herança sofística da psicanálise poderia ser marcada por pelo menos duas frentes, a performatividade e a homonímia.[29]

Podemos agora redescrever o fenômeno compósito do *Unheimlich* alinhando verticalmente, de um lado, a identidade ontológica naturalista na qual aquilo que é próprio, quais sejam, a casa, a família ou o corpo, implica espaço privado, confiável e opaco ao mundo externo, delimitando aquilo que é idêntico a si mesmo, como totalidade fechada. No outro lado, mas de modo não simétrico, podemos elencar as diferentes formas de negação dos traços ou elementos componentes dessa totalidade. A rua e a floresta com lugares comuns onde emerge o indeterminado que não fala a minha língua: monstro, animal ou estrangeiro. Como estrangeiro, seu estatuto é incerto e ambíguo, levanta desconfiança e distância, mas também interesse e curiosidade. Como profeta, historiador ou poeta trágico, ele pode fazer emergir ou revelar algo que se pareça com a verdade, mas pode ser apenas uma ficção. Eventualmente este ser indeterminado, inumano, estrangeiro e ficcional pode se revelar eu mesmo como coisa, corpo morto, ser inanimado ou estrangeiro.

Familiar (*Heimlich*)	Infamiliar (*Unheimlich*)
Casa (intimidade ou privacidade)	Floresta ou Rua (estrangeiro ou público)
Confiança (manter próximo)	Desconfiança (manter à distância)
Oculto (pertence a alguns, privado)	Revelado (pertence a todos, público)
Vivo, Animado, Pessoa (Humano)	Morto, Inanimado, Coisa (Inumano)

Os cruzamentos examinados por Freud mostram que não conseguimos verificar o efeito de *Unheimlich* sem que pelo menos um elemento de cada uma das séries em oposição atravesse para o lado oposto, indeterminando assim a negação. A solução pragmática encontrada por Freud para esse empecilho definicional apoia-se em Schelling, que designa o

---

29 Silva Jr., N. (2019). *Fernando Pessoa e Freud: diálogos inquietantes*. São Paulo: Blucher, pp. 316-317.

Unheimliche por meio do movimento envolvendo a transformação: "o que deveria permanecer em segredo, oculto, mas que veio à tona".[30] Esse efeito surpresa, desconcerto ou iluminação, que já fora descrito como traço linguístico do chiste,[31] reaparece aqui invertido em sombreamento, incredulidade e ocultação, mas ainda assim decorrente da divergência entre sentido esperado e sentido encontrado. Tudo se passa como se Freud tivesse percebido aqui o princípio da leitura que atravessa para o lado do outro, que rompe com o princípio das oposições simples, que subverte a cadeia dos sentidos hierarquizados, do mesmo lado, desenvolvendo uma espécie de trans-leitura, considerando que o prefixo "trans" indica *o que atravessa para o outro lado*.

Até aqui, estamos em uma suposição tácita de que primeiro algo aparece causando angústia; depois, nos mobilizamos para agir, para responder, para fazer algo que trate a emergência do objeto e da angústia. Mas nem sempre é assim. A solução de Freud para traduzir *Unheimlich*, com Schelling, diz: "tudo que deveria ficar em segredo" (*alles was ein Geheimnis*), "que deveria permanecer oculto" (*im Verbogenen bleiben sollte*) e que "vem à tona" (*hervorgetreten ist*). O termo *hervorgetreten* remete, como verbo, a *emergir* ou *sair* e, como substantivo, a *aparecimento*.

No começo do ensaio, o *Unheimliche* parece ser um sentimento substantivo, definido pela relação com um estado de coisas da realidade, mas, à medida que o texto progride, ganha força a ideia de que se trata de um efeito da transformação da realidade como *processo*. Ao final, emerge a noção de sentido comum, ou de *mundo comum*, definido pela partilha de certos pressupostos, também chamado de "chão da realidade comum" (*Boden der gemeinen Realität*[32]). É preciso a experiência de comunidade discursiva ou partilha de linguagem para que algo surja como revelação, fracasso ou enigma de reconhecimento.

Como vimos, há quatro partições em jogo aqui. A primeira divide o sentimento de si entre a *casa* e a *rua*, a vida privada da família e a cena

---

30 Ibidem, p. 87.
31 Freud, S. (2017). *O chiste e sua relação com o inconsciente (1905)* (Obras Completas, Vol. VII). São Paulo: Companhia das Letras.
32 Freud, S. (2019). *O infamiliar*. Belo Horizonte: Autêntica, pp. 108-109.

pública dos estrangeiros. A segunda partição diferencia o *palco* (casa e rua) do *mundo* como existência que envolve o que é refratário a ser representado no teatro da vida. A terceira partição separa a *existência* (palco e mundo) da *realidade comum*, incluindo o que não pode ser dito no mundo. A quarta partição distingue a vida (*realidade comum e existência*) da morte como *realidade material*.

A noção de objeto *a* em Lacan desenvolve-se internamente nesse mesmo plano de incongruências: aparência sem imagem, objeto não-sem, interioridade externa, propriedade imprópria. A partição lacaniana entre Real, como o que não se inscreve, nem na casa-rua, nem no mundo, nem na realidade, nem na ideia de êxtimo (como a essência exterior), captura essa diferença que é inerente às transformações da angústia, como modelo de transformação dos afetos: "Encontrarão sempre em sua dimensão própria a cena que se propõe, e que permite que surja aquilo que, no mundo, *não pode* ser dito".[33]

A experiência de infamiliaridade depende, assim, de quatro indeterminações. A primeira estabelece um nexo entre novidade (*Neuartigen*) e ocultamento, mostrada ou oculta, a verdade como *aletheia* (revelação). A segunda envolve desorientação, perda do sentimento de *pertencimento* ou de *crença* na realidade, a verdade como confiança (*emunah*). A terceira expressa incerteza intelectual ou conflito judicativo, como no caso da *veritas* latina. A quarta indeterminação introduz a diferença entre a realidade e o Real. No primeiro caso, vigora a gramática do medo e do ódio, própria da fronteira de determinação entre *eles* e *nós*. No segundo, encontramos os afetos ligados à amizade, aliança e a desconfiança e os sentimentos dominantes de ciúmes e culpa. Na terceira oposição encontramos o litoral entre palco, mundo e as coxias com seus afetos de tédio e vergonha, mas também com seus sentimentos de trágicos e de cômicos. Finalmente, na quarta oposição está o hiato entre vida e morte com seus afetos de luto, surpresa e devastação, mas também os sentimentos de saudade, alegria e *Unheimlich*. Posto desta maneira fica claro perceber como a angústia é um afeto transversal, podendo ocorrer em combinação e infiltração nas quatro oposições.

---

33 Lacan, J. (2005). *O Seminário, livro 10: a angústia (1962-1963)*. Rio de Janeiro: Zahar, p. 86.

Se a reaparição de crenças narcísicas vindas da infância remete a crenças históricas que devem ser superadas, e se o retorno do recalcado nos aparece como um presente ampliado, o terceiro *Unheimlich* remete ao futuro contingente e, como tal, ao indeterminado que pode vir a ser. Nos três tipos de *Unheimlich* (vivencial, castração e ficcional) e nas quatro formas de oposição (casa, confiança, oculto e animado), há um polo de indiferença. Como se o *Unheimlich* envolvesse sempre a noção de *surgimento*, ou seja, do aparecimento de uma diferença inesperada onde antes reinava a indiferença, sendo a oposição entre familiar e estrangeiro condicionada pela lógica da aparição.

10.2. Indiferença e infamiliaridade

No texto sobre *Formulações sobre os dois princípios do funcionamento psíquico*, de 1911, contemporâneo, portanto, de *Totem e tabu* e da primeira parte de O infamiliar, Freud separa o Eu-prazer (*Lust-Ich*) do Eu-realidade (*Real-Ich*), estabelecendo que aquilo que escapa a essas duas possibilidades fica recoberto pela indiferença. O conceito de indiferença é crucial para entender o *Unheimlich* e, curiosamente, a noção de indiferença em Freud está sujeita a uma quádrupla negatividade.

> (...) o sujeito-Eu coincide com o que é prazeroso, e o mundo externo coincide com o que é indiferente [*Gleichgültigen*].[34]

Gleichgültig equivale a *mesmo peso*, um caso negativo do juízo de valor: *tanto faz*. A escolha não exclusiva entre dois termos de "igual valor" equivale a uma indeterminação. Essa acepção comparece na expressão francesa bela indiferença[35] (*belle indifference*), que visa descrever a "serenidade paradoxal" da histeria como um desinteresse generalizado sobre si e sobre o outro. O termo aparece sistematicamente na teoria das pulsões, por exem-

---

34 Freud, S. (2013). *As pulsões e seus destinos*. Belo Horizonte: Autêntica, p. 53.
35 Stone, J.; Smyth, R.; Carson, A.; Warlow, C. & Sharpe, M. (2006). La *belle indifférence* in conversion symptoms and hysteria: systematic review. *The British Journal of Psychiatry*, v. 188, n. 3, pp. 204- 209. Recuperado de https://doi.org/10.1192/bjp.188.3.204.

plo, nas diferentes modalidades como o amor pode ser negado: amar-ser amado, amor-ódio, amor-*indiferença* – sendo esta última a única oposição real. Levando em conta as quatro oposições que extraímos do artigo sobre *O Infamiliar*, combinando-as com as oposições que Freud estabelece no interior da teoria das pulsões e mobilizando a pequena teoria sobre os mundos que Lacan extrai do etólogo estoniano Jakob von Uexküll,[36] chegamos à seguinte configuração da relação de diferença-indiferença:

1. Sujeito (Eu) – Objeto (mundo exterior) (amor-indiferença) [*Aussenwelt*]
2. Prazer – Desprazer (amor-ódio) [*Umwelt*]
3. Ativo – Passivo[37] (amar-ser amado) [*Ihnenwelt*]
4. Sujeito – Outro [*Weltanschauung*]

Freud emprega textualmente a noção de *mundo exterior* [*Aussenwelt*] à qual acrescentamos os termos insistentemente mobilizados por Lacan com base em Von Uexküll para designar, respectivamente o *mundo próprio* e compartilhado por uma mesma espécie, grupo ou família [*Umwelt*], traduzido pela oposição narcisismo e indiferença; o *mundo* dos outros e nosso [*Ihnenwelt*], caracterizado pela intimidade, comunalidade ou extimidade; e o *mundo como realidade* externa (Freud), incidente em negatividade própria e Real (Lacan).

Reservamos para a quarta oposição, ausente em Freud, a unidade das relações simbólico-imaginárias do sujeito com o Real, ou seja, sua

---

36 Lacan menciona sistematicamente, ao longo de todo seu ensino, a teoria dos mundos formulada por Von Uexküll. Nela, a noção de *Umwelt* remete ao mundo próprio da percepção dos organismos vivos, segundo o equipamento sensorial de cada espécie. Cada animal tem seu mundo próprio e cada um deles devem ser entendidos em seu habitat, interagindo com o mundo das outras espécies (*Innenwelt*). Haveria ainda a referência ao mundo comum, o ecossistema externo (*Auswelt*) que é, ao mesmo tempo, exterior e deformado por cada mundo próprio. Menos comentada, mas igualmente importante para nossos propósitos é a noção complementar de *Umgebung*, ou seja, o *Umwelt* lido e interpretado a partir do ponto de vista de outro observador, literalmente a sua "visão do mundo do outro" (*Weltanschauung*). In Uexküll J. von. (1909). *Dos Animais e dos Homens: Digressões pelos seus mundos próprios. Doutrina do Significado.* (Trad. Alberto Candeias, Anibal Garcia Pereira.) Lisboa: Livros do Brasil, 1982.

37 Freud, S. (2013). *As pulsões e seus destinos.* Belo Horizonte: Autêntica, p. 50.

estrutura de fantasia, sua perspectiva ou seu modo de relação com a falta [*Weltanschauuung*]. Ampliamos assim a conotação do termo em Freud, que designa uma forma genérica de apreensão do mundo, tal como a arte, a religião, a política ou a ciência. Temos então quatro figuras da ontologia psicanalítica: existência, mundo, realidade (fática ou ficcional) e Real. A oposição entre familiar e infamiliar é uma diferença entre modos de existência (como a mulher que não existe e o homem que existe). O contraste entre próximo e distante remete ao tipo de mundo (*Auswelt, Ihnenwelt, Umwelt*). A contradição entre escondido e revelado remete à realidade ficcional (literatura como terreno do contingente) e a realidade fática (ciência como esfera do necessário). Finalmente, a diferença entre morto e vivo traduz a relação entre corpo vivo (Real) e corpo morto (Simbólico).

Podemos dizer que a angústia de *Unheimlich* acontece sempre que entramos no espaço de transição entre cada uma dessas ontologias, bem como suas formas específicas de produzir diferença e identidade. Aliás era assim que Freud subsidiava e situava a relação entre sua metapsicologia e seus compromissos ontológicos:

> o sujeito-Eu seria passivo perante os estímulos exteriores, e ativo por meio de suas próprias pulsões. (...) Dessas três polaridades poderíamos designar a da atividade-passividade como *biológica*, a do Eu-mundo externo como *real* e, finalmente, a do prazer-desprazer como a *econômica*.[38]

Isso é da mais alta importância para uma teoria da transformação clínica em psicanálise, uma vez que o desejo de transformar a si, ao outro ou ao mundo, que atravessa o engajamento terapêutico, ou que Freud chamava de desejo de cura, depende da interpretação do sofrimento, seja como sintoma, seja como inibição ou como angústia, em termos da oposição familiar-estrangeiro (quanto à origem do mal-estar), em termos confiança-desconfiança (quanto ao método terapêutico), ou oculto-revelado (quanto ao inconsciente), e ainda vida-coisa (quanto aos meios e fins da transformação).

Além de *Gleichgültigen* e *Indifferenz*, o conceito de indiferença em alemão pode ser produzido pela negação de duas outras formas de diferença: a

---

38 Ibidem, pp. 51, 63.

Unterschied, ou seja, o que "se separa, ou se divide por baixo", e *Verschieden*,[39] que quer dizer *falecer, morrer, expirar*. A não *Unterschied* é a negação da identidade (*Identität*) e da unidade (*Einzelheit*). *Unterschied* contém tanto a diferença numérica quanto a diferença qualitativa. Ou seja, ela envolve tanto a distinção indeterminada (*unbestimmter Unterschied*), por exemplo, a diferença entre uma *pena* e um *camelo*, quanto a distinção determinada (*bestimmter Unterschied*), por exemplo, entre um *cavalo* e uma *vaca* (ambos *quadrúpedes*).

Unterschied é o termo empregado por Freud no artigo de 1925 "Algumas consequências psíquicas da diferença anatômica entre os sexos" [*Einige psychische Folgen des anatomischen Geschlechtsunterschieds*],[40] conhecido como um de seus trabalhos que melhor detalham a função do Complexo de Édipo. Reencontramos aqui a interpretação de que os órgãos sexuais femininos são *Unheimlich*, mas agora fica claro que o que os torna assim *infamiliares* é a diferença.

Verschiedenheit, por sua vez, é a diferença que faz desaparecer o oposto. Temos uma oposição inversiva entre contrários, por exemplo, a diferença entre norte e sul. A *Verschiedenheit*, ou diversidade, é outra forma de negação determinada, de modo que os diferentes itens são indiferentes (*Gleichgültig*) à diferença (*Unterschied*) entre eles mesmos. Portanto, três tipos diferentes de diferença são referidos à castração:

> A diferença [*Differenz*], neste trecho do desenvolvimento sexual do homem [*Mann*] e da mulher [*Weib*], é uma consequência compreensível da diversidade anatômica dos genitais [*anatomischen Verschiedenheit der Genitalien*] e da situação psíquica a ela relacionada [*verknüpfen*]; corresponde à diferença [*Unterschied*] entre a castração realizada e aquela apenas ameaçada.[41]

---

39 Não confundir com o verbo *scheiden* (dividir, separar).
40 Freud, S. (1925). *Einige psychische Folgen des anatomischen Geschlechtsunterschieds*. Freud Studienausgabe V.V. Frankfurt: Fischer.
41 Freud, S. (2011). Algumas consequências psíquicas da diferença anatômica entre os sexos (1925). In Freud, S. *O Eu e o Id, "Autobiografia" e outros textos (1923-1925)* (Obras Completas, Vol. XVI). São Paulo: Companhia das Letras, p. 296.
Freud, S. (1989). Einige psychische Folgen des anatomischen Geschlechtsunterschieds. In Freud, S. *Sexualleben* (Coleção Studienausgabe, Vol. 5). Frankfurt: S. Fischer, p. 265.

Temos aqui o quarto termo para diferença, *Differenz*, que se refere ao desenvolvimento sexual entre homens e mulheres. Mas observe-se que o termo mobilizado não é o da diferença enquanto *Verscheiden*, que se refere à diversidade de órgãos. O terceiro termo para diferença, *Differenz*, procede do negativo *Indifferenz*. Ele expressa mais atividade do que *Verscheiden* e nos remete à autonegação, indicando algo totalmente contido em si mesmo e sem diferenciação interna.[42] Esse não é o caso nem da unidade numérica (1, 2, 3 ...), nem da unidade qualitativa (gênero, espécie), mas da unidade negativa (−1). Ela aparece em Freud quando ele se refere ao narcisismo das pequenas diferenças:

> Com expressões que diferem pouco da terminologia empregada pela psicanálise, Crawley assinala que cada indivíduo se separa dos demais por um "*taboo of personal isolation*" ("tabu de isolamento pessoal"), e que justamente em suas *pequenas diferenças*, não obstante sua semelhança em todo o resto, fundamentam-se os sentimentos de estranheza e hostilidade entre eles. Seria sedutor ceder a esta ideia e derivar desse "narcisismo das pequenas diferenças" [*narzismus der kleines Differenzen*] a hostilidade que em todos os vínculos humanos vemos batalhar com êxito contra os sentimentos solidários e degolar o mandamento de amar o próximo.[43]

Observemos a incidência do *sentimento de estranheza* como exemplo do narcisismo das pequenas diferenças que pode ser pensado tanto como o surgimento de uma *diferença excessiva* quanto como impossibilidade de *produzir indiferença*, ou seja, de inibir efeitos emergentes da comparação e hierarquia imaginária. Isso se repetirá ao se considerar a afinidade entre

---

42 O termo ganhou relevância filosófica no idealismo alemão, como em Hegel: "É só na medida em que se relaciona ativamente com outras coisas e se diferencia destas, e no processo de diferenciar-se de si mesma, que uma entidade adquire uma natureza determinada." (Inwood, M. (1997). *Dicionário Hegel*. Rio de Janeiro: Zahar, p. 173.)

43 Freud, S. (2006). El tabú de la virginidad (Contribuciones a la psicología del amor III). In Freud, S. *Obras completas: cinco conferencias sobre psicoanálisis, Un recuerdo infantil de Leonardo da Vinci y otras obras (1910)* (Vol. 11). Buenos Aires: Amorrortu, p. 195. Tradução e grifo nossos.

esse tipo de narcisismo e a relação de estrangeiridade.[44] Essa ligação com os afetos reaparecerá no contexto da teoria das oposições pulsionais: "A indiferença [*Indifferenz*] remete ao ódio, à aversão, como um caso especial, após ter surgido, primeiro, como seu precursor. O exterior, o objeto, o odiado seriam, bem no início, idênticos".[45]

Agora podemos reescrever as oposições constitutivas da *Unheimlich* à luz da incidência das oposições entre diferença e indiferença:

Familiar (*Heimlich*)	Infamiliar (*Unheimlich*)	Tipo de diferença	Incidência em Freud
Casa (intimidade ou privacidade)	Floresta ou Rua (estrangeiro ou público)	*Diferentz* *Indiferentz*	Narcisismo – Amor de objeto (pequena diferença)
Confiança (manter próximo)	Desconfiança (manter à distância)	*Verschiedenheit* Não *Verschiedenheit*	Feminilidade – Masculinidade (diversidade)
Oculto (pertence a alguns)	Revelado (pertence a todos)	*Unterschied* Não *Unterschied*	Castração Realidade – Ficção (diferença)
Vivo, Animado (Humano)	Morto, Inanimado, Coisa (Inumano)	*Gleichgültig* Não *Gleichgültig*	Amor – Indiferença (oposição real)

---

44 "Certa vez discuti o fenômeno de justamente comunidades vizinhas, e também próximas em outros aspectos, andarem às turras e zombarem uma da outra, como os espanhóis e os portugueses, os alemães do norte e os do sul, os ingleses e os escoceses etc. Dei a isso o nome de 'narcisismo das pequenas diferenças', que não chega a contribuir muito para seu esclarecimento. Percebe-se nele uma cômoda e relativamente inócua satisfação da agressividade, através da qual é facilitada a coesão entre os membros da comunidade." (Freud, S. (2010). *O mal-estar na civilização, Novas conferências introdutórias à psicanálise e outros textos (1930-1936)*. São Paulo: Companhia das Letras, p. 81.)

45 Freud, S. (2013). *As pulsões e seus destinos*. Belo Horizonte: Autêntica, p. 55.

10.3. Outro animismo

Especialmente no início do ensaio *O infamiliar*, a suscetibilidade ao sentimento de infamiliaridade parece constituir um indicador psicopatológico, uma vez que "Quanto mais uma pessoa se orienta por aquilo que encontra à sua volta [*Umwelt*], menos é atingida pela impressão de *infamiliaridade* quanto às coisas ou aos acontecimentos".[46] As quatro versões do infamiliar caminham respectivamente do infantil para o adulto, do próprio para o Outro sexo, do neurótico para a superação do animismo narcísico e do saber (ficção) para a verdade. Essa orientação parece replicar a tese que Freud importa do filólogo Abel, em *A significação antitética das palavras primitivas*,[47] segundo a qual significações contrárias se unem para formar um composto que tem a significação de apenas um de seus dois termos: "velho-jovem", "longe-perto", "ligar-cortar", "fora-dentro", apesar de diferenças que levam a expressão a significar tão somente "jovem", "perto", "ligar" e "dentro", respectivamente. Na história das línguas, a significação original e positiva de uma palavra passaria por uma espécie de negação continuada, que inverte seu sentido. Na história da criança, o sentido inicial da familiaridade verte-se gradualmente em infamiliaridade: "familiar [*Heimlich*] é uma palavra cujo significado se desenvolveu segundo uma ambivalência, até se fundir, enfim, com seu oposto, o infamiliar [*Unheimlich*]. Infamiliar é, de certa forma, um tipo de *familiar*".[48]

Por que *Heimlich* seria o caso original e genérico e *Unheimlich* o caso específico e derivado, e não o contrário? Por que o familiar precede o estrangeiro? Isso parece óbvio se olharmos para as coisas do ponto de vista em que o familiar é originário, conforme o prefixo "*ur-*", presente em conceitos como *Urvater* (pai primitivo), *Urverdrängung* (recalque originário) e *Urphantasie* (fantasia primária). Ao final do ensaio, Freud metaforiza esse caráter originário da familiaridade por referência ao corpo materno. O órgão genital feminino é infamiliar para os homens, pois ele

---

46 Freud, S. (2019). *O infamiliar*. Belo Horizonte: Autêntica, p. 33.
47 Freud, S. (1996). A significação antitética das palavras primitivas. In Freud, S. *Cinco lições de psicanálise, Leonardo da Vinci e outros trabalhos (1910)* (Coleção Edição *Standard* Brasileira das Obras Psicológicas Completas de Sigmund Freud, Vol. XI). Rio de Janeiro: Imago.
48 Freud, S. (2019). *O infamiliar*. Belo Horizonte: Autêntica, p. 49.

é a "porta de entrada para o antigo lar",[49] assim como o "amor é saudade [*Heimweh*] do lar".[50] Assim como o infamiliar é o outro, o estrangeiro, a morte, ou seja, tanto o lugar de onde viemos quanto o lugar para onde vamos. O originário é a identidade, o lugar de origem e de onde viemos, o "nós" que antecede o "eles". Mas esta pressuposição só se aplica propriamente ao totemismo, no interior do qual, com exceção dos estados psicóticos, sempre sabemos quem "*somos nós*". Ainda assim, dentro das psicoses, se pode dizer que na paranoia-totemista há uma indeterminação do "*eles*", assim como na esquizofrenia-animista há uma indeterminação do "*nosso corpo*", e na melancolia-analogista há uma indeterminação do "*estar vivo e estar morto*".

Contudo, algo novo pode estar acontecendo em O *infamiliar*. *Totem e tabu* apresenta um tratamento bastante dissimétrico entre duas estruturas antropológicas, respectivamente, o totemismo e o animismo. Enquanto o totemismo é uma espécie de matriz arcaica da socialização humana, responsável pela exogamia, pelo surgimento da lei e dos rituais, o animismo é uma forma provisória e menor de pensamento infantil, que será superada quando nos desvencilharmos de crenças narcísicas. O totemismo sobrevive no neurótico, ainda que superado (*Aufhebung*), resolvido (*Lösung*) ou em declínio (*Untergang*). Junto com o complexo paterno, ele integra nossas estruturas de reconhecimento social. O animismo, ao contrário, deve ser inteiramente abandonado e substituído pela crença na realidade desencantada, tal como a visão científica e naturalista de mundo nos propõe. Enquanto o totemismo regula nossas interdições sociais e erige a noção de lei simbólica, derivadas da proibição do incesto, o animismo se resolveria por uma apreensão deflacionada das crenças na realidade e pela superação dos privilégios e caprichos do mando familiar. A hierarquia entre totemismo e animismo se vê referendada pelo esquema de progresso da razão, de extração comteana, que estabelece fases evolutivas do pensamento humano: primeiro, o animismo mágico; depois, as religiões monoteístas; finalmente, a ciência. Como o ideal de organização científica da sociedade é um mito rigorosamente afastado por Freud, resta que o

---

49 Ibidem, p. 95.
50 Ibidem.

totemismo funciona ainda como um organizador social contemporâneo e o animismo, não.

Quem, ao contrário, conseguiu se livrar absoluta e definitivamente dessas crenças animistas não experimenta esse tipo de *infamiliar*. A mais clara concordância entre desejo e satisfação, a mais enigmática repetição das mesmas vivências no mesmo lugar ou na mesma data, as mais ilusórias percepções visuais, os mais suspeitos ruídos não o enganarão, não lhe provocarão nenhum medo que pudéssemos caracterizar como medo *infamiliar*.[51]

Enquanto a referência ao totemismo integra um sistema de transmissão da lei simbólica, ao animismo resta a relação deficitária e pré-simbólica entre pensamento, realidade e mundo. É sob esse fundo que se formará a série problemática que liga o pensamento mágico da criança com as manifestações da psicose e com o funcionamento mental dos povos primitivos.

A primazia do totemismo encontra em *O infamiliar* alguns motivos para ser ao menos relativizada. Isso ocorre porque a solidez da experiência identitária, baseada na continuidade ontológica entre familiaridade e estrangeiridade, entre palco (ficção) e mundo, a convicção de quem somos "nós", é abalada pela problemática do *Unheimlich*. Como alguns antropólogos contemporâneos têm assinalado,[52] a diferença entre totemismo e animismo não pode ser reduzida ao fato de que o segundo seria um capítulo do primeiro, uma vez que ambos propõem modelos de laço social e dinâmicas de sacrifício e restituição que podem coabitar de forma não complementar em uma mesma sociedade. Se o totemismo se caracteriza por manter a ontologia fixa e a epistemologia variável, implicando um sistema de nomeações e renomeações simbólicas que replica os sistemas de parentesco, filiação e genealogia, o animismo, especialmente em sua forma perspectivista, baseia-se em um sistema de ontologias móveis, também chamado de múltiplas naturezas ou ainda "mundos comuns". Dessa forma, o animismo não seria apenas um déficit cognitivo, uma forma fetichista ou metonímica de lidar com a relação entre palavras e coisas,

---

51 Ibidem, p. 103.
52 Viveiros de Castro, E. (2002). *A inconstância da alma selvagem e outros ensaios de antropologia*. São Paulo: Cosac Naify.

valores de uso e valores de troca, mas outra maneira de usar a função nomeadora da linguagem. Por exemplo, quando Freud argumenta, em *Moisés e o monoteísmo*,[53] que Moisés era egípcio, ele também admite, indiretamente, que o estrangeiro e infamiliar pode preceder e determinar a noção de familiaridade, nesse caso, constitutiva do povo de Israel. Talvez o problema não esteja nem no totemismo, nem no naturalismo em si mesmos, mas na aliança histórica constituída por eles na modernidade. Aliança responsável por naturalizar diferenças contingentes, envolvendo, por exemplo, tipos de família e modos de gênero, mas também por "legalizar" o sistema institucional das ciências como única fonte soberana e legítima de uso da razão.

Dessa maneira, podemos recolocar o problema da duplicação do simbólico, tão importante para a teoria do luto. Quando Freud associa o duplo ao narcisismo, a partir dos trabalhos de Otto Rank,[54] ele é levado a uma falsa simetria, ou seja, de que se o narcisismo é um registro de duplicação da realidade, conforme o pensamento mágico e o ego-centrismo, logo, toda duplicação da realidade, inclusive a ficcional, mítica ou literária, deve ser uma versão de nosso narcisismo que, no limite, possui uma fantasia como seu fator de convergência. Nisso Freud está admitindo, contra si mesmo e contra Aristóteles, que a fantasia, ainda que considerada como polo indutor de ficções e hipóteses, não possui qualquer valor na construção do conhecimento. Ora, essa dedução não é necessária e depende, em grande medida, do naturalismo totemista, extensivamente presente em Freud. Há duplos que não são narcísicos, mas, por exemplo, esquizoides ou melancólicos. Disso decorre que nem toda angústia de *Unheimlich* é redutível a uma angústia fálica de castração. Encontramos aqui justificativas freudianas para pensar o luto infinito a partir do movimento de duplicação (animismo não narcísico) e translação[55] (perspectivismo) do simbólico.

---

53 Freud, S. (1989). Der Mann Moses und die Monotheistische Religion: Drei Abhandlungen. In Freud, S. *Fragen der Gesellschaft/Ursprünge der Religion* (Coleção Studienausgabe, Vol. 9). Frankfurt: S. Fischer.
54 Rank, O. (1925). *O duplo: um estudo psicanalítico*. São Paulo: Dublinense, 2013.
55 Translação é o movimento retilíneo de deslocamento paralelo com mesma direção e sentido de um objeto em razão de um vetor. Na simetria de translação, a figura

A hipótese de que *O infamiliar* contém uma espécie de contra-antropologia psicanalítica, de espessura não totemista, porque perturba o núcleo identitarista do totem, vê-se corroborada pela leitura crítica e inovadora do luto proposta por Darian Leader.[56] Para ele, seria preciso acrescentar à teoria psicanalítica do luto quatro movimentos que redescrevem a peculiaridade de certos lutos renitentes e resistentes, correntemente associados com a emergência de depressão. Em primeiro lugar, seria preciso construir um *enquadre simbólico*, um espaço artificial e mimético que reproduz a vida, mas em outras escala e dimensão, ou seja, subverter a fronteira entre a casa e a rua, com esse espaço marginal que é, por exemplo, o cemitério. Depois disso é preciso *matar o morto*, ou seja, subverter a fronteira entre vivos matáveis e mortos imortais (porque já morreram), de tal maneira a reconhecer no luto o processo da segunda morte, ou do luto espectral. Em terceiro lugar, é preciso *separar a imagem do lugar*, formar, por assim dizer, uma decomposição entre pessoa e relação. Isso significará uma mutação de nossa relação de confiança ou desconfiança em relação ao objeto perdido. Como muitos testemunhos de luto corroboram, a morte é interpretada como traição, abandono ou desamor, muitas vezes antecedendo a formação de uma atitude do tipo *"não me ligarei novamente a outras pessoas, pois isso terminará em abandono"*. Quando lugar e pessoa se separam, idealizações tendem a decair; por outro lado, nossa ligação se adensa qualitativamente. Finalmente, para concluir o luto, segundo Leader, seria preciso *desistir de quem éramos* antes da perda. Enquanto Freud fala de uma renúncia e sacrifício em relação ao objeto, no sentido de *deixar ir*, aqui seria decisivo *deixar-se ir*. Para tanto, é necessário subverter as relações entre o que deve permanecer oculto, velado ou disfarçado, como nosso narcisismo, e a revelação disso a nós mesmos como uma forma de si a ser abandonada.

"desliza" sobre uma reta, mantendo-se inalterada. "Seja AB um segmento orientado, no plano π ou no espaço E. (Orientado significa que a ordem em que os extremos são citados é relevante: primeiro A, e depois B.) A translação determinada por AB é a transformação (correspondência biunívoca) $\tau : \pi \to \pi$, ou $\tau : E \to E$, definida por $\tau(X) = X'$, de modo que (AB, XX') e (AX, BX') sejam os pares de lados opostos de um paralelogramo." In Lima, E. L. (2001) *Medida e forma em geometria: comprimento, área, volume e semelhança*. Rio de Janeiro: SBM, 2001.

56 Leader, D. (2011). *Além da depressão: novas maneiras de entender o luto e a melancolia*. Rio de Janeiro: BestSeller, pp. 171-177.

CAPÍTULO 11

Uma transleitura de *O Homem da Areia*, de E. T. A. Hoffmann

A análise freudiana do conto de E. T. A. Hoffmann, *O Homem da Areia*, iluminou algumas séries transformativas, envolvendo conceitos distintos de diferença, que agora podemos usar para comparar o luto totemista com o luto animista em uma nova leitura do conto, explicitando as diferentes acepções do conceito de *Unheimlich*:

(1) A diferença real (*Unterschied*) presume reconhecimento da separação entre memória e percepção, entre desejo e realidade. Essa condição é necessária para a *realização subjetiva da perda*, ou seja, para que o teste de realidade reconheça a perda como real, e não apenas uma ficção, hipótese ou conjectura. Isso abarca a maneira como, no conto, estão ausentes os efeitos da morte do pai, quando da explosão no escritório ou laboratório alquímico. Essa diferença entre o acontecido e o lembrado indica as proximidades de um buraco no Real, tornando todo o conto organizado pela experiência do luto, indeterminando a crença (*Glauben*) ou a descrença (*Unglauben*) no acontecido, alteração da consciência e do Superego, que afeta o laço entre "eu" e "tu", entre "nós" e "eles":

Não posso me estender longamente sobre a relação que existe entre superego, que nada mais é do que a função do tu, e o sentimento de realidade. (...) Quando o sentimento de estranheza se manifesta em alguma parte, nunca é do lado do superego, é sempre do lado do eu que não se reconhece mais, é o eu que entra no estado de tu, é o eu que se crê no estado de duplo, isto é, expulso de casa, enquanto tu continua a ser o possuidor das coisas.[1]

(2) A diferença narcísica (*Differenz*), ou seja, a aparição de um acontecimento irredutível ao campo de projeções antropomórficas, reflexivas e especulares do Eu. Fenômeno que perpassa o tema do duplo, como desdobramento da imagem do corpo, e que aparece na tensão epistolar entre Nathanael e Lothar, mas também na fascinação curiosa pelos experimentos do pai, ou pelas aulas do professor Spalanzani:

A inquietante estranheza, incontestavelmente provém do imaginário, e a geometria específica, original, que é a dos nós, tem como efeito exorcizá-la. (...) indico aqui [na borda do Imaginário, passando o gozo fálico por baixo do Real e por baixo do Simbólico] na articulação do imaginário do corpo, alguma coisa como uma inibição específica que se caracterizaria especialmente pela inquietante estranheza.[2]

Essa diferença opera como reguladora da separação tópica, temporal e dinâmica entre passado (memória), presente (percepção) e futuro (desejo) envolvendo os processos de perda e a restituição do objeto, na relação entre o palco e o mundo:

Este lugar que não tem nome, mas que se distingue pela estranheza de sua decoração, pelo que Freud indica tão bem, da ambiguidade que faz com que *Heimlich* ou *Unheimlich*, em que em sua própria negação, tocamos com o dedo a identidade de seu direito e seu avesso, esse lugar que é para falar propriamente, a outra cena porque é aquela onde vemos a realidade nascer nesse lugar como um cenário.[3]

---

1 Lacan, J. (1988). *O Seminário, livro 3: as psicoses (1955-1956)*. Rio de Janeiro: Zahar, p. 313.
2 Lacan, J. (2007). *O Seminário, livro 23: o sinthoma (1975-1976)*. Rio de Janeiro: Zahar, p. 47.
3 Lacan, J. (2006). *O Seminário, livro 12: problemas cruciais para a psicanálise (1964-1965)*. Recife: Centro de Estudos Psicanalíticos do Recife, p. 57.

(3) A diferença-variedade (*Verschiedenheit*), ou a diferença que autoriza a bivalência entre verdade e falsidade, como início do processo de investigação e reconhecimento do signo que representa algo para o alguém, aquilo que foi perdido na perda. É a dimensão de verdade do buraco (*trou*) traumático (*troumatismo*) que o luto mobiliza, representado no conto pelos olhos que podem ser arrancados, mas também repostos no modelo mecânico da boneca Olímpia. A angústia de ver, por detrás da cortina, as experiências alquímicas do pai, as visões introduzidas pelos estados confusionais e delirantes da cena da torre do Relógio. Trata-se aqui de um objeto que é índice de verdade, da *varité*, como verdade variada entre a infância recalcada e a sua repetição no adulto.

(...) os limites e métodos pelos quais devemos abordar tal objeto *a*. (...) Pois como não observar que o ponto de convergência [entre demanda, transferência e identificação] é este olhar, em torno do qual Freud já nos ensinou – ele e somente ele – a identificar a função, o valor do signo do *Unheimlich*.[4]

(4) A diferença de gozo, cujo oposto é a indiferença (*Gleichgültigkeit*), incide inicialmente como despertencimento, perda do chão e ruptura do sentimento de familiaridade e da experiência do lar (*Heim*). A perda do lugar, com seus efeitos de anestesia, anedonia e esquizoidia aparecem na falta de resposta amorosa de Nathanael: seu espírito aéreo, seu alheamento intermitente, sua alternância delirante. O amor se torna indiferença, a dor se transforma em saudade, a angústia em desejo, o desamparo em surpresa, a culpa em alegria pela "libertação do trabalho de luto".

(...) o menos phi, agora o chamaremos por seu nome, é isto que se chama *Heim*. (...) O homem encontra sua casa num ponto situado no Outro além da imagem de que somos feitos, esse lugar representa a ausência em que estamos. (...) A boneca espreitada pelo herói do conto por trás

---

4 Lacan, J. (2018). *O seminário, livro 13: o objeto da psicanálise (1965-1966)*. São Paulo: Fórum do Campo Lacaniano, p. 469.

da janela do feiticeiro, que fabrica em torno dela uma operação mágica, é propriamente esta imagem, i´(a), na operação de complementá-la com aquilo que a própria forma do conto, é absolutamente distinta dela, ou seja, o olho. O olho de que se trata só pode ser o do herói. (...) a dimensão essencial dada pelo campo da ficção a nossa experiência do Unheimlich (...) nos permite ver a função da fantasia. (...) o lugar *od heim* é o lugar de aparecimento da angústia (...) e a fantasia é o que de melhor lhe serve para defender-se da angústia, para encobri-la.[5]

Essa ambiguação de cenas, de modalidades de diferença e de tipos de realidade intercalam-se na dúvida persistente de Nathanael. Indiferença entre o passado familiar e distante e o presente, estrangeiro e próximo, entre oculto infantil e adulto revelado, entre a coisa-morta e a pessoa-viva. Dúvida que o leva às crises de delírio e alucinação. Segundo o modelo totemista de luto, isso se ajusta ao fato de que Nathanael cresce e vem a ocupar uma profissão ou atividade investigativa como o pai. Ele colabora com o professor, como seu pai um dia colaborou com Coppelius, mas, em vez de uma explosão trágica que repetiria o trauma ou uma travessia heroica, o conto introduz uma variante animista. Nathanael apaixona-se por Olímpia, desconhecendo-se tratar de uma boneca mecânica. No primeiro caso, o sacrifício marca a descontinuidade entre as cenas, no segundo ele cria um momento de desubjetivação[6] pelo qual um objeto perdido pode ser elevado à dignidade de coisa (sublimação).

Uma maneira simplificada de reter os movimentos do luto de Nathanael é recorrendo ao que Lévi-Strauss chamou de fórmula canônica do mito e que se encontra na gênese do método estrutural empregado por Lacan para deduzir suas estruturas clínicas.[7] Partimos de duas cenas ou de

---

5 Lacan, J. (2005). *O Seminário, livro 10: a angústia (1962-1963)*. Rio de Janeiro: Zahar, pp. 58-60.
6 Safatle, V. (2020). *Maneiras de transformar mundos: Lacan, política e emancipação*. Belo Horizonte: Autêntica.
7 Dunker, C. I. L. (2021). *O cálculo neurótico do gozo*. (2. ed.). São Paulo: Zagodoni.
Dunker, C. I. L. (2015). *Mal Estar, Sofrimento e Sintoma: uma psicopatologia do Brasil entre muros*. São Paulo: Boitempo.

dois tempos, conforme a teoria convencional do trauma: a relação de filiação [Fx (a)] está para a relação de aliança [Fy (b)], assim como a relação com o Outro [F x (b)] está para uma dupla torção entre nomes e objetos que definem uma realidade ou mundo [F_{a-1} (y)].

Fx (a)	Fy (b)	F x (b)	F_{a-1} (y)
Pai Nathanael	Pai – Mãe Coppelius	Homem da Areia Olímpia	Coppola – Coppelius Olhos

Observemos agora como cada uma dessas experiências que compõem o conceito de *Unheimliche* pode ser mobilizada para entender o trabalho de luto e sua infinitização. Para testar esta hipótese como embrião de um modelo alternativo de luto em psicanálise, vejamos se é possível ler os aspectos deixados de lado por Freud em sua análise de *O Homem da Areia*, principalmente nas duas primeiras seções. Isso significaria que a diferença entre o narcisismo recalcado infantil, sua consequente negação, enquanto negação da realidade da castração, e o seu retorno como angústia *Unheimliche* não seria suficiente para explicar todos os tipos de estranhamento e todos os tipos de luto. Propomos então a hipótese de *A Mulher da Areia*, como transleitura do artigo de Freud e do conto de Hoffmann, nos remetendo a Olímpia como objeto naturalista para o professor, fetichista para Coppelius, e animista para Nathanael e ainda perspectivista se consideramos a dúvida Coppelius-Coppola. Levaremos em conta ainda a construção perspectivista do conto, pouco tematizada por Freud e em geral por seus comentadores.

11.1. A realidade negativa

O primeiro aspecto formal ignorado pela análise de Freud é que o conto de Hoffmann se apresenta, inicialmente, por uma estrutura epistolar. A primeira parte é composta de três cartas, trocadas entre Nathanael e seu irmão adotivo Lothar; entre Nathanael e sua amiga de infância Clara; e, novamente, entre Nathanael e Lothar. Portanto, temos três perspectivas diferentes. Além disso, posteriormente se introduz a perspectiva da narração em terceira pessoa de um narrador onisciente que se intromete no texto, no que podemos chamar de segunda parte do conto.

Lembremos que se trata de uma narrativa sobre a perda do pai, portanto, ela é organizada pelo entendimento do que teria ocorrido na cena infantil como parte do processo de luto de Nathanael. Freud assemelha a perda do pai ao medo da perda dos olhos, coletados e extraídos pelo temível Homem da Areia, baseando-se para isso na série: a ameaça de castração está para sua realização, assim como a ameaça do Homem de Areia está para a explosão que matou o pai. Mas, ao centrar-se na importância dos olhos, Freud deixou de considerar a insistência da voz como ponto de convergência narrativa. E são a voz e a face desfigurada do pai os suportes narrativos dessa perda. Vejamos como isso se apresenta, levando em conta a carta de Nathanael a Lothar, tomando o texto de Hoffmann como referência, e não o resumo feito por Freud.

Nathanael escreve a seu irmão de criação: "*Uma coisa terrível aconteceu na minha vida!*",[8] algo que interrompeu seus sonhos com os olhos claros de Clara, irmã de Lothar. Trata-se do encontro com um vendedor de barômetros que desperta *um efeito hostil* sobre o narrador. Ele suplica que não *riam* dele, mas reconhece: "*Já ouço você rir e Clara dizer: Isso é pura criancice!*".

Agora podemos inserir as diferentes versões não simétricas do *Unheimlich*, ou negações diferenciais do familiar, observando que na posição Vivo-Morto verificamos a duplicação do Simbólico e na relação oculto-revelado verificamos a translação do Simbólico, decorrente da entrada do futuro contingente como operador de indeterminação da realidade:

Intimidade	Confiança	≅	Vivo-Morto	Oculto-Revelado
Casa ou Rua	Próximo ou Distante		Coisa ou Pessoa	Verdade ou Ficção Real ou Irreal

---

8 Hoffmann, E. T. A. (2019). O Homem da Areia. In Freud, S. *O infamiliar*. Belo Horizonte: Autêntica, p. 221.

Segue-se a lembrança infantil de que às nove horas as crianças deviam estar na cama, porque "O Homem da Areia vem vindo, eu [a mãe de Nathanael] já sinto".[9] "Quem é esse malvado Homem da Areia que sempre nos separa de papai?", indaga Nathanael. Seria o próprio sono que cria a sensação de que há areia nos olhos? Ou o ser ligado aos passos na escada rumo ao escritório do pai? Ou um homem mau que joga areia nos olhos das crianças para que eles saltem das órbitas e sejam recolhidos num saco e dados como alimento aos seus filhotes, que são como *corujas com bicos curvos*?[10] Portanto, o primeiro fato sobre o Homem da Areia é que ele não pode ser visto, mas apenas ouvido. Daí o desejo de vê-lo, expresso nos desenhos com suas formas "bizarras e abomináveis", além da presença dele deixar um "cheiro singular".[11]

O mistério segue até o dia no qual Nathanael se esgueira para o escritório do pai, esconde-se atrás de uma cortina e observa que o Homem da Areia é apenas "o velho advogado Coppelius, que às vezes almoça"[12] com eles. Ele é "*alto de ombros largos, com uma cabeça disformemente grande*" e tem "*um par de penetrantes olhos felinos esverdeados*",[13] além de uma "*pequena peruca*". A figura desagradável e repugnante tem um traço característico: "*ria de maneira verdadeiramente diabólica*" e tem uma "*voz rouca e estridente*".[14] Freud está tão interessado no tema dos olhos e do olhar proibido que não dá muita atenção à insistência dos termos ligados à voz, ao ruído e às risadas.

> "Dê-me os olhos, dê-me os olhos!", exclamou Coppelius com *voz* abafada e ameaçadora. Eu soltei de súbito um *grito agudo*, tomado violentamente por um pavor selvagem, e caí no chão, deixando meu esconderijo. Então Coppelius me agarrou, "Pequena besta! – Pequena besta!", *berrou* ele mostrando os dentes.[15]

---

9 Ibidem, p. 223.
10 Ibidem.
11 Ibidem, p. 225.
12 Ibidem.
13 Ibidem, p. 226.
14 Ibidem, p. 227. Grifos nossos.
15 Ibidem, p. 228. Grifos nossos.

"Coppelius *silvava* e *ciciava*",¹⁶ tratando o pequeno Nathanael como animal, máquina ou como um agregado de órgãos. Este, que para Nathanael fora "o momento mais terrível"¹⁷ de sua infância, termina com o desmaio e a febre, ou seja, com a perda da consciência, com o transe, com a passagem da vigília para o sonho. Transição entre mundos que não parece ser percebida por Freud como um problema para a definição da realidade.

Um ano depois, Coppelius volta à casa, com os mesmos "*passos* lentos, pesados como ferro", com a mesma "*voz* fraca e entrecortada", capaz de emperrar a "*respiração*" de Nathanael. Só que naquela noite ocorre uma *explosão*. O pai morre, deixando seu rosto desfigurado pelas chamas. As irmãs "*choravam* e *gemiam*", o narrador Nathanael novamente desmaia.¹⁸ Coppelius desaparece, mas teria reaparecido como Giuseppe Coppola, o vendedor de barômetros que desencadeara os sentimentos hostis, mencionados no início da carta. Surge o desejo de "vingar a morte de meu pai, aconteça o que acontecer",¹⁹ como expressa Nathanael no fim da carta a Lothar.

Dessa forma, Coppelius não apenas afasta Nathanael do pai, como também o aproxima em um compromisso intermediário. Nos quatro tempos da narrativa, a voz e o som são o fio de ligação da série transformativa:

1. Os *risos* de Clara e Lothar, o vendedor de barômetros e o Homem da Areia.
2. Os *passos* do Homem da Areia, o homem sem rosto e a hora do sono.
3. A *voz fraca*, *entrecortada*, como o *silvo* de uma cobra, o *cicio* murmurante de Coppelius, Nathanael atrás da cortina e o primeiro desmaio.
4. A *explosão*, o rosto desfigurado do pai, o desejo de vingança.

Os risos, os passos, a voz e a explosão indiciam a presença de uma ausência e formam um enigma. O que o pai e Coppola fazem no escritório?

---

16 Ibidem. Grifos nossos.
17 Ibidem, p. 229.
18 Ibidem, p. 230. Grifos nossos.
19 Ibidem, p. 231.

O papel do Homem da Areia e o segredo, representado pelo *que não se pode ver*, apontam para um único tema: a fabricação de uma espécie de corpo, no qual os olhos ocupam um papel central. Ora, a fabricação desse corpo envolve a sutura ou produção de unidade entre as descontinuidades antes apresentadas entre existência, mundo, realidade e Real.

> (...) o ponto de sutura entre a pele externa do interior e o que eu poderia chamar de pele interna do exterior. Na análise aprendemos um certo caminho de acesso ao entre-dois, uma certa maneira do sujeito pode ter, de se embaraçar em relação a sua situação no interior de duas esferas, a esfera interna e a esfera externa, ele pode chegar a se colocar no entre-dois, lugar estranho, lugar do sonho e do *Unheimlichkeit*.[20]

11.2. Angústia e narcisismo

Freud percebe que o animismo não pode ser pensado apenas como um problema de crenças verdadeiras e falsas, referidas a uma realidade inerte. A vivência de realidade exige uma reflexão sobre a natureza de nossa experiência de mundo, real ou irreal, um confronto entre angústia e narcisismo. Isso se mostra de forma particularmente clara na maneira como Freud examina uma variedade de casos nos quais o fenômeno do infamiliar é comparativamente abordado, ora para ser enviado a uma categoria estética alternativa, como o maravilhoso ou o terror, ora aceito como verdadeira injunção entre o efeito de angústia e a conformação narcísica responsável pelo *Unheimlichkeit*.

Essa extensa casuística abordada por Freud, na terceira seção do ensaio, compõe-se de microrrelatos literários, testemunhos autobiográficos do próprio Freud e fragmentos de casos clínicos. Se na primeira parte do ensaio Freud chega a quatro acepções de infamiliar pela análise linguística do conceito e verifica a relação contraditória entre seus predicados, na terceira parte ele atesta a presença da infamiliaridade a partir do *conflito de juízos* e do *sentimento de mundo* que deles decorre. A pequena casuística do *Unheimlich* envolve quatro grupos.

---

[20] Lacan, J. (2006). *O seminário, livro 12: problemas cruciais para a psicanálise (1964--1965)*. Recife: Centro de Estudos Psicanalíticos do Recife, p. 68.

O primeiro grupo de infamiliaridades resulta da *negação da realidade da mortalidade* ou da finitude. Ela se mostra por meio de acessos de convulsão, de loucura ou delírio de Nathanael. "O duplo foi na origem uma segurança contra o sepultamento do Eu, um enérgico desmentido (*Dementierung*) do poder da morte."[21] Aqui há uma perda de realidade decorrente da alienação da consciência, que não decorre da inclusão de algo novo na fantasia, mas da divisão do Eu (*Ich-Teilung*), decorrente da renegação (*Verleugnung*) da identidade entre "sentir e vivenciar". O exemplo maior é a figura do morto-vivo, do zumbi ou do enterrado vivo. Nesse caso, predominam o alheamento e o sentimento de mundo como indiferença, o que nos é revelado nas síndromes melancólicas, nos delírios de Cotard[22] e de Capgras, bem como no estado maior de desamparo depressivo.

A segunda série de infamiliaridades define-se pela *negação da oposição entre animado e inanimado*, entre coisas e pessoas, como no caso da mesa em forma de crocodilo que ganha vida. A mesa não estava nem viva nem morta, mas apenas representava uma criatura viva na forma de madeira. Esse é o caso das figuras inertes de cera, nas bonecas e nos autômatos, como é o caso de Olímpia. A fantasia pode negar a realidade da falta por multiplicação, como no texto de Freud *A cabeça de Medusa*,[23] ou como na narrativa repetitiva do roubo dos olhos, no conto de Hoffmann, *O Homem da Areia*. Aqui o Eu funciona por duplicação (*Ich-Verdopplung*), daí

---

21 Freud, S. (2019). *O infamiliar*. Belo Horizonte: Autêntica, p. 69.
22 "A síndrome de Cotard (SC) é uma condição rara caracterizada por melancolia ansiosa, delírios de não existência relativos ao próprio corpo e delírios de imortalidade. Esses delírios foram relatados primeiramente em 1788, sendo a síndrome descrita pela primeira vez por Jules Cotard em uma conferência proferida por ele em 28 de junho de 1880. Cotard descreveu a síndrome como um delírio de negação, que podia variar desde a negação de partes do corpo do paciente até a negação de sua própria existência ou de todo o mundo. Em 1893, Emil Régis cunhou o epônimo 'síndrome de Cotard'. O termo foi popularizado por Jules Séglas, que relatou o caso de um homem com delírios de negação de órgãos, de condenação e de imortalidade". In Machado, L. & Machado, L. (2015). Síndrome de Cotard: a doença da imortalidade. *Revista Debates em Psiquiatria*, v. 5, n. 5, 2015.
23 Freud, S. (1940 [1932]). A cabeça de medusa. In Freud, S. *Além do princípio de prazer, psicologia de grupos e outros trabalhos (1920-1922)*. Tradução de Paulo César de Souza (Obras Completas de Sigmund Freud, Vol. XVIII). São Paulo: Companhia das Letras, 2016, pp. 289-290.

a "aparição de pessoas que por seu aspecto idêntico devem-se considerar iguais". Nesse caso, o infamiliar é induzido por um efeito alternado de fascínio e indiferença, como no romance *Josef Montfort*, de Albrecht Schaeffer. Pode haver fragmentação do corpo, como na história da mão cortada, de Hauff. Inclui também o caso do encontro hipnagógico de Freud com sua própria imagem não reconhecida no espelho do trem:

> (...) o invasor era minha própria imagem (...). Sei ainda que essa aparição me deixou, no fundo, descontente. Mas, em vez de ficarmos atemorizados com o duplo, ambos – Mach e eu – não o haviam, reconhecido [*nich agnoziert*].[24]

A perda do sentimento de *unidade do mundo*, das unidades simbólicas às quais se pertence, ou até mesmo do corpo próprio, incide como fracasso do reconhecimento ou como perturbação da síntese de representações (*Agnoszierung*), não como déficit de integração simbólica (*Erinnerung*). Poderíamos aproximar esse grupo das síndromes narcísico-esquizoides, como a personalidade *borderline*, as loucuras histéricas e os transtornos de falso reconhecimento sistemático (Münchausen e demais afecções factícias).

O terceiro tipo de infamiliaridade descrito por Freud caracteriza-se por uma espécie de *violação do pacto entre realidade e fantasia*, cujo afeto fundamental é o horror e cujo efeito no Eu é de estranhamento (*Ich-Entfremdung*). Seus limites são borrados como na compulsão à repetição por um mesmo destino que atravessa gerações, ou pela iteração de atos, como em *O anel de Polícrates*. O retorno do mesmo (*Wiederkehr des Gleichen*) é exemplificado por Freud quando, em seu passeio por Nápoles, ele recorrentemente volta à mesma zona de prostituição, sem que isso constituísse uma intenção premeditada. No conto de Hoffmann, essa violação está representada pelas crianças que não querem dormir na hora. No caso do Homem dos Ratos, é o tema do "olho gordo e a superstição em torno da inveja". Mais genericamente, entre os neuróticos, é o tema da "casa povoada por fantasmas", dívidas de justiça, como vimos no caso do luto espectral.

---

24   Ibidem, p. 105.

O quarto grupo de exemplos aborda o infamiliar pela *incerteza e medo quanto à natureza de um objeto*, como em *Os elixires do diabo* e como no caso do amigo de Freud, Ewald Hering. Aqui o animismo opera por permutação do Eu *(Ich-Vertauschung)*. Há o "transporte de aspectos de uma pessoa para outra", tal como se exemplifica nas inúmeras correlações entre os personagens infantis e os personagens da cena na torre do relógio, do conto de Hoffmann. Nesse caso, o estranho invade o familiar, como um vampiro, e rapta ou seduz crianças desobedientes. Incluem-se aqui os casos de adivinhação do futuro descritos, por exemplo, pelo Homem dos Ratos, mais exatamente pelo pensamento: "*oxalá ele tenha um ataque*" (realmente aconteceu 14 dias depois). Pode-se incluir aqui as síndromes superegoicas, como a paranoia de autopunição e a neurose de destino.

Começa a ficar claro que própria noção de realidade precisa de uma revisão do ponto de vista psicanalítico. A começar pelo fato de que ela conta como realidade perdida ou negada. Além disso, os juízos de realidade podem se compor, de forma disjuntiva, com os juízos de valor quando nós consideramos a unidade, a identidade ou o prazer. Eles podem envolver tanto a perda da unidade simbólica do mundo quanto da mundanidade do corpo, tanto a experiência de si no mundo quanto a perturbação de sua ordem causal ou constância de sua identidade. Para tanto, seria preciso rever o entendimento intuitivo de que a realidade corresponde apenas ao mundo em sua atualização presente e tudo cujo modo de presença não responde a essa lógica de aparição é pensado como incerteza, ilusão ou fantasia. A existência de outros modos de atualização do mundo, que sobrepõe possibilidade e contingência, ao modo de ficções realizáveis é negada.

11.3. Transitivismo de afetos

O terceiro aspecto, que é o mais enigmaticamente ignorado pela análise de Freud, refere-se ao ato falho em torno da segunda carta que compõe o conto de Hoffmann. Ela é uma carta perdida, que teria sido escrita por Nathanael a Lothar, mas que, em vez disso, fora entregue a Clara. Esta, por sua vez, responde a Nathanael, supondo que ela era a destinatária, mesmo depois de perceber, pelo conteúdo, que Nathanael se dirigia a Lothar.

Clara interpreta o equívoco: "Você estava vividamente pensando em mim",[25] ou seja, ela toma o ato falho de Nathanael como um signo de amor. Isso parece tê-la autorizado a seguir a leitura, mesmo depois de dar-se conta de que a carta era endereçada a seu irmão. Temos aqui mais uma versão inexplorada do *Unheimlich*, aquela que avança sobre a intimidade do outro. É assim que ela vem a saber do passado terrível de Nathanael. A carta tem um efeito perturbador sobre Clara, o que produz uma segunda formação do inconsciente: ela sonha vingativamente com o vilão Coppola. Depois disso, vai recobrando a lucidez que a caracteriza: *"as coisas horríveis e assustadoras de que você fala aconteceram apenas em seu íntimo, tendo o verdadeiro mundo exterior, real, pouco a ver com isso tudo"*.[26] Ela comenta, ainda, que as *"infamiliares* [Unheimlichen] *atividades junto a seu pai à noite não eram outra coisa senão experimentos alquímicos secretos com os quais a sua mãe não poderia estar de acordo (...), seu pai se absorvia totalmente no desejo enganoso de uma sabedoria superior, ficando a família de lado"*.[27]

Clara dá voz à consciência civilizatória, que vimos no Freud das duas primeiras partes do texto. Segundo ela, o infamiliar deve sucumbir na *"formação daquilo que a nossa própria imagem no espelho deveria ser"*.[28] As figuras infantis têm uma pseudoexistência, são fantasias, fruto de uma *"luta interior"*[29] que deve ser dispensada com uma *"risada alta"*,[30] a risada da razão. Confirma-se aqui a dimensão acusmática do conto: a *voz* do medo, que domina a primeira carta, deve ser defletida com a *voz* da realidade. A risada do Homem da Areia deve ceder lugar à *risada* da razão, e essa *voz* da razão emerge de uma mulher. Mulher da Areia?

Como mostrou Ian Watt,[31] a aparição do gênero epistolar é essencial para a emergência da estratégia do romance moderno. Por meio da troca de cartas, como se vê em *Ligações perigosas*, de Choderlos de

---

25 Hoffmann, E. T. A. (2019). O Homem da Areia. In S. Freud. *O infamiliar*. Belo Horizonte: Autêntica, p. 231.
26 Ibidem, p. 232.
27 Ibidem, p. 233.
28 Ibidem, p. 234.
29 Ibidem, p. 233.
30 Ibidem, p. 235.
31 Watt, I. (1997). *Mitos do individualismo moderno*. Rio de Janeiro: Zahar.

Laclos,[32] o ponto de vista do outro pode ser incluído no texto sem que o narrador tenha que recorrer a artimanhas indiretas. Ou seja, as cartas trocadas mimetizam um diálogo que é, ao mesmo tempo, o diálogo interior a que Clara faz alusão. Ela lhe diz sumariamente: *Você acha que está falando com o outro real, quando está falando com um outro imaginário, formado pela memória, pelo sono da razão.* Nesse sentido, a carta de Clara realiza uma torção na perspectiva de Nathanael. Mas uma torção que ocorre em três tempos:

1. A interpretação do ato falho no endereço da missiva como um ato de amor e de abertura para intimidade.
2. A identificação com os aspectos terríveis das lembranças infantis de Nathanael, que a levam ao sonho como sanção dessa realidade psíquica.
3. Com a separação entre vida interior e confusão exterior, o equívoco é novamente desfeito, dessa vez entre Coppelius e Coppola.

Há um aspecto linguístico que Freud não leva em conta na trama dos nomes que se desenrola no conto. Coppelius é um nome latino, Coppola, um nome italiano, assim como Clara. Lothar é um dos imperadores do Sacro Império Romano-Germânico, coroado em 817. Ou seja, a loucura de Nathanael envolve um anacronismo histórico, como que a tomar o que é novo e moderno como a encarnação real do passado representado pela Antiguidade. Assim Hoffmann critica, como era comum entre os escritores românticos, a recuperação da razão como conciliação entre história e mito, entre passado e presente, entre infância e adultez. Separação que se expressa também na já apresentada entre vigília e sono. Separação que parece caminhar na análise de Freud como uma oposição simples.

11.4. Causalidade fantasmática

Na terceira carta, Nathanael começa por mostrar seu desgosto em relação ao equívoco do envio da carta anterior, sintetizando a mensagem de

---

32 Laclos, C. de (2015). *Ligações perigosas*. Porto Alegre: L&PM.

Clara: "*Você deve ter lhe ministrado aulas de lógica*".[33] Para, logo em seguida, dizer que está tendo aulas com Spalanzani. Freud, conhecedor da história da biologia – que seria fartamente explorada para fundamentar os argumentos em torno da origem da vida, da relação entre vida e morte, entre vida e sexualidade, radicalizando o conceito de repetição e dando origem à pulsão de morte –, simplesmente ignora que Lazzaro Spallanzani (1729-1799) era um fisiologista italiano da Universidade de Bolonha, responsável por experimentos célebres sobre a origem da vida. Argumentando contra John Needham, Spallanzani mostrou que a vida não poderia surgir espontaneamente. Ele mostrou que, com recipientes bem vedados e com altas temperaturas, a vida não surge espontaneamente. Lazzaro Spallanzani estudou os ácidos gástricos que agem durante a digestão, assim como os fósseis marinhos e sua potencial ligação com a evolução das espécies. Portanto, Spalanzani é um bom nome para designar o cientista das luzes, capaz de integrar os três domínios da biologia, com forte acento na observação e na experimentação.

Ernst Theodor Amadeus Wilhelm Hoffmann (1776-1882) foi um jurista, escritor, teatrólogo e aluno de Kant em Königsberg. Tinha como inspiração, mas também como rival literário, o americano Nathaniel Hawthorne (1804-1864), que se notabilizou por textos que exploram a poética da morada, como *Musgos de um velho solar* (1846) ou *A casa das sete torres* (1851). Talvez isso estivesse presente na escolha do nome do protagonista de *O homem da areia*, ao qual ele teria introduzido uma pequena modificação substituindo o "i" por "a", cujo resultado é Nathanael. Hoffmann, como uma de suas assinaturas literárias, escrevia contos nos quais o autor aparece como personagem. Além disso, modificou seu nome próprio – aliás como Freud –, introduzindo, em homenagem a Mozart, o prenome "Amadeus". Temos aqui um primeiro marcador de ambiguação entre autor real e personagem ficcional.

---

33 Ibidem, p. 236.

Voltemos ao conto. Spalanzani, com um "l" só, será visto como um Cagliostro.[34] Segundo a carta a Lothar, ele introduzirá uma mulher a Nathanael, por uma "cortina de uma porta de vidro".[35]

> Uma mulher alta, muito magra, formada na mais pura simetria, esplendidamente vestida (...). Sentava-se de frente para a porta, de forma que eu apreendia totalmente o seu belo rosto angelical. (...) Os seus olhos tinham mesmo algo de fixo (...), como se ela dormisse com os olhos abertos.[36]

Essa mulher é Olímpia, filha de Spalanzani, que causa em Nathanael o sentimento de infamiliaridade. Anunciando que, em quatorze dias, encontrará a "angelical" Clara, ele encerra a carta, deixando evidente que ainda não perdoara a intromissão dela em sua correspondência anterior. Aqui o conto interrompe a forma epistolar e revela a intromissão de uma nova voz, dessa vez do narrador onisciente:

> Não se poderia inventar nada de mais insólito e esquisito do que aquilo que aconteceu com meu pobre amigo, o jovem estudante Nathanael, e que eu decidi contar-lhe, excelente leitor! Você vivenciou alguma vez, benevolente leitor, algo que preenchesse totalmente o seu peito, sentidos e pensamentos, deixando tudo o mais de fora?[37]

Aqui se rompe uma das regras do conto de terror, que é manter o ponto de vista preso a um personagem de tal maneira a encobrir aquele que teria acesso à história em sua totalidade. A estratégia é ainda mais surpreendente porque não foi preparada anteriormente com algum prólogo que situasse as cartas como parte de um discurso ou contexto. Com isso, o que se obtém é uma mudança na perspectiva do leitor. Não estamos mais sendo conduzidos à intimidade de um casal ou de dois amigos, mas somos descobertos vendo e incluídos na cena. Somos qualificados como "excelentes" e "benevolentes", além de instigados pelo narrador a

---

34 Ibidem.
35 Ibidem.
36 Ibidem.
37 Ibidem, p. 237.

investigar nossos próprios sentimentos e sensações, que ele estaria, por assim dizer, devassando.

A carta ao leitor tece ponderações sobre como o autor começou o conto, ao modo mais ou menos irônico empregado por Edgar Allan Poe, trinta e um anos depois de *O homem da areia* em *A filosofia da composição*.[38] O mesmo Poe, dois anos antes, no conto policial *A carta roubada*,[39] inventara um novo modo de perspectivismo literário, expresso pelo narrador indeterminado, que serviu de suporte demonstrativo para a teoria do significante em Lacan.[40]

Em Hoffmann há um processo análogo, pelo qual o autor nos indica, de modo metadiscursivo, que ele poderia ter começado o conto com "*Era uma vez...*" ou com um intempestivo: "'*Vá para o diabo*', gritou o estudante Nathanael".[41] Ele nos avisa que, agora que temos as três cartas anteriores, vai colorir a narração. Ficamos sabendo, então, que os irmãos Clara e Lothar foram recolhidos pela mãe de Nathanael depois de se tornarem órfãos. Somos introduzidos ao caráter de Clara: fria ou calorosa, sensata ou prosaica, insensível ou profunda, que varia conforme a perspectiva com a qual a olhamos. Aliás, seu olhar é claro e seu sorriso é irônico e sutil.[42]

No próximo segmento da história, agora dominada pelo narrador onisciente, ficamos sabendo do retorno de Nathanael para sua cidade, onde reencontra Clara, mas ele "mostrou-se inteiramente transformado em toda a sua essência".[43] Escreve e lê poemas para Clara, mas se estranha logo em seguida: "*De quem é essa voz horrenda?*".[44] Pensamentos de que Coppelius ressurgirá atrapalham seu casamento com Clara. Ela tenta expulsar os fantasmas de fogo e vingança que assediam a convivência de

---

38 Poe, E. A. (1846). *A filosofia da composição*. São Paulo: 7 Letras, 2011.
39 Poe, E. A. (1844). A carta roubada. In *Histórias extraordinárias*. Victor Civita, 1981. Tradução de Brenno Silveira e outros.
40 Lacan, J. (1955). Seminário sobre "A carta roubada". In *Escritos*, Rio de Janeiro: Zahar, 1998.
41 Ibidem, p. 238.
42 Ibidem, p. 240.
43 Ibidem, p. 241.
44 Ibidem, p. 244.

ambos. Lothar, por sua vez, tenta interceder no desamor e nos maus-tratos sofridos por Clara, mas Nathanael se enfurece e o desafia para um duelo. Pululam metáforas em torno do fogo: os poemas jogados ao fogo, os olhos faiscantes, os olhos ardendo de raiva... a explosão. Clara intervém pedindo que a matem de uma vez, o que suspende o confronto, fazendo-o retornar à melancolia.[45] "*Tudo o que se referia a Coppelius foi omitido à sua mãe; pois se sabia que ela não podia pensar nele sem horror, uma vez que ela, como Nathanael, culpava-o pela morte do marido.*"[46]

11.5. Momento estético do luto

Há então um novo corte temporal no texto e regressamos ao desenlace da cena com Olímpia, após ocorrer uma explosão no laboratório de Spalanzani. A respeito de Olímpia, o narrador afirma que Nathanael a reconhecia na vista da janela, "embora os traços do seu rosto permanecessem indistintos e confusos".[47] Estava justamente escrevendo a Clara, que agora se confundia e se discernia de Olímpia, quando o vendedor de barômetros bate à porta. Voltamos assim à cena perturbadora, mencionada na primeira carta. Ele oferece *bellis ochios* (belos óculos), mas é evidente que a ambiguação significante da letra faz Nathanael – e o leitor – a ler aqui: *belos olhos*. Quando ele retira os óculos e oferece "*bellis* lentes", ou seja, monóculos, o olhar flamejante de Nathanael se pacifica. Com o monóculo ele consegue ver que os olhos de Olímpia "lhe pareciam curiosamente rígidos e mortos".[48] Neste momento, ele é interrompido por seu amigo e irmão Siegmund, que o chama para a aula.

Clara se apaga e a imagem de Olímpia volta como pensamento obsedante. Eles vão à festa promovida por Spalanzani, onde Olímpia toca piano e dança com Nathanael, com sua "*voz* clara de sinos de vidro, quase dilacerante",[49] mas de mão "fria como gelo", assim como seu beijo. Enquanto

---

45 Ibidem, p. 245.
46 Ibidem, p. 246.
47 Ibidem, p. 247.
48 Ibidem, p. 249.
49 Ibidem, p. 251.

ele se apaixonava pela boneca, o professor Spalanzani *ria* de modo bizarro. Quando Nathanael pergunta a Olímpia: "Você me ama?", recebe como resposta "Ah, ah!". Agora é Siegmund que tenta acordar Nathanael: "faça-me o favor de me dizer como um sujeito sensato como você foi apaixonar-se por aquele rosto de cera, aquela boneca de madeira (...) rígida e sem alma".[50] O estatuto de verdade e da metáfora é convocado aqui.

> "Olímpia talvez possa ser infamiliar [*Unheimlich*] para vocês, homens frios e prosaicos. Apenas ao ânimo poético se mostra o ânimo da mesma natureza!" (...) Também pode parecer incorreto que ela não se prenda a conversações vulgares, como os ânimos superficiais.[51]

Ato poético e político. Nathanael passa a viver apenas para Olímpia, uma ouvinte tão esplêndida que se harmonizava com o seu ânimo, a ponto de lhe oferecer o anel de sua própria mãe como presente. Isso deixaria o professor Spalanzani muito orgulhoso.

Como vimos, Freud define o narcisismo como um animismo, ou seja, um dispositivo de crenças em espíritos humanos, supervalorização de si, onipotência de pensamentos, técnica mágica, inversão coisa-pessoa e pessoa-coisa, além da criação de realidades paralelas ou alternativas. O animismo envolve uma série de temas como a morte, o corpo e as partes do corpo, desprovidas de unidade, bem como uma teoria da casualidade determinada pelo pensamento ou pelos desejos. O animismo narcísico seria especialmente refratário a admitir a realidade simbólica de certos eventos, tais como a mortalidade das pessoas:

> (...) a força de nossas reações emocionais originárias e a incerteza de nosso conhecimento científico. Nossa biologia ainda não pode decidir se a morte é o destino necessário de todo ser vivo ou apenas um incidente regular, talvez um evitável acaso no interior da vida (...). Na medida em que quase todos nós, nesse ponto, ainda pensamos como os selvagens.[52]

---

50 Ibidem, p. 255.
51 Ibidem, p. 255.
52 Freud, S. (2019). *O infamiliar*. Belo Horizonte: Autêntica, pp. 87-88.

Aqui seria óbvio lembrar que Nathanael vivia um luto e que todo o conto gira em torno da perda e vingança em relação ao pai. A persistência do animismo seria o equivalente neurótico da permanência de crenças infantis, envolvendo, por exemplo, a experiência do próprio corpo. O problema teórico representado por um narcisismo primário (*Urnarzismus*), não redutível ao autoerotismo, torna-se, assim, dependente de uma explicação sobre a gênese do animismo, que, ao se aprofundar no texto em questão, nos leva a uma investigação sobre a origem do duplo:

> A representação do duplo não declina, necessariamente, junto com esse protonarcisismo dos primórdios, pois, a partir de um desenvolvimento posterior do Eu, ele pode ganhar novo conteúdo.[53]

Assim como o retorno do totemismo na infância origina fobias infantis e acentua o complexo paterno como um complexo de castração, o retorno do animismo da infância desenvolve a consciência moral, a autocrítica e o sentido de auto-observação. A gênese do Supereu parece depender, nesse sentido, do cruzamento entre o legado totemista e a superação do narcisismo com a incorporação transformada de certos traços animistas: não só o pensamento mágico, mas o pensamento por analogia. Esse duplo retorno explica, em última instância, as duas primeiras variedades do infamiliar:

(1) o retorno do recalcado como saber sobre a castração;
(2) o retorno do recalcado como cancelamento da crença na realidade.

Quando o infamiliar da fantasia-ficção professa abertamente a suposição das crenças animistas, isso não nos afeta da mesma maneira como a infamiliaridade vivida na realidade material ou na realidade comum. Hélène Cixous,[54] para quem *Das Unheimliche* é o único texto propriamente estético de Freud, afirma que o estranho envolve uma espécie de negação continuada

---

53   Ibidem, p. 71.
54   Cixous, H. (1976). Fiction and Its Phantoms: A Reading of Freud's *Das Unheimliche* (The "Uncanny"). *New Literary History*, v. 7, n. 3, pp. 525-548, 619-645.

de nossa experiência de certeza, primeiro pela ciência, depois pela ambivalência e, finalmente, pela ficção. É certo que o comentário de Freud enfatiza a castração, figurada pela extração dos olhos, mas, ainda, poderíamos localizar no texto uma castração incidente pela voz. Ou seja, há castrações edipianas, mas também traumatismos invasivos do Real, não-relação sexual, sem falar em lutos finitos e infinitos. Há múltiplas etiologias na clínica psicanalítica.

O texto do *In-familiar* pode ser lido como uma crítica do fechamento desse conceito, como se, nesse caso, a indefinição fosse parte mesma do conceito, mais do que um momento de sua formação. Um conceito cuja denotação é sua própria conotação. O que tanto Cixous quanto Freud deixam inexplicavelmente de lado é que se trata de uma experiência de luto. Nathanael perdeu o pai e o luto dele não passa. O luto dele volta, reaparece em forma de repetição de elementos e figurações do *Unheimlich* em suas três modalidades:

a. retorno do recalcado;
b. superação de uma perda;
c. emergência de uma novidade.

Isso se afiniza com os três métodos empregados por Freud: o da análise linguística em relação à língua, o da análise lógica das negações em relação à linguagem e o exame dos modos de produção da realidade, em relação ao juízo. Fica mais claro como essa bifurcação deixou de tematizar a oposição voz e silêncio em detrimento da prevalência do visível e do invisível, desde a decisão de Freud de optar pela definição de Schiller.

11.6. Transferência e realidade comum

Sobrevém então a cena da luta entre Coppelius e Spalanzani, ambos em busca da posse de Olímpia. Nathanael percebe que Olímpia não tem olhos, logo, entende que ela é uma boneca sem vida. Isso desencadeia a loucura de Nathanael, que se manifesta por:

a. Avistamentos: dos olhos, de Olímpia, de Coppelius.

b. Vocalizações: "Vu-uu-uu – vu-uu-uu – vuuu- uu! – Roda de fogo – roda de fogo! – Gire, roda de fogo – divertido – divertido – Bonequinha de madeira vu-uu-uu bonito bonequinha de madeira, gire".[55]
c. Gesticulações e atos: joga-se da torre, dança com Olímpia.

Spalanzani sobrevive, mas tem que se aposentar acusado de fraude pública. O professor de poesia e retórica lembra a todos que se trata apenas de uma alegoria, ou seja, uma metáfora enlouquecida.

No último movimento do conto, Nathanael desperta de um sono profundo,[56] não sem melancolia e arrebatamento. O leitor não sabe se se tratou de um sonho gerado pela febre ou se ele acordara de seu delírio com Olímpia. Todo traço de loucura havia desaparecido. Nathanael e Clara se reaproximam e, prestes a se mudarem para o novo lar (*Heim*), passam pela cidade, subindo à torre central, como que a avistar o futuro à sua frente. Lá de cima ele coloca o monóculo e avista Coppelius. Novamente tomado pela loucura, quase joga Clara do alto da torre, mas ela é salva por Lothar. Nathanael então grita mais uma vez: "*Roda de fogo*, gire – *roda de fogo*, gire!", porém, antes que qualquer um pudesse salvar Nathanael, Coppelius diz: "*Ha, ha – esperem, ele virá para baixo por si só*". Sua fala é seguida da narração da cabeça destroçada de Nathanael nas pedras da calçada.[57]

O texto de O Homem da Areia termina, portanto, com um suicídio, tema indiretamente presente no ensaio de Freud. O luto em torno do suicídio coloca à prova a tese de que o sujeito não tem inscrição psíquica inconsciente de sua própria morte. Resta, portanto, que o suicídio seja um ato de extrema e eventualmente exclusiva consciência, ou então é um ato que questiona a propriocepção do Eu enquanto tal. Muitos autores mobilizaram, para explicar esse gesto, noções como as de esquizoidia, despersonalização ou dissociação psíquica, justificando justamente a ausência relativa de "eu" nessa situação. A inversão do conceito de identificação, promovida por uma leitura perspectivista do laço social, pode enfrentar esse mesmo problema, argumentando que em certas situações

---

55 Ibidem, p. 259.
56 Ibidem, p. 260.
57 Ibidem, p. 263.

o suicídio adquire a lógica de um rito de sacrifício. Nesse sentido, ele não seria bem um ato egoísta ou altruísta, mais precisamente anômico, para mobilizar as categorias historicamente formuladas por Durkheim.[58] Lembremos que, para ele, o suicídio deveria ser entendido tanto pela ação da integração social, tendo em vista a interpretação das leis que organizam socialmente o mundo, como pela regulação moral, ou seja, pela lógica do reconhecimento e horizonte de expectativas de individualização. Muitos suicídios convidam a um luto infinito justamente pela sua potência de evocação de suicídios pregressos, como se estes formassem uma cadeia de remissões dos lutos espectrais de uma família, de uma comunidade, de uma nação.

Tanto pela introdução do devir, como condição lógica para reconhecimento da infamiliaridade, quanto pela revisão do animismo, como retorno do narcisismo, Freud parece enriquecer seu entendimento crítico sobre a realidade. A partir daqui a realidade não é mais definida pela paridade entre consciência e percepção (realidade interna e externa), nem pela comensurabilidade do presente ao passado (realidade histórica ou material), nem pelo ajuste entre coisa e representação (realidade psíquica e realidade exterior), mas pela realidade em produção, envolvendo o tempo futuro (*Wircklichkeit*). Uma síntese dessa nova concepção, decorrente do *Unheimliche*, é a seguinte:

> (...) quando as fronteiras entre fantasia e realidade são apagadas, quando algo real, considerado como fantástico, surge diante de nós, quando um símbolo assume a plena realização e o significado do simbolizado e coisas semelhantes.[59]

Temos então três tempos da produção do infamiliar em seu efeito de ontologia negativa. Primeiro tempo: a fronteira entre fantasia e realidade (*Wirklichkeit*) é apagada. Segundo tempo: a ambivalência ou indeterminação produzida entre familiaridade e infamiliaridade faz com que algo novo surja ou se revele. Isso é chamado de real (*Real vor uns hintritt*).

---

58   Durkheim, É. (1897). *Le suicide: étude de sociologie*. Paris: PUF, 1986.
59   Freud, S. (2019). *O infamiliar*. Belo Horizonte: Autêntica, p. 93.

O real aparece quando algo que deveria permanecer oculto como um segredo vem à luz e se torna sabido. No terceiro tempo, o símbolo assume sua realização (*symbol die volle Leistung*) e significa (*bedeutet*) o simbolizado (*symbolisiert*). Temos então a ideia de que um símbolo pode ser realizado ou irrealizado, assim como o que ele significa pode ser simbolizado de modo verdadeiro ou falso na realidade (*Realität*).

O real, em uma rara incidência como categoria freudiana, aparece em contraste com a realidade. Ele possui a característica de ser não crível (*Unglauben*), ou seja, de desafiar a nossa crença por meio de um conflito de juízos. O real emerge de uma contradição, e não apenas de um déficit de nossa percepção ou de nossa faculdade representativa. Convém ainda insistir e lembrar que se o infamiliar é um efeito de emergência do Real, agora, em sua acepção lacaniana, depende de um certo plano de consideração sobre a realidade como processo (*Wirklichkeit*), e da experiência de mundo (*Welt*) considerada.

Se o infamiliar é o retorno do recalcado "como escolha do material", nem todo retorno do recalcado gera infamiliaridade. Fórmula que antecipa a ideia de que se o retorno do recalcado é inconsciente, nem todo inconsciente é recalcado, como se entre um e outro processo de simbolização pudesse existir a contingência de um "buraco real". Essa parece ser a senha para o exame da diferença entre a realidade vivida e a realidade ficcional-literária. Os contos maravilhosos jogam com mundos possíveis, mas não causam nenhuma infamiliaridade. A distinção entre o vivido e o representado, assim como os signos distintivos do silêncio, da solidão e da escuridão, passa a integrar a semiologia do infamiliar.

A prova de realidade como verificação da realidade material aplica-se tanto ao animismo narcísico das crenças infantis quanto ao retorno do totemismo paterno. Ela se aproveita de vivências reais infrequentes e do retorno do recalcado para manter a não superação da crença na realidade da castração, criando, assim, "uma separação entre conteúdo representativo e crença na realidade", ao modo de uma renegação (*Verleugnung*). Mas esse caso teria que ser diferenciado do infamiliar derivado da experiência com a ficção, na criação literária e na fantasia.

(...) *na criação literária* não é infamiliar muito daquilo que o seria se ocorresse na vida e que na criação literária existem muitas possibilidades de atingir efeitos de infamiliar que não se aplicam à vida.[60]

Esperamos assim ter renovado o conceito de animismo, não mais restrito à realização de desejos, forças misteriosas, onipotência de pensamento ou vivificação dos inanimados, mas dependente de uma nova condição necessária ao fenômeno do infamiliar, o conflito de julgamentos (*Urteilstrit erforderlich*). Tudo se passa como se Freud estivesse admitindo a existência de ontologias variáveis, entre a ficção e o documentário e entre o mundo possível e o mundo necessário, sem fixar este último no critério ontológico naturalista da ciência. Isso ocorre pela introdução da chave temporal, que inclui o futuro como condição possível para definir determinado mundo.

A superação completa das crenças animistas como ultrapassagem do retorno do narcisismo não se confunde com a incerteza própria da limitação de nossos saberes sobre o mundo e seu porvir. Confirma-se aqui a ideia de que o infamiliar ocorre quando surge algo que não se esperava. Por isso, também o infamiliar desaparece quando "atingimos os pressupostos dessa realidade poética".[61] Se a superação do animismo infantil depende da aceitação da maturidade da razão, a entrada no animismo perspectivo implica a realização simbólica e subjetiva da realidade poética. Esse segundo tipo de infamiliar depende de uma condição semelhante à que encontramos no umbigo do sonho, ou seja, o desconhecimento (*unbekannte*). É esse desconhecimento dos pressupostos que nos faz experimentar o infamiliar em tragédias como *Júlio César*, *Macbeth* ou *Hamlet*. Nelas, o escritor se coloca no interior da realidade comum (*Boden der Gemeinen Realität*), o que as situariam no plano do que hoje chamaríamos de mundo possível. Uma vez estabelecida essa realidade comum entre leitor e texto, que se pode definir como *cena discursiva*, pode acontecer a transição do registro de verdade que define respectivamente o fantástico, o infamiliar, o documental, o maravilhoso e assim por diante. Assim, animismo narcísico superado e animismo perspectivo do duplo não superado

---

60 Ibidem, p. 107.
61 Ibidem, p. 109.

convivem na experiência subjetiva do leitor, como o desejo de acordar e o desejo de dormir convivem no sonhador.

O texto se encerra com o reconhecimento desse elemento obscuro, a fonte e raiz que liga o infamiliar à repetição de experiências e à busca dessas mesmas experiências. Um trabalho de negação criativa que se expressa aqui pelo reconhecimento de fontes que não são nem totemistas, nem animistas para a angústia:

> Sobre a solidão, o silêncio e a escuridão, nada mais podemos dizer a não ser que esses são *realmente* os fatores ligados à angústia infantil, que não desaparece por completo na maioria das pessoas.[62]

Do ponto de vista de um exercício de ontologia comparada, tal qual a antropologia contemporânea vem propondo,[63] não basta opor a realidade ao Real, mas seria preciso perceber como há outras dimensões que se infiltram na produção da angústia por *Unheimlich* e agora podem ser dilucidadas:

Familiar (*Heimlich*)	Infamiliar (*Unheimlich*)	Ontologia	Conceitos
Casa (intimidade ou privacidade)	Floresta ou Rua (estrangeiro ou público)	Mundo comum	Pertencimento
Confiança (manter próximo)	Desconfiança (manter à distância)	Palco e Mundo	Representação
Oculto (pertence a alguns)	Revelado (pertence a todos)	Perspectivação e efetividade	Ficção Conflito de Juízos
Vivo, Animado (Humano)	Morto, Inanimado, Coisa (Inumano)	Trato dos Viventes	Repetição

---

62 Ibidem, p. 115. Grifo nosso.
63 Charbonnier, P.; Salmon, G. & Skafish, P. (2017). *Comparative Metaphysics: Ontology After Anthropology*. London: Rowman & Littlefield.

CAPÍTULO 12

Luto e sexuação

Em *Sol negro: depressão e melancolia*, Julia Kristeva[1] faz uma compilação clínico-literária da depressão e da melancolia feminina, sem, no entanto, aventar a hipótese de que isso pudesse se desdobrar em uma experiência diferencial de luto. Seu percurso começa pelo caso de uma jovem senhora que sofre ataques de paralisação e estupor toda vez que se vê diante de uma fala pública para mais de uma pessoa, já que potencialmente poderia ser contestada, desmascarada ou criticada.[2] Tendo sobrevivido a uma doença infantil que a deixara acamada por alguns anos, ela criara para si uma "poética da sobrevivência", que envolvia certos rituais. Diante do rosto ameaçador do outro, procedia uma espécie de fantasma matador: "Não mato meus frustradores ou meus tiranos, mato o bebê *deles*, que eles abandonam".[3] Durante a análise, ela percebe que as faces destruídas são faces maternas e de homens que a deixam só. Descoberta que se faz acompanhando-se de um sonho:

> (...) estou subindo a escada daqui, ela está coberta de corpos que se pareciam com as pessoas da foto de casamento de meus pais. Eu mesma sou convidada para essas núpcias, é uma refeição de antropófagos, devo comer esses corpos, esses pedaços de corpos, cabeças, a cabeça de minha mãe também. É horroroso.[4]

---
1 Kristeva, J. (1989). *Sol negro: depressão e melancolia*. Rio de Janeiro: Rocco.
2 Ibidem, p. 73.
3 Ibidem, pp. 74-75.
4 Ibidem, pp. 75-76.

Ela recusa-se a fazer uma cirurgia, ainda que seu adiamento colocasse em risco sua própria vida, pois não suporta a ideia de ver seu corpo sozinho desacordado. Isso a faz lembrar dos "festins eróticos", dos quais ela se recorda: "Faço tudo e qualquer coisa, sou o homem, a mulher, o animal, tudo o que quiserem",[5] mas ao preço de que sua vagina esteja morta, que ela esteja morta e que suas palavras não toquem o outro do ponto de vista dos afetos.

A leitura de Kristeva é clássica: sua paciente mantém uma mãe morta-viva dentro de si, ao modo de uma cripta onde se desenrola um funeral infinito. A solução passa, portanto, por uma nova morte da mãe, dessa vez capaz de simbolizar o abandono e a devastação infantil, associada ao seu adoecimento. Matar ou matar-se, o buraco negro da morte em vida, o corpo em dor e sua ressurreição, temas que ligam o luto infinito com a melancolia serão remetidos pela autora à grande alegoria moderna da melancolia: de Hans Holbein, o Jovem, a Gérard de Nerval, de Paul Éluard e sua *mélancolie-ancolie* (melancolia-flor da loucura), até a retórica do perdão na tragédia *Filoctetes*, de Sófocles, sua compreensão do luto continua a ser totemista. É a mãe que está dentro que precisa ser morta, ou seja, simbolizada, e não a experiência da perspectiva do Outro, deflacionada do narcisismo. Ainda que a autora reconheça a importância da teoria da sexuação, ela não percebe que isso pode implicar patologias do luto por negação, recusa ou foraclusão do Outro gozo.

> Nada diz que esse outro gozo seja absolutamente necessário para a realização psíquica de uma mulher. Com muita frequência, a compensação fálica, profissional ou materna, ou então o prazer clitoridiano são o disfarce mais ou menos estanque da frigidez. Entretanto, se homens e mulheres atribuem um valor quase sagrado ao *outro gozo*, talvez seja porque ele é a linguagem do corpo feminino que, provisoriamente, triunfou sobre a depressão.[6]

De fato, ainda que o Outro gozo não seja necessário para a realização psíquica, ainda que ele não se confunda com o gozo clitoridiano, nem

---

5   Ibidem, p. 77.
6   Ibidem, p. 78.

com o gozo fálico da conversão histérica, há processo de luto em que a dimensão não fálica da perda torna-se, ainda que de modo contingente, essencial.

Lacan começa o *Seminário 20: Mais, ainda* (1972-1973) aludindo à sua hesitação em publicar o *Seminário 7: A ética da psicanálise* (1959--1960). Hesitação atribuída à relação entre amor, direito e gozo: "no fundo, o direito fala do que vou lhes falar – o gozo".[7] O usufruto é uma noção jurídica, referida ao repartir, distribuir e retribuir,[8] complexa, pois remete não apenas à relação de posse ou propriedade, mas também a de uso potencial. "O gozo é aquilo que não serve para nada",[9] daí que o superego seja a única instância que nos obrigue a gozar e, portanto, a multiplicar o inútil. Reencontramos, assim, o nosso ponto hipotético pelo qual todo luto se inicia, e cuja constatação tem efeito de trauma no universo freudiano:

> *O Gozo do Outro*, do Outro com A maiúsculo, *do corpo do Outro que o simboliza, não é o signo do amor.*[10]

O gozo do Outro é o que nos perguntamos quando estamos diante da morte de quem amamos, daí a afinidade teológica da questão: *será que o Outro, existindo ou não, goza assim mesmo?* Se o amor é sempre recíproco, como todos os sentimentos, a morte introduz uma fratura nessa reciprocidade. Nós continuamos a amar alguém que não pode nos

---

7 Lacan, J. (1985). *O Seminário, livro 20: mais, ainda (1972-1973)*. Rio de Janeiro: Zahar, p. 10.
No original, em francês: "Et si je peux m'en excuser c'est à lui rappeler, lui rappeler que, au fond de tous les droits il y a ce dont je vais parler, à savoir *la jouissance*." (Lacan, J. *Séminaire XX: Encore (1972-1973)*. Staferla. Recuperado de http://staferla.free.fr/S20/S20%20ENCORE.pdf.)
8 Lacan, J. (1985). *O Seminário, livro 20: mais, ainda (1972-1973)*. Rio de Janeiro: Zahar, p. 11.
9 Ibidem.
10 Ibidem, p. 12. A letra "A" maiúscula vem da palavra *Autre*, do original, em francês: "*la jouissance de l'Autre, du corps de l'Autre qui le... lui aussi : «avec un grand A» ... du corps de l'Autre qui le symbolise, n'est pas le signe de l'amour*" (Lacan, J. *Séminaire XX: Encore (1972-1973)*. Staferla. Recuperado de http://staferla.free.fr/S20/S20%20ENCORE.pdf.)

amar mais. Teríamos inventado o inconsciente "para se perceber que, o desejo do homem, é o desejo do Outro, e que o amor, se aí está uma paixão que pode ser ignorância do desejo, mas que não o torna menos significativo".[11] O amor demanda amor e demanda... *mais ainda*. É assim também que descrevemos o segundo tempo do luto, como uma violação narcísica da demanda de amor e uma loucura provisória que se instaura enquanto experiência de privação:

> Então, de onde parte o que é capaz, de maneira não necessária, e não suficiente, de responder pelo gozo do corpo do Outro? Não é do amor. É daquilo que, ano passado, inspirado de certo modo pela capela de Sainte-Anne que me carregava no sistema, me deixei chegar a chamar o *amuro*. O amuro é o que aparece em signos bizarros no corpo.[12]

A ambiguidade do termo *amuro* – *l'(a)mur*, no original – aqui é total, pois ele pode ser lido como o amor (*l'amour*), o muro (*le mur*) e ainda como (o objeto *a* – *l'a* – do amor). Amuro que porta a vida e a morte do corpo, que porta os traços de onde vem a demanda de... *mais ainda*.

> *Há Um*,[13] e o um se aguenta pelo significante, que se prende ao ser e ao atrás do ser. O corpo morto, cadáver, é o que está atrás do se, atrás da animação do corpo e de seu hábito contínuo, seja como cotidiano, seja como vestimenta. O que há sob o hábito é o objeto *a*.[14]

---

11 Lacan, J. (1985). *O Seminário, livro 20: mais, ainda (1972-1973)*. Rio de Janeiro: Zahar, p. 12.
12 Ibidem, p. 13. No original, em francês: "Alors d'où part, d'où part «ça» qui est capable, certes – mais de façon *non nécessaire, non suffisante*... de répondre par *la jouissance, jouissance du corps, du corps de l'Autre*? C'est bien ce que l'année dernière... inspiré d'une certaine façon par la chapelle de Sainte-Anne, *qui me portait sur le système*... je me suis laissé aller à appeler *l'(a)mur*." (Lacan, J. *Séminaire XX: Encore (1972-1973)*. Staferla. Recuperado de http://staferla.free.fr/S20/S20%20ENCORE.pdf.)
13 Lacan, J. (1985). *O Seminário, livro 20: mais, ainda (1972-1973)*. Rio de Janeiro: Zahar, p. 13. Tradução corrigida de "(...) *l'amour c'est une passion qui peut être l'ignorance de ce désir, mais que ne lui laisse pas moins toute sa portée*". In Lacan, J. (1970-1971). *Le Séminaire, Livre XX: Encore*. Paris: Seul, p. 12.
14 Ibidem, p. 14.

O amor, como desejo de fazer Um, nos leva à impotência e do resto dessa impotência Lacan pretende deduzir a impossibilidade de fazer *dois* sexos.¹⁵

> Mas, o ser, é o gozo do corpo como tal, quer dizer, como assexuado, pois o que chamamos de gozo sexual é marcado, dominado, pela impossibilidade de estabelecer, como tal, em parte alguma do enunciável, esse único. Um que nos interessa, o Um da relação sexual.¹⁶

Chegamos assim ao que poderia ser uma definição mínima do que vem a ser uma mulher, mas também, prolongando nossa homologia, encontramos uma resposta possível para a pergunta: *o que se perde naquilo que se perde?* Perdemos o Um que nos unia àquele que se foi, o traço que fazia da diferença uma identidade, a relação de completamento amoroso entre o que se foi e o que fica. O trato perfeito entre vivente, morrente e o que está por vir. Este que encerra o terceiro tempo do luto, como repetição da perda edipiana, só pode ser um luto masculino, todo-fálico, no qual o ser é composto de seus predicados hierárquicos e subordinados em escala ontológica. Aqui existe, sim, um conceito de infinito subjacente, mas é um conceito clássico que se contenta em ser a negação do determinado, a negação da finitude, o que para os gregos aparecia sob a noção de *ápeiron*, ou seja, o sem limite.

Vimos que o luto envolve um cálculo diferencial ou integral, pelo qual o infinito é reduzido ao finito. Por meio dessa comparação entre o Eu e

---

15 Ibidem. No original, em francês: "elle sait dénoncer la *substance* dans ce *qui est reste* dans le désir, à savoir *sa cause*, et ce qui le soutient – de son insatisfaction, – voire de son impossibilité." (Lacan, J. *Séminaire XX: Encore (1972-1973)*. Staferla. Recuperado de http://staferla.free.fr/S20/S20%20ENCORE.pdf.)

16 Lacan, J. (1985). *O Seminário, livro 20: mais, ainda (1972-1973)*. Rio de Janeiro: Zahar, p. 15. No original, em francês: "(…) mais *l'être c'est la jouissance du corps* comme tel, c'est-à-dire comme *(a)*… mettez-le [*écrivez-le*] comme vous voudrez [*asexué ou (a)sexué*]… comme (a)sexué, puisque ce qui est dit «*jouissance sexuelle*» est dominé, marqué par *l'impossibilité d'établir* comme tel, nulle part dans l'énonçable, *ce seul Un qui nous intéresse* : *l'Un de la relation «rapport sexuel»*. [*complémentation des deux sexes → complétude*]. C'est ce que le discours analytique démontre, en ceci justement que pour ce qui est d'un de ces êtres comme sexué, l'homme en tant qu'il est pourvu de l'organe dit *phallique* – j'ai dit : «*dit…*» – le sexe, le sexe corporel, le sexe de la femme…". (Lacan, J. *Séminaire XX: Encore (1972-1973)*. Staferla. Recuperado de http://staferla.free.fr/S20/S20%20ENCORE.pdf.)

o objeto, a conversão entre *ser deixado, deixar-se ser deixado e deixar* é reduzida ao gozo calculável pelo fantasma.

> (...) o superego, (...) é correlato da castração, que é o signo com que se paramenta a confissão de que o gozo do Outro, do corpo do Outro, só se promove pela *infinitude*. Vou dizer qual – aquela, nem mais nem menos, que dá suporte ao paradoxo de Zenão.[17]

Introduziu-se um problema de baixa voltagem freudiana: a infinitude de nossa relação ao gozo quando se considera o Supereu. Expressa pela moral mais básica de que, quanto mais se responde ao Supereu, isto é, quanto mais se age coagido (*Zwang*) ou pressionado pela necessidade (*sollen*) da culpa, maior será a demanda de resposta do Supereu e pior a sua crueldade.

O triunfo sobre o superego do enlutado só pode acontecer por meio da criação, do humor ou do que examinamos até aqui como momento estético do luto. Momento no qual o buraco ou furo da privação, introduzido pela perda, pode ser provisoriamente utilizado em um mecanismo análogo ao da sublimação. Ou seja, ao contrário da redução contínua infinitesimal do luto freudiano, há um momento de inversão no qual o furo é percebido como não preenchível e o vazio é reconhecido em toda a sua dignidade de infinito. É o momento em que o objeto é elevado à dignidade da Coisa, momento no qual luto e sublimação se cruzam por intermédio de uma mesma estética do sofrimento:

> De um lado, o gozo é marcado por esse furo que não lhe deixa outra via senão a do gozo fálico. Do outro lado, será que algo pode ser atingido, que nos diria como aquilo que até aqui é só falha, hiância, no gozo, seria realizado?[18]

---

17 Lacan, J. (1985). *O Seminário, livro 20: mais, ainda (1972-1973)*. Rio de Janeiro: Zahar, p. 16. Grifo nosso. No original, em francês: "Et c'est pourquoi le surmoi, tel que je l'ai pointé tout à l'heure du «*jouis !*», est corrélat de la castration qui est le signe dont se pare l'aveu que *la jouissance* de l'Autre – du corps de l'Autre – ne se promeut que de l'infinitude, je vais dire laquelle : celle que supporte le paradoxe de Zénon – ni plus ni moins – lui-même." (Lacan, J. *Séminaire XX: Encore (1972-1973)*. Staferla. Recuperado de http://staferla.free.fr/S20/S20%20ENCORE.pdf.)
18 Lacan, J. (1985). *O Seminário, livro 20: mais, ainda (1972-1973)*. Rio de Janeiro: Zahar, p. 16.

Mas o luto nem sempre termina aqui, no momento de êxtase, de "apercepções muito estranhas" e *angelicais*[19] ou libertação maníaco-depressiva da perda e do trabalho demandado para integrá-la ao Eu. Há um segundo caminho pelo qual o luto permanece infinito, caminho que requer "estrita equivalência de topologia e estrutura",[20] pois:

> (...) Nada mais compacto do que uma falha, se é bem claro que a intersecção de tudo se fecha sendo admitida como existente num número infinito de conjuntos (...). É a definição mesma de compacidade. Essa intersecção de que falo é aquela que coloquei há pouco como sendo aquilo que cobre, que faz obstáculo à relação sexual suposta.[21]

Lembremos que foi exatamente esse conceito de compacidade que levou Sokal e Bricmont a apontarem que Lacan estaria entre as piores imposturas intelectuais de nosso tempo.[22] Para eles, o uso da compacidade, nesse contexto, envolve emprego de terminologia sem respeitar o que os conceitos efetivamente significam, dada a ausência de justificativa empírica, mobilizando erudição irrelevante e sentenças sem sentido

---

19 Ibidem. No original, em francês: "C'est ce qui, chose singulière, ne peut être suggéré que par des aperçus très étranges. «*Étrange*» c'est un mot qui peut se décomposer: *l'être ange*." (Lacan, J. *Séminaire XX: Encore (1972-1973)*. Staferla. Recuperado de http://staferla.free.fr/S20/S20%20ENCORE.pdf.)

20 Lacan, J. (1985). *O Seminário, livro 20: mais, ainda (1972-1973)*. Rio de Janeiro: Zahar, p. 17. No original, em francês: "*la stricte équivalence de topologie et structure*, ce qui distingue l'anonymat de ce dont on parle comme *jouissance*, à savoir ce qu'*ordonne* le droit : une géométrie justement, *l'hétérogénéité* du lieu, c'est qu'il y a un *lieu de l'Autre*." (Lacan, J. *Séminaire XX: Encore (1972-1973)*. Staferla. Recuperado de http://staferla.free.fr/S20/S20%20ENCORE.pdf.)

21 Lacan, J. (1985). *O Seminário, livro 20: mais, ainda (1972-1973)*. Rio de Janeiro: Zahar, p. 17. No original, em francês: "*Rien de plus compact qu'une faille*, s'il est bien clair que quelque part il est donné que *l'intersection* de tout ce qui s'y ferme étant admise comme existante en un nombre fini d'ensembles [→ *au moins deux*], il en résulte – c'est une hypothèse – il en résulte que *l'intersection existe en un nombre infini* [→Φ]. Ceci est la définition même de *la compacité*." (Lacan, J. *Séminaire XX: Encore (1972-1973)*. Staferla. Recuperado de http://staferla.free.fr/S20/S20%20ENCORE.pdf.)

22 Sokal, A. & Bricmont, J. (2010). *Imposturas intelectuais: o abuso da Ciência pelos filósofos pós-modernos*. Rio de Janeiro: Record, pp. 35-36.

apenas para intimidar e convencer o leitor não especializado. Glynos e Stavrakakis, em sua resposta, apontam como caberá à pesquisa psicanalítica ulterior trazer contextos de validação para a hipótese de Lacan,[23] sendo que ela, em si, no modo como fora apresentada, é apenas uma conjectura.[24] Ora, qualquer um poderá atestar a existência de pessoas, em inúmeras culturas e épocas, que não conseguem esquecer um ente querido que se foi. Comparar a experiência do "esquecimento" com a da "permanência" psicológica, a transformação da dor em saudade, do sentimento de culpa ou vergonha em libertação, envolve uma certa apreensão do tempo, que dificilmente pode ser concebida sem uma certa tradução, ainda que psicológica, do conceito de infinito.

Quanto ao uso adequado da terminologia, seria preciso retornar às referências exatas do autor, nesse caso, os *Éléments de Mathématique*, de N. Bourbaki, volume III, em que se lerá a seguinte definição de espaços compactos:

> Definição 1. – Um espaço topológico X é dito compacto se ele é separado e nele se verificam os seguintes axiomas: (...)
> (C′) *Todo ultrafiltro sobre X é convergente*. (...)
> (C′′) *Toda família de conjuntos fechados sobre X, sem intersecção vazia, contém uma só família finita, sem a intersecção vazia.*
> (C′′′) (axioma de Borel-Lebesgue). *Todo recobrimento aberto de X* [quer dizer, formado por conjuntos abertos] *contém um recobrimento finito de X*. (...)
>
> *Exemplos*: 1) Todo espaço *discreto* e *finito* é *compacto*, porque ele é separado, e não há mais que um número finito de conjuntos abertos em tal espaço. Reciprocamente, todo espaço discreto é finito.[25]

---

23 "Minha hipótese é a de que o indivíduo que é afetado pelo inconsciente é o mesmo que constitui o que chamo de sujeito de um significante. (...) O significante, em si mesmo, não é nada de definível senão como uma diferença para com um outro significante. É a introdução da diferença enquanto tal, no campo, que permite extrair da *alíngua* [*lalangue*] o que é do significante." (Lacan, J. (1985). *O Seminário, livro 20: mais, ainda (1972-1973)*. Rio de Janeiro: Zahar, p. 194. Grifo nosso.)
24 Glynos, J. & Stavakakis, Y. (2002). Postures and Impostures: On Lacan's Style and Use of Mathematical Science. In Glynos, J. & Stavrakakis, Y. (orgs). *Lacan and Science*. Londres: Routledge, p. 219.
25 Bourbaki, N. (1971). *Éléments de Mathématique* (Livre III: Topologie générale). Paris: Hermann, pp. 59-60. Tradução nossa.

O teorema de Borel-Lebesgue afirma que dado um segmento da reta real [a, b], de qualquer sobreposição aberta desse segmento, pode-se extrair uma cobertura subterrânea finita. Ou seja, para qualquer família $(U_i)_{i \in I}$ de conjuntos abertos cobrindo [a, b], existe um subconjunto finito J de I tal que a subfamília $(U_i)_{i \in J}$ já cobre [a, b]. Lacan percebe que o problema da compacidade decorre da dificuldade de nomear o ponto extremo de um limite:

> (...) o limite é o que se define como maior que um ponto, menor que um outro, mas em nenhum caso igual nem ao ponto de partida, nem ao ponto de chegada, para imajar isto rapidamente para vocês – demonstra-se que é equivalente dizer que o conjunto desses espaços abertos se oferece sempre a um subrecobrimento de espaços abertos, constituindo uma finitude.[26]

Ora, esse limite talvez não possa ser nomeado senão por meio de estratégias estéticas. Nelas, a heterogeneidade de sentimentos, representações e narrativas aparece reduzida em um brilho, um sinal ou uma marca que representa aquilo que foi perdido, criando uma unidade a partir da castração, indicada, mas não representada, pelo objeto *a*.

> (...) A *Teoria dos Conjuntos*, e sob a égide de um autor fictício com o nome de Nicolas Bourbaki, o que vocês veem é que se põe em jogo um certo número de signos lógicos. Um entre eles designa a função de *lugar* como tal. Ele se escreve com um quadradinho – □. Portanto, não fiz uso estrito da letra quando disse que o lugar do Outro se simbolizava pela letra A. Por outro lado, eu o marquei duplicando-o com esse S que aqui quer dizer significante, significante do A no que ele é barrado – S(A̸). Com isto ajuntei uma dimensão a esse lugar do A, mostrando que, como lugar, ele não se aguenta, que ali há uma falha, um furo, uma perda. O objeto *a* vem funcionar em relação a essa perda.[27]

Ou seja, quando se trata de compacidade, as propriedades da unidade, separação e convergência concorrem para a produção da identidade

---

26 Lacan, J. (1985). *O Seminário, livro 20: mais, ainda (1972-1973)*. Rio de Janeiro: Zahar, p. 18.
27 Ibidem, p. 41.

de um conjunto. A identidade, considerada aqui como o que "faz lugar", depende da capacidade de "contar por um", segundo uma determinada ordem imposta à cardinalidade do conjunto. Como se cada experiência do gozo feminino fosse infinita. Um conjunto aberto sem nomeação de limites, mas interconectado por um outro sistema de contagem, dito fálico, que os associa criando uma unidade ou compacidade fechada, onde antes esta não existia:

> O ser sexuado dessas mulheres não-toda não passa pelo corpo, mas pelo que resulta de uma exigência lógica da fala. (…) como ser sexuado, exige esse *uma a uma*. (…) Onde está o ser, há exigência de infinitude (…) esse espaço do gozo sexual recoberto por conjuntos abertos que constituem uma finitude e que, finalmente, se contam. Vocês não veem que o essencial no mito feminino de Don Juan é que ele as tem uma a uma?[28]

Aparece, aqui, o essencial da argumentação lacaniana sobre a diferença entre os sexos e, sobretudo, a respeito da diferença imanente à identidade de cada um dos assim chamados gêneros. Em outro lugar,[29] apresentei a ideia de que a teoria da sexuação pretende conjugar duas teorias sexuais contraditórias e igualmente presentes em Freud: a premissa universal do falo e a hipótese da bissexualidade. Com Rafael Cossi,[30] mostramos que o ponto nodal da relação entre Lacan e feminismo, de Simone de Beauvoir a Paul Preciado, passando por Luce Irigaray, Gayle Rubin e Judith Butler, não está no anacronismo de teses como a libido masculina, a leitura da homossexualidade, o caráter normativo do sistema totêmico-edipiano ou o binarismo significante, mas na forma como se deve pensar o conceito de diferença.

---

28 Ibidem, p. 19. No original, em francês: "*Là où est l'être, c'est l'exigence de l'infinitude. Je commenterai, j'y reviendrai, sur ce qu'il en est de ce lieu de l'Autre. (…) Est-ce qu'à le centrer sur ce que je viens de vous imager de cet espace de la jouissance sexuelle, à être recouvert de l'Autre côté, par des ensembles ouverts et aboutissant à cette finitude [♀]… j'ai bien marqué que je n'ai pas dit que c'était le nombre, et pourtant, bien sûr que ça se passe : finalement on les compte.*" (Lacan, J. *Séminaire XX: Encore* (1972-1973). Staferla. Recuperado de http://staferla.free.fr/S20/S20%20ENCORE.pdf.)

29 Dunker, C. I. L. (2016). *Por que Lacan?* São Paulo: Zagodoni.

30 Cossi, R. K. (2016). *A diferença dos sexos: Lacan e o feminismo* (Tese de Doutorado). Instituto de Psicologia, Universidade de São Paulo, São Paulo, SP, Brasil.

(...) a mulher se define por uma posição que apontei como o *não-todo* no que se refere ao gozo fálico. Vou um pouco mais longe – o gozo fálico é o obstáculo pelo qual o homem não chega, eu diria, a gozar do corpo da mulher, precisamente porque o de que ele goza é do gozo do órgão.[31]

Ou seja, o gozo infinito e não-todo da experiência da perda, incidente na mulher, contrasta com o gozo fálico, igualmente infinito, mas contável, em unidades fálicas, determinando o vínculo remanescente com o Outro. Ou o nó se fecha restaurando uma unidade ou ele se abre para conectar-se infinitamente a outros lutos. No primeiro caso, a cadeia de lutos se individualiza, indeterminando seu sentido; no segundo, ela se multiplica, criando uma cadeia borromeana de lutos. Não é que existam um luto masculino e outro feminino, ainda que existam regras sociais bastante estritas e distintivas para como cada gênero deve viver o luto, mas, sendo o luto a formação de um afeto, que envolve trabalho e um momento de destinação ou de redestinação de gozo, podemos intuir que a diferença entre o gozo fálico e o gozo não-todo pode determinar o rumo do luto pelo enfrentamento respectivo que coloca para a relação entre infinitude (fálica) e infinitude (não-toda-fálica).

Para entender essa oposição, que não se reúne em uma nova unidade, é preciso partir da ontologia negativa na qual Lacan se inscreve. Pensar o infinito apenas como negação da finitude e associar a finitude com a existência teria sido um preconceito aristotélico a ser contornado. Lacan resgata inicialmente a diferença entre a negação gramatical estudada por Pichon e Damourrete,[32] para produzir a universal negativa, $\overline{\forall x} . \Phi x$, chamada de *negação foraclusiva*. Em seguida, ele mostra como a forma

---

31 Lacan, J. (1985). *O seminário, livro 20: mais, ainda (1972-1973)*. Rio de Janeiro: Zahar, p. 15. No original, em francês: "*La* femme se définit d'une position que j'ai pointée du «*pas toute*» à l'endroit de la jouissance phallique. Je vais un peu plus loin, *la jouissance phallique est l'obstacle par quoi l'homme n'arrive pas* – dirai-je – *à jouir du corps de la femme* précisément *parce que ce dont il jouit c'est de cette jouissance, celle de l'organe*." (Lacan, J. *Séminaire XX: Encore (1972-1973)*. Staferla. Recuperado de http://staferla.free.fr/S20/S20%20ENCORE.pdf).
32 Damourette, J. & Pichon, É. (1936-1956). *Des mots a la pensée: essai de grammaire de la langue française* (8 vols.). Paris: Dartrey.

particular produzida pela negação da universal afirmativa envolve outra gramática de negação: a particular negativa, $\overline{\exists x}.\Phi x$, qualificada como *negação discordante*. Uma variação desse tipo está por trás da sua estratégia de formalização das estruturas clínicas.[33] Essa diferença retoma o problema das grandezas negativas, já examinado no *Seminário 11: Os quatro conceitos fundamentais da psicanálise* (1964), e referido ao modo como Kant[34] concebeu quatro maneiras diferentes de pensar a negatividade:

(1) O conceito vazio sem objeto (*rationis*), como o objeto estético.

(2) A intuição vazia (*imaginarium*) sem objeto no tempo e espaço, como os números.

(3) A negação da grandeza de algo (*privativum*), como o frio ou a sombra.

(4) O objeto vazio sem conceito (*negativum*), como o nada.

Cada uma dessas possibilidades corresponde a um dos matemas que compõem a sexuação: (1) para-todos; (2) ao-menos-um; (3) não-sem; e (4) não-todo. O problema se desdobrará em Leibniz e Hegel, resultando na polêmica concernente aos dois tipos de infinitude. Aparentemente são esses dois conceitos de infinito que serão mobilizados para distinguir e caracterizar a disparidade[35] entre gozo fálico e gozo do Outro, sempre conotado com essa contingência ontológica, ou seja, "*se é que ele existe*". Lembremos que a teoria lacaniana do luto o entende como um buraco Real, do qual, por foraclusão, significantes retornam no simbólico. Esse

---

33 "Portanto, a negação liga a fantasia à significação vis-à-vis quatro potenciais interpretações da diferença fálica e de sua falta, ou seja, foracluir a diferença sexual (psicose), repudiar (perversão), denegá-la (neurose), ou reprimi-la (a mascarada normativa). Essas quatro possibilidades denotam lógicas precisas, cada qual marcando uma relação com a lei, assim como para com o desejo. Lacan argumenta que o problema da sexualidade masculina ou feminina não é o do órgão qua órgão, mas a dialética entre desejo e gozo." (Ragland, E. (2004). *The Logic of Sexuation: from Aristotle to Lacan*. Nova York: SUNY Press, p. 181. Tradução nossa.)

34 David-Ménard, M. (1996). *A loucura na razão pura: Kant, leitor de Swedenborg*. São Paulo: Editora 34.

35 "(...) o gozo do Outro, do corpo do Outro, só se promove pela infinitude. Vou dizer qual – aquela, nem mais nem menos, que dá suporte ao paradoxo de Zenão." (Lacan, J. (1985). *O Seminário, livro 20: mais, ainda (1972-1973)*. Rio de Janeiro: Zahar, p. 16.)

buraco no Real ou buraco Real, conforme a leitura que se ofereça do Simbólico, encontra, como vimos, uma localização precisa no interior da teoria borromeana, que é por onde iniciamos a escrita do processo de luto. Isso significa encarrar a morte tanto como ausência de sentido quanto como algo que resiste a se inscrever no gozo fálico.

O gozo fálico, comum a homens e mulheres, estaria organizado ao modo de uma série, no interior da qual se procura um elemento comum. Uma série quer dizer que conhecemos sua regra de formação, e pensamos o infinito pela indeterminação de seu último termo. Por exemplo, a série dos números naturais $\mathbb{N} = \{1, 2, 3 \ldots n\}$, modelo para a relação do sujeito com a cadeia significante, ou a sequência de Fibonacci $\{2, 3, 5, 8, 13, 21 \ldots n\}$, modelo para a relação do fantasma como número de ouro ou proporção áurea, entre sujeito e objeto.

O gozo feminino, ou gozo Outro, não se organiza dessa maneira, mas ao modo de uma "lista" com elementos que podem ser escolhidos aqui e ali, mas cuja regra de formação deverá ser estabelecida depois, se é que ela pode ser descrita. Isso pode ser ilustrado pelo conjunto dos números reais, que englobam não só os números inteiros e os fracionários, positivos e negativos, mas também todos os números irracionais, por exemplo, $\mathbb{R} = \{0, 0.333\ldots, 0.7, 1, \pi \ldots n\}$.

Os números reais não possuem uma regra de formação, mas intercalam elementos cujas propriedades não se reduzem às de outros conjuntos. Tipicamente, o problema do gozo fálico é que ele é formado por uma intersecção, por exemplo, entre conjuntos abertos, produzindo o que se chama de infinito contável ou infinito enumerável, desde que se introduzam no próprio conjunto os seus pontos limites (teorema de Bolzano-Weierstrass). O gozo feminino não se faz por intersecção, mas pela reunião de famílias de conjuntos abertos, com os quais se aborda, finitamente, a infinitude. No fundo é desta ideia banal que Lacan quer se aproximar com a noção de compacidade. Correta ou equivocada nossa hipótese sobre os lutos, é um exemplo de como as "elocubrações" de Lacan podem orientar o enfrentamento de problemas clínicos concretos, como o luto. Nesse caso, não se incluem os pontos limites na série. Com uma lista finita, pode-se recobrir o infinito. Por sua vez, essa reunião de abertos em estrutura de lista corresponde a um segundo tipo de infinito (teorema de Borel-Lebesgue).[36]

Vejamos como essa diferença, em um primeiro nível, pode se manifestar como oposição entre uma lógica aristotélica das classes, do lado *Homem*, e uma lógica paraconsistente, que suspende a contradição do lado *Mulher*. Vamos nos apoiar, para tanto, na própria alusão feita por Lacan a Zenão e ao apólogo de Aquiles e a tartaruga, e na sua leitura pela lógica paraconsistente, desenvolvida pelo matemático brasileiro Newton da Costa. Ela nos servirá de guia para integrar uma série de paradoxos e contradições, usualmente levantadas pela psicanálise como parte de seu programa clínico. Newton da Costa recomenda o uso de seu cálculo C, especialmente em situações nas quais o princípio forte de contradição parece excluir a natureza mesma de vaguidade ou ambiguidade do fenômeno:

> Mas o problema fundamental é o seguinte: convém nos contextos científicos continuar ignorando a faixa de vaguidade e o seu significado para a lógica, somente empregando a lógica clássica, ou é melhor explicitar a existência da faixa e investigá-la, para isso recorrendo-se a novas lógicas (paraconsistentes)? (…) Mas, antes de mais nada, deve-se verificar se *uma lógica dialética* (paraconsistente), incorporando as formulações I e II[37] do princípio da unidade dos opostos, existe e é funcional para os contextos racionais e, em especial, para os científicos.[38]

Heráclito, Zenão e Hegel pertencem à tradição de pensamento da contraidentidade, que parece ter sido mobilizada por Lacan para pensar tanto a insuficiência do gênero "mulher" como um conjunto consistente

---

36 Moncayo, R. & Romanowicz, M. (2015). *The Real Jouissance of Uncountable Numbers: The Philosophy of Science within Lacanian Psychoanalysis*. London: Routledge.
37 As formulações se encontram em Costa, N. C. A. da (1979). *Ensaio sobre os fundamentos da lógica*. São Paulo: Hucitec, p. 216: "I) Em qualquer contínuo concreto, temporal ou não, existe uma região intermediária entre duas propriedades contíguas e opostas A e –A, isto é, uma parte do contínuo onde não é verdadeiro que tudo seja A ou –A. II) Em qualquer contínuo concreto, há uma região onde algo é tanto A quanto –A".
38 Costa, N. C. A. da (1979). *Ensaio sobre os fundamentos da lógica*. São Paulo: Hucitec, p. 218.

quanto o gozo não-todo fálico "feminino", conectado historicamente com este semblante, e ainda o fantasma fálico "heterossexual ou homossexual", com suas diferentes modalidades de satisfação e de relação ao objeto *a*.

Segundo a sistematização paraconsistente das proposições de Heráclito:

(*a*) Tudo é feito de opostos e, portanto, sujeito a tensão interna;
(*b*) Os opostos são idênticos;
(*c*) O conflito é o estado próprio correto das coisas, força criativa que as governa.[39]

Ainda que o termo "oposto" não apareça na caracterização de Heráclito, ele parece jogar com três "diferenças" distintas: a *oposição perspectiva*, como os tipos de prazeres concernentes à diversidade dos animais; a *oposição complementar*, que depende de um antagonista específico; e a *oposição descritiva*, quando o mesmo objeto admite descrições contrárias segundo os exemplos respectivos:

> O caminho a subir e a descer é um e o mesmo. (...)
> Pois na circunferência do círculo princípio e fim são comuns. (...)
> Nós pisamos e não pisamos nos mesmos rios; nós estamos e não estamos. (...)
> Dando ouvidos, não a mim, mas ao *logos*, é sábio concordar que todas as coisas são uma.[40]

O leitor perceberá aqui que reencontramos as quatro modalidades de diferenças empregadas por Freud para descrever a angústia por *Unheimlich*. Mas, longe de apenas derrogar o princípio da não contradição, Heráclito não trivializa descrições inconsistentes entre si. Para que isso aconteça, não se trata apenas de considerar o devir e a sucessão das coisas, "mas de uma transformação no estado aparente das coisas que, no fundo, estão inexoravelmente unidas: a unidade dos opostos subjaz

---

39 Gomes, E. L. & D'Ottaviano, I. M. L. (2017). *Para além das colunas de Hércules, uma história da paraconsistência: de Heráclito a Newton da Costa*. São Paulo/Campinas: Hucitec/Unicamp, p. 54.
40 Ibidem, pp. 57-61.

ao fluxo".[41] Lembremos ainda que *Panta rei* ("Tudo Flui", conceito de Heráclito) é o nome original do poema de 1929 de Lacan, publicado posteriormente na revista surrealista *Le Phare de Neuilly*, em 1933, e enviado originalmente ao seu amigo Ferdinand Alquié, que estava sofrendo com o luto de um grande amor:[42]

Hiatus irrationnalis [Πάντα ῥεῖ]

Coisas, carreguem suor ou seiva no seu veio,
Formas, nascidas da forja ou do sangue,
Vossa torrente não é mais densa que meu sonho,
Não cessando o desejo, as vou perseguindo,

Atravesso sua água, despenco no esteio
Me atiro aos pés do demônio pensante;
Só, cai no duro chão que do ser se eleva,
O cego e surdo mal, o deus privado de sentido[43]

Mas, se todos os verbos na goela definham,
Coisas, nascidas do sangue ou da forja
Natureza, me perco no fluxo de um elemento

O que adormece em mim, vos edifica em cheio,
Formas, carreguem suor ou seiva no seu veio,
Vosso imortal amante, no fogo é que deslindo.

H.-P, agosto de 1929[44]

---

41 Ibidem, p. 60.
42 Lacan, J. (1933). Hiatus irrationalis. *Le Phare de Neuilly*, n. 3-4, p. 37. Tradução nossa.
43 Verso ausente na versão publicada em Lacan, J. (1977). Hiatus irrationalis. *Magazine Littéraire*, n. 121, p. 11.
44 No original, em francês: "Choses, que coule en vous la sueur ou la sève, / Formes, que vous naissiez de la forge ou du sang, / Votre torrent n'est pas plus dense que mon rêve ; / Et, si je ne vous bats d'un désir incessant, // Je traverse votre eau, je tombe vers la grève / Où m'attire le poids de mon démon pensant. / Seul, il heurte au sol dur sur quoi l'être s'élève, / Au mal aveugle et sourd, au dieu privé de sens. // Mais, sitôt que tout verbe a péri dans ma gorge, / Choses, que vous naissiez du sang ou de la forge, / Nature, – je me perds au flux d'un élément: // Celui qui couve en moi, le même vous soulève, / Formes,

Como se Lacan estivesse dizendo consoladoramente ao amigo: *tudo é fluxo, tudo passará, assim como o amor feito de formas mutantes, diante de um deus privado de sentido*. Isso será reafirmado na última parte do ensino de Lacan, aquele que concerne à sexuação e aos nós borromeanos: "Parmênides estava errado e Heráclito tinha razão".[45] Chegamos assim ao paradoxo de Zenão de Eleia, cujo pensamento se apoiava justamente no hiato[46] ou na distância entre forma e conteúdo de certos argumentos. O propósito da aporia de Aquiles e a tartaruga consiste em negar uma hipótese, para desde então afirmar seu contrário, que nesse caso é negar a multiplicidade do ser para afirmar que o movimento é impossível ou negar que o ser é uno. Dos dez argumentos remanescentes, quatro se destacam por recobrir a mesma casuística freudiana do *Unheimlich*:

(a) Acerca do semelhante e do dessemelhante;
(b) Sobre o uno e o múltiplo;
(c) Relativo ao repouso e ao movimento;
(d) Concernente ao finito e ao infinito.

Retomemos o exemplo mencionado por Simplício para o último caso:

> Se há muitas coisas, força é que elas sejam tantas quanto existem, e nem mais nem menos do que estas. Mas se são tantas quanto existem, terão de ser limitadas.
> Se há muitas coisas, são ilimitadas as coisas existentes; pois há sempre outras coisas entre as coisas que existem, e de novo outras no meio delas. E assim as coisas que existem são ilimitadas.[47]

---

que coule en vous la sueur ou la sève, / C'est le feu qui me fait votre immortel amant." (Lacan, J. (1933). Hiatus irrationalis. *Le Phare de Neuilly*, n. 3-4, p. 37.)
45 Lacan, J. (1985). *O Seminário, livro 20: mais, ainda (1972-1973)*. Rio de Janeiro: Zahar, p. 155.
46 Ibidem, p. 16.
47 Kirk, G.; Raven, J. E. & Schofield, M. (2010). *Os filósofos pré-socráticos: história crítica com seleção de textos* (7. ed.). Lisboa: Fundação Calouste Gulbenkian, p. 278.

O argumento intui a existência da reta infinita dentro de uma outra reta infinita, mas identifica os conceitos de enumerabilidade e de não finitude (infinitude), distintos do ponto da moderna teoria dos conjuntos. Assim como em Heráclito, a redução ao absurdo pela negação de uma hipótese preserva o argumento da trivialização.

> De outro modo, que o ser seja e o que o não-ser não seja, não sei o que isto diz a vocês, quanto a mim, acho isto besta. (...) Mesmo assim, teremos este ano que precisar do ser, do significante Um, para o qual, ano passado, abri a via para dizer – Há Um! [y'a d'l'Un, hálgoum].[48]

Lembremos que essa era a principal objeção de Aristóteles contra a suspensão do princípio de contradição, qual seja, ao admitir isso, todas as consequências seriam possíveis e nenhum conceito de verdade é mais necessário. Autores como Soler,[49] Le Gauffey[50] ou Fierens[51] insistem no fato de que a teoria da sexuação presume uma crítica da teoria aristotélicado silogismo e do conceito de conceito associado com a noção de conjunto. Aristóteles teria ignorado "*O que só existe ao não ser,*"[52] ou seja, aquilo que existe sem conceito, este "objeto que eu não hesitaria em qualificar de mítico, mas na *impossibilidade de enumerar*".[53] Este lugar de inexistência, de não-conjunto e de infinito não enumerável será feito, por Lacan, equivalente do *Conceito de Mulher*. Portanto é importante não confundir o *Significante Mulher*, cujo sentido depende do uso, da enunciação e do discurso histórico, com o *conceito de Mulher*, cuja inexistência e divisão é acusada pelo símbolo Lϕ, bem como com o modo de gozo do *Lado Mulher*, que só é não-todo-fálico do ponto de vista da posição fálica, recobrindo, apenas aproximativamente, o que a teoria dos gêneros criticou sob a rubrica de *masculino* ou *feminino*.[54]

---

48 Lacan, J. (1985). *O Seminário, livro 20: mais, ainda (1972-1973)*. Rio de Janeiro: Zahar, p. 34.
49 Soler, C. (2005). *O que Lacan dizia das mulheres*. Rio de Janeiro: Zahar.
50 Le Gaufey, G. (2007). *El notodo de Lacan: consistencia lógica, consecuencias clínicas* (2. ed.). Buenos Aires: El Cuenco de Plata.
51 Fierens, C. (2002). *Lecture de L'Etourdit: Lacan 1972*. Paris: L'Harmattan.
52 Lacan, J. (2012). *O Seminário, livro 19: ... ou pior (1971-1972)*. Rio de Janeiro: Zahar, p. 131.
53 Ibidem, p. 138.
54 "O apoio do dois a ser feito deles, que esse *não-todo* parece nos estender, cria uma ilusão, mas a repetição, que é em suma o transfinito, mostra que se trata de um inacessível a

Ora, a formalização paraconsistente suspende e preserva a hipótese *ex-falso*, mas não trivializa a verdade.[55] Isso nos ajuda a entender por que Lacan sistematicamente fala do Gozo Outro acrescentando-lhe um aposto indeterminativo: *"se ele existir"*. Daí que a tese decorrente seja: "*a mulher não existe*", como em Zenão "*o movimento não existe*", mas também de que "*a relação sexual não existe*" e finalmente "*o Outro não existe*". Disso decorre um registro não intuitivo de existência,[56] compatível com a questão levantada sistematicamente por nossos enlutados: *Como é possível que essa pessoa não exista mais? Como se atrevem a falar dela no passado? Como podem agir como se ela não estivesse mais entre nós?* Assim, particularmente durante o luto conversamos com seres que não existem mais, cuja expressão literária examinamos por meio dos fantasmas, zumbis, vampiros e Frankensteins. Também nos abisma que *tudo possa ser dito sobre aquela pessoa*, mesmo assim, nem tudo é efetivamente dito.

A teoria da sexuação envolve um sistema não intuitivo de aplicação das negações,[57] mobilizando três elementos fundamentais do perspectivismo: a noção de contingência, que Lacan renova a partir dos desenvolvimentos de

---

partir do qual, estando garantido o enumerável, também a redução se torna segura." (Lacan, J. (2003). O aturdito. In Lacan, J. *Outros escritos*. Rio de Janeiro: Zahar, p. 468.)

55 "O fato de eu enunciar a existência de um sujeito, postulando-a por um 'dizer não' à função proposicional Φx, implica que ela se inscreve por um quantificador do qual essa função está cortada, por não ter nesse ponto nenhum valor de verdade que se possa notar, o que quer dizer tampouco de erro, pois o falso deve ser entendido apenas como *falsus*, como decaído, aspecto que já enfatizei." (Ibidem, p. 459.)

56 "Não é através do gozo nem da verdade que a inexistência tem um estatuto, que ela pode inexistir, isto é, chegar ao símbolo que a designa como inexistência, não no sentido de não ter existência, mas de só ser existência a partir do símbolo que a faz inexistente, e que, ele sim, existe. (...) O que bem mostra que a inexistência não é o que se poderia crer, o nada [*néant*], pois o que poderia sair dele?" (Lacan, J. (2012). *O Seminário, livro 19: ... ou pior (1971-1972)*. Rio de Janeiro: Zahar, p. 50.)

57 Blanché parte da distinção entre uma *negação forte*, que incide sobre a função e engendra a universal negativa (universalmente não-p), e a *negação fraca*, que se refere ao quantificador e engendra a particular negativa (não-universalmente p). Alternando intencionalmente o tipo de negação, ele pode criar de um lado a universal negativa anômala, $\overline{\forall x} . \Phi x$ (negação fraca), e dela deduzir a particular afirmativa [não (universalmente não-p)], ou seja, $\exists x . \overline{\Phi x}$ (negação forte). Isso é contraintuitivo, pelo menos com a ontologia de Parmênides, pois parte da universal negativa para chegar à universal afirmativa.

Robert Blanché;[58] o conceito de identidade e contradição, revisto a partir da leitura de Jacques Brunschwig[59] sobre a teoria aristotélica da proposição; e uma teoria dialética da existência e da diferença desenvolvida pelo esforço dos lógicos em formalizar a dialética, como é o caso de Newton da Costa.

O primeiro é onde a oposição toma o ser do sujeito como "semblante" ou modo histórico de nomeação, em tudo dependente do uso pronominal e dêitico da linguagem. Aqui "homem" e "mulher" são considerados significantes, fenômenos de linguagem definidos por experiências de reconhecimento e interpelação. *Homem* é aquele que se reconhece quando esse significante é evocado.

> É à luz disso, que constitui uma relação fundamental, que cabe interrogar tudo o que, no comportamento infantil, pode ser interpretado como orientando-se para esse parecer-homem. Desse parecer-homem, um dos correlatos essenciais é dar sinal à menina de que se o é. Em síntese, vemo-nos imediatamente colocados na dimensão do semblante.[60]

Nos foi observado que, apesar desse tratamento do par "homem-mulher" como um par de semblantes, a parescência referida é sempre a do homem, nunca da mulher.[61] Isso é correto, pois o semblante, em posição interna ao discurso, como dominante do discurso, sustentado pelo lugar da verdade, tornará o semblante necessariamente fálico. Há tantas formas de fazê-lo quantas formas de ligar o enunciado com a sua enunciação, ou este dito com o dizer que lhe corresponde. Até aqui Lacan comporta-se como um construtivista radical que lê o dispositivo sexo-gênero como fenômenos de linguagem, repetição sem origem, história sem essência, estrutura sem normatividade.

---

58 Blanché, R. (2012). *Estruturas intelectuais: ensaio sobre a organização sistemática dos conceitos*. São Paulo: Perspectiva.
59 Brunschwig, J. (1969). La proposition particulière et les preuves de non-concluance chez Aristote. *Cahiers pour l'Analyse*, n. 10, pp. 3-26.
60 Lacan, J. (2009). *O Seminário, livro 18: de um discurso que não fosse semblante (1971)*. Rio de Janeiro: Zahar, p. 31.
61 Krinski, S.; Madeira, M. & Moschen, S. (2019). A noção de Semblante em Jacques Lacan: contribuição às identidades contemporâneas. *Revista Latinoamericana de Psicopatologia Fundamental*, v. 22, n. 4, pp. 803-827.

A noção de semblante parece ser um desdobramento da ideia linguística de *shifter*, dêitico, embreante ou comutador, ou seja, partículas que representam no enunciado a posição da enunciação. Os mais conhecidos são os *shifters* de pessoa, como os pronomes pessoais, próprios e de tratamento, notadamente *eu*, *tu* e *ele*. Mas há também *shifters* de lugar, como *aqui* e *lá*, ou *shifters* de tempo, como *amanhã*, *ontem* e *hoje*. Cruciais e emergentes são os *shifters* de gênero, inclusive os de gênero neutro, como "todes". A rigor, qualquer palavra pode ser tomada como embreante, desde que represente no dito um dizer, como a função poética tende a demonstrar.

A partir do semblante, é possível ao ser falante (*parlêtre*) *reconhecer-se*, *ser reconhecido* e ainda *reconhecer o reconhecimento* que o outro nos dispensa. Há três tipos de contradição envolvidas aqui:

(1) *Intra-Dêixis*, ou seja, própria de cada dêixis, *Homem* ou *Mulher*, no interior da qual reconheço e sou reconhecido.
(2) *Inter-Dêixis* envolvendo tanto como eu pratico minha regra de reconhecimento, para Homem ou Mulher, quanto como consinto em reconhecer gramáticas de reconhecimento geral, sancionadas pelo Outro.
(3) *Para-Dêixis*, ou seja, envolvendo o que pode ser reconhecido, por fazer parte de uma relação de reconhecimento, vale dizer simbólica e significante, quanto o que não pode ser reconhecido, a não--relação sexual, que inclui tanto o falso reconhecimento quanto o impossível de ser reconhecido (pela língua falada ou escrita).

Lacan comenta a substituição determinada do *shifter* pela indeterminação do discurso exatamente no ponto em que introduz, pela primeira vez, as fórmulas da sexuação:

> Ao substituírem, no que eu disse, o *cada um* por *qualquer um* ou por *não importa quem* – não importa quem de um dos lados –, vocês estariam bem inseridos na indeterminação do que é escolhido em cada *todos* para corresponder a todos os outros. (...) [Este] é um discurso que não fosse semblante.[62]

---

62 Lacan, J. (2012). *O Seminário, livro 19: ... ou pior (1971-1972)*. Rio de Janeiro: Zahar, p. 95.

Isso nos leva à equivalência entre o ato de assumir um significante e o ato psíquico de identificar-se. Contudo, lembremos mais uma vez que nessa matéria o oposto nem sempre é verdadeiro, ou seja, existem identificações que não são pelo significante, mas, por exemplo, com a imagem "*assumida pelo seu valor de realidade simbólica*", em que a fórmula de equivalência é "*isto sou eu*", sendo "*isto*" uma coisa e um tipo de *shifter*. Existem ainda identificações que não são nem com o significante nem com a imagem, mas com o traço e, entre estes, o traço unário (*einziger Zug*). Há ainda uma enigmática identificação, chamada por Freud de identificação primária (*Uridentificazion*), que é realizada com o pai na qualidade de pai morto.

Isso permite reler o paradigma da segregação urinária, discutido em "*A instância da letra no inconsciente ou a razão desde Freud*". Duas crianças sentadas uma diante da outra em um trem chegam a uma estação onde cada uma toma o nome da cidade pela indicação inscrita na porta dos banheiros, acessível à própria perspectiva:

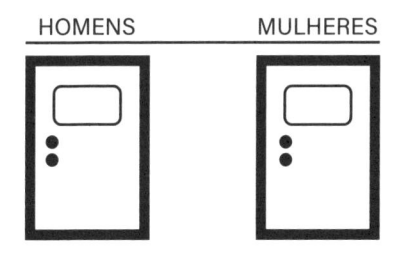

"Olha! diz o irmão, chegamos a Mulheres!"; "Imbecil! responde a irmã, não está vendo que nós estamos em Homens?" Além, com efeito, de os trilhos dessa história materializarem a barra do algoritmo saussuriano de uma forma que é a conta certa para sugerir que sua resistência pode ser outra que não dialética (…).[63]

Perspectivas cruzadas e complementares têm em comum o fato de que ambas estão equivocadas ao ler o *shifter* que as convoca, tomado na função de nomeação. Pelo contrário, estão prescritas aqui todas as possibilidades de reconhecimento e de fracasso de reconhecimento facultadas ao uso dos semblantes: não se reconhecer no reconhecimento que o outro

---

63 Lacan, J. (1998). A instância da letra no inconsciente ou a razão desde Freud. In Lacan, J. *Escritos*. Rio de Janeiro: Zahar, p. 503.

nos dispensa, no caso da experiência de *Unheimlich*; não se reconhecer na relação entre o semblante e o corpo próprio, no caso da experiência de transgeneridade; e não ser reconhecido em seu semblante, no caso dos gêneros ininteligíveis, como descritos por Judith Butler.

Há, portanto, um nível de diferença implicado no semblante que não pode ser reduzido ao binário significante,[64] ao preço de excluirmos a dimensão da enunciação e do semblante de sua variação histórica determinada pelo uso. Ele também não pode ser aproximado do dispositivo sexo-gênero, descrito por Gayle Rubin, porque a contingência, para Lacan, nunca recai apenas sobre a relação entre o sexo biológico e o gênero construído socialmente. O ponto de vista lacaniano não pode ser reduzido a uma ontologia fixa (dos corpos naturais) combinada com uma epistemologia variável (das descrições culturais ou históricas de gênero). A relação entre semblantes e modos de gozo é, portanto, contingente, sendo possível um semblante homem gozar de modo não-todo e um semblante mulher gozar falicamente:

> (...) a relação sexual não para de não se escrever. Por este fato, a aparente necessidade da função fálica se descobre ser apenas contingência. É enquanto modo do contingente que ela para de não se escrever. A contingência é aquilo no que se resume o que submete a relação sexual a ser, para o ser falante, apenas o regime do encontro.[65]

Lembremos que o encontro é um conceito central para o perspectivismo e para o animismo, um conceito que pode ser comparado ao de troca, no totemismo naturalista. O encontro está profundamente ligado, em Lacan, às noções de Real e de amor. O amor pode ser um laço social marcado pela emergência de um signo que mudamos de discurso,[66] mas não há em Lacan, até onde se sabe, um discurso do homem e outro

---

64 "Os homens, as mulheres e as crianças, não são mais que significantes. (...) Sob a função do significante, de *homem* e de *mulher*, são apenas significantes absolutamente ligados ao uso *discorrente* [*discourant*] da linguagem." (Lacan, J. (1985). *O seminário, livro 20: mais, ainda (1972-1973)*. Rio de Janeiro: Zahar, pp. 46-49.)

65 Ibidem, p. 127.

66 "Não é outra coisa que eu digo quando digo que o amor é o signo de que trocamos de discurso." (Ibidem, p. 27.)

discurso da mulher. Homem e mulher se "*hommesexualizam*" não apenas ao assumir um traço, significante ou imagem-signo, mas também pelo fato de que esses elementos são tomados por discursos, como o do mestre, o da histeria, o da universidade e do psicanalista. Discursos que trazem e incorporam o sujeito em dispositivos de poder e modos de aparelhamento do gozo.

O problema central aqui é que só um dos lados oferece uma narrativa sobre a ligação entre essa economia de identificações e modalidades preferenciais de gozo. Essa narrativa é de extração totemista, consoante a psicanálise com os mitos, tragédias e narrativas sobrepostas e conexas de Édipo, Totem e tabu e Moisés e o monoteísmo, além da narrativa conceitual-filosófica do Senhor e do Escravo. Isso ocorre porque todas estas estruturas de linguagem operam a partir da lógica fálica do reconhecimento identificada e deduzida do totemismo.

Mostramos até aqui que existe uma outra antropologia em Freud, exemplificada pelo artigo sobre o *Unheimlich*, assim como existe uma contranarrativa perspectivista e animista em Lacan, não só em sua teoria da angústia, mas notadamente em sua teoria da sexuação. Isso poderá ser notado mais especificamente quando Lacan introduz a escrita do andar referido ao gozo:

> (...) quando escrevo $\overline{\forall x}\,.\,\Phi x$ esta função inédita na qual a negação cai sobre o quantificador a ser lido *não-todo* [*pas-tout*], isto quer dizer que quando um ser falante qualquer se alinha sob a bandeira das mulheres, isto se dá a partir de que ele se funda por ser não-todo a se situar na função fálica (...), só que A mulher, isto só se pode escrever barrando-se o A.[67]

Importante notar que se trata agora do ser falante (*parlêtre*), e não mais do sujeito. Há um gozo dela que não existe, ainda que "talvez ela mesma não saiba nada a não ser que o experimenta – isto ela sabe. Ela sabe disso, certamente, quando isso acontece. Isso não acontece a elas todas".[68]

---

[67] Ibidem, p. 98.
[68] Ibidem, p. 100.

Agora podemos acrescentar ao esquema dos semblantes a dimensão do gozo:[69]

HOMENS	MULHERES
$\exists x . \overline{\Phi x}$[70] Particular afirmativa	$\overline{\exists x} . \overline{\Phi x}$[71] Universal negativa
$\forall x . \Phi x$[72] Universal afirmativa	$\overline{\forall x} . \Phi x$[73] Particular negativa

Cuja leitura confirma que o lado esquerdo, dito do "homem", narrativiza-se por meio das referências totemistas:

(1) [Mito Totemista] "O mito de *Totem e tabu* foi feito, da maneira mais patente, para podermos falar de *todo homem* como estando sujeito à castração."[74] Ou "já extraordinário que o enunciado desse mito não pareça ridículo, ou seja, a história do homem original que usufruiria precisamente daquilo que não existe, isto é, de todas as mulheres".[75]

(2) [*existe ao-menos-um* ($\exists x . \overline{\Phi x}$)]. "É o Um sozinho, que se determina por ser efeito do *dizer que não* à função fálica. Para que a história de *Totem e tabu* seja outra coisa que não um mito, é preciso pormos aí tudo o que se disse dela até hoje."[76] Ou "onde o amor se alimenta do incesto, da função do pai, ou do mito em que o Édipo é reduplicado pela comédia do Pai-Orango, do perorante Otango [*Père-Orang, du pérorant Outang*]"[77], ou "Aí está o que chamamos

---

69 "O gozo só se interpela, só se evoca, só se saprema, só se elabora a partir de um semblante, de uma aparência." (Ibidem, p. 124.)
70 Lê-se: Existe *pelo-menos-um* que nega a função fálica.
71 Lê-se: *Não-existe-nenhuma-que-não* esteja inscrita na função fálica.
72 Lê-se: *Para-todo* um inscrito na função fálica.
73 Lê-se: *Não-toda* uma está inscrita na função fálica.
74 Lacan, J. (2012). *O Seminário, livro 19: ... ou pior (1971-1972)*. Rio de Janeiro: Zahar, p. 195.
75 Ibidem, p. 44.
76 Ibidem, p. 195.
77 Lacan, J. (2003). O aturdito. In Lacan, J. *Outros escritos*. Rio de Janeiro: Zahar, p. 457.

de função do pai (...) quer ele seja ou não provido dos atributos da masculinidade".[78]

(3) [*para-todo* (Φx)] "A castração de fato dá prosseguimento, como vínculo com o pai, ao que é conotado em todo discurso como virilidade. Há, pois, duas diz-mensões do parotodohomem [*pourtouthomme*], a do discurso com que ele se paratodiza [*pourtoute*] e a dos lugares pelo que isso é thomem [*thomme*]."[79]

(4) [Gozo como Finitude] "(...) confessa sua verdade pelo mito que ele criou em *Totem e tabu*, menos sólido que o da Bíblia, embora trazendo-lhe a marca, para explicar as vias tortuosas por onde procede, ali onde isso fala, o ato sexual. Presumiremos que, de *todothomem*, se resta algum traço biológico, é não haver nada de raça para que ele se torne homem e nada de nada para se paratodizar. Explico-me: a raça de que falo não é a que sustenta uma antropologia que se diz física, aquela que foi bem denotada por Hegel com o crânio (...). [A antropologia] se constitui pelo modo como se transmitem, pela ordem de um discurso, os lugares simbólicos."[80]

Do lado direito, as referências narrativas são animistas ou perspectivistas:

(1) [Mito Perspectivista] "É na medida em que seu gozo é radicalmente Outro que a mulher tem mais relação com Deus,"[81] não o Deus cristão, mas o deus mítico de Aristóteles, o motor imóvel e infinito; ou "Quando digo que a mulher é-não-toda e que é por isso que não posso dizer *a* mulher, é precisamente porque ponho em questão um gozo que, em vista de tudo que serve na função de Φx, é da ordem do infinito."[82] e, ainda, "É por essa razão que a *virgo* não é enumerável. É que ela se situa entre o 1 e o 0, ao contrário do Um,

---

78 Lacan, J. (1985). *O Seminário, livro 20: mais, ainda (1972-1973)*. Rio de Janeiro: Zahar, p. 107.
79 Lacan, J. (2003). O aturdito. In Lacan, J. *Outros escritos*. Rio de Janeiro: Zahar, p. 460.
80 Ibidem, p. 462.
81 Lacan, J. (1985). *O Seminário, livro 20: mais, ainda (1972-1973)*. Rio de Janeiro: Zahar, p. 111.
82 Ibidem, p. 140.

que fica do lado do Pai. O que fica entre o 1 e o 0 é muito conhecido e, mesmo quando se está errado, demonstra-se na teoria de Cantor de um modo que acho absolutamente maravilhoso".[83]

(2) [*não existe nenhuma que não* ($\overline{\exists x}.\Phi x$)] "esse *não existe x que se determine como sujeito no enunciado do dizer que não à função fálica* concerne, propriamente falando, à virgem. Vocês sabem que Freud destacou o tabu da virgindade, bem como outras histórias loucamente folclóricas em torno desse assunto, do fato de que, antigamente, as virgens não eram possuídas por qualquer um, era preciso pelo menos um grande sacerdote ou um pequeno senhor."[84]

(3) [*não-toda* ($\overline{\forall x}$)] "é o mesmo em que se abriga Ovídio ao figurá-lo como Tirésias, em mito. Dizer que uma mulher não é toda é o que nos indica o mito por ela ser a única a ser ultrapassada por seu gozo"[85] ou "por a chamares de Antígona, a mesma que pode dilacerar-te, por disso eu esfinja meu *não-toda*, saberás ao anoitecer igualar-te a Tirésias"[86] e ainda "Se a mulher não é toda, é porque seu gozo é duplo. Foi justamente isso que revelou Tirésias, quando se recuperou de ter sido, graças a Zeus, Teresa, durante algum tempo".[87]

(4) [Gozo como Infinitude] "das psicanalistas mulheres (...). Nunca se pôde tirar nada! Então a gente o chama como pode, esse gozo, *vaginal* (...), e o amor é tão extático em Aristóteles quanto em São Bernardo (...). É Hadewijch d'Anvers, uma beata Beguina, o que chamamos mais gentilmente uma mística. (...) São João da Cruz (...) pode-se também colocar-se do lado não-todo. Há homens que lá estão tanto quanto as mulheres. (...) Para Santa Tereza – basta que vocês vão olhar em Roma a estátua de Bernini para compreenderem logo que ela está gozando, não há dúvida. (...) Em outros termos, não foi por acaso que Kierkegaard descobriu a existência

---

[83] Lacan, J. (2012). *O Seminário, livro 19: ... ou pior (1971-1972)*. Rio de Janeiro: Zahar, p. 197.
[84] Ibidem, p. 196.
[85] Lacan, J. (2003). O aturdito. In Lacan, J. *Outros escritos*. Rio de Janeiro: Zahar, p. 467.
[86] Ibidem, p. 469.
[87] Lacan, J. (2012). *O Seminário, livro 19: ... ou pior (1971-1972)*. Rio de Janeiro: Zahar, p. 101.

numa aventurazinha de sedutor. (...) Mas, talvez, depois de tudo, por que não, Regina, também ela, existisse."[88]

Chegamos assim ao terceiro andar da sexuação,[89] em que se escreve o agente, mas não o tipo de gozo, e sim a sua modalidade de relação à falta de objeto, bem como sua sutura fantasmática. O ponto de partida pode ser colocado sob a tese de que *vocês não gozam senão de seus fantasmas*:

HOMENS		MULHERES	
$\exists x$	$\overline{\Phi x}$	$\overline{\exists x}$	Φx
$\forall x$	Φx	$\overline{\forall x}$	Φx
$\cancel{S}$ →		S($\cancel{A}$)	
		→ a	$\cancel{A}$
Φ ←			

Chegamos assim a duas hipóteses para entender a elaboração infinita de luto, mesmo na situação em que todas as condições para a elaboração da perda são cumpridas. Isso pode acontecer porque o próprio luto realiza uma satisfação fantasmática, em que há, portanto, uma identificação da pessoa perdida com o objeto *a*, ou porque a tramitação fálica da falta, como perda e como causa, exclui a entrada do gozo não-todo.

> (...) esse $\cancel{S}$ só tem a ver, enquanto parceiro, com o objeto *a* inscrito do outro lado da barra. Só lhe é dado atingir seu parceiro sexual, que é o Outro, por intermédio disto, de ele ser a causa de seu desejo. (...) Essa fantasia, em que o sujeito é preso, é, como tal, o suporte do que se chama expressamente, na teoria freudiana, o princípio de realidade.[90]

---

88 Lacan, J. (1985). *O Seminário, livro 20: mais, ainda (1972-1973)*. Rio de Janeiro: Zahar, pp. 101-104.
89 Ibidem, p. 105.
90 Ibidem, p. 108.

Isso significaria ler a finalização do luto tanto como:

(1) borromeano fechado: incorporação fálica [Φ] do objeto (*a*) e realização simbólica da castração [S(Ⱥ)]; ou
(2) borromeano aberto e encadeamento infinito [S(Ⱥ)], seja como experiência mística, louca e talvez *Unheimlich*, seja como dissolução de si (*Lⱥ*).

No segundo caso, as relações entre gozo, angústia e amor encontram-se reunidas; no primeiro caso elas encontram-se disjuntas.

> Não há relação sexual porque o gozo do Outro, tomado como corpo, é sempre inadequado – perverso de um lado, no que o Outro se reduz ao objeto *a* – e do outro, eu direi louco, enigmático.[91]

Tomando a sexuação como algo que se lida a partir dos próprios termos, isso nos convidaria a duas leituras: a *cisleitura* e a *transleitura*. Teríamos, assim, uma espécie de leitura "cis", na qual a identidade de gênero coincide com seu sexo biológico ou com sua designação social, segundo a lógica classificatória das classes, que vimos como algo imanente ao totemismo e sua importância conferida ao nome próprio. "*Cis-*", em latim, quer dizer "*do mesmo lado de*", assim como "*trans-*" quer dizer "*do outro lado*". O cisgênero é um conceito que abarca "as pessoas que se identificam com o gênero que lhes foi atribuído quando do nascimento",[92] ou seja, as pessoas não transgênero. As leituras cisgênero da sexuação são, em última instância, leituras totemistas da sexuação que deduzem a existência da mulher a partir da função fálica. Nela os seres falantes dividem-se em dois, segundo sua inscrição ou escrita de gozo. No lado Homem, que se inscreve em um tipo de gozo (fálico) e uma posição de fantasia específica, ou seja, do lado do falo e como sujeitos divididos. No lado *Mulher*, o *parlétre* escreve seu gozo (suplementar) na posição de objeto *a* na perspectiva da fantasia.

---

91 Ibidem, p. 197.
92 Jesus, J. G. de (2012). *Orientações sobre identidade de gênero: conceitos e termos – guia técnico sobre pessoas transexuais, travestis e demais transgêneros, para formadores de opinião*. Brasília: EDA.

Como "mulher que não existe" ela (L$\cancel{a}$) autorrelaciona-se, duplamente, com a castração [S($\cancel{A}$)] e com a inconsistência do Outro ($\cancel{A}$). *Homens e mulheres* não são definidos por sua biologia corporal, mas são significantes diferidos por sua relação ao falo, segundo uma dialética entre ter e ser. Assim, a teoria lacaniana do sujeito, da qual se deduzem as estruturas clínicas, concerne apenas ao lado esquerdo das fórmulas da sexuação, que traduz o paradigma totêmico-edipiano em psicanálise.

Mas, se levamos em conta que as mulheres possuem uma dupla inscrição, tanto do lado fálico, da qual a histeria seria um sintoma, quanto no lado não-todo-fálico, de onde se extraem consequências clínicas para certos modos de sofrimento, como a devastação (*ravage*), poderíamos entabular uma leitura trans da sexuação. Para tanto basta supor que nossa leitura envolve uma decisão de perspectiva: de cima para baixo, da esquerda para a direita. Basta pensar que tais escolhas são contingentes que termos uma transleitura ou uma leitura perspectivista da sexuação.

Na leitura cis, estar do lado "homem" significaria inscrever-se respectivamente como semblante "homem", de maneira a partilhar um modo de gozo, no qual a existência de uma exceção (o pai da horda primitiva) articula-se com um universal (da castração), formando um conjunto e uma unidade. Estar do lado "homem" significa tomar a mulher como objeto *a* desde a posição de sujeito e deixar-se tomar no lugar de falo. Ainda que o lado "mulher" não forme uma correspondência com o lado homem, uma vez que ele não escreve a formação de um conjunto, melhor seria dizer o conjunto aberto *d$\cancel{A}$ mulher que não existe*. Tal modalidade de gozo caracteriza-se pelo não-todo (*pas-tout*), envolvendo a conjugação de um segundo tipo de excepcionalidade (*não há nenhuma que não*) e não-toda mulher está inscrita na função fálica.

Geralmente entendemos que a grande novidade da sexuação está na forma de conceber o gozo, particularmente o gozo feminino, nos esquecendo de perguntar: Por que são três andares, e não simplesmente um? A leitura cis entende o andar de cima e o de baixo como uma espécie de legenda ou de ilustração para o que seria essencialmente distintivo, que são as formas de gozo. A leitura "trans", ou *transleitura*, caracterizada pela reaplicação do princípio da não totalidade à própria relação entre os andares, pode ser de contingência, e não de necessidade. De tal maneira que poderíamos distinguir e precisar a diferença entre gênero, gozo e fantasia como uma diferença interna, e não opositiva complementar. A hipótese consiste apenas em radicalizar, de forma modificada, a tese de Freud[93] segundo a qual, quando se trata de sexualidade, existe uma *independência* entre identidade psíquica, escolha de objeto e caracteres sexuais anatômicos. Pensamos que a noção de "independência" é um equivalente formal de uma relação que não é nem necessária, nem impossível. Os três andares da sexuação implicam uma relação de necessidade (leitura cis) ou de contingência (leitura trans) entre a variedade (*Vershiedenheit*) dos semblantes, a diferença (*Unterschied*) entre os gozos e distinção (*Differenz*) entre fantasias, formas de amar e modalidades preferenciais de objeto. Podemos agora redescrever os movimentos do luto combinando a proposição borromeana, com a formalização narrativa e a transleitura da sexuação:

(1) O buraco no Real sentido como devastação (*ravage*) e deslumbramento (*ravissment*).
(2) Loucura transitiva produzida entre duas questões: "*o que perdi no outro?*" e "*que lugar tinha no Outro quando o perdi?*" aprofundando a esquize do ser-falante.
(3) Realização da realidade da perda como privação e angústia de estranhamento (*Unheimlich*).
(4) Metaforização da falta como sombra do objeto, ou como brilho do objeto que cai com o Eu.
(5) Estética do luto não apenas como recriação do fantasma, mas também como dissolução do Eu e inconsistência do Outro.
(6) Infinitização do luto por transferência animista ou perspectivista, desidentidade do Simbólico e identificação não identitarista.

---

93 Freud, S. (1996). A psicogênese de um caso de homossexualismo numa mulher (1920). In. Freud, S. *Além do princípio do prazer, psicologia de grupo e outros trabalhos (1920-1922)* (Edição Standard Brasileira das Obras Psicológicas de Sigmund Freud, Vol. XVIII). Rio de Janeiro: Imago.

PARTE IV

MELANCOLIA: UMA OUTRA ESTRUTURA

Como vimos, a noção de estrutura clínica em Lacan foi desenvolvida inteiramente no quadro do totemismo, no qual ocupam lugar fundamental as noções de metáfora paterna, nome do pai e posição do falo no Outro. Esse modelo de estrutura se prestou a distinguir muito bem neurose da psicose, opondo o recalcamento à foraclusão, mas o próprio Lacan reconheceu que o mesmo nível de rigor e confiança diagnóstica não se estendia aos tipos clínicos: histeria, neurose obsessiva e fobia no caso da neurose, esquizofrenia, paranoia e melancolia, na psicose. Isso nos remete à subordinação, herdada de Freud, do narcisismo ao plano edípico e suas estruturas residuais como supereu e o fantasma. Isso se viu confirmado na aproximação lacaniana entre fim de análise e solução do luto.

A descoberta de que existem estruturas, em sentido antropológico, lógico e linguístico, não totemistas, e de que a associação entre narcisismo e animismo pode ser questionada, introduz uma relativização interna à universalidade da estrutura. Isso convida a rever a própria noção de narcisismo em Lacan, considerando não apenas os processos de formação da identidade, como gesto primário de reconhecimento, de uma estrutura dual do Eu, como também se demonstra por meio do modelo do estádio do espelho. Contramodelos, por exemplo, como os sugeridos por Sloterdijk,[1] como o estádio das sereias, a pulsão invocante de Alain Didider-Weill,[2] o autismo como quarta estrutura,[3] deveriam incluir a função da voz, e não apenas a dimensão da imagem visual, bem como os processos esquizoides descritos por Melanie Klein.

O próprio Lacan tenta enfrentar esse problema ao mobilizar a noção de esquize (*Entzweiung*) em contraste com a acepção inicial da divisão subjetiva como *Spaltung*. A *Entzweiung*, ou encruzilhada do dois (*deux* em francês, *Zwei* em alemão), tem mais relação com a oposição entre unidade e fragmentação do que com gramática do "*aha Erlebnis*", ou o gozo em experimentar-se como "isso", sendo o "isso" a unidade do Real, Simbólico e Imaginário, formulada narrativamente pelo gesto que indica esta *imagem*, cuja *realidade* me representa *simbolicamente* no Outro.

Essa diferença se mostrou particularmente relevante quando separamos, no interior da angústia de *Unheimlich*, a castração totemista e o perspectivismo

---

1 Sloterdijk, P. (2016). *Esferas I: Bolhas*. São Paulo: Estação Liberdade.
2 Didier-Weill, A. (1998). *Os três tempos da lei*. Rio de Janeiro: Zahar.
3 Vives, J.-H. & Orrado, I. (2021). *Autismo e mediação: bricolar uma solução para cada um*. São Paulo: Aller.

animista e quando pensamos na sexuação como quarta modalidade de identificação. A angústia de castração totemista é uma ameaça narcísica na qual o sujeito se agarra pela identificação fantasmática. A angústia animista posiciona o objeto *a* de outra maneira, não só como luto edipiano finito, aquisicionista e incorporativo, pela qual novos traços do objeto perdido serão erguidos dentro do Eu, mas como luto infinito, pelo qual perdemos o próprio Eu de forma excorporativa, aos nos enodarmos ao luto dos outros.

O modelo mais totemista que encontramos na psicopatologia freudiana é representado pela fobia, usualmente tida como uma estrutura provisória, típica da infância, sempre tendente a se resolver ou se estabilizar quer na forma da histeria, quer como neurose obsessiva. A situação fóbica se desdobra em dois casos: a criação de um objeto totêmico (versão terrificante do pai, geralmente determinado como um animal) ou angústia de englobamento, dissolução ou indeterminação (frequentemente figurada pelo mar, pela água ou pelo medo de lugares abertos ou fechados).

Seguindo nossa pesquisa até aqui, pudemos distinguir dois tipos de luto. O luto totemista e seu desenlace finito, com a formação de um novo afeto, e o luto animista e seu intricamento infinito com outros lutos. Podemos agora introduzir a hipótese de um outro modelo de estrutura, não deduzido do sistema Édipo-Narcisismo, mas do paradigma do Luto-Esquize. Neste caso, teremos por referência o processo de formação do afeto, concernente à teoria da angústia, mas também uma experiência não-toda fálica para a economia da perda e recuperação de gozo.

Esse segundo grupo estrutural não deve ser pensado em contraste e oposição diferencial com a estrutura na acepção da neurose-psicose. A melhor maneira de pensar esse caráter dualista das estruturas seria radicalizando que a teoria clássica considera apenas a relação entre conjuntos e suas exceções, ao modo da constituição do sujeito dividido pela *Spaltung*, tomando o lado esquerdo das fórmulas da sexuação como expressão do totemismo psicanalítico. A teoria da estrutura animista-perspectivista é deduzida do lado da sexuação Mulher. Em cada ser-falante (*parlêtre*) há, portanto, duas estruturas, que em conjunção não formam uma totalidade perfeita, mas um conjunto de enodamentos ou de unidades precárias e contingentes, cujo melhor modelo é o nó borromeano.

O paradigma do luto-esquize, como vimos em nosso modelo borromeano, envolveria a construção alternativa dos tempos do luto passando pela devastação (*ravage*), pelo *Unheimlich*, pela privação, pelo gozo não-todo-fálico e pela transferência de luto. Retornemos a uma definição mais simples de neurose, como mito individual, lembrando que esta parece ter sido a matriz de formalização das estruturas clínicas em Lacan, como tentamos mostrar em outro lugar.[4] Este modelo de estrutura é antes matemático-topológico e depois antropológico. Ora, pesquisas mais recentes mostraram como paira, na fórmula canônica do mito, certa ambiguidade de entendimento do que significa a dupla torção, na relação pela qual termos e funções são intercambiados. Há um desenvolvimento em Lacan que aproxima essa dupla torção do corte em oito interior que definiria a extração do objeto *a* e a experiência de separação em relação ao fantasma. Mas essa leitura é mais consistente com o fantasma como perspectiva totemista, tal qual Freud teria explorado em seu adendo à teoria psicanalítica das perversões, expresso no artigo *Bate-se em uma criança*, do que com a lógica do fantasma, formalizada por Lacan em 1966-1967 a partir do objeto *a*.

De certa maneira, a gramática totemista da série descrita por Freud vai de "*Meu pai bate em uma criança*" a "*Bate-se numa criança*", passando pela fase intermediária e inconsciente do "*Eu sou a criança na qual meu pai bate*". O núcleo do fantasma a ser construído é um equivalente de identidade, afinal: *eu sou aquela criança*. Na gramática animista, em vez do Eu está o corpo como outro, tal qual fórmula da melancolia de que "*a sombra do objeto cai sobre o eu*". Em vez do Pai que bate e o nome que me filia à linhagem paterna, a identificação na melancolia é reversa, em acordo com a ideia de que o *Outro me perdeu*. Por esta via o luto infinito só pode ser interpretado como *hemorragia libidinal*, para retomar a expressão de Freud.

Chegamos assim à hipótese de que os lutos infinitos nos ajudam a descrever a estrutura a partir da melancolia, e não da paranoia. Consideramos também os quadros conexos, tipicamente descritos como não-neurose... nem psicose. Isso inclui a loucura histérica do século XIX, as místicas renanas do século XII, as personalidades *borderline*, de Stern a Kernberg, os estados limites, de Searles a Green. A distinção delineada por este último autor entre narcisismo intelectual, corporal e moral, bem como a sua descrição do gênero neutro, com releitura do problema da bissexualidade,[5] assemelha-se

---

4 Dunker, C. I. L. (2021). *O cálculo neurótico do gozo* (2. ed.). São Paulo: Zagodoni.
5 Green, A. (1988). *Narcisismo de vida, narcisismo de morte*. São Paulo: Escuta.

aos desenvolvimentos aqui propostos. Mas, ainda que o reconhecimento dos problemas seja semelhante, nos afastamos da solução de Green tanto em razão de sua concepção de negatividade quanto pela sua teoria do afeto.

Ora, a teoria psicanalítica dos afetos, desenvolvida por Lacan a partir do *Seminário da Angústia*, ressaltou o objeto *a*, mas acabou deixando de lado o problema mais simples e anterior representado pela relação entre significante e imagem, freudianamente indexado pela *Rücksicht auf Darstellbarkeit* como um problema primariamente estético, e não psicológico.

Partindo da simplificação representada pela fórmula canônica do mito individual do neurótico, vejamos então uma apresentação comparativa de alguns desses quadros, retomando nossas figuras da negatividade, segundo a casuística histórica das patologias do luto.

	Figura do Negativo	Conceito	Correlato Social	Psicopatologia
1	Ausência	Presença	Trato do Corpo	Luto Negado Anestesia, Devastação
2	Vazio	Angústia Sofrimento	Rito Funerário	Luto Suspenso Devastação
3	Perda	Frustração Privação	Recordação Repetição	Luto Indefinido Embaraço, Anedonia
4	Falta	Castração Identificação	Nomeação Elaboração	Melancolia Psicoses do Supereu
5	Causa	Sublimação Coisa Nada	Arte Ciência Sonho	Desamparo Luto Espectral *Borderline*
6(a)	Separação (totemista)	Transferência Novo Afeto	Liberdade Alegria	Luto Finito
6(b)	Separação (animista)	Transferência Reparação	Vidas Privadas de Luto	Luto Infinito

Lutos espectrais

Ela vivia sozinha havia mais de vinte anos desde que se separou do marido. Até então, levara uma vida rica e ocupada, cheia de viagens e encontros românticos ao redor do mundo, com uma participação ativa e uma vida intelectual em diversos contextos. Há dez anos perdeu o pai, há cinco ela perdeu a mãe. Há dois anos, ela havia sido demitida de um emprego importante por "motivos políticos". Até então, tudo parecia triste, mas normal. Todos à sua volta diriam que ela era uma pessoa extremamente alegre, extrovertida e sua presença exalava trabalho e dedicação. Tudo isso realmente mudou, há seis meses, quando sua cachorra de estimação morreu. De repente, surge a insônia, tristeza, choro recorrente e pensamentos de vazio. Sua família, incluindo irmãos e primos, parece estar distante. Ela perdeu o gosto pelas viagens e a capacidade de se divertir. Aquela tristeza funda e indefinida que a acompanhara desde sempre no fundo da paisagem de repente *tomou posse do imóvel como se ele fosse uma dessas terras improdutivas*.

Ainda adolescente, teve de cuidar de sua mãe, depois da separação dos pais. Decisão da mãe. O divórcio foi cuidadosamente escondido de seus parentes que moravam em outro país, onde ela mesma nasceu. Uma vez por ano, na visita ritual feita à cidade natal, elas fingiam: "*desta vez o pai não pôde vir*". A vergonha pelo insucesso no casamento acompanhou toda a vida da mãe. Ainda hoje minha analisante sonha periodicamente que a mãe está na igreja casando-se. Ela acompanha a cerimônia, mas sempre há um elemento dissonante: ela está sem roupa, falta um pé do sapato ou o noivo não vem.

Como tantos começos de análise, este se desenvolveu em torno de uma descontinuidade. Para tanto, podemos mobilizar o conceito de trauma, de causa desencadeante, de crise de gozo, ou de abalo no fantasma. Podemos escrever esse movimento de realização da perda em estrutura metafórica edipiana:

$$\frac{\text{Nome do Pai}}{\text{Mãe}} \cdot \frac{\text{Mãe}}{x} \cong I(a) \left(\frac{A}{\text{Falo}}\right)$$

cachorra, filhos, marido ... n

Ou na chave deduzida do cálculo neurótico do gozo a partir da fórmula canônica e totemista do mito:[6]

$$F_x\ (a) : F_y(b) \cong F_x\ (b) : F_{a-1}\ (y)$$

$$F_{\text{fálica}}\left(\frac{pai}{filha}\right) : F_{\text{sujeito}}\left(\frac{m\tilde{a}e}{perda}\right) \cong F_{\text{sintoma}}\left(\frac{\text{política}}{\text{depressão}}\right) : F_{\substack{\text{nomeação}\\ \text{fantasia}}}\left(\frac{cachorra}{nação, amor, casamento, pai, m\tilde{a}e \ldots n}\right)$$

Ela mesma foi casada, mais de quinze anos, mas, quando insisti nos motivos de seu divórcio, passamos algumas sessões em torno de *por que eu me separei?* O marido não queria filhos? Ela trabalhava demais? Amantes? Ao final, a reconstrução do mito familiar nos levou a inverter a primeira versão, em que dizia que o marido havia encontrado uma mulher mais jovem, como seu pai fizera. Na versão mais exata, *ela* havia iniciado uma relação paralela no trabalho.

Àquela altura, uma amiga lhe ofereceu outro filhote de cachorro, e ela me pergunta: "*Devo aceitar ou não?*". Outros analistas poderiam ter ficado em silêncio, mas eu respondi que ela podia esperar um pouco. Ela retém essa recomendação de forma disciplinar, mas não sem uma pitada de ironia: "*tudo bem, é disso que preciso: obedecer como um cãozinho*".

Em um momento, ela disse: "Vim te procurar porque *me disseram que você entende de política*, e eu li alguns de seus textos na internet. Afinal, foi pela falta de política que me *atrapalhei no* trabalho". O significante "política" provou ser decisivo em outro contexto. Em uma viagem ao seu país de origem, ela consultou alguns de seus familiares remanescentes sobre a razão pela qual sua família veio ao Brasil, e a resposta foi terrível: *política*. Ela descobriu que a família de seu pai poderia ter se envolvido em alguma forma de colaboração durante a ocupação alemã. Depois da guerra, seus pais, que eram então casados, começaram a temer a vingança. Decidiram imigrar para o Brasil, contra a vontade imediata de sua mãe, que sentiu um infinito sentimento de arrependimento por estar separada de sua família. Ela nunca perdoou o marido por isso. Portanto, é possível que esse tenha sido o verdadeiro motivo da separação de seus pais. Isso

---

6 Dunker, C. I. L. (2020). *O cálculo neurótico do gozo* (2. ed.). São Paulo: Zagodoni.

foi corroborado pelo grande medo que seu pai demonstrou durante a ditadura militar brasileira. Ele insistiu para que a filha não fosse envolvida com "política". Rimos juntos quando ela se dá conta de que, quando ela procura um analista conhecido por sua atuação na política e, a propósito, descendente de alemães, ela estava desobedecendo duplamente ao pai.

Demoramos muito tempo na análise, revendo muitas perdas. O ponto crucial da integração de uma série de perdas foi atravessado por outro luto, o *luto da sua mãe*, no duplo sentido: (1) a perda de sua mãe, que morreu sozinha, como sua cachorra; e (2) o luto infinito de sua mãe em relação a seu pai, adiado pelo divórcio e pela imigração forçada em relação ao país de origem. O luto finito, desencadeado pela perda da cachorra, remetia ao luto da mãe, que remetia ao luto do pai, que remetia ao luto do divórcio entre eles, que remetia ao luto da pátria abandonada, que remetia ao luto infinito dos mortos pela guerra. No primeiro tempo, a tarefa foi realizada em torno de uma reapropriação simbólica de sua mãe perdida. No segundo tempo da análise, o problema estava em torno de como sair do luto que ela vive desde a perspectiva da mãe. A falta que ela teria imposto a sua mãe, se ela tivesse suspendido seu lugar substitutivo e aliado e suplementar à sua função materna.

Quando a mãe adoeceu, prometeu a si mesma que nunca deixaria a mãe morrer sozinha, promessa pela qual se culpava por não ter cumprido. Ela não podia se perdoar por isso. Embora soubesse da má saúde da sua mãe, ainda assim ela acreditava que, se estivesse ao seu lado, a sua mãe não teria morrido e, portanto, recriminava-se agudamente pela própria ausência. Apesar de "saber que não", ainda assim acreditava na sua presença "salvadora". Assim, a perda real pode ser encoberta por um sujeito que se oferece como objeto para compensar a falta do Outro.

Apoiada pelo fato marcante de que ela havia esquecido as verdadeiras razões de sua separação do marido, insisti em conhecer o contexto da imigração de sua família para o Brasil, mas ela não conseguia lembrar com muita precisão: "*Depois da guerra, a situação de trabalho tornou-se difícil na Europa e meu pai recebeu uma oferta de emprego*". Essas afirmações eram verdadeiras, mas não eram toda a verdade. Assim como algo estava faltando na história de sua separação do marido, algo parecia estar faltando na história da imigração de sua família. Outra razão para o luto foi adicionada aqui, a perda do país original, o que nos levou ao significante da transferência: *política*, e a ideia de que o Brasil, sob Bolsonaro, estava *derretendo*.

Após três anos de análise, duas coisas aconteceram, fechando esse luto aparentemente interminável. Depois de muito tempo contando as perdas do seu ponto de vista e comparando-as ao ponto de vista de sua mãe, ela finalmente inverteu esse processo. Adotou um novo cão de estimação e o nomeou com uma expressão que representa ela e seu país de origem.

Também anunciou que finalmente iria fazer um curso no exterior, numa prestigiosa universidade europeia, que havia muito desejava e adiara inexplicavelmente. O anúncio muda seu humor, e este foi um ganho permanente para o processo analítico. Quando ela disse que foi aceita no *winter course* (curso de inverno), pontuei com humor: *intercourse*? (relações sexuais?). Ela se envergonha e ri. Mas duas sessões à frente ela "ria de si mesma" a cada vez que pronunciava um significativo *(w)intercourse* (curso sexual de inverno). Uma estranha ressonância musical aparece em sua mente. Não foi apenas a lembrança da vida sexual que ela estranhamente *esqueceu*, como tantas outras coisas e pessoas abandonadas que reconhecemos na análise.

Dentro de alguns meses ela voltará a esse tema, ligando o "inverno" com a "tristeza" que fizera fundo para toda a sua vida e da qual fugia sem parar. Inverno trazia também o "som do vento" da sua infância de volta. Com ele, vinha toda a frieza política com a qual seu país lidara com os massacres da Segunda Guerra Mundial. Esse era o fundo de tristeza a ser evitado, uma espécie de privação ou sacrifício a que ela se impunha.

Ela chorava agora por milhões de mortos judeus, pelos africanos escravizados, pelas imigrações forçadas dos eslavos, pela situação de pobreza e desamparo de tantos brasileiros. E agora essa Covid, para a qual ela havia se preparado a vida inteira para enfrentar, mas diante da qual agora se via impotente. Tudo por causa da *maldita política* que ela prometia deixar para trás e que vivia reaparecendo na sua vida. Este efeito poético impronunciável ligado à sensação de frio foi o acontecimento mais importante para dar fim ao seu luto infinito. Frio aliás, que agora se podia ler, era o que ela sentia ao aparecer no casamento da mãe, sem roupa.

O caso sugere que existem alguns processos de luto que levam mais tempo porque há uma espécie de série adiada de lutos. A contabilidade das perdas negadas, adiadas ou reprimidas explica uma certa orientação depressiva na vida. No entanto, esse não foi o caso. Minha analisante tinha uma apresentação clínica distante de um estado depressivo, embora pudéssemos pensar em uma defesa maníaca. À medida que o trabalho analítico prosperava, as temporadas depressivas vinham com mais força. Até uma última versão melancólica da qual ela se saiu como diz "outra pessoa".

A cadeia acumulada de lutos que cruzou seu caminho teve de ser simultaneamente aberta em cada caso: *"mãe é mãe, cadela é cadela"* – tive que fazê-la repetir mais de uma vez. Mas, depois de separados, os diferentes lutos puderam ser inseridos em uma cadeia maior, virtualmente infinita, não enumerável de mortes e perdas, vividas no entranhamento de sua história com a de tantas outras. O luto adiado de "sua mãe" assumiu o sentido de duplo perspectivismo, algo como o *tovajar* para o povo Araweté, ou seja, aliada e inimiga, a depender do fim da narrativa. Sua tristeza mostrava-se assim um ritual de sacrifício, uma espécie de renúncia ao prazer, como forma de recompor o trato dos viventes: entre gerações, entre pátrias e entre humanos e caninos.

Cada separação podia ser comemorada com a aparição de um novo traço predicativo no seu Eu, ao modo de uma herança recebida tantos anos mais tarde. Substituta fálica do pai e, identificada com o objeto perdido da mãe, causa do casamento entre eles, prosperava em um luto indefinido. Mas, aos poucos, sua mãe foi se tornando o inimigo que ela pôde finalmente abandonar e deixar-se ser deixada. Contudo, o mais decisivo permaneceu sendo a des-identificação, com o *sens-blanc* (semblante) de um significado, como no tal "curso de inverno", que aliás era sobre política, mas também sobre poder ser *"como uma cadela na cama"*.

O efeito *ritornello* decorrente da letra, em uma língua que não lhe era materna, corresponde a esse momento estético do luto, do qual falamos neste livro. Seu luto compunha-se de uma cadeia depressiva que passava pelo pai, pelo ex-marido, pelos filhos não tidos, pela falecida mãe e pela cachorra. Uma identificação espectral os unia em uma mesma assombração.

O caso poderia ser apresentado como uma espécie de melancolia benigna, talvez o que o DSM-5[7] chamaria de transtorno bipolar tipo 2. Considerando que 60% desses indivíduos sofrem de outros transtornos em comorbidade, que 75% deles sofrem com transtornos de ansiedade, 37% com abuso de substância e 14% têm um transtorno alimentar, tendo em conta, ademais, a alta frequência de personalidade *borderline*, estaríamos diante de um "tipo puro", porque ela não manifestava nenhum desses transtornos. Poder-se-ia argumentar que se trata, talvez, de uma depressão simples, uma distimia ou um ciclotimia, mas em nenhuma dessas hipóteses se extrai uma etiologia possível e consequentemente uma direção de escuta ou condução do tratamento.

Para nós, trata-se de um caso de luto espectral, ou seja, do retorno de figuras de mortificação, fruto do encadeamento de lutos que se conectam ao modo de uma transferência. O luto da pátria, o luto da separação dos pais, o luto da perda dos pais, o luto da demissão do emprego e finalmente o luto pela morte da cachorra de estimação desdobram-se em uma cadeia de deslizamentos no interior da qual o luto subsequente parece receber as formas pendentes de amor e de saber do luto anterior. Mas o fator decisivo que separa este caso de tantos outros nos quais o luto é adiado ou suspenso diz respeito ao fato de que ela se encarregava do luto alheio, numa espécie de luto por procuração, exatamente como o caso do xamã Araweté que se entregava aos espíritos M*ai*, como forma de restituir o luto da mãe para com seu filho. Esse tipo de luto sacrificial termina por nos endereçar, no passado mais remoto, às condições de exílio e de perda massiva que sua família sofrera no contexto da guerra. Mortes incontáveis, perdas indiscerníveis, pareciam fazer parte da constelação pela qual os afetos de luto adquiririam uma indeterminação transitivista.

Melancolias

Olhando para a história da melancolia, percebe-se que ela foi sistematicamente descrita a partir de propriedades refratárias à teoria do significante,

---

7   American Psychiatric Association (2014). *Manual diagnóstico e estatístico de transtornos mentais: DSM-5*. Porto Alegre: Artmed, pp. 132-133.

inclusive quando ele é colocado a partir da causa dos afetos. É o espinho na alma de Hipócrates,[8] a rapidez da transformação do humor em Kraepelin,[9] a metamorfose dos afetos na acídia de São Atanásio,[10] a mudança causal da paisagem de sentimentos em Griesinger,[11] a perda progressiva do nome próprio em Cotard,[12] a sua associação com a hipocondria

---

8   "Abatimento, enfermidade difícil: o enfermo parece ter nas vísceras um espinho que o pica; a ansiedade o atormenta, foge da luz e dos homens, prefere as trevas; é presa do temor; o diafragma avança até o exterior; lhe dói quando o tocamos, tem medo, tem visões espantosas, sonhos horrorosos e as vezes vê mortos. Em geral a enfermidade ataca na primavera." (Hipócrates apud Dunker, C. I. L. (2021). *Uma biografia da depressão*. São Paulo: Planeta, p. 18.)

9   "O traço fundamental do presente estado é formado pela *extraordinária liquidez* de cada um dos processos psíquicos. São *rápida e facilmente* excitáveis, e com a mesma facilidade, novamente recalcados." (Kraepelin, E. (2002). Excitação maníaca. In Quinet, A (org.). *Extravios do desejo: depressão e melancolia*. Rio de Janeiro: Rios Ambiciosos, p. 73. Grifos nossos.)

10 "Logo a alma é tomada por temores e perturbações, a mente é tumultuada, abatida, sente ódio por quem conduz vida ascética, sente desconforto, tristeza, saudade dos familiares, medo da morte. Depois surge o desejo de coisas perversas, o enfraquecimento da virtude, a instabilidade do comportamento" (Atanásio de Alexandria (2001). Vida de Santo Antão. In Atanásio de Alexandria. *Athanasius: Select Works and Letters* (Nicene and Post-Nicene Fathers, Série II, Vol. 4, P. Schaff & H. Wace, orgs.). New York: The Christian Literature Company, p. 36. Tradução nossa.)

11 "Gradualmente ocorreu um desgosto com todas as coisas, um tédio profundo e universal. Até então, eu tinha percebido apenas o lado brilhante da vida. A partir dessa época vi o lado sombrio. Logo, as ideias de suicídio vieram pela primeira vez" (Griesinger, W. (1861). *Die Pathologie Und Therapie Der Psychischen Krankheiten: Für Aerzte Und Studirende*. Stuttgart: A. Krabbe, p. 56. Tradução nossa.)

12 "— Como vai a senhora?
    — A pessoa de mim mesmo não é uma senhora, me chame de 'senhorita', por favor.
    — Eu não sei o seu nome, queira dizê-lo para mim.
    — A pessoa de mim mesmo não tem nome: ela deseja que o senhor não escreva.
    — No entanto eu queria muito saber como lhe chamam, ou melhor como lhe chamavam antigamente.
    — Compreendo o que o senhor quer dizer. Era Catherine X..., não deve mais falar como antes. A pessoa de mim mesma perdeu seu nome, ela o deu ao entrar na Salpêtrière." (Cotard, J. (2010). Del delirio de las negaciones (1882). In Stagnaro, J. C. (org.). *Alucinar y delirar I*. Buenos Aires: Polemos, pp. 80-81. Tradução nossa.)

em Lasègue[13] e a dor moral em Seglás.[14] A própria síntese freudiana não se furtará a uma descrição de afetos, emoções e sentimentos:

> A melancolia se caracteriza, em termos psíquicos, por um abatimento doloroso, uma cessação do interesse pelo mundo exterior, perda da capacidade de amar, inibição de toda atividade e diminuição da autoestima, que se expressa em recriminações e ofensas à própria pessoa e pode chegar a uma delirante expectativa de punição. (...) No luto, é o mundo que se torna pobre e vazio; na melancolia, é o próprio Eu. O doente nos descreve seu Eu como indigno, incapaz e desprezível; recrimina e insulta a si mesmo, espera rejeição e castigo. Degrada-se diante dos outros; tem pena de seus familiares, por serem ligados a alguém tão indigno. Não julga que lhe sucedeu uma mudança, e estende sua autocrítica ao passado; afirma que jamais foi melhor. O quadro desse delírio de pequenez – predominantemente moral – é completado com insônia, recusa de alimentação e uma psicologicamente notável superação do instinto que faz todo vivente apegar-se à vida.[15]

A leitura estrutural do mito neurótico permite visualizar os elementos decisivos da melancolia, inclusive sua dependência da identificação crítica com o Ideal de Eu [I(a)]. Isso só mostra que a formalização é demasiadamente genérica para captar a particularidade da melancolia, principalmente se levarmos em conta que ela é um quadro transversal à neurose e à psicose. Não é que ela se manifeste da mesma maneira em cada caso, mas sempre se poderá enviar as vozes, as alucinações e as deformações sensoperceptivas aos fenômenos secundários de uma esquizofrenia ou de uma paranoia.

Isso se aprofunda pelo fato de que a melancolia é uma forma de sofrimento marcada pela economia dos afetos, sentimentos, emoções, quando

---

13 Lasègue, C. (1971). Du délire des persécutions. In Lasègue, C. *Écrits psychiatriques*. Toulouse: Privat, pp. 29-47.
14 "Se dirá decaído do resto da humanidade; ele não tem mais sentimentos, nem vontade; ele não é mais como todo mundo, está arruinado, não tem mais órgãos, não existe mais." (Séglas, J. apud Quinet, A. (2010). *Psicose e laço social: esquizofrenia, paranoia e melancolia*. Rio de Janeiro: Zahar, p. 192.)
15 Freud, S. (2010). Luto e melancolia (1917 [1915]). In. Freud, S. *Introdução ao narcisismo: ensaios de metapsicologia e outros textos (1914-1916)* (Obras Completas, Vol. XII). São Paulo: Companhia das Letras, p. 289.

não das paixões. Nos reencontramos aqui com o problema da descontinuidade, senão oposição, entre a teoria dos afetos freudiana e a concepção lacaniana de afeto.

Não se pode acolher a crítica genérica de que Lacan teria esquecido dos afetos, tanto pela sua dedicação à hipótese central da angústia como pelo desenvolvimento de concepções originais sobre o amor e o ódio como sentimentos, e ainda da ignorância como paixão ética. Contudo, Lacan jamais enfrentou o luto como um *afeto* dotado de estrutura, ainda que ele o tenha abordado como uma espécie de figura genérica e central da falta, da perda e da causalidade significante. Sua perspectiva reversa permitiu até mesmo considerar o tratamento psicanalítico como um luto e a sua solução como uma superação do luto edipiano.[16]

Olhando para a metadiagnóstica psicanalítica em seu conjunto, percebemos que o Édipo é simultaneamente uma matriz estrutural e uma matriz histórica. Do ponto de vista narrativo, o complexo edípico pode adquirir, historicamente, a forma do mito, mas também da tragédia e do romance. Sua relação estrutural com a lei e com o sistema de trocas não é a única, pois compartilha a escuta psicanalítica com a alienação (negação), com a narrativa do objeto intrusivo (trauma) e com a perda da unidade do espírito (luto), explicando a migração e a variância de seus paradigmas clínicos. Dizemos com isso que um quadro como a melancolia – e seus descendentes psicopatológicos – depende de uma teoria da transformação dos afetos que não está disponível em Lacan. Mas dizemos, também, que isso não acontece pela desatenção aos afetos, mas pela força que a hipótese da unidade da estrutura desempenha no contexto das primeiras investigações lacanianas. Se levarmos a sério o impacto da teoria da sexuação, teríamos que desdobrar igualmente a nossa psicopatologia, muito além da hipótese persuasiva de que a histeria é uma mulher aprisionada no lado fálico da sexuação, ou mesmo

---

16 "(…) nesse momento o des-ser em que *o psicanalista conserva a essência* daquilo que lhe é passado como um luto, com isso sabendo, como qualquer outro na função de didata, que também para eles isso passará?" (Lacan, J. (2003). Proposição de 9 de outubro de 1967 sobre o psicanalista da Escola. In Lacan, J. *Outros escritos*. Rio de Janeiro: Zahar, p. 260. Grifo nosso.)

na evidência de que na paranoia há um "empuxo à mulher", justamente pela sua dificuldade de inscrição e posicionamento na função fálica. Ou seja, a sexuação introduz dois universais, fraturados em relação a si mesmos (contradição e não-todo), e não proporcionalizáveis entre si (não-relação e *sinthoma*).

> É a partir daí que nos convém obter dois universais, dois *todos* suficientemente coerentes para separar nos falantes – que, por serem, acreditam-se seres – duas metades tais que não se atrapalhem demais na *coiteração* (...).[17]

Se a metade homem está do lado da divisão do sujeito, do falicismo, da exceção que confirma a regra e do que pode valer pelo significante "homem", qual é a estrutura da outra metade? A divisão neurose ou psicose é uma divisão interna ao lado "homem" da sexuação, e a estrutura clínica clássica cabe toda desse lado. Mesmo o objeto, pensado e descoberto como objeto perdido, seu destino na fantasia será a reencarnação e a reposição segundo seu encobrimento fálico:

> Quando em *Luto e Melancolia*, literalmente, eu só tinha que me deixar guiar; bem, se alguma vez inventei o que o objeto pequeno *a* está escrito em *Trauer und Melancholie*. A perda do objeto, o que é este objeto, este objeto que ele não sabia como nomear, este objeto privilegiado, este objeto que não encontramos em todos, que um ser às vezes encarna para nós? É de fato neste caso que leva um certo tempo para digerir o luto, *até que este objeto seja reabsorvido*.[18]

---

17 Lacan, J. (2003). O aturdito. In Lacan, J. *Outros escritos*. Rio de Janeiro: Zahar, p. 455.
18 "Qui donc avant Freud était capable, à propos d'un deuil, – c'est quand même une chose qui se rencontre de temps en temps, pas souvent –, à propos d'un deuil guidé, pas par quel fil, parce que Freud a écrit bien sûr sur le deuil, mais qui peut traduire ça, en termes sensibles. Quand dans Deuil et mélancolie, littéralement je n'ai eu, pour tout vous dire, qu'à me laisser guider ; enfin, si j'ai un jour inventé ce que c'était l'objet petit a, c'est que c'est écrit dans *Trauer und Melancholie*. La perte de l'objet, qu'est-ce que c'est que cet objet, cet objet qu'il n'a pas su nommer, cet objet privilégié, cet objet qu'on ne trouve pas chez tout le monde, qu'il arrive qu'un être incarne pour nous? C'est bien dans ce cas-là qu'il faut un certain temps pour digérer son deuil, jusqu'à ce que cet objet, on se le soit résorbé" In Lacan, J. (1972). La mort est du domaine de la foi

Na pesquisa sobre as formas de sofrimento do lado reconhecido como "mulher", encontramos em primeiro lugar uma não reciprocidade: *"a mulher é um sintoma para o homem, mas o homem é uma devastação para a mulher"*. A formulação presume que a devastação (*ravage*) não seja um sintoma, que o *Unheimlich* não seja apenas uma angústia narcísica e que o déficit na formação de afetos é também um efeito estrutural do luto. Podemos dizer que as patologias do luto envolvem sofrimento marcado pela rarefação narrativa. Outras modalidades desse tipo vão sendo mapeadas por Lacan no seu último ensino: a quase loucura de Joyce, a psicose lacaniana, a doença da mentalidade, a normalidade como pior diagnóstico possível (pois não tem cura).

Mas em nenhum momento de sua teoria borromeana Lacan esboça qual seria o homólogo feminino da estrutura clínica, com exceção da vaga aproximação entre a personalidade e a paranoia. Como vimos ao longo deste livro, há uma razão clara e distinta para isso, a saber, seu modelo de estrutura é derivado do modelo totemista. Porém, hoje sabemos que há uma maneira de pensar um segundo modelo de estrutura: a estrutura animista, com uma variante muito importante que chamamos de perspectivismo. Como vimos, ele substitui o tema do nome pelo tema do corpo, a identificação antropofágica aquisicionista pela identificação dissolutiva do eu (antinarciso) e a angústia da castração pela angústia da indeterminação (*Unheimlich*).

Desenvolvemos em outro lugar[19] a hipótese de que, depois de o declínio da imago paterna ter direcionado nossas formas de sofrer para as formações de caráter e para as patologias narcísicas, a partir de 1970 um novo deslocamento se deu em direção às depressões e bipolaridades. A mudança do eixo de subjetivação do desejo, do conflito e da contradição entre proibido-prescritivo para o eixo potência-impotência já fora captada pela teoria lacaniana dos discursos. A incitação à mania, à intensificação e à inibição de afetos tornou-se, assim, o principal captador não da imago paterna, mas da imago do mestre, que apresentamos, por analogia a Foucault, como a hipótese depressiva. A dissolução da unidade edipiana – a separação entre dispositivo sexual e dispositivo

---

(Conferência em Louvain) Quarto (Supplément belge à La lettre mensuelle de l'École de la cause freudienne), 1981, n. 3, pp. 5-20.
19 Dunker, C. I. L. (2021). *Uma biografia da depressão*. São Paulo: Planeta.

de aliança – nos levou à emergência da superindividualização corporal e do avaliacionismo típicos do modo neoliberal de sofrimento.

Talvez agora estejamos diante de um novo deslocamento, no qual as propriedades emergentes e transformativas do corpo, a começar pelos afetos, sejam cruciais. Que Édipo seja substituído pelo Zumbi, trabalhador e guerreiro, ou que a maior parte de seu legado seja assumida por fantasmas incapazes de sentir dor ou prazer (anedonia), isso ainda não é certo.

Menos do que propor uma nova fórmula canônica para o mito perspectivista, podemos enfatizar a homologia dessa variante estrutural paraedípica, não apenas com os processos inconscientes de deslocamento e condensação, mas com a consideração de figurabilidade (*Rücksicht auf Darstellbarkeit*). Isso afeta precisamente a economia do luto, não mais implicando uma operação ou um cálculo discursivo do tipo perda e recuperação de gozo, mas o momento estético do luto e a transformação perspectiva que ele carrega consigo, em termos de finalização aberta ou fechada da cadeia de lutos. Observemos que é pela relação com a idealização, uma função certamente infraestrutural, que Lacan separa o luto da melancolia.[20] Para tanto, propomos aqui uma formalização possível para o processo de figuração:

$$f(t)_n \left(\frac{S}{I}\right) \cong I\left(S \ldots S'\right)(+) a$$

Lê-se: a função narrativa no tempo opera pela substituição do significante [S] pela imagem [I], tornada equivalente do par ordenado metonímico (S, S'). A imagem em movimento realiza o acréscimo de significação dado pelo afeto. Mas também podemos pensar aqui na observação freudiana de que na melancolia existe a possibilidade de

---

20 "O problema do luto é o da manutenção, no nível escópico, das ligações pelas quais o desejo se prende não ao objeto *a*, mas à *i(a)*, pela qual todo amor é narcisicamente estruturado, na medida em que esse termo implica a dimensão idealizada a que me referi. É isso que faz a diferença entre o que acontece no luto e o que acontece na melancolia." (Lacan, J. (2005). *O Seminário, livro 10: a angústia (1962-1963)*. Rio de Janeiro: Zahar, p. 364.

suspender ou inibir certos afetos, como vergonha, culpa e nojo. Nesse sentido, a anatomia dos afetos realizada por Colette Soler[21] com relação à culpa nos parece um caminho promissor. Para ela, a culpa tomada na economia melancólica é diferente da culpa edipiana, pois ela liberta o sujeito do dever, ela desimplica o sujeito. A culpa existencial dos melancólicos não ocorre só por atos, mas por palavras e pensamentos, porque eles se recusam a aceitar a separação entre o palco e o mundo. Como carrascos de si mesmos, eles não se *sentem* culpados, eles *são* culpados. Daí a emergência de uma forma de culpa que é impotente, pois "o culpado está prestes a lavar as mãos" no seu ato mesmo, e porque a culpa leva ao crime, já que alivia o sentimento imotivado de culpa.[22] Ou seja, a devastação tem uma relação direta com as relações de causa, e, como vimos, elas nos convidam ao universo do discurso e ao fracasso do semblante.[23]

De fato, a caracterização da melancolia como bipolaridade enfatiza o caráter não retilíneo das ideias, a não ser quando elas estão superinvestidas de afeto ou idealização (mania). A rapidez e intensidade da fala, a natureza episódica ou circular das inversões de humor, o caráter espiralado das crises que retornam, *grosso modo*, combinam com seis movimentos do luto: a angústia supressiva, o abalo narcísico, a inversão de afetos e identificações, a metaforização da perda, o momento estético do luto e... a sua conclusão, retomada do Um. Como Lacan acentuará a dimensão narrativa da melancolia, em seus "estranhos lamentos", como uma forma de meta-amor, ou seja, uma forma transformada do sentimento pelo qual um objeto é criado:

> Você encontrará alguns desses estranhos lamentos descritos por Freud em melancolia. Apresento a vocês o termo *metamor*. Não há metalinguagem,

---

21 Soler, C. (2012). *Declinações da angústia*. São Paulo: Escuta.
22 Soler, C. (2002). Inocência paranoica e indignidade melancólica. In Quinet, A. (org.). *Extravios do desejo: depressão e melancolia*. Rio de Janeiro: Rios Ambiciosos, pp. 185--193.
23 Ravanello, T.; Dunker, C. I. L. & Beividas, W. (2018). Para uma concepção discursiva dos afetos: Lacan e a semiótica tensiva. *Psicologia: Ciência e Profissão [online]*, v. 28, n. 1, pp. 172-185. Recuperado de https://doi.org/10.1590/1982-37030004312016.

mas certamente há uma metamorfose. É no mesmo caminho que o amor percorre, e curto-circuita-se fazendo um objeto emergir de suas brincadeiras que pode ser dito como um milagre (...). Mal-estar gerado pela má direção que projeta uma espécie de tristeza no final da experiência, o reverso da alegria, o êxtase inicialmente prometido.[24]

Nada disso acompanha a descrição estrutural da neurose. Não há nenhum objeto criado, ainda mais ludicamente, muito menos um amor de deus[25] que não seja paterno. O trabalho de luto é compreendido como substituição do verdadeiro objeto da relação, o objeto mascarado, o objeto *a*, para o qual será possível posteriormente encontrar um novo semblante, que afinal não terá mais importância do que aquele que ocupou inicialmente seu lugar. A única hipótese lacaniana sobre a melancolia apontará justamente para uma patologia do semblante:

$$\frac{I(A)}{NP_0} \rightarrow \frac{i(a)}{\Phi_0} \begin{matrix} i \\ a \end{matrix}$$

O que distingue o que é próprio do ciclo mania-melancolia de tudo o que caracteriza o ciclo ideal da referência ao luto e ao desejo, só podemos apreendê-lo ao acentuar a diferença de função entre, por um lado, a relação de *a* com *i(a)* no luto, e, por outro, no outro ciclo, a referência radical ao *a*, mais arraigada para o sujeito que qualquer outra relação, mas também intrinsecamente desconhecida, alienada, na relação narcísica.[26]

---

24 Lacan, J. *De ce que j'enseigne*. Aula do dia 23 de janeiro de 1962, pp. 429-430. Recuperado de https://www.freud-lacan.com/getdocument/28696. Tradução e grifos nossos.
25 "C'est avec ça qu'il va à l'autre qui lui fait don de sa personne. Là il s'arrête. Car cette personne, c'est elle qu'il aime. Comme pour l'amour de Dieu." (Ibidem, p. 429.)
26 Lacan, J. (2005). *O Seminário, livro 10: a angústia (1962-1963)*. Rio de Janeiro: Zahar, p. 364.

Sim, na melancolia "há uma perda das vestes narcísicas do objeto",[27] e podemos até admitir que o tratamento da melancolia passe por não oferecer muitas esperanças, nem muito tempo ao paciente, até que ele "atravesse sua própria imagem". É preciso primeiro mobilizar um ataque à imagem para "poder atingir, lá dentro, o objeto a que o transcende".[28] Também podemos assentir com a ideia de que, no caso da depressão narcísica, é preciso arrancar a angústia da sua certeza. Na melancolia, ao contrário, primeiro é importante produzir a dúvida por trás de seu aspecto de certeza e falsa lucidez.[29] Todos esses movimentos ignoram as patologias do afeto, pois certamente elas não são apenas serviçais bem-comportadas da angústia.

Será que isso nos remete tão somente a uma negação específica intercorrente entre o Nome do Pai [NP_0] e o Ideal de Eu [I(a)]? Por que não pensar, por meio de uma transleitura da sexuação, que a queda das vestes narcísicas nos revela algo além do falo? Um corpo não-todo governado ou desgovernado por um gozo não-todo, cuja formalização estrutural poderia ser desdobrada em dois andares:

Fórmula canônica do mito totemista	Fórmula alternativa do mito perspectivista
$F_x(a) : F_y(b) \cong F_x(b) : F_{a-1}(y)$	$F_x(a) : F_y(b) \cong F_x(b) : F\ (I/S)\ y\ (a)$
objeto a (Castração)	objeto a (*Unheimlich*)

Marie de la Trinité e a estrutura *borderline*

Nesse sentido, pode-se falar em melancolias neuróticas e melancolias psicóticas, replicando, aproximadamente, a diferença entre Transtornos Bipolares do Tipo I e do Tipo II, porém a questão central não é essa, mas a

---

27 Quinet, A. (2002). "Luto e melancolia", revisitado. In Quinet, A. (org.). *Extravios do desejo: depressão e melancolia*. Rio de Janeiro: Rios Ambiciosos, p. 137.
28 Lacan, J. (2005). *O Seminário, livro 10: a angústia (1962-1963)*. Rio de Janeiro: Zahar, p. 364.
29 Adam, J. (2002). A melancolia entre renúncia e entusiasmo. In Quinet, A. (org.). *Extravios do desejo: depressão e melancolia*. Rio de Janeiro: Rios Ambiciosos.

da eficiência desse diagnóstico na direção do tratamento. Em vista disso, entendemos que quadros conhecidos como Transtornos de Personalidade *Borderline*, Estados Limites ou Loucuras Histéricas não são em absoluto uma indeterminação ou um intermediário entre psicose e neurose, muito menos entre neurose ou perversão, mas correspondem à infiltração de uma outra racionalidade diagnóstica na clínica psicanalítica, senão na clínica em geral.

Como mostramos em outro lugar, essa outra diagnóstica envolve, necessariamente, a vagueza e a indeterminação das classes diagnósticas como tais. Sua falta de consistência lógica ou conceitual, quando confrontadas com um sistema de classificação que se pretende exaustivo, parece denunciar a incompletude necessária das formas de diagnóstico. Ora, é o próprio conceito ou classe chamada "caso de transtorno mental" que se vê questionado.[30] Lembremos aqui de como, para a antropologia estrutural da primeira metade do século passado, o totemismo estava associado com classificações. Lembremos também que, a partir de nosso estudo sobre o estatuto da diferença na antropologia do *Unheimlich*, chegamos a uma aproximação com a lógica paraconsistente e o questionamento da não contradição como critério da composição de classes, conceitos e conjuntos. Acrescentemos agora como todas essas condições indeterminadas, não pela imprecisão ou confiabilidade da categoria, mas pela crítica da categoria assim pensada, insistem em uma aproximação não com qualquer traço do feminino, mas com a lógica do não-todo.

A hipótese de que a estrutura *borderline* define-se por uma espécie de recusa do luto foi formulada pela primeira vez por Searles. Ele tomou a ansiedade de separação, criticamente presente na transferência, como principal traço clínico, decorrente de dois processos paralelos: um de natureza narcísica, outro de tipo esquizoide:

> (…) há um duplo perigo: de um lado, a pessoa acredita que a separação a fará regressar a uma simbiose com o outro (equivalente de uma mãe simbiótica), acarretando por consequência uma perda completa de sua

---

30 Rossi, C. C. & Dunker, C. I. L. (2022) Confiabilidade diagnóstica e linguagem. *Revista Latinoamericana de Psicopatologia Fundamental*, n. 25, v. 4, pp. 534-554.

individualidade, de outra parte, ela acredita que uma certa fusão simbiótica não a conduzirá ao autismo (a uma psicose) pois perderá o contato com os outros seres humanos.[31]

Desse duplo perigo se depreende uma alternância entre passagens ao ato, contra a transferência, e como demanda infinita de sutura da distância, ausência e desamparo. Para Searles, esse impasse poderia ser lentamente superado pela interiorização da imagem do psicanalista, no entanto isso parece ser a solução lida do ponto de vista da identificação, ou seja, uma maneira de produzir, artificialmente, uma assimilação do objeto que rateia no restante das relações. O fato de que encontremos frequentemente na história desses sujeitos uma "mãe má", retraumatizações e abusos torna esse quadro conexo com a "loucura a dois" (*folie à deux*), mas, em vez de formações delirantes, encontramos uma espécie de culpa e luto agidos em ato e alternados com períodos de indiferença, desafetação e angústia.

O fato de que o indivíduo *borderline* não pode experimentar, sem a terapia, o luto é um dos critérios que permitem diagnosticar um estado *borderline*.[32] Disso decorre outro traço insistente na sua semiologia: o tratamento da angústia pelo prazer e o ataque ao prazer como fonte de dependência.

Já no *Manuscrito G*,[33] Freud assinalava o vínculo entre melancolia e anestesia sexual, anedonia ou dor, colocando como tese a observação clínica de que toda melancolia deve ser precedida por um estado de perda de prazer. Ele imaginava que isso poderia ter alguma relação com o excesso de masturbação, combinada com angústia, cujo "tipo extremo" envolve a "forma hereditária periódica ou cíclica". Na situação *borderline* há indisposição e desqualificação das experiências de satisfação além de excesso de transitivação dos afetos. Como se os afetos não pudessem ser triadicamente

---

31 Searles, H (1982). Séparation et perte dasn la thérapie psychanalytique des patients borderline. In *Mon expérience des états-limites*. Paris: Gallimard, p. 191.
32 Idem, p. 199.
33 Freud, S. (1988). Manuscrito G. Melancolía. In Freud, S. *Publicaciones prepsicoanalíticas y manuscritos inéditos en vida de Freud (1886-1899)* (Coleção Sigmund Freud, Obras Completas, Vol. I). Buenos Aires: Amorrortu.

partilhados em sentimentos, sendo o luto um caso-modelo. O luto seria, assim, tanto o afeto distintivo da melancolia, como "hemorragia da libido", quanto a condição para uma "circulação extracorpórea" da libido. Sua infinita "ânsia de amor sob a forma psíquica" parece apontar para uma falha na tramitação ou na realização extensa desse afeto.

Em certo sentido, esta inabilidade para o luto se conecta com outro traço diagnóstico: a amnésia da infância. Não se trata aqui de uma amnésia semelhante à que encontramos na histeria ou na latência típica, mas uma espécie de déficit de narração da infância. A história comprime-se de descrições cuja lembrança, em vez de simbolizar ou subjetivar, retraumatiza o sujeito. A narrativa cede à descrição como recorrência em um conjunto reduzido de cenas, que se repetem sem razão de elaboração, mas como indutores prolongados de angústia e culpa. Ou seja, tudo se passa como se ali onde existe tristeza não há luto, e ali onde há angústia ela rapidamente se transforma em raiva. A experiência *borderline* é o paradigma do despertencimento ao corpo, à comunidade, à língua e ao outro, mas um despertencimento ciente de si mesmo. Enquanto a histeria pode viver isso ao modo de um sentimento permanente de "estar em outro lugar", o funcionamento *borderline* pode ser descrito como um permanente "sair de onde se está". O resultado desse funcionamento é que, em vez de a transferência adquirir uma força de reparação, ela frequentemente atrai contra si processos defensivos ligados à vingança: "*o paciente realiza com dificuldade o fato de que um parente morto está simplesmente morto*",[34] "*ele percebe o analista como vivendo indiretamente através de si*"[35] e a direção da cura passa pela gradativa "*experiência de uma perda comum*".[36]

A tradição lacaniana abordou esse quadro do ponto de vista da teoria do estádio do espelho e de como este traria um protótipo do funcionamento narcísico derivado das propriedades elementares da imagem: simetria, reciprocidade, transitivismo, fascinação. Isso parece remeter mais ao modelo lacaniano dos afetos, extraído da tradição fenomenológica de

---

34 Idem, p. 206.
35 Idem, p. 210.
36 Idem, p. 217.

Kierkegaard, Minkowski e Heidegger, do que da psicologia alemã dos afetos mobilizada por Freud, a partir de Theodor Lipps, Robert Vischer e Ernst Jentsch. Se para Lacan o problema dos afetos se centraliza dedutivamente na angústia, para Freud os afetos dependem do movimento de uma imagem, e sua repetição compartilhada intra e intersubjetivamente. Isso implica que a teoria lacaniana dos afetos, ao contrário da de Freud, prescinde de uma concepção de percepção.

Na tradição dos autores que inspiraram Freud, há três formas de tradução dos afetos: como afetos indiscerníveis (como o *Unheimlich*) como emoções reflexas (como em Darwin) e como sentimentos sociais (como na arte). Existem termos diferentes para cada caso: *Einfühlung* (empatia), *Selbsgefühlt* (sentimento de si) e *Nachfühlung* ("movimentância", contágio e imitação do afeto). A transformação da angústia em afetos sociais como a culpa, a vergonha e o nojo estaria ligada ao progresso das conflitivas edipianas, principalmente das alternâncias entre escolhas de objeto e movimentos de identificação. Lacan parece ter percebido isso ao colocar na abscissa e na ordenada de seu esquema da angústia, respectivamente: *movimento* e *dificuldade*.[37] Mas em nenhum momento do *Seminário 10: A Angústia* ficamos sabendo qual a definição de movimento e o que significa dificuldade nesse contexto. Ora, as duas noções podem ser facilmente absorvidas na estrutura de linguagem da narrativa. O movimento basicamente traduz a resistência entre tensão e distensão, tanto na produção da imagem como nas operações de retorno do afeto do outro sobre o eu do sujeito.

Um movimento diz respeito a uma transformação de sentimento, que é uma partilha social do afeto, no trato dos viventes. Finalmente, a experiência narrativa do luto não é redutível ao tempo lógico[38] do instante de ver, tempo de compreender e do momento de concluir. Ela dependerá de como certos afetos se traduzem em emoções como medo e raiva, alegria

---

37 Lacan, J. (2005). *O Seminário, livro 10: a angústia (1962-1963)*. Rio de Janeiro: Zahar, p. 22.
38 Ver Clewell, T. (2004). Mourning Beyond Melancholia: Freud's Psychoanalysis of Loss. *Journal of the American Psychoanalytic Association*, v. 52, n. 1, pp. 43-67. Ver também Leader, D. (2011). *Além da depressão: novas maneiras de entender o luto e a melancolia*. São Paulo: BestSeller.

e tristeza, surpresa e nojo, para formarem sentimentos sociais. É o que Lacan parece ter percebido quando fala a respeito da angústia de estranhamento, e de como ela demanda um enquadre:

> (...) é propício para que eu aponte a existência de uma estrutura da angústia. (...) o magistral *Unheimlich* do alemão apresenta-se através de claraboias. É enquadrado que se situa o campo da angústia. Assim vocês encontram aquilo por meio do qual introduzi a discussão, ou seja, a relação da cena com o mundo. "Súbito", "de repente" – vocês sempre encontrarão essas expressões no momento da entrada do fenômeno do *Unheimlich*. Encontrarão sempre em sua dimensão própria a cena que se propõe, e que permite que surja aquilo que, no mundo, *não pode* [*dürfen* e não *können*] ser dito. (...) a *Erwartung* [expectativa], a constituição do hostil como tal, o primeiro recurso além da *Hilflosigkeit* [desamparo].[39]

Teremos que esperar até as fórmulas da sexuação para concluir as primeiras descrições do funcionamento *borderline*, que retomam a matriz moral das descrições da melancolia:[40] indivíduos que passaram por experiências precoces e contínuas de abandono, negligência, brutalidade e crueldade por parte dos pais ou cuidadores. Soma-se a isso o colapso das capacidades de reação do indivíduo, havendo inversão entre idealização e desvalorização, hipersensibilidade desordenada, rigidez psíquica e reações terapêuticas negativas. Há também sentimentos de inferioridade, com colorido delirante, tamanha a convicção do sujeito de ser uma "pessoa inferior". Além disso, temos as comorbidades psicanalíticas: masoquismo, narcisismo, autopiedade, autocomiseração, desespero e sofrimento crônico autoatormentação. Outra questão é a insegurança "somática" ou ansiedade e o clássico do início do luto: dificuldades para testar a realidade. Imprevisibilidade e impulsividade

---

39 Lacan, J. (2005). *O Seminário, livro 10: a angústia (1962-1963)*. Rio de Janeiro: Zahar, pp. 84, 86-87.
40 Junqueira, C. & Coelho Jr., N. E. (2006). Freud e as neuroses atuais: as primeiras observações psicanalíticas dos quadros *borderline*? *Psicologia Clínica*, v. 18, n. 2, pp. 25-35.

completam a sequência dos sentimentos morais que vêm sendo associados com a personalidade *borderline*.

Mas um filtro discursivo desses traços vai facilmente localizar seu pertencimento agudo às narrativas de sofrimento preconizadas por mulheres, principalmente se nos atermos ao léxico dos dois últimos séculos. Até mesmo a ideia de que elas não se submetem perfeitamente à moldura, do personagem que lhe é proposto, combina com a síndrome de impostura e inautenticidade que cobre as nossas quatro narrativas de referência.

Mas é levando a sério a declaração de Lacan, de que o Homem dos Lobos é um paciente *borderline*, que podemos perceber como se infiltra aqui a estrutura perspectivista:

> Extraio meu primeiro exemplo do relatório feito por Jean Bobon, no último Congresso de Anvers, sobre o fenômeno da expressão. Vejam este desenho de uma esquizofrênica. O que há na ponta dos galhos? Para o sujeito em questão, o que exerce o papel desempenhado pelos lobos para o Homem dos Lobos são significantes. Para além dos galhos da árvore, ela escreveu a formulação de seu segredo, *Io sono sempre vista*.[41]

Ou seja, inversão radical entre *ser vista* e *ver*, na solução que identifica o objeto *a*: "*sou sempre a vista*".[42]

---

41 Lacan, J. (2005). *O seminário, livro 10: a angústia (1962-1963)*. Rio de Janeiro: Zahar, p. 86. No original, em francês: "mon premier exemple dans le rapport que BOBON a fait au dernier *Congrès d'Anvers*, sur le phénomène de l'expression - avec au bout de ses branches - quoi ? - ce qui pour un schizophrène remplit le rôle que les loups jouent pour ce cas border-line qu'est *L'homme aux loups*, ici *des signifiants*." (Lacan, J. *Séminaire X: L'Angoisse (1962-1963)*. Staferla. Recuperado de http://staferla.free.fr/S10/S10%20L'ANGOISSE.pdf.)

42 Em espanhol: "(…) para tomar mi primer ejemplo, en el informe que Jean Bobon hizo en el último Congreso de Anvers, sobre el fenómeno de la expresión con, en el extremo de sus ramas, ¿qué? lo que, para un esquizofrénico, cumple el papel que los lobos juegan en ese caso *borderline* que es el *Hombre de los Lobos*: aquí, significantes. Es más allá de las ramas del árbol que la esquizofrénica en cuestión escribe la fórmula de su secreto: *Io sono sempre vista*, a saber, lo que ella jamás ha podido decir, hasta entonces: *Yo soy siempre vista*." (Ponte, R. E. R. (2006). La angustia: seminario 1962-1963, de Jacques Lacan (Versión Crítica). *Acheronta, Revista de Psicoanálisis y Cultura*, n. 23. Recuperado de http://www.acheronta.org/lacan/angustia6.htm.)

O caso clínico que melhor mobiliza uma reescrita lacaniana das patologias do luto é certamente o de Marie de la Trinité. Nascida Paule de Mulatier, ela foi uma criança difícil, com sérias dificuldades de concentração na escola, momentos de caprichos e ataques de cólera. Apesar disso, era conhecida como uma criança sensível, com alta capacidade imaginativa e sempre muito autocrítica em relação "aos traços de certa violência do desejo, uma peculiar forma de excesso a que era difícil pôr limites".[43] Considerava-se muito menos feminina do que suas irmãs, mas "às vezes muito mais mulher que as mulheres e outras vezes muito mais homem que os homens".[44] Aos sete anos, decide ser... padre. Aos dez, relata sua primeira experiência mística: caminhava sozinha entre as pedras até o ponto onde se sentia sozinha, rezava, então, até que aparecesse "na superfície da consciência uma outra menina muito diferente da outra (a que estava ali estirada)". Naquele momento sentia que submergia muito fundo, mas para o alto. Dessa experiência lamentava-se por nunca ter encontrado uma palavra que significasse "a profundidade ascensional".[45] Sair de si, entre o divino e o erótico, era apenas a antecâmara para outra experiência dilacerante: a angústia.

Em 1929, tem a sua primeira revelação mística: "as delícias da união com Deus", não-sem o "lado doloroso de não ser" e o "desafio de extrema coragem". Em 1939, ela consulta, por conta própria, o provincial dos Carmelitas porque quer ingressar em uma ordem mais rigorosa, em que a dor e a angústia do abismo possam conviver mais fervorosamente. É seriamente repreendida pelo seu prior dominicano. A partir de então, o conflito entre obediência e arrebatamento faz de sua vida um tormento até a primeira grande crise depressiva de 1941. A guerra e os compromissos práticos assumidos com a transformação do convento em enfermaria, quando se tornou a auxiliar da madre superiora Marie-Dominique Chauvin, a afastam da verdade de sua vocação. Nova experiência mística a coloca como *"enterrada viva"* e *"assistindo ao próprio*

---

43 Berenguer, E. (2018). Posfacio. In de la Trinité, M. *De la angustia a la paz: tastimonio de una religiosa, paciente de Jacques Lacan*. Barcelona: NED, p. 89. Tradução nossa.
44 Ibidem, p. 91. Tradução nossa.
45 Ibidem, p. 93. Tradução nossa.

enterro" ao escutar vozes: "*Eu, teu Pai, quero gozar de ti, por isso quero você toda dentro de mim*".[46]

Em 1945, instala-se a "neurose reacional". Ela busca a solidão mais completa para enfrentar o que chama de "a prova de Jó". Já sofre com a anorexia, iniciada como uma autopenitência que saiu do controle. Escreve bilhetes dizendo: "as dores da morte têm me rodeado". Sua diretora de consciência afirma que ela teria sido "golpeada por Deus, humilhada, 'dolorosamente golpeada na parte extremamente sensível que liga o corpo com a alma (…)'".[47] Procura mais de vinte psiquiatras, psicólogos e psicanalistas, incluindo Lagache, Parcheminey e Courchet, passando por internações no hospital psiquiátrico de Bonneval, dirigido por Henri Ey, sendo submetida a eletroconvulsoterapia, terapia por sono, terapia por sonhos, choque insulínico, chegando a considerar seriamente até a possibilidade de uma lobotomia.

Marie de la Trinité começa sua análise com Lacan, em março de 1950, mas o tratamento avança aos sobressaltos com pausas e interrupções. Frequentemente, sente-se bloqueada, diz que o "tratamento não anda", apesar das sessões diárias: "como vasos quebrados, também estava dissociando profundamente uma coisa da outra, ainda que sem destruí-las: ficaram separadas, sem relação umas com as outras".[48] A transferência turbulenta coloca Lacan na posição de amor, por quem ela será pisoteada. Em 17 de setembro, ela pede para interromper o tratamento, ao que Lacan responde com uma carta. Nela ele se desculpa por não a ter atendido, explica que se enganou com o endereço, mas que não quer deixá-la desamparada. Ele insiste que o objeto das sessões deveria ser a dificuldade moral dela e suas reações a recordações e sonhos. Isso poderia esclarecer as submissões arcaicas que estariam atravessando e atrapalhando seu "voto de obediência". O objetivo, diz Lacan, não é "ensiná-la a se livrar desse vínculo – por outro lado, descobrindo o que o tornou tão patógeno, permiti-la que o satisfaça adiante com toda liberdade".[49] Ele a lembra que o *desencadeamento* de seu *drama* ocorre no contexto do *exercício desse dever*. Foi em torno disso

---

46 Ibidem, p. 102. Tradução nossa.
47 Ibidem, p. 104. Tradução nossa.
48 Ibidem, p. 108.
49 Lacan, J. (2018). Carta del Dr. Lacan. In de la Trinité, M. *De la angustia a la paz: testimonio de una religiosa, paciente de Jacques Lacan*. Barcelona: NED, p. 12.

que surgiram essas imagens que ela não controla e que se desenvolvem no que Lacan chamou de *temas de dependência*. Ele insiste que ela volte para a análise nesse momento fecundo, decisivo e prenhe de efeitos.

Ela retorna, mas não sem desconfiança, que a acompanhará até o fim da análise, com constante interveniência da tentação por outras curas, lidas por Lacan como esboços de *acting-out*, e como risco de uma passagem ao ato suicidário. O ponto-final do tratamento consistiu no momento em que Lacan pede que Marie de la Trinité escreva. Ela efetivamente o faz, insistindo ao longo do relato sobre algo novo, conquistado na transferência:

> Eu me sinto muito segura com ele, porque ele entende as coisas espirituais e não as elimina como os (médicos) anteriores, pelo contrário.[50]

Podemos dizer que o relato pungente que ela endereça a Lacan é uma espécie de catálogo das patologias do luto. Ele começa pela declaração de que ela se sentia uma exilada da vida, os livros e as construções simbólicas às quais se dedicara até então a levaram ao "vazio mortal de todo real atual".[51] Seu amor por Deus era falso e inautêntico, por isso apodrecia por dentro e merecia ser punida. A morte era iminente e a angústia, infinita. Seu terror a fazia roçar a loucura. Sentia que seu corpo perdia sensibilidade, desde os dedos das mãos. Mas o fantasma de apodrecimento a havia libertado das obsessões e compulsões, principalmente das alimentares. Mas ela agora se sentia emparedada, de modo que os outros abusavam de sua confiança, com ciúmes por toda parte. A análise a havia ensinado a substituir a culpa pela responsabilidade. Reconhece que sempre havia sentido vergonha de si mesma, que a rivalidade com as irmãs se ligava aos seus acessos de cólera e ao desamparo desesperado.

> Ou bem terminar meu tempo sobre a terra, apegando-me ao luto de mim mesma e cair definitivamente cativa das desgraças de minha vida: injustiças, ciúmes, enganos-maldades, dureza, rivalidades.[52]

---

50 Brunet, C. (2009). Une lettre dans. *La Revue lacanienne*, 2009/1 nº 3, p. 15-18.
51 de la Trinité, M (2018). *De la angustia a la paz: testimonio de una religiosa, paciente de Jacques Lacan*. Barcelona: NED, p. 22.
52 Ibidem, p. 38.

Seu sentimento constante de vazio e de que a vida assim era incolor, sem sentido e quebrada, a colocou diante de um deserto de ruínas, esperando sua "restauração". Na análise, ela percebe como a agressividade voltada contra si mesma relaciona-se com os cenários desérticos, envenenados e punitivos:

> Durante os nove anos de minhas obsessões, eu só experimentei as emoções relativas às obsessões e sempre as mesmas – era incapaz de sentir qualquer outra coisa. Agora experimento mais ou menos as mesmas emoções que antes, salvo a alegria, que depois de desaparecer por completo retornou, mas em um lugar distinto e sob outra forma. (...) Deste modo, consigo com muita facilidade, desde a psicanálise e a desaparição das obsessões, captar o conjunto de componentes que subjazem meus sentimentos, reações, desejos etc. e posso levar a cabo minha escolha de forma lúcida e calma.[53]

Temos então duas novas escrituras possíveis da estrutura:

Esquize (Jean Bobon, Homem dos Lobos)	*Borderline* (Marie de la Trinité)
$F_{fálica} : F_{sujeito} \cong F_{sintoma} : F_{nomeação}$ "Eu" "sou sempre" "vista" "olhar"	$F_x(a) : F_y(b) \cong F_x(b) : F(I/S)\,a\,(y)$ Exceção Φ mulher objeto *a* (*Unheimlich*)

Colette Soler parece ter percebido a insuficiência do modelo lacaniano do narcisismo, baseado na teoria do estádio do espelho, vindo a propor um "outro narciso", que nos parece decisivo para compreender um caso como o de Marie de la Trinité. Tomando a noção de escabelo, formulada por Lacan em relação a Joyce, ela deduzirá um narcisismo ligado ao "*fazer-se um nome*" e ao "*subir de patamar*". Como um delírio que cura, nessa forma de narcisismo, a raiva e o orgulho predominam em oscilação com a inveja e o

---

53 Ibidem, p. 49.

ciúme.[54] Como uma paixão da identidade, expressa por uma falta-em-ser, particularmente orientada para a produção de afetos como efeitos (*affects--effects*),[55] marcados por uma espécie de esquize quanto ao si-mesmo:

> Trata-se de uma deficiência vivida daquilo que posso chamar de narcisismo corporal, uma vez que a raiva é um afeto, efeito [*effect*], portanto, que só pode ser indicativo de uma posição subjetiva implícita, a saber que James [Joyce] está longe de considerar que atacar seu corpo é atacar a si mesmo.[56]

Sentindo-se permanentemente solitária, mendigando presença e o dízimo do olhar do outro, ela não sofre com crises periódicas e traumáticas, típicas dos abalos no fantasma, mas com um empuxo permanente a "fazer com o corpo".[57] Tudo se passa como se esse tipo de sujeito estivesse no lugar do objeto *a*, decaído, separado e demitido de sua função.

> Lacan fala do luto do objeto no final, em "*O Aturdito*", é certamente o luto da função causal do analista, mas não é o luto do objeto que se é, é ao contrário, a assunção de si mesmo como objeto real, fora do simbólico, embora efeito de linguagem.[58]

Aimée e as psicoses do Supereu

Há muita proximidade clínica entre o caso de Trinité e o caso *príncipes* da trajetória lacaniana, a saber, a Aimée de Lacan. Sua tese de que ali se tratava de uma paranoia de autopunição, uma forma benigna e curável de paranoia ligada ao Supereu, deve ser revista à luz da desconstrução da hipótese diagnóstica mais forte da psicanálise, isto é, a que separa disjuntivamente psicose e neurose. Para o Lacan da tese de 1932,[59] existiriam duas formas de paranoia ligadas ao Supereu: a de autopunição, cujo paradigma

---

54 Soler, C. (2017). *Um outro narciso*. São Paulo: Aller, p. 220.
55 Idem, p. 205.
56 Idem, p. 159.
57 Idem, p. 119.
58 Idem, p. 106.
59 Lacan, J. (2011). *Da psicose paranoica em suas relações com a personalidade: seguido de Primeiros escritos sobre a paranoia* (2. ed.). Rio de Janeiro: Forense Universitária.

proposto é Aimée; e a paranoia de reivindicação, em que a demanda infinita de reparação e reconhecimento é dirigida ao outro, justamente na forma da enunciação em denúncia. Como Trinité, Aimée também escrevia copiosamente, constituindo delírios de perseguição, mas também de ciúmes, de erotomania e de grandeza. Para Lacan, o caso Aimée depende essencialmente de uma espécie de substituição insólita de uma filha morta, que virá a se repetir no luto da mãe. Não por outro motivo, seu temor fundamental é de que seu filho esteja em perigo, de modo que podemos entender a cena de ataque contra a atriz Huguette Duflos como um ato contra a própria imagem acabada e idealizada de si mesma, mas também como uma advertência àqueles que querem fazer mal ao seu filho.

Lacan dedica muitas páginas de sua investigação ao estranho fenômeno de memória pelo qual Aimée diz ter visto no jornal a foto da sua casa de infância. Ele se preocupa em descobrir se estamos diante de uma alucinação ou de uma ilusão de memória. Isso é importante justamente para afastar o diagnóstico de melancolia e justificar a paranoia em pelo menos um fenômeno de linhagem alucinatória. Contudo, a trajetória benigna de Aimée, que jamais apresentará outro episódio semelhante, nem quaisquer outros fenômenos alucinatórios, surpreendendo pela inusitada "cura do delírio". Um caso de paranoia e a indisfarçável temática bucólica e melancólica dos escritos de Aimée nos fazem pensar se ela não pertence a um grupo estrutural parcialmente refratário à hipótese da foraclusão do nome do pai, que define o campo das psicoses para Lacan.

Não se trata de dizer que a hipótese estrutural neurose-psicose e seus tipos clínicos subalternos (histeria, neurose obsessiva e fobia, de um lado, e esquizofrenia e paranoia, do outro) sejam falsos, mas apenas de afirmar que essa oposição se baseia em uma acepção totemista de estrutura, deixando espaço para a hipótese de um conceito de estrutura de extração animista-perspectivista. Não se trataria, portanto, de uma quarta estrutura mais além da neurose, da psicose e da perversão, mas de uma estrutura transversal ao primeiro grupo. Clinicamente, poder-se-ia combinar os diagnósticos: neurose e melancolia, histeria e funcionamento *borderline*, fobia e paranoia de autopunição. Isso significa que psicose e melancolia são termos parcialmente disjuntos, e não complementares. São diagnósticos de ordens distintas, com conceitos diferentes de estrutura.

Minha experiência ao longo dos anos tem me convencido, cada vez mais, de que a melancolia não é uma psicose no mesmo sentido que a paranoia e que a esquizofrenia. Nesse caso, o sentido do conceito de estrutura se altera, tornando-se mais compreensível pensar a melancolia a partir do modelo dos nós, da narrativa de luto e da negação como buraco no real, em vez de pensá-la a partir da hipótese da foraclusão do Nome-do--Pai, da angústia e da negação como buraco no simbólico. Para entender a melancolia, seus estados limites e suas depressões resistentes, é preciso pensar as patologias da formação e transformação de afetos, as patologias de déficit narrativo e as patologias da recusa do gozo não-todo fálico. Elas questionam a identidade do simbólico como princípio tácito da estrutura e, por consequência, da estrutura clínica. No caso da melancolia e suas variantes, têm menos que ver com a obediência ou transgressão em relação ao Nome-do-Pai e mais relação com as nomeações heterônomas e com a alternação das vozes narrativas, como aliás sugeriu Lacan:

> O interesse desse objeto está em nos apresentar a voz de uma forma exemplar, na qual, de certa maneira, ela é potencialmente separável. É isso que nos permitirá fazer surgir um certo número de questões que quase não são levantadas. De que voz se trata? Não nos apressemos demais. Veremos seu sentido e seu lugar referenciando-nos pela topografia da relação com o grande Outro.[60]

Ainda que existam esquizofrenias com delírios melancólicos gravíssimos, como na síndrome de Cotard ou na síndrome de Capgras, a melancolia responde e representa melhor as patologias da estrutura animista e perspectivista. Sua questão central não é o Nome-do-Pai, mas o luto infinito. Obsessões, anorexias e sintomas histéricos podem ser trazidos ao primeiro plano, pois nenhum luto pode acontecer sem enfrentar os dilemas fálicos e as suas respostas identificatórias, mais ou menos conhecidas.

---

60 Lacan, J. (2005). *O Seminário, livro 10: a angústia (1962-1963)*. Rio de Janeiro: Zahar, p. 274.

Mas escutar sujeitos como Aimée ou Trinité apenas desse ponto de vista e orientar a direção da cura apenas ao tratamento do que se realiza como sintoma é deixar de lado que a primeira e original contribuição de Lacan foi efetivamente a intuição de que os sofrimentos causados pelo superego, especialmente pelo superego materno, depois nomeados com a noção de devastação, não haviam sido considerados suficientemente pela psicanálise de sua época, e talvez nem pela psicanálise lacaniana da nossa.

A clínica do Supereu feminino pode ser chamada de clínica da devastação ou clínica do apaixonamento pela angústia de estranhamento (*Unheimlich*) como modalidade preferencial de gozo, correntemente chamado de mortificação. Ela envolve extenso trabalho sobre a impulsividade e sobre os afetos indiscerníveis. Menos do que a interpretação, ela se baseia no manejo da transferência e no horizonte de instalação do luto. São tratamentos longos, em que o engajamento em causas sociais ou públicas não pode ser desconhecido. O confronto e a criação de experiências sobre fantasmas, zumbis, Frankensteins e demais figuras narrativas do luto tornam-se cruciais. Isso, de certa forma, é o campo no qual a morte, enquanto operador simbólico, pode vir a ser objeto desse processo contingente de torção e inversão, que faz de cada luto singular um luto infinito. A não identidade do Simbólico, estrutural e histórico, torna esse diagnóstico diferente, mas não incompatível com o diagnóstico estrutural e corrente em psicanálise de orientação lacaniana.

Uma das pioneiras nessa matéria é Helene Deutsch, com seu texto sobre a *Ausência de luto*, de 1937.[61] O texto se encontra incluído na parte subsequente às neuroses, justamente com seus estudos sobre o quixotismo, a síndrome do impostor, a loucura a dois, a esquizotipia e as peculiaridades da homossexualidade, da maternidade e da frigidez em mulheres. Nesse artigo, ela examina quatro casos de pessoas que sofrem com a ausência (*absence*) de luto, em que o traço de indiferença se destaca. No primeiro caso, o analisante perdera a mãe aos cinco anos de idade e não apresentava nenhuma reação de luto, até que, aos dezenove, ocorre uma depressão "imotivada". No segundo

---

61 Deutsch, H. (1965). Absence of Grief (1937). In Deutsch, H. *Neuroses and Character Types: Clinical Psychoanalytic Studies*. Nova York: International Universities Press, pp. 226-236.

caso, a paciente também perdera a mãe quando criança, reagindo com "ela me deixou", de modo a congelar com raiva a sua perda, mas sofrendo com uma série de adoecimentos que repetiam o percurso materno. Deutsch lembra aqui o caso do Homem dos Lobos, que mostra a mesma lacuna de luto em relação à perda da sua irmã, mas que meses depois de seu falecimento faz uma viagem à região onde ela morava. Ali visita o túmulo de um poeta famoso, o que o faz chorar, para sua surpresa. Só então ele se lembra de que o pai costumava comparar a poesia da irmã com a do referido poeta.

A lacuna de luto é uma situação clinicamente perigosa, porque, quando o afeto é retomado, ele virá com altos teores de impulsividade, o que pode expor o paciente a uma passagem ao ato. É o que acaba sendo contornado no terceiro caso, em que a lacuna de afeto (*lack of emotion*) é substituída por um extraordinário autocontrole, em um homem de trinta anos que perdera a mãe aos cinco. O caminho da retomada, nesse caso, passou pela recuperação de uma fantasia infantil na qual ele deixava a porta de seu quarto aberta para a entrada de um cachorro gigante, alegre e carinhoso, que podia satisfazer todos os seus desejos. Fantasia que se conecta com a lembrança de uma cadela que morrera depois do parto, deixando a ninhada sem mãe.

O quarto caso é o de uma senhora de meia-idade que só conseguia se envolver emocionalmente em situações nas quais ela soubesse que o romance não poderia se desenvolver. Ademais, ela só conseguia sentir afetos quando se identificava com situações penosas vividas por outras pessoas. Uma reação afetiva direta era impossível. Deutsch reputa que todos esses casos mantêm entre si uma afinidade com a esquizoidia.[62] Neles, o luto se torna infinito por nunca ter sido propriamente iniciado.

Notemos nessa variante das patologias do luto três aspectos cruciais que se repetem nas apresentações clínicas aqui compiladas: o nexo entre a indiferença e a impulsividade, como tramitação deslocada do afeto; a ligação entre o luto e o processo de transitivismo dos afetos, a partir do qual a perda em si é reconhecida em decorrência do luto do outro; e a combinação entre progressão das qualidades dos afetos com a regressão, temporária ou permanente, sob forma de angústia. Isso parece retomar os três destinos

---

62 Idem, p. 235.

possíveis do afeto em Freud: ser transformado em angústia, ter sua qualidade transformada (em oposto, por exemplo) e ser inibido em sua fonte. Se o luto é um afeto e se o afeto progride em estrutura de narrativa, isolando e reduzindo a causalidade desejante a um traço a-semântico, podemos pensar o campo da melancolia a partir de suas vicissitudes narcísicas, como havia sugerido Freud com a noção de neurose narcísica, aliás.

Se entendemos o luto como a formação de um afeto, sua tramitação no Eu e o efeito de transformação do Eu pelo "movimento e dificuldade" imposto à economia dos afetos, emoções e sentimento, chegamos aos seguintes tipos clínicos:

(1) Lutos infinitos por encadeamento de perdas (lutos espectrais);
(2) Lutos infinitos de estrutura animista (melancolia);
(3) Lutos infinitos por angústia perspectivista (*borderline*);
(4) Lutos infinitos por angústia totemista (psicoses do Supereu).

Agora podemos escrever a série combinatória do luto, levando em conta tanto sua variante finita quanto infinita, situando as diferentes modalidades das patologias do luto, genericamente descritas como estrutura melancólica. Lembremos que nesse processo é necessário pensar uma translação do simbólico em relação a ele mesmo, ou seja, uma inversão (de cima para baixo) e uma torção (da esquerda para a direita).

Mutação do Simbólico em Nó Infinito	Tipo Clínico	Figuração de Afeto	Operação Topológica
Transferência	Luto Espectral	Transitivismo	Identificação
Inversão	Melancolia	Esquize-Animista	Corte
Translação	*Borderline*	Perspectivismo	Dupla Torção
Retorno ao Eu	Psicoses do Supereu	Analogismo-Totemismo	Desenodamento

Nó do Luto Infinito

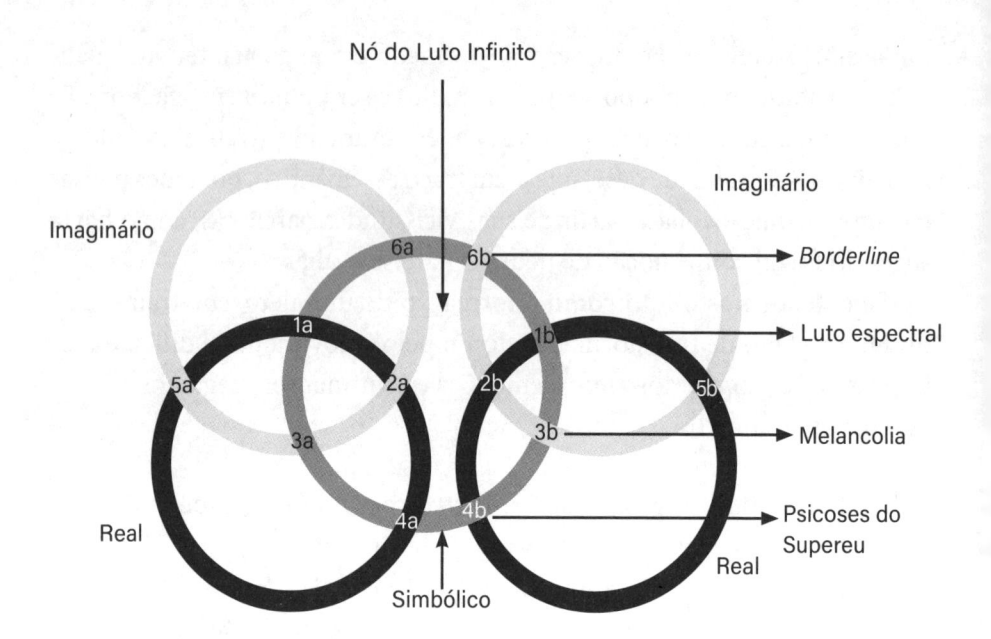

Imaginário

Imaginário

6a — 6b → *Borderline*

1a — 1b → Luto espectral

5a — 2a — 2b — 5b

3a — 3b → Melancolia

4a — 4b → Psicoses do Supereu

Real

Simbólico

Real

Conclusão

Poderia concluir este livro com uma recapitulação das teses aqui desenvolvidas. Retomar as diferenciações necessárias para pensar uma clínica do luto feminino, como derivação narrativa, histórica e perspectivista dos lutos infinitos. Um paradigma não totemista do luto nos levou a uma investigação diferencial da perda: dor ou devastação, loucura solitária ou transitiva, angústia de castração ou infamiliaridade, fantasma como incorporação do objeto ou como excorporação do gozo. O momento estético definiria, assim, uma encruzilhada pela qual o luto se fecha sobre si, como uma nova unidade, ou se conecta com a cadeia infinita de lutos.

As implicações dessa hipótese para uma oniropolítica nos levaram a uma teoria psicanalítica do sofrimento, estruturado como uma narrativa. Uma revisão da angústia de estranhamento (*Unheimlich*) nos fez revalorizar as relações entre tempo, voz e afetos na figurabilidade do objeto perdido, cujo modelo extraímos do sonho. A série transformativa do luto pode ser formalizada pelos nós borromeanos.

Ao fim e ao cabo, esta foi uma maneira de escrever sobre meu luto, com a perda de minha mãe, ocorrida no mesmo dia em que Lula foi preso, assim como enfrentar a trajetória de perdas silenciosas que nos tomou mais de meio milhão de vidas de brasileiros mortos pela Covid, entre 2020 e 2022. Enquanto escrevia estas páginas, nestes dois anos perdi meu analista, sem que pudesse me despedir, dividir rituais de luto ou compartilhar a experiência com outros. Este livro, como agora pode parecer óbvio, é parte deste processo, mas também suas teses, seu acabamento e consequentemente a dificuldade de terminá-lo.

Durante este tempo, vivi uma dificuldade inesperada, causada pelo desejo materno de que ela não fosse enterrada, mas cremada. Tendo falecido em um acidente doméstico, tive que mobilizar um conjunto de petições policiais, jurídicas e criminológicas para que a cremação pudesse ser realizada em tempo hábil. No entanto, as maiores dificuldades começaram pelo fato de que ela não havia especificado onde deveríamos depositar as cinzas. Começou então uma contenda familiar. Ela não gostava do mar. O jardim de uma casa que poderia ser vendida não parecia prudente. Um parque com plantas poderia ser impessoal demais. E assim as hipóteses foram se multiplicando, até que tive que assistir a suas cinzas serem repartidas entre os herdeiros, cabendo a mim o que corresponde a um quarto ou um quinto de minha mãe, por assim dizer. Percebi então a dificuldade que era achar um lugar para aqueles que se foram quando o desejo que decide a situação é indeterminado ou coletivo. Longa meditação seguiu-se ao problema, o que de certa forma acompanhava nosso luto. Foi nesse tempo que fiz a conferência que deu início a este livro e comecei a publicar coisas sobre o assunto.

Agora eu tinha multiplicado os problemas. Onde colocar os restos de minha mãe e quando terminar o livro infinito que tinha começado a escrever? Ocorreu então uma viagem à Terra Santa, que ela tanto teria gostado de conhecer. Levei-a comigo, sem saber exatamente onde a deixaria. Nossa delegação era multicultural e ecumênica, de tal forma que pude discutir com um rabino e um pastor evangélico onde seria o melhor lugar para deixar o que restara de minha mãe. Fiquei sabendo então que acabara de cometer um crime internacional, transporte de material biológico não autorizado, e que eu deveria encontrar um lugar, o mais rápido possível. Depois de muito ponderar, acabei decidindo pelo Monte das Oliveiras, onde Jesus teria proferido um de seus discursos mais importantes. Lembro-me de dispersar as cinzas e sentir grande alívio, infinita gratidão por tudo o que ela me trouxe e me deixou. A alegria que ela me transmitiu em vida e a viagem incrível que ela me possibilitou fazer, mesmo depois de morta. Durante meses, sonhei e revivi a imagem de seu corpo, em uma sala fria do Instituto Médico Legal. Tão sozinha, tão machucada. Mas depois daquela noite, olhando para o milenar cemitério de Getsêmani, durante uma noite fria em Jerusalém, me dei conta de que aquilo tudo, a perda em vida imposta pelo Alzheimer, as tribulações de seu enterro, as discussões sobre o lugar onde ela ficaria, as lembranças e memórias, tudo o que jamais poderei dizer muito bem, inclusive aquilo que deixei de dizer neste livro, tudo isso passará. Tudo isso será transitório como as areias do tempo. Mesmo assim, terá sido tão intenso que fez valer a pena ser contado e ser vivido.

Mas se o leitor reteve algo do que escrevi antes destas linhas, ele lembrará que uma das ideias mais insistentes deste trabalho é que os lutos se comunicam. Eles se encadeiam ao limite da infinitude. Por isso, prefiro encerrar esta conversa me remetendo ao luto pela perspectiva de minha esposa, que com uma carta de despedida me fez sentir o que ainda estava por vir:

> *2016 se foi e levou consigo uma grande amiga. Muita coisa aconteceu neste ano, mas as saudades, a ausência e a constatação da impotência e da presença são e serão as marcas que ele deixou.*
>
> *Perdi minha sogra, perdi a chance de cuidar dela, de me despedir lentamente durante sua velhice, mas redescobri tudo o que dela ficou em mim.*
>
> *Sim, a mãe do meu marido, a avó dos meus filhos, mas muito mais do que isso! Grandes embates se deram nas áreas de contato triangular, mas não com meu marido – seu filho – em um dos vértices. Esta foi uma triangulação que só estreitou cada uma das arestas. O triângulo difícil dizia respeito à minha maternidade e à experiência dela em se tornar avó.*
>
> *Quando meu filho mais velho foi chegando de mansinho na minha vida, fui me dando conta de que, para ela, aquilo foi um arrombamento. Ela ia sendo invadida por uma experiência absolutamente intensa e profunda, sem ter tido a chance de dosar os tempos, os rumos... Eu sentia que, por mais que fosse convidada a estar conosco, ela queria mais, precisava de mais. Não mais tempo com ele, não mais amor por ele, mas precisava decidir, escolher, ser o centro, para poder dar conta de tanto. Uma escolha nossa, atendendo ao desejo de sermos pais, atravessou sua vida radicalmente.*

Fui aprendendo com ela, com seu sofrimento, com sua tentativa de ficar perto e, ao mesmo tempo, respeitando os nossos espaços que, quando nasce um bebê, nasce uma mãe e um pai, mas mais que isso, nascem avós, tios, primos... Meu bebê não era só meu. Era de cada uma dessas pessoas que me ajudaram a forjar quem ele é. Impossível pensar na tarefa de criar um filho sem trazer junto, e contar com isso. A história, os braços, as angústias, as brincadeiras de cada um. Também, à média distância, comecei a aprender que ele teria que se haver diretamente com cada um deles. Suas histórias não precisavam e não deviam passar por mim, necessariamente. A conexão é direta entre cada um e há que se aprender na vida a cultivar cada um desses vínculos.

Um dia, uma de minhas avós disse que precisamos ter muita paciência com nossa sogra. Imediatamente estranhei esta colocação! Como assim?!?!

Com a minha, não era a paciência que regia nossa relação. Era de fato muito mais. Paciência é complacência, é não apostar na presença de dois inteiros. Com ela, podia falar, podia escutar, podia ceder, podia dar e receber. Ela estava sempre comigo, gostava das minhas coisas, me ensinou a gostar das dela. Será que ela gostava mesmo do que eu gosto por afinidade, coincidência? Ou gostava simplesmente porque eu gostava?

Nunca vou saber, mas sei que a vida toda esteve ali, pronta para me ajudar como eu precisasse, e não como se ela já soubesse o que fazer e o que dizer.

Me ensinou a ser mulher, a escolher minhas roupas, a escolher a decoração da minha casa, a costurar, "cozinhar" (nisso ela não foi muito eficiente não, rs), a cuidar das plantas, a trabalhar com as mãos, pintar, desenhar, fazer marcenaria. Sempre procurou entender o que eu queria fazer com aquilo, me dando coragem e liberdade de planejar, idealizar e realizar cada projeto.

Quando saíamos para comprar roupas, ela me ajudava a escolher as roupas nas quais eu me sentia confortável, do meu jeito. Nunca achava que eu devia comprar a roupa de que ela gostava, que fosse boa para ela! Era capaz de ler e fazer aparecer meus próprios gostos e desejos.

Me ajudou também a construir meu sonho profissional. Esteve muito próxima nos primeiros anos da escola, sendo parte fundamental neste começo.

E juntas costuramos o meu vestido de noiva!

Agora que ela não está mais aqui, a trago comigo nos detalhes, nas coisas que construí com ela. As orquídeas que compramos juntas, que eram dela, agora florescem na varanda da minha casa. Uso vez ou outra um colar que lhe dei de presente, porque era a cara dela e que agora é meu.

Neste ano, montei a árvore de Natal só com os seus enfeites. Todos que ficaram para mim estão na árvore, me lembrando de que ela esteve, sim, no Natal de 2016! Ela está aqui, dentro de mim...

Ana Cristina de Carvalho Bortoletto Dunker

Referências bibliográficas

Abraham, Karl (1970). *Teoria psicanalítica da libido: sobre o caráter e o desenvolvimento da libido*. Rio de Janeiro: Imago.

Abrahão, Felipe (2009). Infinitos e infinitesimais: um problema matemático. *Scientiarum Historia II – 2 Congresso de História das Ciências e das Técnicas e Epistemologia*, 2009, Rio de Janeiro.

Adichie, Chimamanda Ngozi (2021). *Notas sobre o luto*. São Paulo: Companhia das Letras.

Adorno, Theodor W. (2003). *Notas de literatura I*. São Paulo: Duas Cidades/Editora 34.

Agamben, Giorgio (2002). *Homo sacer: o poder soberano e a vida nua I*. Belo Horizonte: Autêntica, p. 171.

Alencastro, Luiz Felipe de (2000). *O trato dos viventes: formação do Brasil no Atlântico Sul*. São Paulo: Companhia das Letras.

Allouch, Jean (2004). *Erótica do luto: no tempo da morte seca*. Rio de Janeiro: Companhia de Freud.

_____ (2022). *O outrossexo: não existe relação heterossexual*. São Paulo: Zagodoni.

American Psychiatric Association (2014). *Manual diagnóstico e estatístico de transtornos mentais: DSM-5* (5. ed., Trad. M. I. C. Nascimento). Porto Alegre: Artmed.

Andrade, Oswald de (2017). *Manifesto Antropófago e outros textos* (J. Schwartz & G. Andrade, orgs.). São Paulo: Companhia das Letras.

Andrade, Vera Lúcia (1988). Inconsciente e linguagem, o nome próprio na *Gradiva*, de Jensen. *I Congresso da Associação Brasileira de Literatura Comparada*, Porto Alegre, RS, Brasil, 187-194. Recuperado de http://www.periodicos.letras.ufmg.br/index.php/cltl/article/view/10142.

Anders, Gunthers (2023). *Nos, Filhos de Eichmann*. São Paulo: Elefante.

Arantes, Ana Claudia Quintana (2021). *Pra vida toda valer a pena: pequeno manual para envelhecer com alegria*. São Paulo: Sextante.

Ariès, Philipe (2003). *História da morte no Ocidente*. Rio de Janeiro: Ediouro.

Atanásio de Alexandria (2001). *Athanasius: Select Works and Letters* (Nicene and Post-Nicene Fathers, Série II, Vol. 4, P. Schaff & H. Wace, orgs.). Nova York: Christian Literature Company.

Auestad, Lene (org.) (2017). *Shared Traumas, Silent Loss, Public and Private Mourning*. Londres: Routledge.

Azevedo, Lúcia (2004). James Joyce e suas epifanias. *Cógito*, n. 6, pp. 147-149. Recuperado de http://pepsic.bvsalud.org/scielo.php?script=sci_arttext&pid=S1519-94792004000100033&lng=pt&tlng=pt.

Badiou, Alain (2006). *Logiques des mondes. L'être et l'événement, 2*. Paris: Seuil.

Barrio, Ángel B. Espina (2008). *Freud e Lévi-Strauss: influências, contribuições e insuficiências das antropologias dinâmicas e estruturais*. Recife: Massangana.

Barthes, Roland (2009). *Diário de luto*. Lisboa: Edições 70.

_____ (2011). *Diário de luto*. São Paulo: Martins Fontes.

Bataille, Georges (2013). *A parte maldita: precedida de "A noção de dispêndio"* (J. C. Guimarães, Trad.). Belo Horizonte: Autêntica.

Bazzo, Renata Felis (2019). *O triunfo do Ideal: contribuições para o estudo psicanalítico da mania* (Tese de Doutorado). Instituto de Psicologia, Universidade de São Paulo, São Paulo, SP, Brasil.

Blanchot, Maurice (2021). *Thomas o Obscuro*. Tradução de Manuel de Freitas. São Paulo: E-primatur.

Becker, Ernest (2020). *A negação da morte: uma abordagem psicológica sobre a finitude humana*. Rio de Janeiro: Record.

Benjamin, Andrew (2015). *Towards a Relational Ontology: Philosophy's Other Possibility*. New York: Sunny, p. 158.

Bernard, David (2022). *Lacan e a vergonha: da vergonha à vergontologia*. São Paulo: Blucher.

Blanché, Robert (2012). *Estruturas intelectuais: ensaio sobre a organização sistemática dos conceitos*. São Paulo: Perspectiva.

Boécio (2014). *A consolação da filosofia*. São Paulo: Martins Fontes.

Bourbaki, Nicolas (1971). *Éléments de Mathématique* (Livre III, Topologie générale). Paris: Hermann.

Bourgeois, Bernard (2004). *Hegel: os atos do espírito*. São Leopoldo: Unisinos.

Bracher, Beatriz (2004). *Não falei*. São Paulo: Editora 34.

Breuer, Josef & Freud, Sigmund (2016). *Estudos sobre a histeria (1893-1895)* (L. Barreto, Trad. de Obras Completas, Vol. 2). São Paulo: Companhia das Letras.

Brito, Luciana da Cruz (2015). Um paraíso escravista na América do Sul : raça e escravidão sob o olhar de imigrantes confederados no Brasil Oitocentista. *Revista de História Comparada (UFRJ)*, v. 9, pp. 145-173.

Brown, Wendy (2019). *Nas ruínas do neoliberalismo: a ascensão da política antidemocrática no Ocidente*. São Paulo: Editora Filosófica Politeia.

Brunet, Claire (2009). Une lettre dans. *La Revue lacanienne*, n. 3, pp. 15-18.

Brunschwig, Jacques (1969). La proposition particulière et les preuves de non-concluance chez Aristote. *Cahiers pour l'Analyse*, n. 10, pp. 3-26.

Buck-Morss, Susan (2017). *Hegel e o Haiti*. São Paulo: N-1.

Butler, Judith (2014). *O clamor de Antígona: parentesco entre a vida e a morte* (Trad. A. Cechinel). Florianópolis: Editora da UFSC.

_____ (2015). *Quadros de guerra: quando a vida é passível de luto?* (Trad. S. Lamarão & A. M. da Cunha). Rio de Janeiro: Civilização Brasileira.

_____ (2017). *A vida psíquica do poder: teorias da sujeição*. Belo Horizonte: Autêntica.

_____ (2019). *Vida precária: os poderes do luto e da violência* (Trad. A. Lieber). Belo Horizonte: Autêntica.

Calligaris, Contardo (1986). *Hipótese sobre o fantasma na cura psicanalítica*. Porto Alegre: Artes Médicas.

Caillé, Alain (2002). *Antropologia do dom: o terceiro paradigma*. Petrópolis: Vozes.

Cassorla, Roosevelt Moisés Smeke (1992). *Morte e desenvolvimento humano*. São Paulo: Casa do Psicólogo.

Canto, Rafael Estrela (2011). O pensar da identidade e a identidade do pensar. *Revista Ítaca*, n. 18, pp. 140-214.

Caruth, Cathy (2008). *Trauma: Explorations in Memory*. Baltimore: Johns Hopkins University Press.

Casellato, Gabriela (org.) (2020). *Luto por perdas não legitimadas na atualidade*. São Paulo: Summus.

Cassin, Bárbara (2000). *Aristóteles e o logos*. São Paulo: Loyola.

_____. (2005). *O efeito sofístico*. Campinas: 34.

_____. (2012). *Jacques le Sophiste: Lacan, lógos et psychanalyse*. Paris: Epel.

Cesarino, Pedro de Niemeyer (2011). *Oniska: poética do xamanismo na Amazônia*. São Paulo: Perspectiva.

Cevasco, Rithée & Chapuis, Jorge (2018). *Passo a Passo: rumo a uma clínica borromeana*. São Paulo: Aller, p. 126.

Chanter, Tina (2011). *Whose Antigone? The Tragic Marginalization of Slavery*. Nova York: SUNY Press.

Chapuis, Jorge (2019). *Guia Topológico para o Aturdito*. São Paulo: Aller, p. 202.

Chattopadhyay, Arka (2018). *Beckett, Lacan and the Mathematical Writing of the Real*. Nova York: Bloomsbury Academic.

Cixous, Hélène (1976). Fiction and Its Phantoms: A Reading of Freud's *Das Unheimliche* (The "Uncanny"). *New Literary History*, v. 7, n. 3, pp. 525-548, 619-645.
Claudel, Paul (1967). *O pai humilhado*. Petrópolis: Vozes.
Clewell, Tammy (2004). Mourning Beyond Melancholia: Freud's Psychoanalysis of Loss. *Journal of the American Psychoanalytic Association*, v. 52, n. 1, pp. 43-67.
Cohen, Sharon Kangisser (2014). *Testimony & Time: Holocaust Survivors Remember*. Jerusalém: Yad Vashem.
Coleridge, Samuel Taylor (2022). The Rime of the Ancient Mariner (text of 1834). *Poetry Foundation*. Recuperado de https://www.poetryfoundation.org/poems/43997/the-rime-of-the-ancient-mariner-text-of-1834.
Cossi, Rafael Kalaf (2016). *A diferença dos sexos: Lacan e o feminismo* (Tese de Doutorado). Instituto de Psicologia, Universidade de São Paulo, São Paulo, SP, Brasil.
Cossi, Rafael Kalaf & Dunker, Christian Ingo Lenz (2017). A diferença sexual de Butler a Lacan: gênero, espécie e família. *Psicologia: Teoria e Pesquisa*, 33. Recuperado de https://doi.org/10.1590/0102.3772e3344.
Costa, Jurandir Freire (2021). *Violência e psicanálise*. 4. ed., rev. e ampl. São Paulo: Zagodoni.
Costa, Newton Carneiro Affonso da (1979). *Ensaio sobre os fundamentos da lógica*. São Paulo: Hucitec.
D'Afonseca, Vanessa da Cunha Prado (2022). *Voz e fantasia: reflexões arqueológicas e fantasmológicas entre biopolítica e psicanálise* (Tese de Doutorado). Instituto de Estudos da Linguagem, Universidade de Campinas, Campinas, SP, Brasil.
Damisch, Hubert (1995). *The Origin of Perspective*. Cambridge: MIT Press.
Damourette, Jacques & Pichon, Édouard (1936-1956). *Des mots a la pensée: essai de grammaire de la langue française* (8 vols.). Paris: Dartrey.
Das, Veena (2015). *Affliction: Health, Disease, Poverty*. Nova York: Fordham University Press.
_____ (2020). *Vida e palavras: a violência e sua descida ao ordinário*. São Paulo: Unifesp.
David-Ménard, Monique (1996). *A loucura na razão pura: Kant, leitor de Swedenborg*. São Paulo: Editora 34.
_____ (2022). *A vontade das coisas: o animismo e os objetos*. São Paulo: Ubu.
Davis, Wade (1986). *A serpente e o arco-íris: zumbis, vodu, magia negra. Viagens de um antropólogo às sociedades do Haiti e suas aventuras dignas de um novo Indiana Jones*. Rio de Janeiro: Zahar.
De la Trinité, Marie (2018). *De la angustia a la paz: testimonio de una religiosa, paciente de Jacques Lacan*. Barcelona: NED.
Deutsch, Helene (1965). *Neuroses and Character Types: Clinical Psychoanalytic Studies*. Nova York: International Universities Press.
Didion, Joan (2006). *O ano do pensamento mágico*. Rio de Janeiro: Nova Fronteira.

_____ (2021). *O ano do pensamento mágico*. São Paulo: HarperCollins.

Domiciano, João Felipe Guimarães de Macedo Sales (2021). *A anatomia torcida dos mitos: perspectivas da antropologia estrutural à clínica psicanalítica*. Curitiba: CRV.

_____ (2021). *Corpos que escutam: função e campo do corpo do analista na experiência psicanalítica* (Tese de Doutorado). Instituto de Psicologia, Universidade de São Paulo, São Paulo, SP, Brasil.

Dunker, Christian Ingo Lenz (2015). *Mal-estar, sofrimento e sintoma: uma psicopatologia do Brasil entre muros*. São Paulo: Boitempo.

_____ (2016). From Totem and Taboo to the New Amerindians. *IX Congresso Sociedade Internacional de Filosofia e Psicanálise*, Nova York, NY, Estados Unidos, 9. Recuperado de http://www.apres-coup.org/past.html.

_____ (2016). *Por que Lacan?* São Paulo: Zagodoni.

_____ (2017). Hegel Amerindian: For a non-Identitarian Conception of Identification in Psychoanalysis. *Crisis and Critique*, v. 4, n. 1, pp. 103-120.

_____ (2020). *O cálculo neurótico do gozo* (2. ed.). São Paulo: Zagodoni.

_____ (2021). *Estrutura e constituição da clínica psicanalítica: uma arqueologia das práticas de cura, psicoterapia e tratamento* (2. ed.). São Paulo: Zagodoni.

_____ (2021). *Uma biografia da depressão*. São Paulo: Paidós/Planeta.

_____ (2022). *Lacan e a democracia: clínica e crítica em tempos sombrios*. São Paulo: Boitempo.

Dunker, Christian Ingo Lenz; Assadi, Tatiana C. & Ramirez, Heloísa H. A. (orgs.) (2021). *A pele como litoral: fenômeno psicossomático e psicanálise*. São Paulo: Zagodoni.

Dunker, Christian Ingo Lenz; Paulon, Clarice Pimentel & Milán-Ramos, José Guillermo (2016). *Análise psicanalítica de discursos: perspectivas lacanianas*. São Paulo: Estação das Cores e Letras.

Dunker, Christian Ingo Lenz & Thebas, Cláudio (2019). *O palhaço e o psicanalista: como escutar os outros pode transformar vidas*. São Paulo: Paidós/Planeta.

Ernaux, Annie (2020). *O acontecimento*. São Paulo: Fósforo.

_____ (2021). *Os anos*. São Paulo: Fósforo.

_____ (2021). *O lugar*. São Paulo: Fósforo.

Ésquilo (2015). *Sete contra Tebas*. São Paulo: Editora 34.

Fanon, Franz (2008). *Pele negra, máscaras brancas*. Salvador: Edufba.

Fausto, Boris (2014). *O brilho do bronze [um diário]*. São Paulo: Cosac Naify.

Ferenczi, Sándor (1990). *Diário clínico*. São Paulo: Martins Fontes.

Fierens, Christian (2002). *Lecture de L'Etourdit: Lacan 1972*. Paris: L'Harmattan.

Foucault, Michel (1988). *História da sexualidade I: a vontade de saber*. Rio de Janeiro: Graal.

_____ (1999). *As palavras e as coisas: uma arqueologia das ciências humanas*. São Paulo: Martins Fontes.
_____ (2002). *A verdade e as formas jurídicas*. Rio de Janeiro: Nau.
Freitag, Barbara (1992). *Itinerários de Antígona: a questão da moralidade*. Campinas: Papirus.
Freitas, Joanneliese & Cremasco, Maria Virginia (orgs.) (2015). *Mães em luto: a dor e suas repercussões existenciais e psicanalíticas*. Curitiba: Juruá.
Freud, Ernst (org.) (1992). *Letters of Sigmund Freud*. Nova York: Dover.
Freud, Sigmund (1988). *Contribución a la historia del movimiento psicoanalítico: trabajos sobre metapsicología, y otras obras (1914-1916)* (José L. Etcheverry, Trad. Coleção Sigmund Freud: Obras Completas, Vol. XIV). Buenos Aires: Amorrortu.
_____ (1988). *El yo y el ello y otras obras (1923-1925)* (José L. Etcheverry, Trad. Coleção Sigmund Freud: Obras Completas, Vol. XIX). Buenos Aires: Amorrortu.
_____ (1988). *Publicaciones prepsicoanalíticas y manuscritos inéditos en vida de Freud (1886-1899)* (Trad. José L. Etcheverry, Coleção Sigmund Freud: Obras Completas, Vol. I). Buenos Aires: Amorrortu.
_____ (1989). *El delirio y los sueños en la "Gradiva" de W. Jensen, y otras obras (1906-1908)* (Trad. José L. Etcheverry, Coleção Sigmund Freud, Vol. IX). Buenos Aires: Amorrortu.
_____ (1989). *Psychologie des Unbewußten* (Coleção Studienausgabe, Vol. 3). Frankfurt: S. Fischer.
_____ (1989). *Fragen der Gesellschaft/Ursprünge der Religion* (Coleção Studienausgabe, Vol. 9). Frankfurt: S. Fischer.
_____ (1989). *Sexualleben* (Coleção Studienausgabe, Vol. 5). Frankfurt: S. Fischer.
_____ (1996). *Além do princípio do prazer, Psicologia de grupo e outros trabalhos (1920-1922)* (Edição Standard Brasileira das Obras Psicológicas de Sigmund Freud, Vol. XVIII). Rio de Janeiro: Imago.
_____ (1996). *Cinco lições de psicanálise, Leonardo da Vinci e outros trabalhos (1910)* (Coleção Edição Standard Brasileira das Obras Psicológicas Completas de Sigmund Freud, Vol. XI). Rio de Janeiro: Imago.
_____ (2006). *Obras completas: Cinco conferencias sobre psicoanálisis, Un recuerdo infantil de Leonardo da Vinci y otras obras (1910)* (Vol. 11). Buenos Aires: Amorrortu.
_____ (2010). *História de uma neurose infantil (O "Homem dos Lobos"), Além do princípio do prazer e outros textos (1917-1920)* (Trad. P. C. de Souza, Obras Completas, Vol. 14). São Paulo: Companhia das Letras.
_____ (2010). *Introdução ao narcisismo: ensaios de metapsicologia e outros textos (1914-1916)* (Trad. P. C. de Souza, Obras Completas, Vol. 12). São Paulo: Companhia das Letras.

_____ (2010). *Jenseits des Lustprinzips / Massenpsychologie und Ich-Analyse / Das Ich und das Es*. Frankfurt: S. Fischer.
_____ (2010). *Luto e melancolia*. São Paulo: Cosac Naify (Trad. e Notas Marilene Carone). (Obra original publicada em 1917).
_____ (2010). *O mal-estar na civilização, Novas conferências introdutórias e outros textos (1930-1936)*. São Paulo: Companhia das Letras.
_____ (2010). *Observações psicanalíticas sobre um caso de paranoia relatado em autobiografia ("O caso Schreber"), artigos sobre técnica e outros textos (1911-1913)* (Trad. P. C. Souza, Obras Completas, Vol. 10). São Paulo: Companhia das Letras.
_____ (2010). *Werke aus den Jahren 1925-1931* (Coleção Gesammelte Werke, Vol. 14). Frankfurt: S. Fischer.
_____ (2011). *O Eu e o Id, "Autobiografia" e outros textos (1923-1925)* (Trad. P. C. Souza, Obras Completas, Vol. 16). São Paulo: Companhia das Letras.
_____ (2011). *Psicologia das massas e análise do Eu e outros textos (1920-1923)* (Trad. P. C. de Souza, Obras Completas, Vol. 15). São Paulo: Companhia das Letras.
_____ (2012). *Totem e tabu, Contribuição à história do movimento psicanalítico e outros textos (1912-1914)* (Trad. P. C. de Souza, Obras Completas, Vol. 11). São Paulo: Companhia das Letras.
_____ (2012). *Totem und Tabu* (Coleção Gesammelte Werke, Vol. 9). Frankfurt: S. Fischer.
_____ (2013). *As pulsões e seus destinos*. Belo Horizonte: Autêntica.
_____ (2013). *Observações sobre um caso de neurose obsessiva ["O Homem dos Ratos"], Uma recordação de infância de Leonardo Da Vinci e outros textos (1909-1910)* (Trad. P. C. Souza, Obras Completas, Vol. 9). São Paulo: Companhia das Letras.
_____ *(2014). Inibição, sintoma e angústia, O humor e outros textos (1926-1929)* (Trad. P. C. de Souza, Obras Completas, Vol. 17). São Paulo: Companhia das Letras.
_____ (2014). *A negação*. São Paulo: Cosac Naify.
_____ (2014). *Compêndio de psicanálise e outros escritos inacabados* (Edição bilíngue, Coleção Obras Incompletas de Sigmund Freud, Trad. P. H. Tavares). Belo Horizonte: Autêntica (Obra original publicada em 1940).
_____ (2015). *Arte, literatura e os artistas* (Coleção Obras Incompletas). Belo Horizonte: Autêntica.
_____ (2017). *Fundamentos da clínica psicanalítica* (Coleção Obras Incompletas). Belo Horizonte: Autêntica.
_____ (2017). *O chiste e sua relação com o inconsciente (1905)* (Trad. F. C. Mattos & P. C. de Souza, Obras Completas, Vol. 7). São Paulo: Companhia das Letras.

_____ (2018). *Moisés e o monoteísmo, Compêndio de psicanálise e outros textos (1937-1939)* (Trad. P. C. de Souza, Obras Completas, Vol. 19). São Paulo: Companhia das Letras.

_____ (2019). *A interpretação dos sonhos (1900)* (P. C. de Souza, Trad., Obras Completas, Vol. 4). São Paulo: Companhia das Letras.

_____ (2019). *O infamiliar* [Das Unheimliche] (Coleção Obras Incompletas de Sigmund Freud, Edição comemorativa bilíngue (1919-2019), Seguido de *O Homem da Areia*, de E. T. A. Hoffmann). Belo Horizonte: Autêntica. (Obra original publicada em 1919).

Frosh, Stephen (2013). *Hauntings: Psychoanalysis and Ghostly Transmissions*. London: Springer-Verlag GmbH.

Fukumitsu, Karina Okajima (2018). *Vida, morte e luto: atualidades brasileiras*. São Paulo: Summus.

Ganczarek, Joanna; Hünefeldt, Thomas & Belardinelli, Marta Olivetti (2018). From "Einfühlung" to empathy: exploring the relationship between aesthetic and interpersonal experience. *Cognitive Processing*, v. 19, pp. 141-145. Recuperado de https://doi.org/10.1007/s10339-018-0861-x.

Green, Andre (1988). *Narcisismo de vida, narcisismo de morte*. São Paulo: Escuta.

Ginzburg, Carlo (1989). *Mitos, emblemas, sinais: morfologia e história*. São Paulo: Companhia das Letras.

Glynos, Jason & Stravakakis, Yannis (orgs.) (2002). *Lacan and Science*. Londres: Routledge.

Godley, James A. (2018). Infinite Grief: Freud, Hegel, and Lacan on the Thought of Death. *Journal of the Theoretical Humanities*, v. 23, n. 6, pp. 93-110.

Gomes, Evandro Luís & D'Ottaviano, Itala M. Loffredo (2017). *Para além das colunas de Hércules, uma história da paraconsistência: de Heráclito a Newton da Costa*. São Paulo/Campinas: Hucitec/Unicamp.

Gomes, Laurentino (2019). *Escravidão: do primeiro leilão de cativos em Portugal até a morte de Zumbi dos Palmares* (Vol. 1). Rio de Janeiro: Globo Livros.

Gonzalez, Lélia (2020). *Por um feminismo afro-latino-americano: ensaios, intervenções e diálogos* (F. Rios & M. Lima, orgs.). Rio de Janeiro: Zahar.

Griesinger, Wilhelm (1861). *Die Pathologie und Therapie der Psychischen Krankheiten: Für Aerzte und Studirende*. Stuttgart: A. Krabbe.

Hanus, Michel (1976). *La pathologie du deuil*. Paris: Masson.

Hegel, Georg Wilhelm Friedrich (1979). *System of Ethical Life*. Albany: State University of New York Press.

_____ (1992). *Fenomenologia do espírito* (2. ed. rev.). Petrópolis: Vozes.

Hugh-Jones, Stephen (1996). Shamans, prophets, priests and pastors. In Thomas, N. et al. (orgs.). *Shamanism, History, and The State*. Ann Arbor: University of Michigan Press, pp. 32-75.

Hugill, Allison (2013). The Act as Feminine: Antigone Between Lacan and Butler. *Psychoanalytic Post*. Recuperado de https://www.academia.edu/798605/The_Act_as_Feminine_Antigone_Between_Lacan_and_Butler.

Hyppolite, Jean (1999). *Gênese e estrutura da Fenomenologia do espírito de Hegel*. São Paulo: Discurso.

Instituto CPFL (2016, maio 3). Neuroliteratura, com Paulo Werneck (versão completa). *Café Filosófico*. Recuperado de https://institutocpfl.org.br/neuroliteratura-com-paulo-werneck-versao-completa/.

Instituto de Matemática e Estatística da Universidade de São Paulo. *Anamorfose do cilindro espelhado*. Recuperado de https://matemateca.ime.usp.br/acervo/anamorfose.html.

Inwood, Michael (1997). *Dicionário Hegel*. Rio de Janeiro: Zahar.

Jaffe, Noemi (2019). *O que os cegos estão sonhando? Com o Diário de Lili Jaffe (1944-1945)*. São Paulo: Editora 34.

_____ (2021). *Lili: novela de um luto*. São Paulo: Companhia das Letras.

Joyce, James (2003). *Finnegans Wake – Finnicius Revem*. São Paulo: Ateliê.

_____ (2018). *Um retrato do artista quando jovem*. Belo Horizonte: Autêntica.

_____ (2021). *Ulisses*. Rio de Janeiro: Civilização Brasileira.

Jameson, Frederic (2015). *Las variaciones de Hegel: sobre la Fenomenología del espíritu*. Madri: Akal.

Jesus, Jaqueline Gomes de (2012). *Orientações sobre identidade de gênero: conceitos e termos – guia técnico sobre pessoas transexuais, travestis e demais transgêneros, para formadores de opinião*. Brasília: EDA.

Junqueira, Camila & Coelho Jr., Nelson Ernesto (2006). Freud e as neuroses atuais: as primeiras observações psicanalíticas dos quadros *borderline*? *Psicologia Clínica*, v. 18, n. 2, pp. 25-35.

Kafka, Franz (1999). *Um médico rural* (Trad. M. Carone). São Paulo: Companhia das Letras.

Katz, Ilana & Dunker Ingo Lenz Christian (2019). *Clinique du Soin aux Bords de la Rivière du Xingu*. Recherches en Psychanalyse, n. 27, p. 49.

Kehl, Maria Rita (2009). *O tempo e o cão: a atualidade das depressões*. São Paulo: Boitempo.

Kirk, Geoffrey; Raven, J. E. & Schofield, Malcom (2010). *Os filósofos pré-socráticos: história crítica com seleção de textos* (7. ed.). Lisboa: Fundação Calouste Gulbenkian.

Klein, Felix (1960). *Matemática elemental desde un punto de vista superior: Aritmética, Álgebra, Análisis* (Vol. 1). Madri: Nuevas Gráficas.

Kilomba, Grada (2019). *Memórias da plantação: episódios de racismo cotidiano.* São Paulo: Cobogó.

Klein, Melanie (1996). *Amor, culpa e reparação e outros trabalhos (1921-1945).* Rio de Janeiro: Imago.

Kohn, Max (2012). O vampiro, um não morto ainda vivo. *Ágora: Estudos em Teoria Psicanalítica, 15*(2), 301-309. Recuperado de https://doi.org/10.1590/S1516-14982012000200007.

Kojève, Alexandre (2002). *Introdução à leitura de Hegel.* Rio de Janeiro: Contraponto.

Kopenawa, Davi; Albert, Bruce (2015). *A queda do céu: palavras de um xamã yanomami.* São Paulo: Companhia das Letras.

Kovács, Maria Júlia (org.) (1992). *Morte e desenvolvimento humano.* São Paulo: Casa do Psicólogo.

Koyré, Alexandre (2011). *Estudos de história do pensamento filosófico* (2. ed.). Rio de Janeiro: Forense Universitária.

Krinski, Sthefan; Madeira, Manoel & Moschen, Simone (2019). A noção de Semblante em Jacques Lacan: contribuição às identidades contemporâneas. *Revista Latinoamericana de Psicopatologia Fundamental,* v. 22, n. 4, pp. 803-827.

Kristeva, Julia (1989). *Sol negro: depressão e melancolia* (2. ed.). Rio de Janeiro: Rocco.

Kübler-Ross, Elisabeth (2017). *Sobre a morte e o morrer: o que os doentes terminais tem para ensinar a médicos, enfermeiras, religiosos e aos seus próprios parentes.* São Paulo: Martins Fontes, pp. 114-115.

Kucinski, Bernardo (2016). *K: relato de uma busca.* São Paulo: Companhia das Letras.

Lacan, Jacques (1933). Hiatus irrationalis. *Le Phare de Neuilly,* v. 3-4, n. 37.

_____ (1966). *Écrits.* Paris: Seuil.

_____ (1977). Hiatus irrationalis. *Magazine Littéraire,* v. 121, n. 11.

_____ (1985). *O Seminário, livro 20: mais, ainda (1972-1973)* (M. D. Magno, Trad., Texto estabelecido por Jacques-Alain Miller). Rio de Janeiro: Zahar.

_____ (1986). *O Seminário, livro 1: os escritos técnicos de Freud (1953--1954)* (Trad. B. Milan, Texto estabelecido por Jacques-Alain Miller). Rio de Janeiro: Zahar.

_____ (1988). *O Seminário, livro 11: os quatros conceitos fundamentais da psicanálise (1964)* (Trad. M. D. Magno, Texto estabelecido por Jacques-Alain Miller). Rio de Janeiro: Zahar.

_____ (1992). *O Seminário, livro 17: o avesso da psicanálise (1969-1970)* (Trad. A. Roitman, Texto estabelecido por Jacques-Alain Miller). Rio de Janeiro: Zahar.

_____ (1992). *O Seminário, livro 8: a transferência (1960-1961)* (Trad. D. D. Estrada, Texto estabelecido por Jacques-Alain Miller). Rio de Janeiro: Zahar.

_____ (1995). *O Seminário, livro 2: o Eu na teoria de Freud e na técnica da psicanálise (1954-1955)* (Trad. M. C. L. Penot, Texto estabelecido por Jacques-Alain Miller). Rio de Janeiro: Zahar.
_____ (1998). *Escritos* (Trad. V. Ribeiro). Rio de Janeiro: Zahar.
_____ (1998). *O Seminário, livro 7: a ética da psicanálise (1959-1960)* (A. Quinet, Trad., Texto estabelecido por Jacques-Alain Miller). Rio de Janeiro: Zahar.
_____ (1999). *O Seminário, livro 5: as formações do inconsciente (1957-1958)* (Trad. V. Ribeiro, Texto estabelecido por Jacques-Alain Miller). Rio de Janeiro: Zahar.
_____ (2003). *O Seminário, livro 9: a identificação (1961-1962)* (Publicação não comercial, Trad. I. Corrêa e M. Bagno). Recife: Centro de Estudos Freudianos do Recife.
_____ (2003). *Outros escritos*. Rio de Janeiro: Zahar.
_____ (2005). *Nomes-do-Pai*. Rio de Janeiro: Zahar.
_____ (2005). *O Seminário, livro 10: a angústia (1962-1963)* (Trad. V. Ribeiro). Rio de Janeiro: Zahar.
_____ (2005). *O triunfo da religião: precedido de Discurso aos católicos*. Rio de Janeiro: Zahar.
_____ (2007). *O Seminário, livro 23: o sinthoma (1975-1976)* (Trad. S. Laia, Texto estabelecido por Jacques-Alain Miller). Rio de Janeiro: Zahar.
_____ (2008). *O mito individual do neurótico*. Rio de Janeiro: Zahar.
_____ (2009). *O Seminário, livro 18: de um discurso que não fosse semblante (1971)* (Trad. V. Ribeiro, Texto estabelecido por Jacques-Alain Miller). Rio de Janeiro: Zahar.
_____ (2010). *O Seminário, livro 8: a transferência (1960-1961)* (2. ed., Trad. D. D. Estrada, Texto estabelecido por Jacques-Alain Miller). Rio de Janeiro: Zahar.
_____ (2011). *Da psicose paranoica em suas relações com a personalidade: seguido de Primeiros escritos sobre a paranoia* (2. ed.). Rio de Janeiro: Forense Universitária.
_____ (2012). *O Seminário, livro 19: ... ou pior (1971-1972)* (Trad. V. Ribeiro, Texto estabelecido por Jacques-Alain Miller). Rio de Janeiro: Zahar.
_____ (2016). *O Seminário, livro 21: os não-tolos vagueiam (1973-1974)* (Publicação não comercial). Bahia: Espaço Moebius.
_____ (2007). *O Seminário, livro 23: o sinthoma* (1975-1976). Rio de Janeiro: Zahar.
_____ (2016). *O Seminário, livro 6: o desejo e sua interpretação (1958--1959)* (Trad. C. Berliner, Texto estabelecido por Jacques-Alain Miller). Rio de Janeiro: Zahar.
_____ (s.d.). *A terceira* (Trad. A. T. Ribeiro, Edição de circulação interna). Rio de Janeiro: Escola Letra Freudiana (Obra original publicada em 1974).

_____ (s.d.). *A terceira* (Edição de circulação interna). Recife: Traço Freudiano (Obra original publicada em 1974).

_____ (s.d.). *Os Nomes-do-Pai* (Edição de circulação interna). Recife: Traço Freudiano (Obra original publicada em 2005).

_____. *De ce que j'enseigne*. Recuperado de https://www.freud-lacan.com/getdocument/28696. Tradução nossa.

_____. *Séminaire X: L'Angoisse (1962-1963)*. Staferla. Recuperado de http://staferla.free.fr/S10/S10%20L'ANGOISSE.pdf.

_____. *Séminaire XX: Encore (1972-1973)*. Staferla. Recuperado de http://staferla.free.fr/S20/S20%20ENCORE.pdf.

_____. *Séminaire XXII: R.S.I. (1974-1975)*. Staferla. Recuperado de http://staferla.free.fr/S22/S22%20R.S.I..pdf.

Lally, Martha & Valentine-French, Suzanne (2019, set. 25). Grief, Bereavement, and Mourning. *Social Science LibreTexts*. Recuperado de https://socialsci.libretexts.org/@go/page/10796.

Lambotte, Marie-Claude (2000). *Estética da melancolia*. Rio de Janeiro: Companhia de Freud.

Lanna, Marcos; Costa, Carlos E. & Souza, Alexandre C. de (2015). Sacrifício, tempo, antropologia: três exercícios em torno de *O pensamento selvagem*. *Revista de Antropologia*, v. 58, n. 1), 321-361. Recuperado de https://doi.org/10.11606/2179-0892.ra.2015.102110.

Laplanche, Jean (1991). *Hölderlin e a questão do pai*. Rio de Janeiro: Zahar.

Lasègue, Charles (1971). *Écrits psychiatriques*. Toulouse: Privat, pp. 29-47.

Le Gaufey, Guy (2007). *El notodo de Lacan: consistencia lógica, consecuencias clínicas* (2. ed.). Buenos Aires: El Cuenco de Plata.

Leader, Darian (2008). *The New Black: Mourning, Melancholia and Depression*. Londres: Penguin Books.

_____ (2011). *Além da depressão: novas maneiras de entender o luto e a melancolia*. Rio de Janeiro: BestSeller.

Lebrun, Gérard (2006). *A paciência do conceito: ensaio sobre o discurso hegeliano*. São Paulo: Unesp.

Lévi-Strauss, Claude (1973). *Antropologia estrutural*. Rio de Janeiro: Tempo Brasileiro.

_____ (1975). *O totemismo hoje*. Petrópolis: Vozes.

_____ (1989). *O pensamento selvagem*. Campinas: Papirus.

_____ (2010). *A oleira ciumenta*. Lisboa: Edições 70.

Lewis, Clive Staples (2021). *A anatomia de um luto*. Rio de Janeiro: Thomas Nelson (Obra original publicada em 1961).

Lima, Rafael Alves (2017). Análise reparável e irreparável: o conceito psicanalítico de reparação na agenda da transição brasileira. *Psicologia: Ciência e Profissão*, v. 37. Recuperado de https://doi.org/10.1590/1982-3703090002017.

Lyotard, Jean-François (1971). *Discours, Figure*. Paris: Klincksieck.

MacIntyre, Alasdair (1987). *Justica de quem? Qual racionalidade*. São Paulo: Loyola.

Magalhães, Célia (2003). *Os monstros e a questão racial na narrativa modernista brasileira*. Belo Horizonte: UFMG.

Malabou, Catherine (2007). *Les nouveaux blesses: de Freud a la neurologies, penser les traumatismes contemporains*. Paris: Bayard, p. 345.

Marciniak, Magdalena (2016). Du deuil de l'Imaginaire au chagrin interminable. Le chemin de Roland Barthes. *Savoirs et Clinique*, v. 20, pp. 83-89. Recuperado de https://doi.org/10.3917/sc.020.0083.

Martin, Nastassja (2021). *Escute as feras*. São Paulo: Editora 34.

Mauss, Marcel (2008). *Ensaio sobre a dádiva*. Lisboa: Edições 70 (Obra original publicada em 1925).

Mbembe, Achille (2002). African Modes of Self-Writing. *Public Culture*, v. 14, n. 1, pp. 239-273.

Menegassi, Abenon (2006). *O conceito de destituição subjetiva na obra de Jacques Lacan* (Dissertação de Mestrado). Instituto de Psicologia, Universidade de São Paulo, São Paulo, SP, Brasil.

Moore, Jason W. (2022). *Antropoceno ou Capitaloceno? Natureza, história e a crise do capitalismo*. São Paulo: Elefante.

Muylaert, Anna (Diretora) (2015). *Que horas ela volta?* São Paulo: África Filmes; Rio de Janeiro: Globo Filmes.

M'Uzan, Michel de (2019). *Da arte à morte: itinerário psicanalítico*. São Paulo: Perspectiva.

Neves, Maria de Lourdes Turbino (2022). *Dor e luto na histeria feminina*. São Paulo: Escuta.

Noguera, Renato (2022). *O que é o luto*. São Paulo: HarperCollins.

O'Connor, Mary-Frances (2023). *O cérebro de luto*. Rio de Janeiro: Principium.

Ondere, Jorge Neto & Lisboa, Carolina Saraiva de Macedo (2017). Doenças associadas ao luto antecipatório: uma revisão da literatura. *Psicologia, Saúde & Doenças*, 18(2), 308-321.

Organização Mundial da Saúde. *Mental health*. Recuperado de https://www.who.int/health-topics/mental-health#tab=tab_1.

Palacios, Margarita (2017). *Shared Traumas, Silent Loss, Public and Private Mourning*. Londres: Routledge.

Parkes, Collin Murray (1998). *Luto: estudos sobre a perda na vida adulta*. São Paulo: Summus.

Pascal, Blaise (1973). *Pensamentos* (Coleção Os Pensadores, Vol. XVI). São Paulo: Abril Cultural.

Pécora, Alcir (2019). A escravidão nos sermões do Padre Antonio Vieira. *Estudos Avançados*, v. 33, n. 97, pp. 153-170. Recuperado de https://doi.org/10.1590/s0103-4014.2019.3397.009.

Peixoto, José Luís (2015). *Morreste-me*. Porto Alegre: Dublinense.

_____ (2017). *A criança em ruínas*. Porto Alegre: Dublinense.

Pinho-Fuse, Miriam Ximenes (2022). *Luto à flor da pele: as tatuagens in memoriam em leitura psicanalítica*. São Paulo: Blucher.

Poe, Edgar Allan (1844). *Histórias extraordinárias*. Victor Civita, 1981. Tradução de Brenno Silveira e outros.

_____ (1846). *A filosofia da composição*. São Paulo: 7 Letras, 2011.

Ponte, Ricardo E. Rodriguez (2006). La angustia: Seminario 1962-1963, de Jacques Lacan (Versión Crítica). *Acheronta, Revista de Psicoanálisis y Cultura*, 23. Recuperado de http://www.acheronta.org/lacan/angustia6.htm.

Projeto Orientalismo (2007, jul.). *Extratos do Livro dos Rituais*. Recuperado de http://chines-classico.blogspot.com/2007/07/liji-extratos-do-livro-dos-rituais-02.html.

Quinet, Antonio (org.) (2002). *Extravios do desejo: depressão e melancolia*. Rio de Janeiro: Rios Ambiciosos.

_____ (2010). *Psicose e laço social: esquizofrenia, paranoia e melancolia* (2. ed.). Rio de Janeiro: Zahar.

Rabinovich, Diana S. (1993). *La angustia y el deseo del otro*. Buenos Aires: Manantial.

Ragland, Ellie (2004). *The Logic of Sexuation: from Aristotle to Lacan*. Nova York: SUNY Press.

Raimbault, Ginette (1979). *A criança e a morte: crianças doentes falam da morte – problemas da clínica do luto*. Rio de Janeiro: Francisco Alves.

Ravanello, Tiago; Dunker, Christian Ingo Lenz & Beividas, Waldir (2018). Para uma concepção discursiva dos afetos: Lacan e a semiótica tensiva. *Psicologia: Ciência e Profissão [online]*, v. 38, n. 1, pp. 172-185. Recuperado de https://doi.org/10.1590/1982-37030004312016.

Rodrigues, Carla (2017). A função política do luto na filosofia de Judith Butler. In A. Correia, R. Haddock-Lobo & C. V. da Silva (orgs.), *Deleuze, desconstrução e alteridade* (Coleção XVII Encontro ANPOF). São Paulo: ANPOF, pp. 329-339.

_____ (2021). *O luto entre clínica e política: Judith Butler para além do gênero*. Belo Horizonte: Autêntica.

Rona, Paulo Marcos (2021). *O significante, o conjunto e o número: a topologia na psicanálise de Jacques Lacan*. São Paulo: Zagodoni.

Rosa, João Guimarães (1994). *Ficção completa: volume II*. Rio de Janeiro: Nova Aguilar.

Rosenfield, Kathrin (2016). *Antígona, intriga e enigma. Sófocles lido por Hölderlin*. São Paulo: Perspectiva.
Roth, Marco (2009). The Rise of the Neuronovel. *N+1*, 8. Recuperado de www.nplusonemag.com/rise-neuronovel.
Rothenberg, Jess (2012). *A catastrófica história de nós dois*. Rio de Janeiro: Rocco.
Rubin, Gayle (2017). *Políticas do sexo* (J. P. Dias, Trad.). São Paulo: Ubu.
Safatle, Vladimir (2006). *A paixão do negativo: Lacan e a dialética*. São Paulo: Unesp.
_____ (2012, junho 5). Aula 23-30 do curso de Fenomenologia do Espírito, de Hegel. *Projeto Phronesis*. Recuperado de https://projetophronesis.wordpress.com/2012/06/05/vladimir-safatle-aula-2330-fenomenologia-do-espirito-de-hegel/.
_____ (2015). *O circuito dos afetos: corpos políticos, desamparo e o fim do indivíduo*. São Paulo: Cosac Naify.
_____ (2020). *Maneiras de transformar mundos: Lacan, política e emancipação*. Belo Horizonte: Autêntica.
Safatle, Vladimir; Silva, Nelson da, Jr. & Dunker, Christian Ingo Lenz (orgs.) (2018). *Patologias do social: arqueologias do sofrimento psíquico*. Belo Horizonte: Autêntica.
_____ (2020). *Neoliberalismo como gestão do sofrimento psíquico*. Belo Horizonte: Autêntica.
Santos Souza, Neusa (2021). *Tornar-se Negro*. Rio de Janeiro: Zahar.
Schejtman, Fabián (2013). *Sinthome: Ensayos de clínica psicoanalítica nodal*. Buenos Aires: Grama Ediciones.
Sêneca (2020). *Consolação a Márcia*. São Paulo: Montecristo.
Serra, Ordep (2007). *O reinado de Édipo*. Brasília: UNB/Universa.
Shelley, Mary (2017). *Frankenstein: ou o Prometeu moderno*. Rio de Janeiro: Zahar.
Silva, Nelson Junior. (2019). *Fernando Pessoa e Freud: diálogos inquietantes*. São Paulo: Blucher, pp. 175-180.
Sloterdijk, Peter (2016). *Esferas I: Bolhas*. São Paulo: Estação Liberdade.
Sófocles (1998). *A trilogia tebana: Édipo Rei, Édipo em Colono e Antígona* (M. da G. Kury, Trad.). Rio de Janeiro: Zahar.
Sokal, Alan & Bricmont, Jean (2010). *Imposturas intelectuais: o abuso da Ciência pelos filósofos pós-modernos*. Rio de Janeiro: Record.
Soler, Colette (2005). *O que Lacan dizia das mulheres*. Rio de Janeiro: Zahar.
_____ (2012). *Declinações da angústia*. São Paulo: Escuta.
Souza, Octavio (1994). *Fantasia de Brasil: as identificações na busca da identidade nacional*. São Paulo: Escuta.
Stagnaro, Juan Carlos (org.) (2010). *Alucinar y delirar I*. Buenos Aires: Polemos.
Stoker, Bram (2017). *Drácula*. Rio de Janeiro: Zahar.
Stone, Jon; Smyth, Roger; Carson, Alan; Warlow, Charles & Sharpe, Michael (2006). La belle indifférence in conversion symptoms and hysteria: systematic review. *The*

British Journal of Psychiatry, v. 188, n. 3, pp. 204-209. Recuperado de https://doi.org/10.1192/bjp.188.3.204.

Strathern, Marilyn (2006). *O gênero da dádiva: problemas com as mulheres e problemas com a sociedade na Melanésia*. Campinas: Unicamp (Obra original publicada em 1988).

Syrotinski, Michael (1998). Noncoincidences: Blanchot Reading Paulhan. *Yale French Studies*, v. 93, pp. 81-98.

Sztutman, Renato (2012). *O profeta e o principal: a ação política ameríndia e seus personagens*. São Paulo: Edusp.

Taylor, Charles (2014). *Hegel: sistema, método e estrutura*. São Paulo: É Realizações (Obra original publicada em 1975).

Thebas, Cláudio Coimbra, Alexandre Amaral (2022). *De mãos dadas: um palhaço e um psicólogo conversam sobre a coragem de viver o luto e as belezas que nascem das despedidas*. São Paulo: Planeta, p. 111.

Tyler, Anne (2012). *O começo do adeus: aprendendo a se despedir*. São Paulo: Novo Conceito.

Van Haute, Philippe & Geyskens, Tomas (2016). *Psicanálise sem Édipo? Uma antropologia clínica da histeria em Freud e Lacan*. Belo Horizonte: Autêntica.

Van Haute, Philippe & Westerink, Herman (2020). *Reading Freud's Three Essays on the Theory of Sexuality: From Pleasure to the Object*. Londres: Routledge.

Vieira, Leonardo Triandopolis (2018). *Trabalho de luto*. Campo Grande: Não Sou Uma Editora.

Viveiros de Castro, Eduardo (1986). *Araweté: os deuses canibais*. Rio de Janeiro: Zahar.

_____ (2002). *A inconstância da alma selvagem e outros ensaios de antropologia*. São Paulo: Cosac Naify.

_____ (2015). *Metafísicas canibais*. São Paulo: Cosac Naify.

Viveiros de Castro, Eduardo; Caux, Camila de & Heurich, Guilherme Orlandini (2017). *Araweté: Um povo tupi da Amazônia*. São Paulo: Sesc.

von Uexküll, Jakob (1909). *Dos animais e dos homens: digressões pelos seus mundos próprios*. Doutrina do Significado. (Trad. Alberto Candeias, Anibal Garcia Pereira.) Lisboa: Livros do Brasil, 1982.

Vorsatz, Ingrid (2013). *Antígona e a ética trágica da psicanálise*. Rio de Janeiro: Zahar.

Wagner, Roy (2017). *A invenção da cultura*. São Paulo: Ubu (Obra original publicada em 1975).

Watt, Ian (1997). *Mitos do individualismo moderno*. Rio de Janeiro: Zahar.

Wilde, Oscar (2021). *O retrato de Dorian Gray*. Rio de Janeiro: Darkside.

Williams, Raymond (2002). *Tragédia moderna*. São Paulo: Cosac Naify.

Winnicott, Donald Woods (1994). *Explorações psicanalíticas* (C. Winnicott, R. Shepherd & M. Davis, orgs., J. O. de A. Abreu, Trad.). Porto Alegre: Artmed.

Wisnik, José Miguel (2022, fevereiro 12). Semana de 22 ainda diz muito sobre a grandeza e a barbárie do Brasil de hoje. *Folha de S.Paulo*. Recuperado de https://www1.folha.uol.com.br/ilustrissima/2022/02/semana-de-22-ainda-diz-muito-sobre-a-grandeza-e-a-barbarie-do-brasil-de-hoje.shtml.

Yalom, Irvin D. & Yalom, Marilyn (2021). *Uma questão de vida e morte: amor, perda e o que realmente importa no final*. São Paulo: Paidós/Planeta.

Yourcenar, Marguerite (1974). *Memórias de Adriano*. Rio de Janeiro: Record.

Žižek, Slavoj (2013). *Menos que nada: Hegel e a sombra do materialismo dialético*. São Paulo: Boitempo.

Leia também

Se de médico e louco todo mundo tem um pouco, de psicanalista e palhaço todo mundo tem um pedaço. Christian Dunker e Cláudio Thebas abordam neste livro, com bom humor e profundidade, um tema comum para ambos os ofícios: como escutar os outros? Como escutar a si mesmo? E como a escuta pode transformar pessoas?

Mesclando experiências, testemunhos, casos e reflexões filosóficas, os autores compartilham o que aprenderam sobre a arte da escuta, um tema tão urgente no mundo atual, onde ninguém mais se escuta.

Alguns temas abordados são:

Sete regras para ser melhor escutado; Os quatro agás da escuta; A potência do silêncio; Simpatia não é empatia; Como construir para si um órgão de escuta; Cuidado ou controle; A arte cavalheiresca de escutar uma reunião; Educados para a solidão silenciosa; Competir ou cooperar?; Três perguntas mágicas; A arte de perguntar; Fala que eu não te escuto; Maneiras práticas de domesticar o abominável que existe em você; Escutando chatos, fascistas e outros fanáticos; O líder escutador; A coragem e o desejo de escutar.

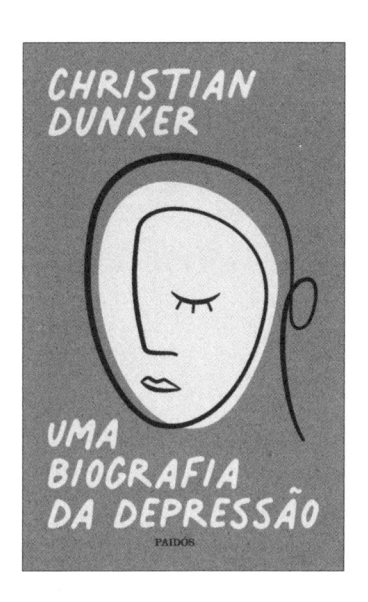

A Depressão tem uma história, e a compreensão dessa história nos ajuda a descobrir a melhor forma de entendê-la, tratá-la e controlá-la hoje.

Neste livro, o psicanalista Christian Dunker trata a Depressão como uma entidade em si, sujeita a documentos e arquivos que comprovam sua existência, que testemunham seus feitos e que elaboram suas razões de ser, e mostra que a Depressão é um nome demasiado pequeno para tantas formas e cores que ela reúne, e que, ao mesmo tempo, não andam juntas.

Refazendo os passos genealógicos da Depressão a partir de seus parentes distantes nas famílias da tristeza e da melancolia, Dunker descreve como ela se tornou um personagem decisivo na Idade Moderna, notadamente com os grandes trágicos da virada do século XVI e XVII, como Shakespeare e Molière, como ela emergiu como personagem secundário na psicopatologia do século XIX e na psicanálise do século XX, ganhando um inesperado reconhecimento a partir da segunda metade do século passado.

**Acreditamos
nos livros**

Este livro foi composto em Minion Pro e impresso pela Gráfica Santa Marta para a Editora Planeta do Brasil em fevereiro de 2024.